秘境滝を行く

信州80渓流 訪瀑記

篠原 元
Hajime Shinohara

はじめに

日本の屋根といわれる信州・長野県は、太古からの地殻変動や火山活動によってできた山岳に四方を囲まれている。急峻な山地に源を発した渓流は、しだいに水量を増しながら変化に富む地形を一気に流れ下る。そこには有名無名また大小の滝や淵を数多く見ることができる。

昔から滝には、その地に降臨した神が宿り、その従僕として水を司る龍が棲んでいると信じられてきた。人は、そうした場所を聖域として崇め、人間が汚すことのない秘所として守ってきたのである。

しかし、近年は開発が進み、山奥にも道が開いて便利になったが、人が立ち入るようになって自然が壊されていくのを見ると何か寂しい思いがする。

〈豊かな生活環境を追求するあまり神をも恐れなくなった人間の性は、どこまで行けば気が済むのか?〉。自然をないがしろにする人間とは何と罪深い生き

物なのか……）

しかし、滝巡りをしていて分かったことは、自然はそれでもなお雄大で、人間がまだ足を踏み入れていないような秘境が数多くあるということだ。秘境に残る手つかずの自然と謙虚に向き会い、人間も自然の一部として生かされているということを思い知るべきではなかろうか。

秘境の地にある滝を「隠れ滝」とも呼ぶ。観光地化した滝のように脚光を浴びることもなく、ただひたすらひっそりと流れ落ちている滝のことである。それらは人を魅了する不思議な力を持ち、個性的で神秘的でもある。悠久の時代から絶え間なく流れ落ちる滝の白い水しぶきには、時の過ぎゆくのも忘れて見入ってしまうのである。

また、四季の移ろいの中で変化する滝の情景を見ていると、滝に打たれる修行僧のような清らかな心境になったりもする。苦労の末にたどり着いた秘境の地で、いい歳の男がひとり自然と融合し無我の境地に浸かっている、これもまた一興なのである。尽きることのない滝の魅力を皆さんにお伝えしたい。

第五章 木曽地方

第九章　伊那地方……243

第十章　飯伊地方　275

本書をご覧になる前に

■ 本書は、筆者が訪ね歩いた長野県内にある滝のなかで、秘境の地にある滝の一部を収録したものです。この他にも滝が数多くあります（巻末の長野県内の滝一覧を御覧ください）が、紙面の都合上割愛しました。

■ 滝名については、文献や役場、地元の人への聞き込みなどをしてなるべく調査しましたが、名称不明滝や無名滝については便宜上仮称で記載しています。

■ 滝の位置の座標（緯度経度）については、筆者の記録・記憶に基づき、国土地理院の「電子国土Web」から秒単位で算出したものですが、多少の誤差があります。

■ 滝の落差については、計測の定義があいまいで、参考文献・資料でも違いがあり、また筆者の目測のものもあり、正確なものではありませんので参考程度としてください。

■ 本書に記載した滝のほとんどは、訪瀑途中に渡渉があったり、高度な登攀技術を要し、一般的ではない滝です。滑落の危険を伴い容易には近づけない滝もあります。急峻な地形は日々変動しています。土砂崩落などの自然災害で滝へのアプローチが変わることがあります。訪瀑にあたっては、事前に情報集めて状況を把握し、十分な安全装備を整えた上で自己責任でお願いします。

■ 入渓場所によっては登山届の提出が義務づけられている所もあります。また、管理者の許可のいることもあります。車両の駐車場所など近隣住民や管理者の迷惑にならないようにお願いします。

■ ページの余白部分に滝の雑学を載せました。参考になれば幸いです。

滝の定義

国語辞典の記載では

①懸崖からほぼ垂直方向に落下する水の流れ。瀑布。

②傾斜の急な所を激しい勢いで走り下る水流。急流。奔流。

環境省の基準は、落差５m以上で常に一定以上の水量のある自然滝。

国土地理院の滝の概念は

①概ね５m以上の落差があること

②常時水が流れていること

③目標物となるもの、とされています。

一般的には、環境省の基準の5m以上の滝を滝と定義しているようですが、実際には国語辞典の②にあるような形態で、信仰の対象とされている5mより低い水流や川の急流、早瀬なども滝と呼ばれるものがあります。本書では、地元の方々や釣り人の情報も参考にしながら、国土地理院の地形図に記載の無い滝も含め紹介しています。

滝の用語

【瀑布】川が垂直か垂直に近い河床や岩壁を離れて、高所から真っ直ぐ下に落ちる比較的規模の大きな滝
【直瀑】水流が一気に直下に流れ落ちる滝。この形態の「那智の滝」は落差133mで日本一である
【分岐瀑】水流が幾つかに分岐して扇のように広がって落ちる滝
【渓流瀑】傾斜した岩面を滑るようにして流れる滝で、ある程度の高低差があるもの
【斜瀑・早瀬】傾斜の急な岩面を水が川底から離れることなく、水しぶきをあげて流れ落ちる滝
【ナメ(滑)滝・ナメ】傾斜の緩い岩面を滑らかに流れ落ちる滝
【チョックストーン(CS)滝】岩壁の割れ目や溝にはまり込んだ岩石の間をすり抜けながら流れ落ちる滝
【多段瀑】何段かになって流れ落ちる滝。本書では二段滝、三段滝などと表現。
【潜流瀑】水を通す地層と通さない地層が剥き出しになった崖の表面から、地下水が直接流れ落ちている滝
【前衛滝】メーンの滝の手前に落下し、行く手を阻むやっかいな滝
【F滝】無名滝が同じ渓流にいくつもある場合、便宜上F1滝のように区分する(F=fallの略)
【懸谷滝】本流と支谷との合流点において、本流よりはるかに高い位置から不協和によって滝を懸けている支谷の滝
【淵・瀬】淵は底が深く水が淀んでいる所。瀬は①流れが浅く歩いて渡れる所②川の流れが急な所
【人工滝】自然滝に対して、導水などで人工的につくられた滝(ダムや堰は滝とは呼ばない)
【函、箱、箱淵】両側が岩壁で狭められた廊下状の長方形の淵
【滝壺、釜】滝壺は滝が落ち込んで深い淵となった所。ご飯を炊くお釜に形状が似ていることから「釜」ともいう
【滝口、銚子口、滝下】滝口、銚子口は滝が流れ落ちる上端。滝下は滝の下端

山登りや沢登りの専門用語

【ゴルジュ】渓谷で両側が迫って狭くなった所、廊下。フランス語で「のど」の意
【ゴーロ】ゴロゴロとした大岩や石が散乱する河原
【ルンゼ】山の岩壁に雨水や氷雪の浸食によってつくられた険しい溝
【伏流】地上を流れる水が、ある区間だけ地下に潜って流れること。
【右岸・左岸】上流から下流を見て右が右岸、左が左岸
【右股・左股】下流から上流を見て右が右股、左が左股
【遡行】川の縁や川の中を歩いて上流へ遡っていくこと。遡上は魚が川を遡ることで、人は遡行である。
【渡渉】川などを歩いて渡ること。岸を歩いたり川を渡ったりを繰り返すこと。
【トラバース】岩壁や山の斜面を横切って進むこと。
【巻き・高巻き】直登や登高が困難な場所を避けて山腹に道をとり、迂回したり遠回りしてその場所の上部に出ること。
【藪漕ぎ】笹や低木の密生する藪の中を掻き分けて進むこと。
【懸垂下降】ロープ(ザイル)を使って高所から下降する方法のこと。

第一章

佐久地方

小諸市
御代田町
軽井沢町
立科町
千曲川
佐久市
佐久穂町
小海町
北相木村
南相木村
南牧村
川上村
1
2
3
4
5
1 鹿曲川春日渓谷
2 大石川源流域
3 大岳川源流域
4 金峰山川流域
5 杣添川源流域

1 鹿曲川（かくまがわ） 春日渓谷（かすが）

佐久市春日

◆**鹿曲川 春日渓谷**【かくまがわ かすがけいこく】

蓼科山麓の大河原峠に水源を発し、春日渓谷の諸渓水、細小路川、八丁地川などを集めて千曲川へ注ぐ。春日渓谷は新緑や紅葉など、岩山にいろいろな色彩を見せてくれる名所であり、多彩な滝を見ることができる。

掲載滝：義経の滝　そうめん滝　王滝ほか

写真：そうめん滝

春日渓谷

鹿曲川林道（旧有料道路）の途中には滝巡り遊歩道の案内板がある。そこから上流をたどると、「振袖の滝」「小天狗の滝」「小太郎滝」「さんしょう滝」「乙女天狗の滝」「義経の滝」「御鹿の滝」「新滝」「そうめん滝」など数多くの滝がある。これらの名称は、佐久市役所望月支所の職員によると、一帯の別荘地オーナーや合併前の旧望月町の町長が観光のために名付けたそうだ。このほか周辺には「千切の滝」「羽衣の滝」、細小路川には「ささやきの滝」「カモシカの滝」がある。

かつては滝巡りのための遊歩道が整備されていたが、今では荒廃して全面通行止めとなっている。脆弱な春日渓谷の地質は訪れるたびに様相が変わっていて、林道脇にある千切の滝は土石流によって昔と容姿が変わってしまった。また、有料道路であった林道は巨岩の落石、倒木、土石流、道路崩落等が放置されていて復旧の見通しもなく悲惨な状況である。

バブル最盛期には別荘開発が盛んで、富貴の平では分譲が進み、仙境都市にはホテルやスキー場も併設されていた。しかし、ひと昔前にスキー場は廃業、別荘地も閑散として昔の賑わいはなく、時代の趨勢を感じさせる。そして春日渓谷の滝を訪れる人も少なくなり、秘境の地と化してしまったようである。

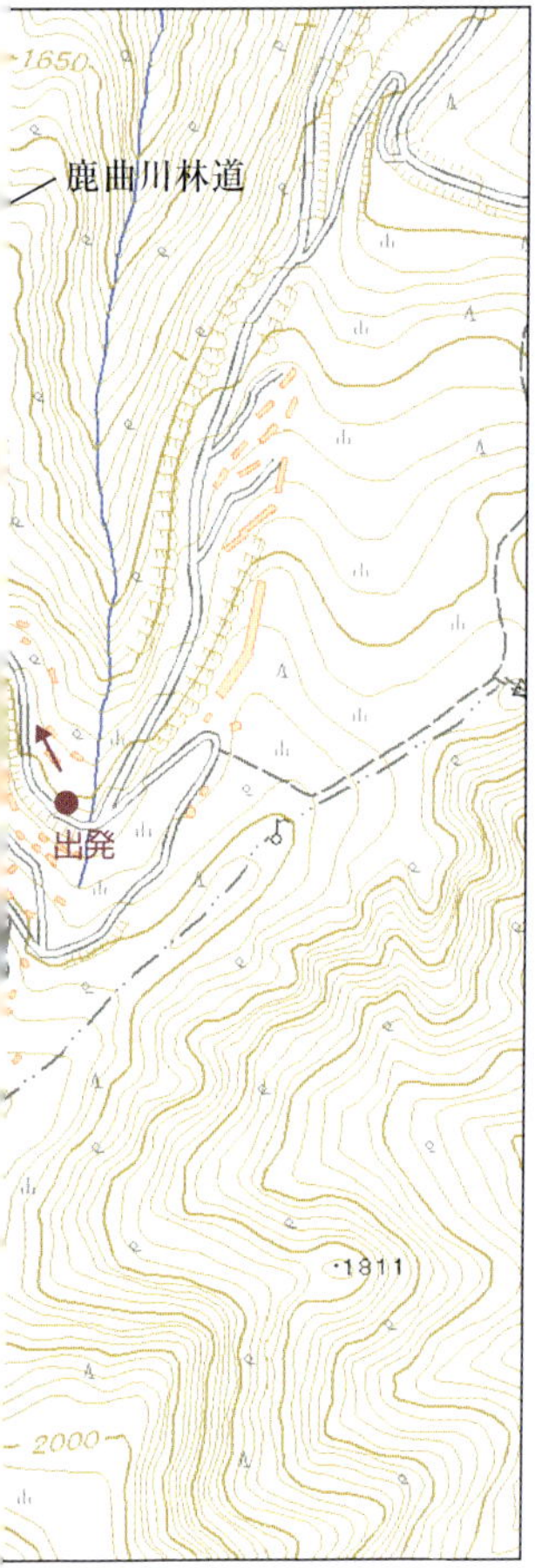

滝巡りコース

春日渓谷の滝巡りコースへ自己責任で遡行を試みた。「春日渓谷滝廻りコース」の看板から鹿曲川に沿って沢を見下ろしながらのびる遊歩道に入った。上流へとたどり、最初にある渓流瀑が振袖の滝である。大きな岩が張り出して滝の水は大きく弧を描き、曲がりくねって流れ下っている。遊歩道から覗き込んでも全景を見ることはできなかった。振袖の滝の上流には堰堤があり、そこから少し遡行すると落差２ｍほどの小天狗の滝があった。

さらに遊歩道を上流へたどると小太郎滝の案内看板があり、右岸枝沢の前衛滝の奥には細長く流れ落ちる落差20ｍの小太郎滝があった。本谷は滑り易いナメが続き、遊歩道は斜面を巻いて作られていた。さんしょう滝は、２００９（平成21）年に訪れたときには落差５ｍほどの斜瀑で、その上流にもナメが続いていたが、２０１３（同

鹿曲川林道
出発

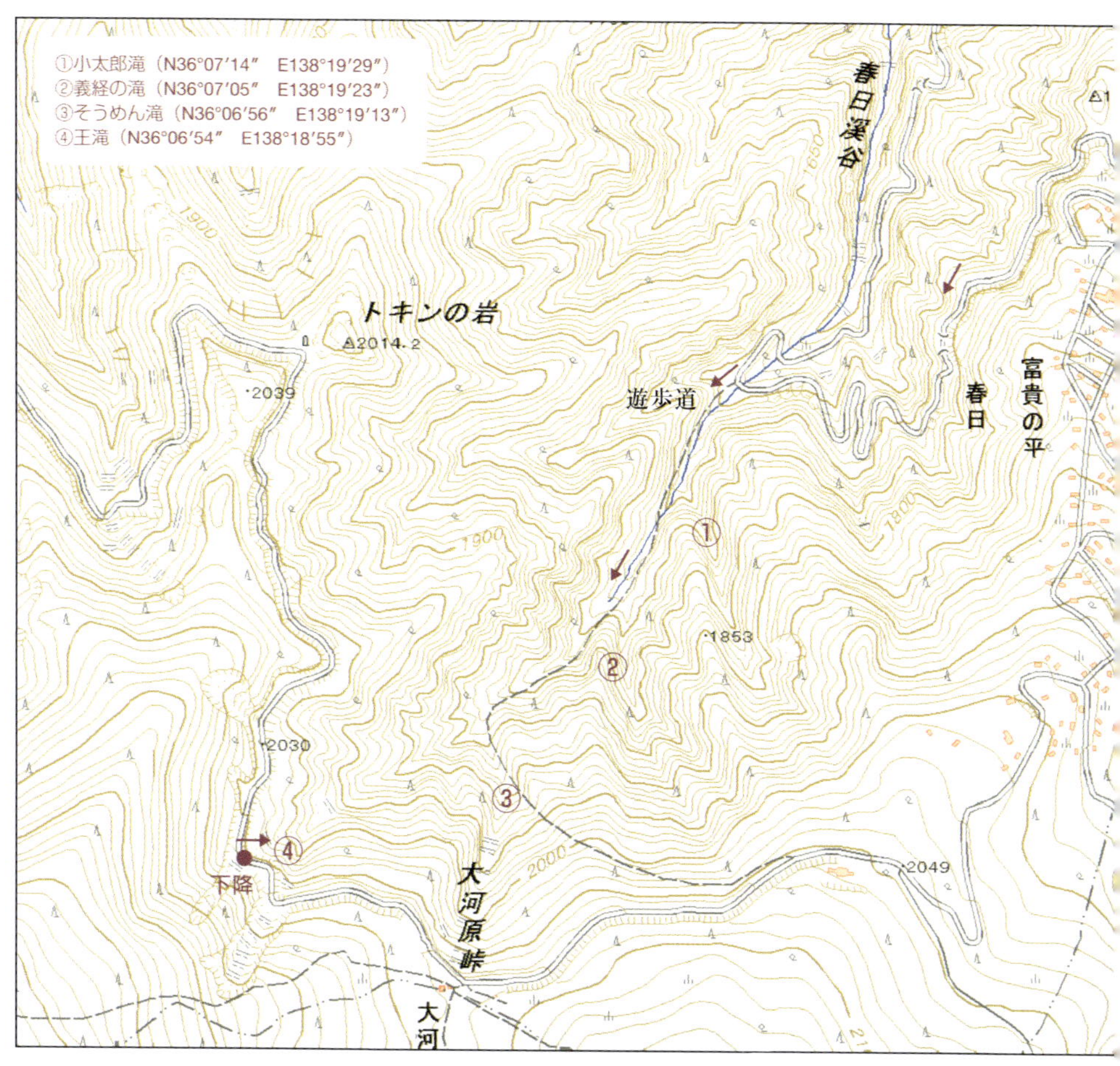

25）年に再び訪れた際には左岸からの土砂崩落で埋まってしまっていた。大雨で土砂が洗掘されればまた元の姿に復活するかもしれない。

小太郎滝

義経の滝（別名親子滝・斧の滝）

遊歩道に架かるアルミ梯子の手前で右岸から支流が流れ込んでいた。この支流へと入り、幅広い小滝を越えて遡行すると前衛滝があり、その上に義経の滝が懸かっていた。落差は20mほどで、狭い滝口から直瀑となって滝壺へと豪快に流れ落ちている。

滝の右岸を巻いて滝口に登って上流へ遡行してみたが、ナメがあるのみでやがて水は涸れてしまった。

支流出合の遊歩道まで戻って尾根へと続くアルミの梯子を登った。痩せ細った尾根をたどり、木の間から左手の渓谷を覗くと、さきほどの義経の滝の見事な直瀑を見渡すことができた。

「義経の滝」は遊歩道整備の際に付けられた名称だが、今では一般的な滝名となっている。この滝は別名「親子滝」とも呼ばれる。親子滝の呼称については『蓼科物語』（大澤洋二著）、『日本登山体系』（白水社）、『第3回日本の自然景観長野版』（環境庁）、『佐久市環境白書』（佐久市）などに記載されていることから、こちらが正式名称のようであるが、地元の人も知らず、あまり周知されていないようだ。

また、『長野縣町村誌』の春日村の項に次のような記載がある。「【斧の滝】　高六丈、幅五尺　水色清冽なり。源を春日組より末の方、春日嶽、霧ケ窪より発し、嶮巌に觸れて一の瀑布となり、雑樹鬱樾の中より灑下共状砕玉を磐上に轉ずるに似たり。瀑聲山谷に轟き、猟夫樵者の耳に徹す。即ち斧ノ瀧と稱する所以なり。鹿曲川の水源二岐の内、東の澤中の支川にして十二町を経過し、本川に會して一大川となる」。

「斧の滝」については、今では知る人もなく文献を調べても判明しなかった。ところがある時、地元の人から春日村の古地図を見せてもらう機会があった。『春日の歴史』（望月町教育委員会出版）の付図で、寛政年間の信州佐久郡春日村図であった。すると「斧の滝」が発する「霧ケ窪」の地名は大字春日嶽にある小字名で、今の「義経の滝」の位置にあたることが判明した。この滝には幾つもの呼び名があるようだ。

春日渓谷の滝群

痩せ尾根の遊歩道脇には「乙女天狗の滝」の案内看板があった。そこから鹿曲川を覗き込むと、この辺りはV字渓谷で、その岩

義経の滝

間を縫うように連瀑となっている。下流側から乙女天狗の滝へのアプローチを試みたが、滑り易い岩面のため非常に危険で遡行は困難だった。巻き道として尾根沿いに遊歩道が作られたようだが、この道も荒廃が激しい。乙女天狗の滝から御鹿の滝へと続く尾根の遊歩道は、キレットとなった場所に架かる木橋が腐って渡れなくなっていた。次のアルミの梯子もぐらついて外れそうである。登るのは危険で一番の難所だった。旧望月町が佐久市と合併するときの整備事項として、春日渓谷の遊歩道も含まれているようだが、財政難の折、いつ補修されるかは未定らしい。

難所を乗り越え、鹿曲川の河床に下降して渡渉すると御鹿の滝の案内看板があり、左岸の支流が回り込んだ先に落差10ｍの御鹿の滝があった。この名も元望月町長が滝の前で休憩したときに名付けたという。御鹿の滝の上流１００ｍほどの所にも「鹿角ドレ」を水源とする落差８ｍの滝が懸かっていたが、水量は少なく無名滝のようである。

御鹿の滝が懸る支流の合流点に戻って、巻き道のために様子のわからなかった鹿曲川本流を少し下ってみると、『日本登山体系』（白水社）に記載されている落差15ｍの新滝が二段となって流れ落ちていた。この滝の辺りは「滝巡り上級コース」とされていて、かつては要所にロープなどが設置されていたようだ。が、今では老朽化して使用できない状態だった。

新滝の下流にも落差10ｍの無名の二段滝が懸っていた。「滝巡り上級コース」の新滝と乙女天狗の滝の中間にある滝で、逆「く」の字となり流れ落ちていた。両岸は険しいＶ字谷で、岩盤は滑り易く、滝下まで行くのは困難を極めた。滝名については、文献資料を調べてみたが不明である。

御鹿の滝からの支流出合まで戻って再び本流を遡行した。そうめん滝に向かう途中にも落差８ｍの無名滝があった。下流はナメ、上段は二段の直瀑となっていた。この滝の左岸側に古いロープが掛けてあり、そうめん滝までは容易に行くことができた。

そうめん滝

そうめん滝は落差20ｍ、幅15ｍ、春日渓谷では2番目に大きな滝で、この渓谷を代表する滝の一つである。黒い岩肌に白い幾筋もの水が流れ、あたかもそうめんが流れ落ちているようだ。滝上は滑りやすいナメとなっていた。春日村の古地図には小字名「大滝石不動」が記され、滝の脇には石仏が祀られていたというが見当たらなかった。

遊歩道に「これより先滝なく、冒険なくひたすら孤独の径四苦八苦二十分弱」と記された古びた看板を見つけた。そうめん滝から約20分で大河原方面への道路に出られるとされているが、今では荒廃して道は見あたらなかった。

王滝

　そうめん滝と御鹿滝の間に「王滝」への案内看板があるが、今では木が生い茂り道跡も無く遊歩道ではたどれない。そこで、蓼科スカイラインの大河原峠から御泉水自然公園に向かう林道から下降して目指すことにした。

　林道の途中に「トキンの岩」があり、その手前の道路が大きくカーブしている付近で尾根を降りて行くと、古いロープが架かっていた。それを利用して懸垂下降すると、ちょうど王滝の滝下に降りられたが、この場所は危険を伴うので決して一般向けの滝ではない。王滝は落差30mほどで、滝口の上には砂防堰堤のようなコンクリートの工作物があった。滝口から少量の水流が黒色の岩肌を濡らしている。岩塊は凝灰角礫岩やスコリア集塊岩からなっているそうだ。右岸側に目をやると、岩壁中腹には不動尊の石仏が祀られていた。林道が開通するまでは、村人達が年一回、鹿角川沿いに歩いて登り、山中で一泊してこの不動様をお祭りしたという。

王滝＝鹿角滝

　王滝は別名鹿角滝とも呼ばれ、『長野縣町村誌』の春日村の項に「【鹿角瀧】高五丈、幅一丈　春日嶽より発し、深樹嶮岩の中を通じ、春日組より末の方、鹿角崖にして一大瀑布となり、嶺上より驀瀉す。其中間に不動の石像立てり。下邊より臨めば唯雲霧の降るが如し。鹿曲川の水源にして渓水湊合屈曲縦横一大川となる。其鹿曲の称の所以なり」とある。

　ちなみに蓼科スカイライン沿いにある修験道の伝説が伝わる高さ100mほどの「トキンの岩」の「トキン」は「兜巾」と書き、修験道の山伏が被る布製の頭巾のことである。岩の形状が頭巾に似ていることから名付けられたようである。伝説の詳細は不明だが、春日渓谷は昔は霊験あらたかな修行の地であったようだ。

　ところで、南北朝時代、後醍醐天皇の皇子のひとりである宗良親王は伊那谷にある大鹿村の大河原に隠棲していた時期がある。親王は当時の朝敵であった足利尊氏の一党を攻めるため、関東地方へ時々入った。そのとき通ったのが大河原峠であり、この付近が、その伊那谷の大河原に似ていることから「大河原峠」と命名されたのだそうだ。

2

大石川源流域

佐久穂町八郡

◆**大石川源流域**【おおいしがわげんりゅういき】

白駒の池から流出した水流は原生林の中を伏流し、国道299号の辺から再び湧水となって現れて河川となり千曲川へと流れ下る。秘境滝でなくとも、飛龍の滝、もみじの滝は八千穂高原の遊歩道から散策できる。

掲載滝：分岐瀑　大滝

写真：大滝

大石川源流の分岐瀑

八千穂高原に観光地化された滝を懸ける大石川だが、さてその上流には人々に知られていない滝は無いだろうかと源流を目指した。国道２９９号の大石大橋から、大石川左岸の原生林の中をたどった。陰鬱な感じに苔生した巨石があり、誰も足を踏み入れることもないであろう原生林を1時間ほど登って行くと、静寂の空間に滝音が聞こえてきた。位置的には八千穂高原スキー場裏辺りで、大石川の源流に近い場所である。渓谷の縁から滝を覗き見ると、裾を広げた落差20ｍの分岐瀑であった。緑に苔生した岩面を流れ下り、大きな滝壺へと静かに落ちている。勇壮で美しい滝だが無名滝のようである。

ここを訪瀑した時に、滝の高台で白骨化した人の亡骸を発見してしまった。警察に通報すると、第一発見者ということで事情聴取されて散々な経験となった。その後、行方不明者の届出が出されていたことが判明したが、原生林に迷い込み遭難してしまったようである。この地は人の訪れる場所ではなく、私がなぜそのような所に行ったのか警察に疑問を持たれたのは当然だったのだろう。死者の霊が私を呼び寄せたのかも……と思うと少し寒気がした。この滝までたどり着くのは非常に困難で危険だったことはいうまでもない。

分岐瀑

大滝

国道２９９号の58号カーブから、白駒支線林道を約５００ｍ下ると、大石川に木橋が架かっている。その木橋の下流に大滝が懸かっていた。林の薮の中を下降して滝下に降りると、落差15ｍほどで、鬱蒼とした原生林の中を流れ落ちていた。この滝を訪れた5月には、辺りにまだ残雪があり、冬の景色であった。

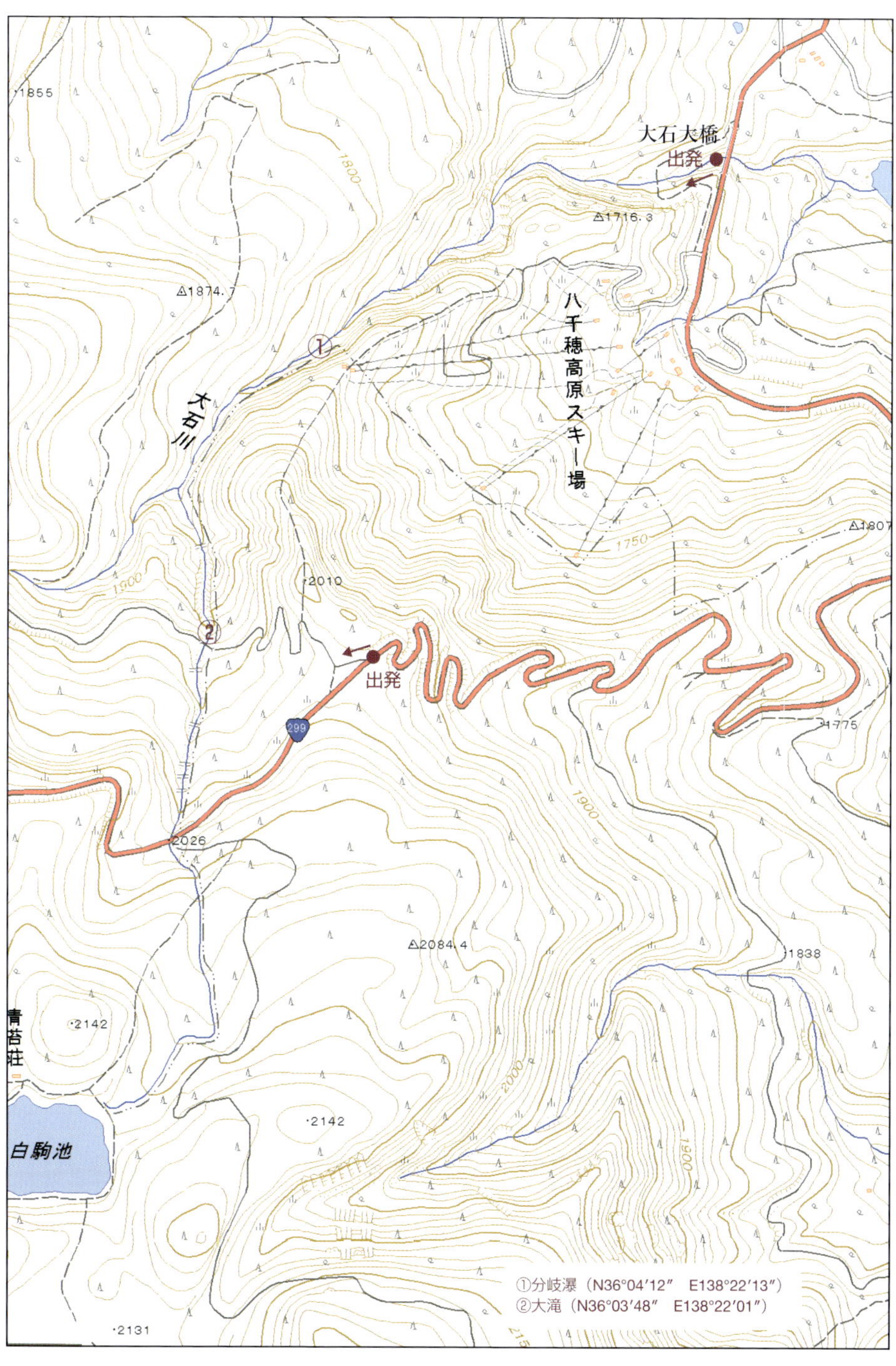
·1855
大石大橋
出発
△1716.3
1800
△1874.7
八千穂高原スキー場
①
大石川
1750
△1807
·2010
1900
②
出発
299
·1775
1900
·2026
△2084.4
·1838
青苔荘
·2142
2000
·2142
白駒池
1900
①分岐瀑（N36°04′12″　E138°22′13″）
②大滝（N36°03′48″　E138°22′01″）
·2131

3

大岳川源流域

佐久穂町上村

◆**大岳川源流域**【おおたけがわげんりゅういき】

大岳川は北八ヶ岳の大岳（2,352m）から双子山（2,223m）間や、双子池周辺の渓水を集め、石堂川と名前を変えて大石川に流れ込み千曲川へと流れ下る。大小の滝を懸け、支流湯沢の渓谷にも滝がある。

掲載滝：大滝　湯沢の滝

写真：大滝

双子池林道沿いの滝

国道２９９号から鷲ノ口方面に向かい、大岳川双子池林道を上って行くと、大岳川が堂古屋沢と合流する地点がある。落差６ｍの魚止滝は、その合流場所の下流に懸る滝で、上部はナメとなり、下部は川幅いっ

二条の滝

①大岳川大滝（N36°06′05″　E138°21′07″）
②湯沢の滝（N36°05′29″　E138°21′29″）

ぱいに流れ落ちていた。「魚止滝」とはいっても、この程度の落差であればイワナも容易に遡上できそうで、上流には釣り人が入渓しているようである。

大岳川が大森沢と合流するところには、落差6mと5mの二条の滝が懸っていた。左股が本流の大岳川で水量も多く、川幅広くいっぱいに流れ落ちている。右股の大森沢は、落差も水量も左股の滝よりは劣っていた。この滝の正式名称は不明である。

大岳川の大滝

大森沢との合流点から上流の大岳川は、蛇行を繰り返し小滝が連続していた。林道が大きくカーブする付近からクマザサの藪を掻き分けて大岳川の河床へと降り、薄暗い鬱蒼とした渓谷を10分ほど遡行する。周辺が開けて明るくなり、落差10mの大滝が現れた。滝の水流は中央の苔生した岩で分かれ、二条となって幅広く流れ落ちていた。この滝は落差の割には滝口への登りが容易で、右岸側の巨石を簡単に登ることができた。滝の上流は延長50mほどのナメが続き、その上流は緩やかな渓流の様相となった。

大岳川支流の湯沢

大岳川支流の湯沢は、北八ヶ岳の八柱山（2114m）に源を発し、大岳川に合流する渓谷である。双子池林道に入って、湯沢の出合から沢に入渓し、砂防堰堤を越えて遡行する。湯沢の渓谷には、小規模な滝が数多く懸かっていた。登り詰めていくと、最上部の大きな堰堤の上に大崩落地が現れ、そこに落差30mの湯沢の滝があった。現地で気が付いたが、その作業用道路があり、車の通行が可能であれば、容易に最上部の砂防堰堤まで行けるようだ。

『日本登山体系』（白水社）によると、湯沢には大小の滝が数多記載されている。しかし、大岳川及びその支流の湯沢は、1982（昭和57）年の豪雨により大規模な土砂崩落が発生、それが土石流となって一気に流れ落ち下流域に災害を及ぼした。また、1984（昭和59）年に湯沢の上流に大規模な土留工（砂防堰堤）が何本も築造されて、湯沢渓谷の様相も大きく変貌したようだ。湯沢の滝は土石流で削られ、オレンジ色の岩肌を剥き出しにして蛇行しながら流れ落ちていた。この滝も多分、昔とは違う新しい形状に生まれ変わったものと思われる。

湯沢の滝

4

金峰山川流域

川上村

◆**金峰山川流域**【きんぽうさんがわりゅういき】

金峰山川は金峰山（2,599m）、瑞牆山（2,230m）に源を発する千曲川源流のひとつ。上流にはいくつもの枝沢があり、金峰山荘からたどる八幡沢や唐沢に滝があるほか、東股沢には災害で変貌した滝もある。

掲載滝：八幡沢の滝　唐沢の滝　いおどめの滝　いおどめ新滝

写真：唐沢の滝

八幡沢の不思議

10月の下旬、川上村の金峰山荘に車を止め、登山道を歩いて八幡沢出合まで行き、八幡沢に入渓して遡行を開始した。この沢の滝まで行く道はなく、河床はガレ場、巨石の連続で足場は悪く、登攀には危険を伴った。

渓谷を登って行くときには渓流に水はほとんど流れていないように見えたが、不思議なことに帰りには音を立てて水が流れていた。「この渓流の水量は時間によって変動しているようだ。この滝に訪れたのは10月であり、気温変化に伴う融雪の影響はないので、間欠泉のようなものか、気圧によるものか、あるいは月の引力などが関係しているのか、メカニズムはよく分からないが自然の神秘である」などと考えながら帰路に着いた。そのことを砂防や河川の専門家らに話したところが一蹴にふされてしまった。後日、別の渓流を歩いている時、ふと自分の錯覚だったことが分かった。理由は上流の高い位置から渓流を見下ろす方が見通しが良くて水量が多く見えるためらしい。全く赤面である……。

八幡沢を登り詰めていくと、絶壁の上から岩肌をわずかな水が滴り落ちる落差30mの八幡沢の滝が懸かっていた。なお、この滝を訪れたときには、渇水期のためか水量は少なかったが、降雨時には見事な滝に変身することであろうと想像して帰った。

八幡沢の滝

唐沢の滝

廻り目平から金峰山荘に向かうと、左右にのこぎりの刃のような切り立った奇形岩の尾根山が続いている。金峰山荘に車を止めてカモシカ遊歩道を1時間ほど上ると、落差40mの唐沢の滝があった。見上げる黒い岩盤から多段となって流れ落ちる白い糸のような清閑な滝で、川上村を代表する大滝でもある。カモシカ遊歩道は、はじめはなだらかだが、途中から巨石のある険しい登山道となるので足元には十分な注意が必要である。

いおどめ滝といおどめ新滝

金峰山川の支流の東股沢には「いおどめ滝」がある。「いおどめ」とはこの地域の方言で、「魚止め」のことである。廻り目平から林道川上牧丘線に入り、大弛峠方面

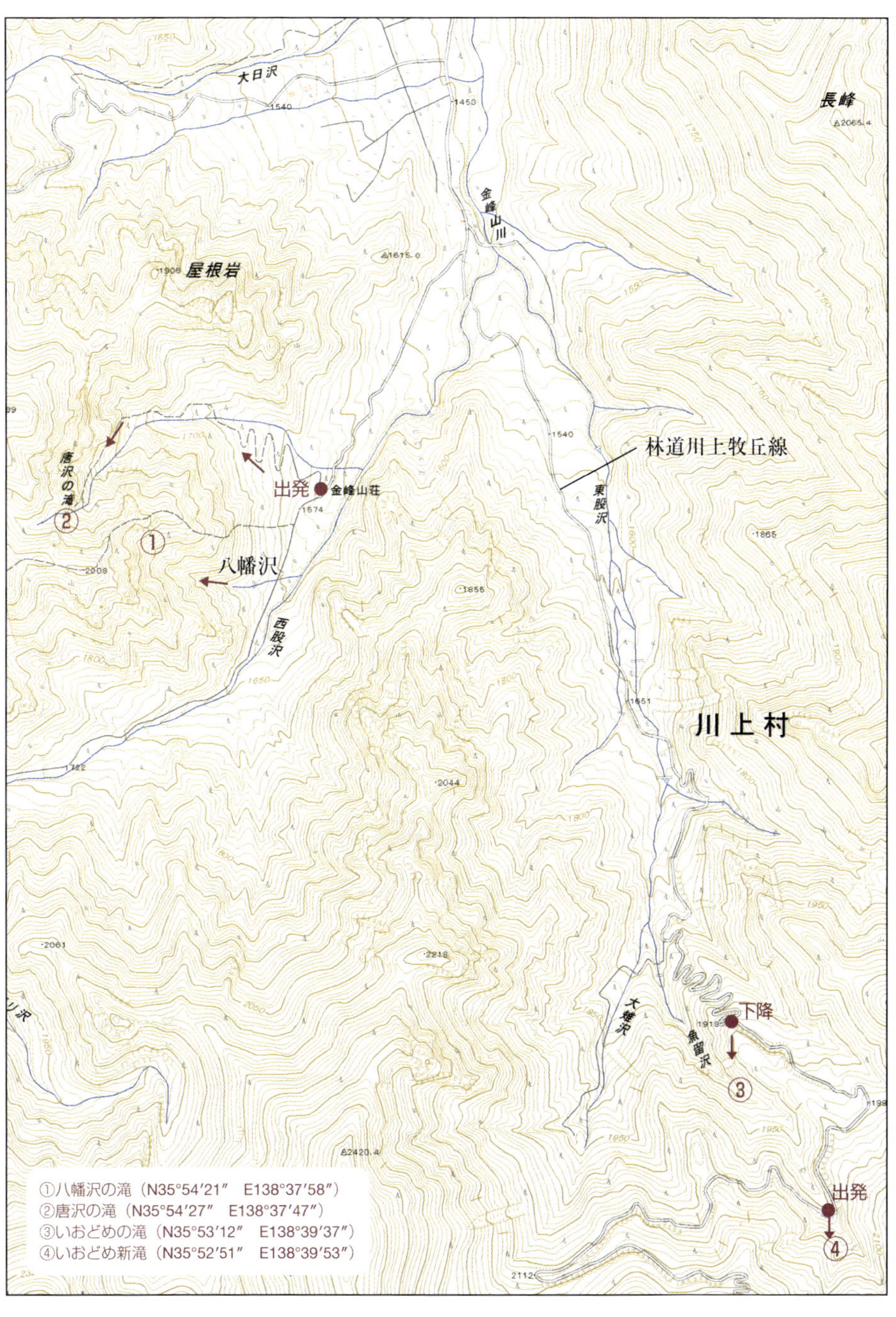
大日沢
長峰
金峰山川
屋根岩
林道川上牧丘線
唐沢の滝
出発
金峰山荘
②
①
八幡沢
東股沢
西股沢
川上村
大蛭沢
魚留沢
下降
③
出発
④
①八幡沢の滝（N35°54′21″　E138°37′58″）
②唐沢の滝（N35°54′27″　E138°37′47″）
③いおどめの滝（N35°53′12″　E138°39′37″）
④いおどめ新滝（N35°52′51″　E138°39′53″）

いおどめの滝

に上って行き、林道の途中から東股沢に入ると、二条となって流れ落ちる落差10ｍのいおどめ滝があった。滝の上は茶色の平らな岩盤でナメになっている。滝下まで行ける道はなく、軽装では危険である。厳寒期に訪瀑したことがあるが、東股沢の渓流は深い積雪で人を寄せ付ける状態ではなかった。

いおどめ新滝

　東股沢の上流は「魚留沢」の地名となっているが、村の知人の話によると、以前その付近で滝は見かけなかったという。

　１９８２（昭和57）年8月に発生した台風10号は、川上村で総雨量３１５ミリを記録し、さらに同年9月には台風18号が襲来した。また翌年にも台風5号が上陸し、川上村で総雨量２３８ミリを記録した。この連続した台風により南佐久地域は大災害を被り、各渓流も様相が一変した。土砂が押し出して荒廃渓流となった。この時に東股沢の「いおどめ滝」からさらに上流に姿を現わしたのが落差6ｍの「いおどめ新滝」である。

　ちなみに、近年豪雨により出現した滝は、北安曇郡松川村にもある。２０００（平成12）年8月の集中豪雨により、芦間川右岸支流の表土が流出して落差12ｍの滝が誕生した。一般公募により「親子糸滝」と名付けられた。

5 杣添川源流域

南牧村海ノ口

◆杣添川源流域【そまぞえがわげんりゅういき】

八ヶ岳連峰の横岳（2,829m）からの北沢、横岳と赤岳（2,899m）間の稜線に発する南沢が杣添尾根を挟んで流れ下り、合流して杣添川となる。両沢とも源流付近の急峻な山の岩壁に険しい滝を懸けている。

掲載滝：二段の滝　北沢大滝　日の岳沢右股の滝・大滝　日の岳沢左股大滝
南沢左股大滝　南沢左股左ルンゼの滝群　南沢左股右ルンゼ大滝

写真：北沢大滝

杣添川北沢

『日本登山体系』（白水社）によれば、北沢には北沢大滝があるというので遡行を試みた。西部別荘地の横岳登山道から富士見岩遊歩道を歩いて林道に出る。北沢橋から、けもの道を頼りに北沢右岸の原生林を沢沿いに上っていくと、左岸はガレとなってきた。そこから河原に降り、上流から押し出されたゴーロの河床を遡行すると、やがてゴルジュとなった。

二段の滝

ゴルジュの奥には落差20ｍの二段の滝が懸っていた。下段は八ヶ岳溶岩の赤い岩肌の直壁に流れ落ち、上段は安山岩と思われる節理の積み重なった岩壁に斜瀑となっていた。この滝を直攀するのは高度の技術を要するので、少し下流のルンゼから大きく高巻きして、滝口へ降りるルートを考えた。しかし、いざ登っていくと滑りやすい急傾斜で危険だった。無事、二段の滝の滝上に降りて上流を見ると、安山岩と思われる節理の入った岩壁を流れる落差20ｍのナメ滝が続き、その上流では赤岳溶岩の赤い岩盤に落差3ｍの小滝が懸っていた。

北沢の二段滝

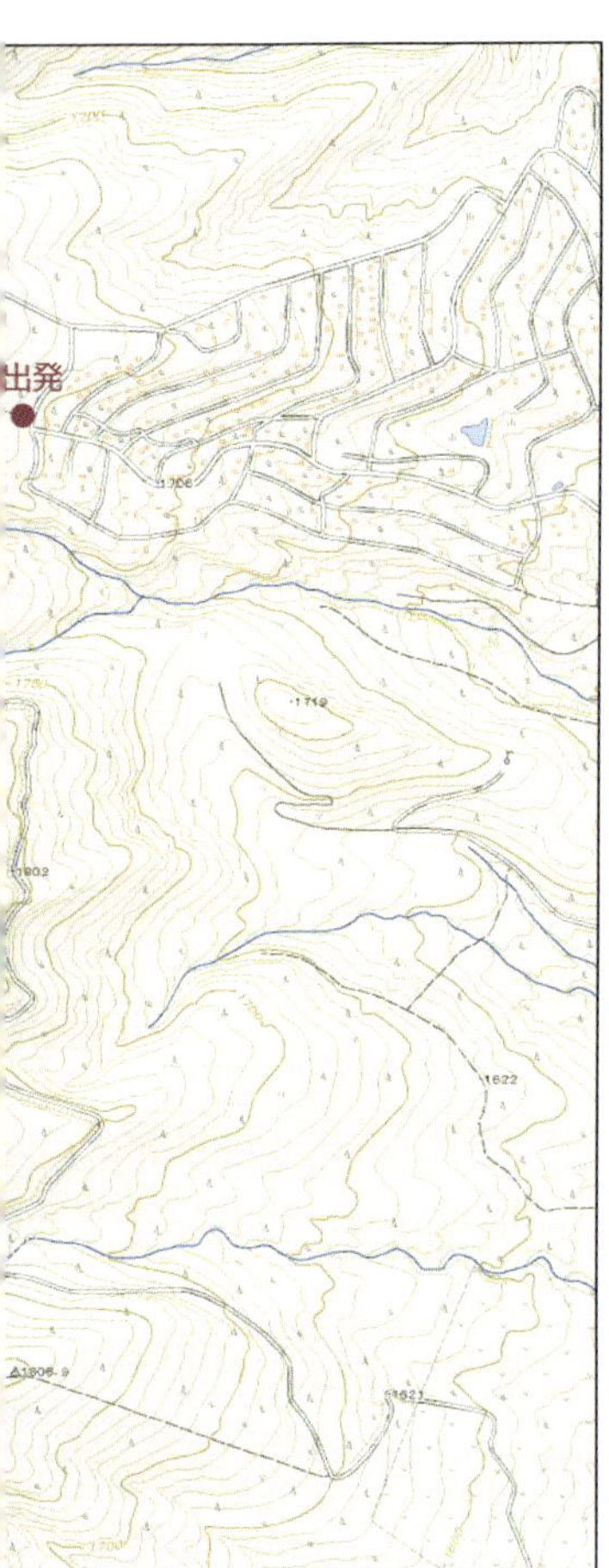

北沢大滝

小滝を越えると、その上流は三股に分かれ、右股ルンゼ、正面ルンゼ、左股ルンゼとそれぞれに滝を懸けていた。いずれも水量は少ない。三股の中でメーンは正面ルンゼ奥にある落差35ｍの北沢大滝である。上段は落差25ｍで、垂直に近い八ヶ岳溶岩のゴツゴツとした岩面を流れ落ち、下段は落差10ｍの樋状をなしている。この滝の上流にも滝が連続するが、水量は少なくなり、登攀の難度が高いエキスパートの領域となるので断念して引き返した。

杣添川南沢

杣添川南沢へのアプローチは二通り考え

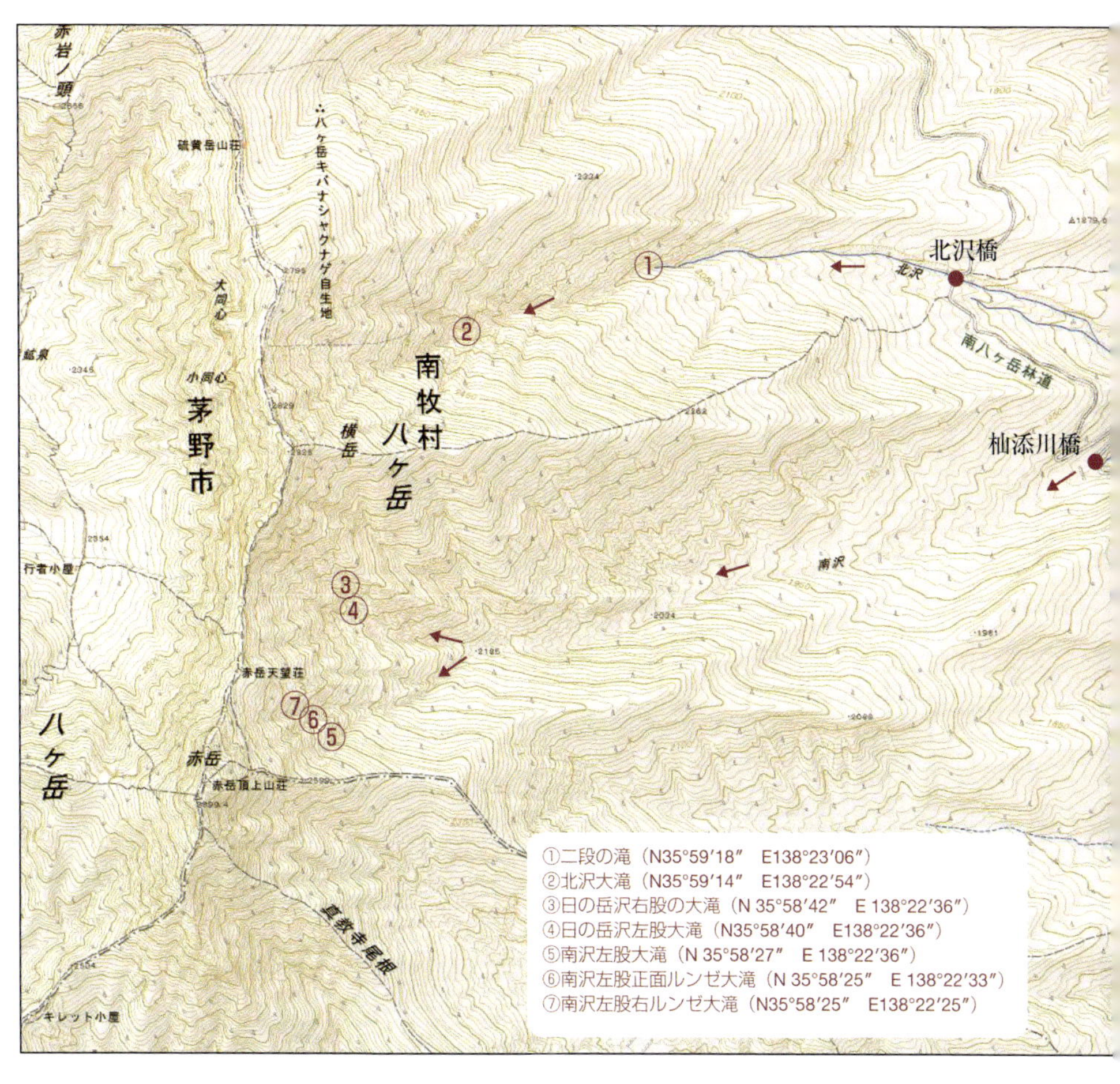

られるが、いずれも歩く距離が長いのが難点である。一つは、西武海の口別荘地から横岳登山道口の駐車場に車を止め、まず登山道を約20分歩き、さらに杣添川の北沢出合（北沢橋）から南八ヶ岳林道を約1・7km歩くルートである。もう一つは国道141号から八ヶ岳牧場を横断して南八ヶ岳林道を行き、赤岳登山口の駐車場に駐車、南八ヶ岳林道を1・4km歩き板橋川出合を経て、そこからさらに2・7kmほど歩くルートである。

南沢は、杣添川橋から中流域は緩やかな勾配の河原が続く。林道から左岸の笹藪の中を1時間30分ほど歩いていくと鉾岳沢が流れ込んでいる。標高2150mのこの付近で鉾岳沢、日の岳沢、左股の3つの沢に分かれ、その上流部では高度を上げて滝場を形成している。それぞれの渓谷の最上部は急峻なルンゼとなり一気に稜線へと突き上げる。いずれの沢も複雑に分岐していて滝を懸けているが、高度を増すごとに水量が減って涸れ沢となる。夏場はあまり見応えがしない滝であるが、冬季には素晴らしい氷瀑に変身する。南沢上流の急峻な各ルンゼは夏場でも険悪である。この流域をわざわざ訪れる登山者は少なく、今なお秘境の地といっていい。

日の岳沢

南沢本流の日の岳沢は、上流部では大まかに左股と右股に分かれる。鋒岳沢の出合を通り過ぎ、その先で右岸から合わさる南沢左股との分岐を左に見やりながらしばらく遡行すると滝場となる。落差6m滝を越え、2つ目の落差8mとその上流のナメ滝は左岸を高巻いた。しばらくナメが続き、そこへ左岸から支流が出合うが、それはすぐに枯れ沢となる。その先で日の岳沢は右股・左股に分岐する。本流は左股である。

この分岐でまず右股をたどった。右股の出合には約40mの間に落差5mほどの小滝やナメが連続していた。その奥には落差15mの大滝、その上に落差8mほどの滝が続いた。右岸を高巻くと枝沢との出合に落差8mの滝が現れた。直登困難なこの滝はまず右岸枝沢を高巻いて越えてから横断し、尾根に上がってたどると、ゴルジュのナメの上流に落差20mの大滝が懸っているのが見えた。水量はほとんどなく岩面が濡れている程度である。この上流にも滝が続き、日の岳と鋒岳間の稜線まで突きあげているが、エキスパートの領域だった。

分岐まで戻り今度は本流の左股をたどって約200m登攀すると、落差12mの左股大滝が懸っていた。この滝も水量は少ない。上流にも滝が連続していたが、ここもエキスパートの領域であった。

南沢左股本流

鋒岳沢・日の岳沢・左股の分岐まで戻り、今度は左股の荒廃した沢へと遡行した。すぐに水が伏流して涸沢となった。やがて沢は右に曲がり、再び水流が戻り滝場が始まった。落差8m、10m、12m滝と続き、なお落差7m滝、渓流瀑と続いた。

左ルンゼが合流する場所で大石が現れ、

日の岳沢右股の大滝

日の岳沢左股の大滝

南沢左股右ルンゼ大滝

南沢左股正面ルンゼ大滝

そのすぐ上に落差10mずつの2つの滝が続いて先への登攀を難しくした。それらを乗り越えると左股本流の最上部となり、この沢を代表する落差20mの大滝が懸かっていた。ここまで来ると水量は細く、幅広い岩壁を濡らす程度であった。ただ、降雨時には目を見張るほどの滝に変身するだろうと想像できた。

左股本流の最上部からは、赤岳へ突き上げるようにさらに上へ正面ルンゼと右ルンゼの二股に分かれる。右ルンゼはすぐにゴルジュとなり、落差6mのチョックストーン滝、ナメ滝が続いた。右岸を高巻くと大きな洞窟があり、さらに急斜面を上ると落差20mの大滝があった。その上流にも滝は続いたがエキスパートの領域であった。

正面ルンゼの方は、二股から出合いざま約200mの間に全長70mの大滝を懸けていたが、そこに生えた木に遮られて全景は見えなかった。その上流部はさらに険悪で危険で、エキスパートの領域となっていた。なお両ルンゼともに水量はごく少ないが、冬季には氷瀑となりその雄姿を見せる滝のようである。

ところで、この南沢左股の上流には山小屋があるが、軽油の廃ドラム缶や合成樹脂の貯水タンクが数多く流れ着いて景観を損ねているのは残念である。

南沢左股本流の大滝

滝のでき方

滝のでき方には、次のような要因がある。
①差別浸食によるもの
②本流と支流の浸食力の違いによるもの（かかり谷、懸谷）
③地下水の流出によるもの
④断層のずれにより形成されたもの。
滝を造る岩石を造瀑層または造瀑岩と呼ぶ。堆積岩地帯の谷では、地質の硬軟によって段差ができる差別浸食のため、チャートや礫岩など周りより硬い岩石が造瀑層となっていることがある。また堆積岩のなかに火成岩の岩脈などが貫入したためにできた滝もある。火山の周辺に見られる多くの滝は、過去の噴火で流れ出た溶岩が造瀑層となっている。山国の長野県には渓谷の中に美しい滝が数多くあり、見事な自然美を作り出している。

滝の落差（高さ）

滝の落差（氷瀑の場合は高さ）については、市町村が公表している数値があるが、それ以外にもマニアによる目視や測定数値が文献などに記載されている。古い郷土誌に記載されている滝の落差は、先人達が滝口から紐を垂らして計測したといわれている。今ではレーザー測定器によって、ほぼ正確に測定することができるようになった。しかし、滝の落差については、そもそも起点と終点が明確でない場合が多い。ナメの部分や滝壺の深さも含めるのか、渓流瀑の場合の滝口はどこかなどの疑問が残る。したがって、滝の落差も定義が曖昧といえ、観光目的のために過大な数値を公表していると思われるものもある。ちなみに世界一はベネズエラのカナイマ国立公園にあるエンジェルフォールの落差979mである。日本の一番は立山連峰の称名滝（350m）横にあるハンノキ滝（約500m）で、長野県内では山ノ内町にある全国7位の澗満滝（107m）である。

滝の数

環境省の調査では、全国の滝の数は2488本とされている。インターネット上では、全国で約1万4千本を紹介しているホームページなどもある。明治のはじめに編纂された『長野縣町村誌』によると、長野県には270余の滝が記載されている。筆者が踏査や調査をしたところ、長野県の滝の数（淵を含む）は、1600本以上あると思われる。ただし、滝の定義が明確でないことや、新たに発見されたもの、自然災害で消滅してしまったもの、ダムで埋没したものなどがあり、正確な滝の数を把握するのは難しい。ちなみに滝は、1本、1筋、1条と数える。

第二章

上田地方

上田市
青木村
千
曲
川
東御市
7
6
長和町
6 武石川流域
7 宮淵川臼川

6

武石川流域

上田市武石本入

◆**武石川流域**【たけしがわりゅういき】

支流の茂沢川は美ヶ原の物見石山（1,984m）から流れ、諸渓水を集めて武石川へと流下、依田川と合流して千曲川に注ぐ。美ヶ原の王ケ頭から北流して武石川に合流する焼山沢は、登山道沿いに滝を懸けている。

掲載滝：必経が滝　虹の滝　焼山沢の七滝　　写真：焼山沢四の滝

必経が滝

必経の滝

上田地方では、秘境の滝と呼ばれるような滝はあまりない。強いて挙げるとすれば、アプローチの難易度が高い茂沢川の落合沢ぐらいである。『長野縣町村誌』の下本入村の項に「【必経瀧】　高さ八丈四尺、幅二間、茂沢山より發し、本村の西の方、茂沢川の流れに落つ……」とある。

県道62号線の武石下本入の二本木から茂沢川に沿って林道を上っていくと、林道終点に砂防堰堤があり、そこに車を止める。茂沢川本流はそこで落合沢と名前を変える。落合沢の緩やかな河床を遡行すること約1時間。落差25ｍの必経が滝に着いた。ただし、この間は渡渉もあり、滝までには危険な場所も多くあった。必経が滝は、黒いひん岩の岩肌を白い筋が一気に流れ落ちていて、そのコントラストが神秘的で美しい。

また別の日、茂沢林道の虹滝橋から虹の滝を経由して、渓流沿いに必経が滝まで下降してみた。約30分で着いたが、渓流の下りは足場が悪く、滑りやすいため危険である。必経が滝の上流は二股に分岐していて、左股の出合にも苔むした凝灰角礫岩の岩間を三段に曲がりくねって流れ落ちる落差15ｍほどの渓流瀑があった。その清冽な水流をしばらく見ていると疲れが吹き飛んでしまった。

虹の滝

『長野縣町村誌』の下本入村の項には「……この奥に虹の瀧あり。高さ七丈五尺、幅六尺、水迸しりて旭の之れに映ずるときは、嘩然として虹をなす。故に此称あり」とある。虹の滝へは、茂沢川を遡行するよりも、美しの国別荘地からアプローチして、先ほどふれたように虹滝橋から向かう方法が安全である。美しの国別荘地から分

虹の滝

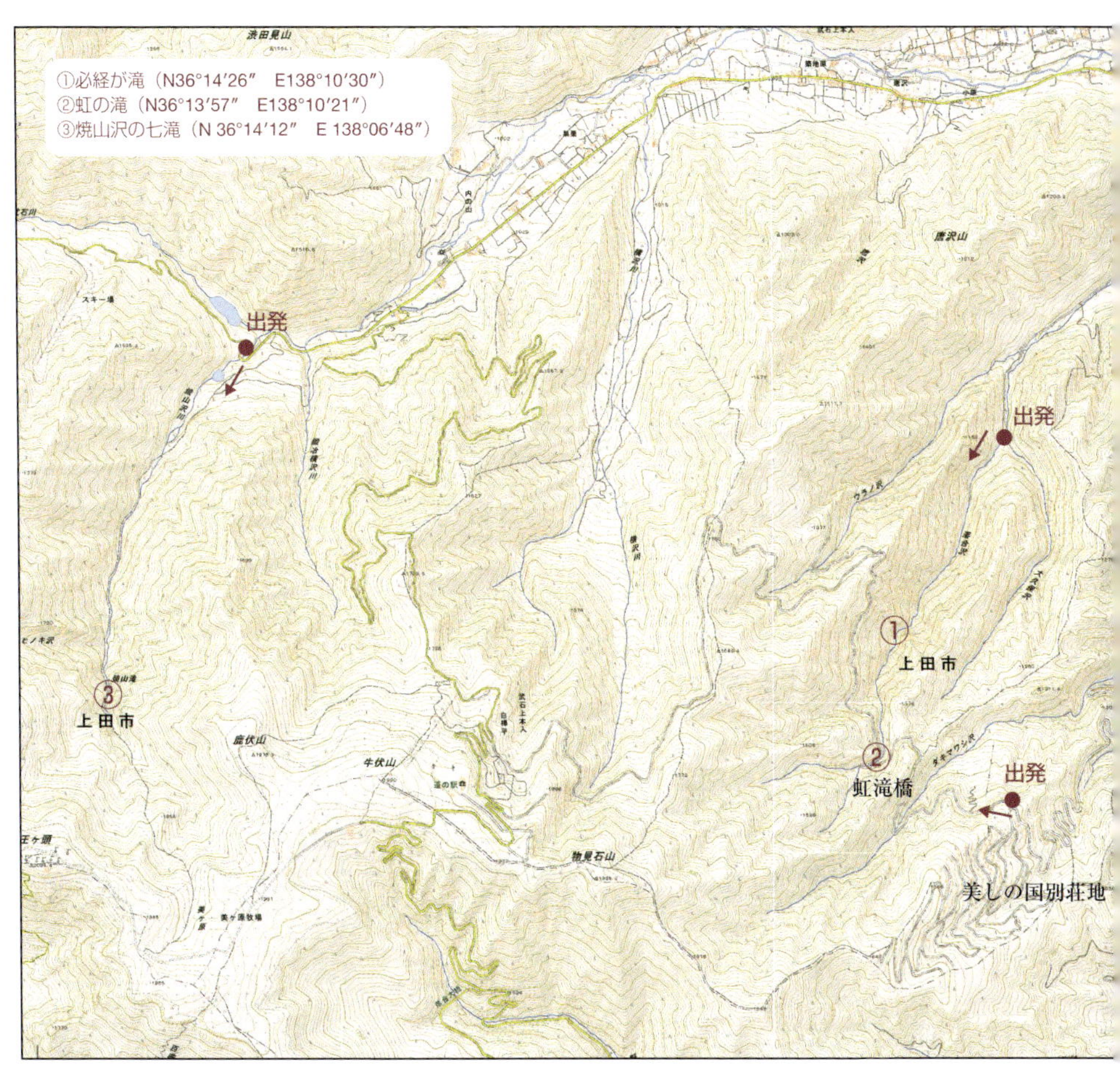

かれていく市道獅子が城線（茂沢林道）へのゲート前に車を止め林道を歩くと虹滝橋があり、その橋の下に綺麗な落差17ｍの虹の滝が懸かっている。

黒色のひん岩に当たって飛び散る水しぶきに日光があたると虹ができるというが、運が悪かったのか虹を見ることはできなかった。なお、虹の滝までの遊歩道はないので、林道からの下降には十分な注意が必要である。

武石川支流の焼山沢

焼山沢沿いには登山道が整備されていてアプローチは容易である。焼山滝は比較的知名度のある滝だが、周辺の焼山沢七滝と呼ばれる滝群はあまり踏査されていないようである。そこで入ってみることにした。

焼山登山口には美ヶ原焼山沢登山道コースの案内板があり、登り約3時間、下り約2時間15分で美ヶ原へ登山できる。車で美ヶ原へ行くのは容易だが、登山道歩きも人気のようだ。焼山登山口から砂防ダム下の小滝を横に見て林道に出る。さらに徒歩20分で丸太橋があり、そこから登山道となる。約2・7㎞付近の焼山滝手前の右岸を少し入ったところには、「トガの親木」（樹齢約400年、高さ18ｍ、幹周り3・8ｍ）がある。トガの親木への入口から少し登り、登山道を外れて沢沿いに行くと、原生林の中に幻の滝ともいわれている落差20ｍの焼山滝が現れた。この滝は別名「雄滝」または「飛竜」とも呼ばれている。このメーンの滝のほか、周辺には滝が多くあり、全体で焼山沢七滝と呼ばれている。

焼山沢の七滝

焼山滝の右側の断崖に懸かる落差10ｍの滝が雌滝である。雌滝は崖の途中から湧出する潜流瀑で、水量は少ないが幾筋もの流れが苔生した岩肌を滴るように流れ落ちていた。

焼山沢雄滝

焼山沢小滝

焼山滝（雄滝）の上流にも滝が連続しているが、たどって行くのは非常に危険である。昇竜の滝は、雄滝の上段にある落差10ｍほどの斜瀑で、高巻きする登山道から焼山沢へ下降すると滝の左岸側に行ける。だが、これも危険を伴うのでお奨めはできない。なお「七滝」と呼ぶ場合、この滝も一つと数えるのか、またどの滝が七滝に該当するかは定かではない。

昇竜の滝の上にも落差6ｍの滝があり、苔生した岩盤を流れ落ち、大きな滝壺をもっていた。この滝も滝下に降りるのは危険なので、左岸にあるテラス状の場所から眺めるのが無難だ。巨石の河床を登ると、その上流にも落差10ｍの滝があり、凹凸のある岩肌を末広がりとなって流れ落ちていた。

焼山滝を大きく高巻いて続く登山道をたどると、焼山沢に注ぐ支流の沢と交わり、そこには苔生した岩壁の隙間から幾筋もの水が流れ落ちる「小滝」と呼ばれる落差10ｍの滝が懸っている。登山者が一服する場所でもあり、飛沫が跳ねる湿地にはダイモンジソウが群生していた。

小滝から少し先にある登山道の梯子を登り、左下の焼山沢本流を覗き込むと上部がチョックストーンとなって流れ落ちる落差8ｍの滝が見えた。焼山沢まで降りて滝下へ行ってみると、下流には渓流瀑が続いていた。

7

宮淵川 臼川

青木村奈良本

◆宮淵川 臼川【みやぶちがわ うすかわ】

臼川は御鷹山（1,623m）と入山（1,626m）の間の稜線に発し、少し下って宮淵川となり、さらに沓掛川と名前を変えて田沢川に合流する。地元でも立ち入る人の少ない上流に滝を懸けている。

掲載滝：臼川の大滝

写真：臼川の大滝

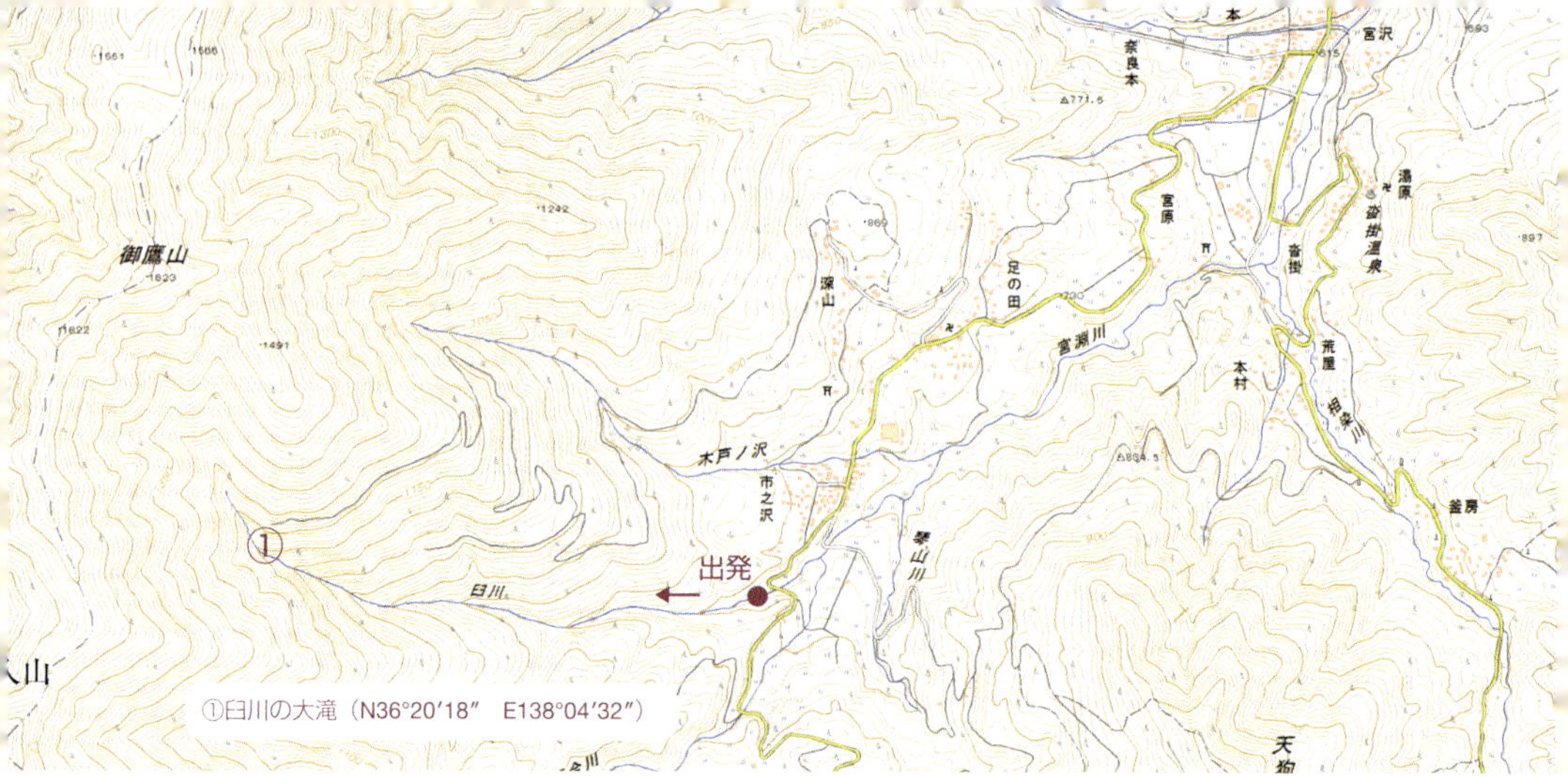

①臼川の大滝（N36°20′18″　E138°04′32″）

臼川

青木村の沓掛川の支流にある滝沢の不動滝は、毎年お祭りも行われ、よく知られている滝だが、沓掛川上流にあたる宮淵川源流の臼川にある滝については、知る人も少ない。地元の入奈良本の雑貨店の主人と立ち話をしていたら偶然にも「臼川上流には大きな滝があり、昔、山に入った人が写真を撮ってきて、公民館に白黒の写真が飾ってある。しかし、最近は地元の人も行ったことがなく、村人でも一部の人しか滝の所在を知らない」とのことである。

雑貨店の主人に教わったとおり、最近できた砂防堰堤を越えて臼川へと入渓した。しばらくすると、左岸側に作業道があったが、臼川の上流へは延びていなかった。そこで、昼間でも薄暗い陰鬱な感じの渓流の中を遡行することにした。やがて倒木が重なる荒廃した渓流となったが、臼川上流は確かに人が踏み入れた形跡もない薄気味の悪い雰囲気の場所であった。

臼川の滝

倒木群を過ぎると、滑りやすい岩盤のナメが延長で150mほど続いていた。その上流には延長30mほどの多段瀑が現れた。その滝を乗り越えていくと、その奥に落差20mの臼川の大滝が現れた。大滝は凹凸のある岩盤を流れ落ちていて、霊妙な雰囲気さえ感じられた。昔は、山林は炭焼きなどで生計を立てる重要な場所であったので、この滝にも地元の人は訪れていたと思われる。今では化石燃料の時代となり、訪れる人もいなくなったこの滝は、すっかり忘れ去られてしまったようだ。山林の手入れがままならず、荒廃しているのは残念であった。

第三章

長野地方

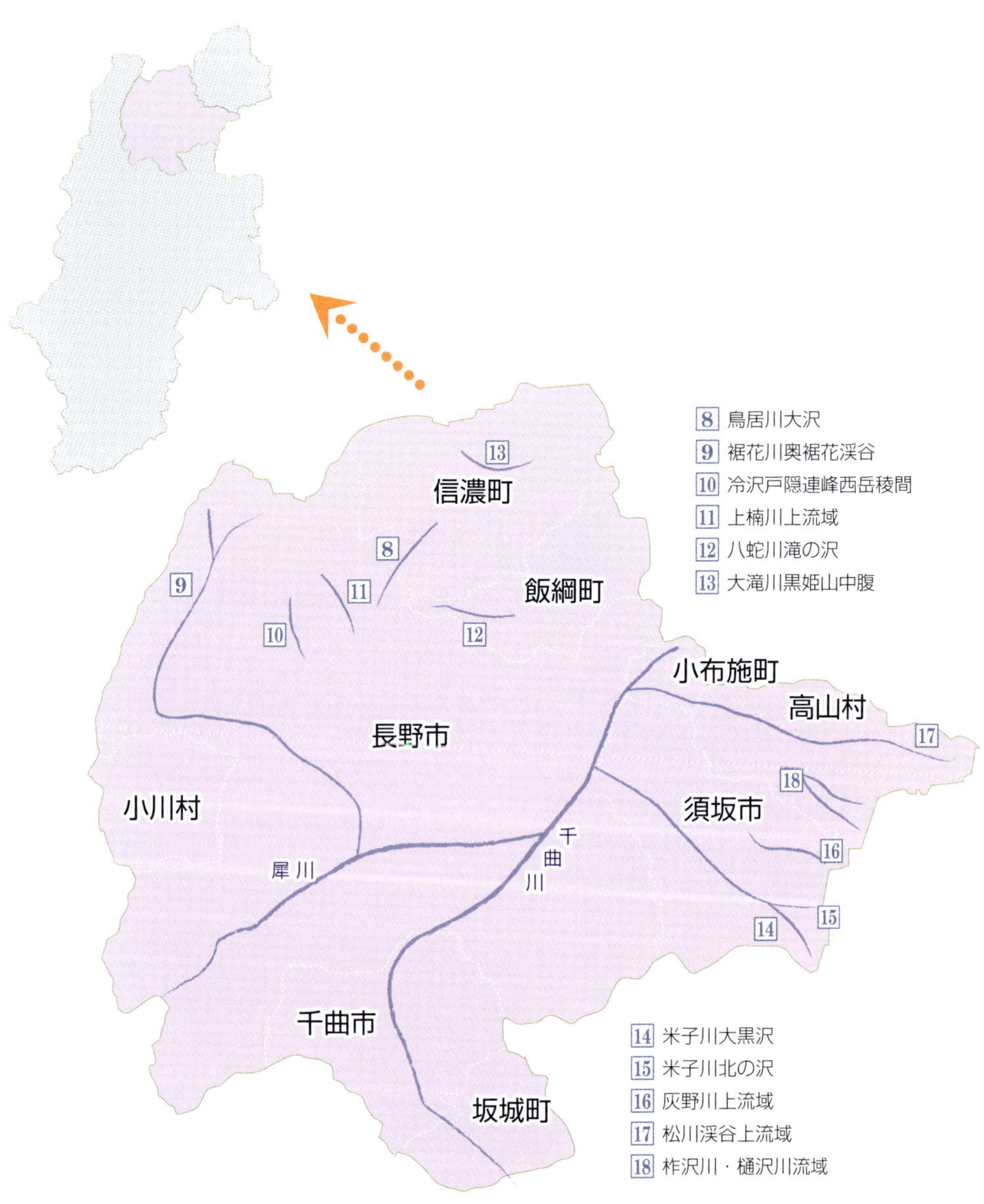
8 鳥居川大沢
9 裾花川奥裾花渓谷
10 冷沢戸隠連峰西岳稜間
11 上楠川上流域
12 八蛇川滝の沢
13 大滝川黒姫山中腹
信濃町
飯綱町
長野市
小布施町
高山村
小川村
須坂市
犀川
千曲川
千曲市
坂城町
14 米子川大黒沢
15 米子川北の沢
16 灰野川上流域
17 松川渓谷上流域
18 柞沢川・樋沢川流域

8

鳥居川（とりいがわ） 大沢

長野市飯綱

◆鳥居川 大沢【とりいがわ おおさわ】

大沢は飯縄山火口原の水を集め、北北東に5㎞ほどの直線状の深い渓谷を刻んで鳥居川に合流する。流域が信濃町から長野市の地籍となる辺りの上流域二股分岐で左股をたどると、人知れず滝が流れ落ちている。

掲載滝：大沢の滝

写真：大沢の滝

大沢遡行

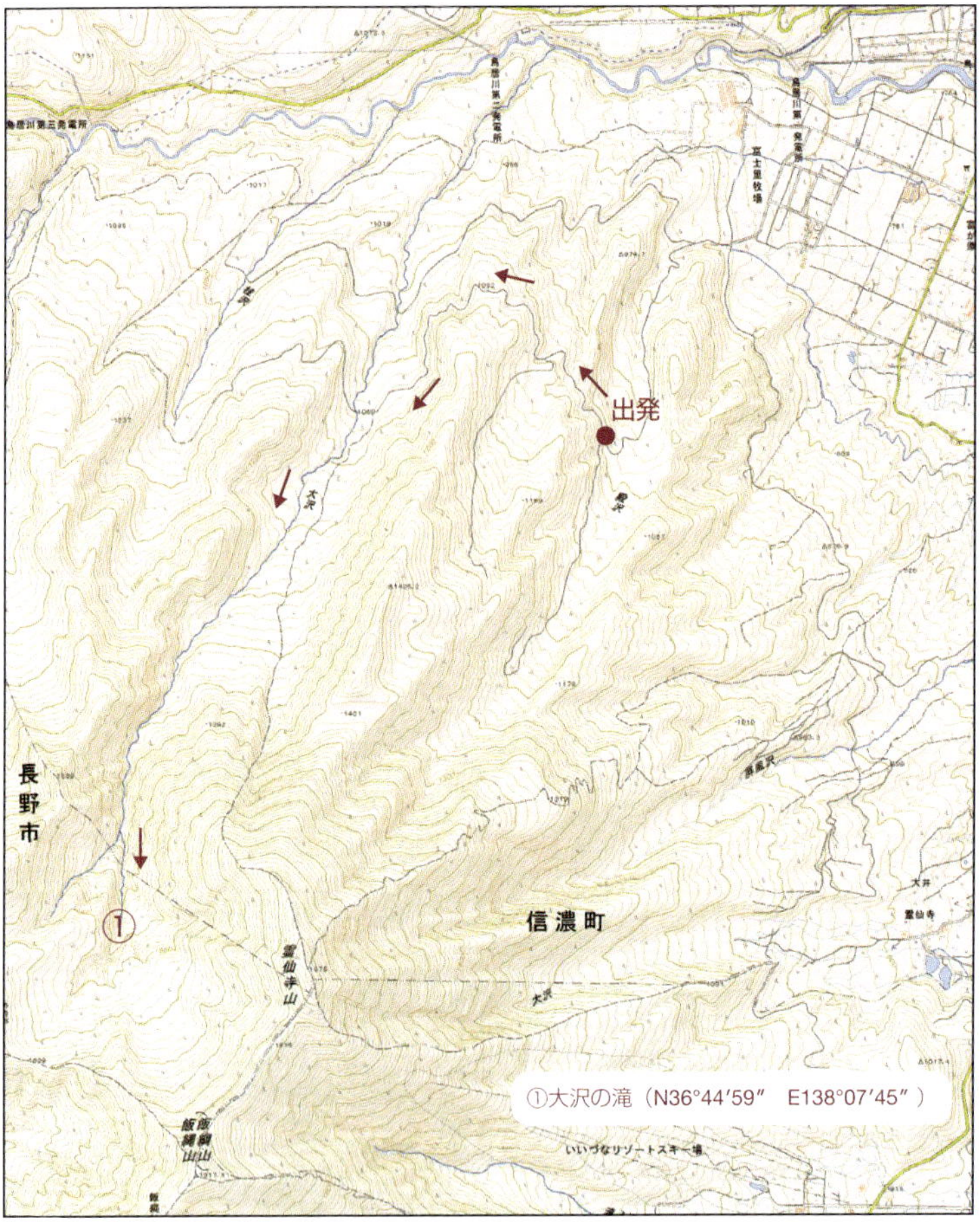

県道栃原北郷信濃線を飯綱牧場から鳥居川林道に入り、ゲート前に駐車して林道を歩くと大沢橋があった。大沢橋の右岸の作業道跡をたどっていくと、だんだん大沢とは離れてしまうので、途中から笹薮を掻き分けて大沢に入渓、河床の遡行を開始した。大沢の中流域は勾配も緩やかな平凡な川で、釣り人も多少は入っているが、特筆するような滝や淵はなかった。上流域に足を踏み入れると、踏み跡はおろか人が訪れた形跡すらない場所だった。まさに秘境の地と言っても過言ではない。

出発

長野市

信濃町

①

①大沢の滝（N36°44′59″　E138°07′45″）

大沢の滝

大沢上流域の二股で左股に入り、小滝や渓流瀑を乗り越えながら６００ｍほど遡行すると、右岸側の斜面に細滝が現れた。それを見ながら本流奥へと進むと、前衛滝を従えた大沢の滝が懸かっているのが見えてきた。落差６ｍで大沢溶岩の崖上から二段となって大きな滝壺へと流れ落ちている。大沢の滝は規模は小さいが閑散とした雰囲気の中、末広がりとなって流れる美しい滝であった。

9

裾花川 奥裾花渓谷

長野市鬼無里・戸隠

◆裾花川 奥裾花渓谷【すそばながわ おくすそばなけいこく】

裾花川は戸隠連峰の最高峰・高妻山（2,352m）を主水源とし、上流は堂津岳（1,926m）、戸隠山（1,904m）、西岳（2,043m）などからの沢が合流する。奥深い山域の訪瀑には、岩壁が屹立する険しい谷が待ち構えている。

掲載滝：魚止滝　小清水沢F１～F３大滝　クルワドウ滝　奥裾花自然園の大滝　写真：F3大滝

奥裾花渓谷

国土地理院の地形図で奥裾花渓谷の滝を探すと、濁沢、小清水沢、地獄谷、裾花川本流それぞれの上流に多くの滝記号が記載されている。また、『日本登山体系』（白水社）などにも数多くの滝が紹介されている。しかし、この渓谷は奥深くて地形も非常に険しい。したがって一般者の日帰りの入渓には限度がある。また、木曽殿アブキの上流には２０１１年頃、スリット式砂防堰堤２基が築造され、なお一層のこと裾花川の遡行を困難にしている。熟知したガイド付きでないと行けない秘境で、もう若くはない齢になると夢のまた夢の領域である。

奥裾花本流遡行断念

奥裾花渓谷は、第三紀層の日影砂岩礫岩層を断ち割って裾花川が南流しているため、比高１００ｍの絶壁が全長５㎞にわたって連続している。ブナ帯に属する渓谷林は、春の新緑、秋の紅葉が美しく一帯は壮大な自然景観をつくっている。

奥裾花自然園に向かう途中の市道が大きくカーブする手前から工事用道路を入り、そこから入渓した。大きな洞窟「木曽殿アブキ」までの遊歩道の吊り橋は現在は壊れていて、膝上まで水に浸かりながら裾花川を渡渉した。左岸の荒廃した遊歩道を少し歩くと木曽殿アブキがあった。木曽殿アブキからは平坦な河床を歩いて行くと、最近できたスリット式砂防堰堤が現れ、その両側も岩壁となって行く手を阻まれた。右岸側を大きく高巻いてそれを越え本流へ下降して遡ると、両岸に垂直の大岩壁が屹立つ渓谷となり、その間を平坦な河床が続く絶景になった。しばらく遡行すると左側から小清水沢が流れ込んだ。

さらに遡行を続けると、２０１０（平成22）年に左岸の沢で発生した大規模な土砂崩落が裾花川を堰き止めてつくった大きな池が遡行を拒んでいる場所があった。崩落による倒木を乗り越え、土砂の自然池を高巻きしてしばらく歩くと、川は狭まってゴルジュとなり、深い淵をつくっていた。この淵は水深が胸の辺まであり泳いで進んでみたが、上流は険しさを増し登攀できる地形ではなかった。

少し戻って左岸側の尾根を高巻きして裾花川を覗き込むと、落差５ｍの魚止滝が見えた。魚止滝の上流には小滝やナメが連続していた。ここから上流で合流する地獄谷や合流点付近にある奥魚止の滝を目指すには、尾根をさらに大きく高巻きして山中を１時間以上も歩かなければならない。高度な登攀技術がないと難しいため、ここで遡行は断念した。なお国土地理院の地図では、奥魚止の滝が魚止滝と記されている。

小清水沢

裾花川の右岸支流である小清水沢は、乙妻山（２３１８ｍ）を水源とし、裾花川に合流する渓流で、多くの滝を懸けている。

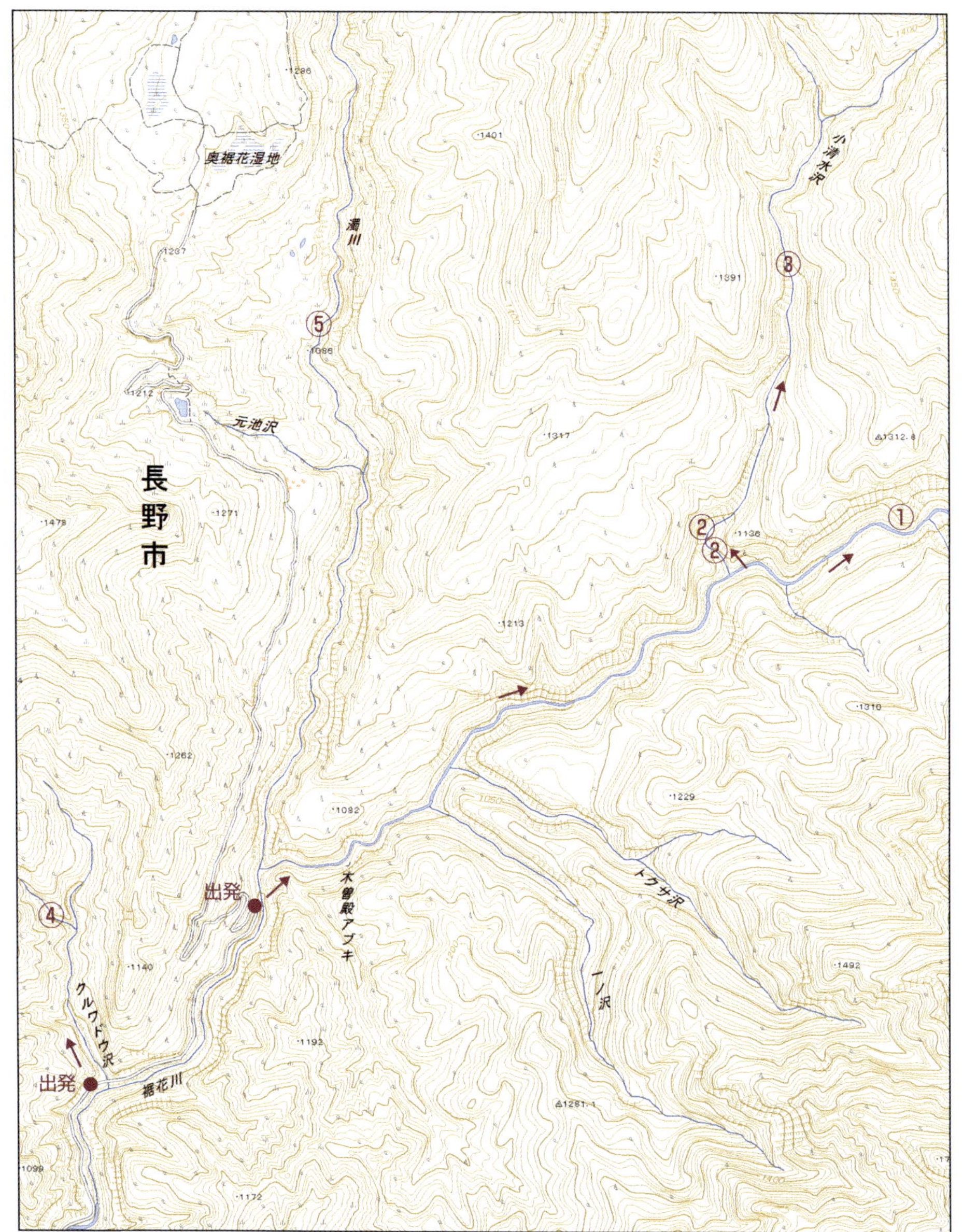

①魚止滝（N36°46′46″　E138°01′16″）
②小清水沢Ｆ１、Ｆ２滝（N36°46′42″　E138°00′35″）（N36°46′45″　E138°00′37″）
③小清水沢Ｆ３大滝（N36°47′16″　E138°00′48″）
④クルワドウ滝（N36°45′57″　E137°58′53″）
⑤奥裾花自然園の大滝（N36°47′07″　E137°59′32″）

F1滝

F2滝

日を改めて行ける所まで行こうと小清水沢遡行を決行した。木曽殿アブキから約1時間30分、河原の中を遡行すると、小清水沢の出合に着いた。少し小清水沢に入った場所に最初の「F1滝」が現れた。滝は落差8mの直瀑で、広い滝口からやや狭まった岩の間を豪快に流れ落ちている。左岸を高巻いて滝上に出ると、その上流には小滝2つが続いた。小滝の上には右岸から細滝が流れ込んでいた。

滑りやすい岩肌の小滝2つを越え、少し上ると前衛滝があり、その上流に落差15mのF2滝が懸かっていた。周囲は馬蹄形に削られた岩壁で、その中央に豪快に水飛沫をあげて流れ落ちている。『日本登山体系』(白水社)では「右岸の草付きの岩場を登る」と記述されているが、F1滝から、両岸は険悪な切り立った岩壁となっていて滑落の危険が伴う。素人の登攀は難しく、直攀は断念した。

小清水沢出合に戻ってから、左岸の急傾斜の痩せ尾根をブッシュを掻き分け、息を切らして這い登る。しばらく樹林の中を歩き、河原に下降できそうな場所を探したが、小清水沢の両岸は絶壁で、降りられる場所はなかった。何とかロープを下せる場所を探し出し、懸垂下降で河原に降り立った。しばらく遡行すると、ナメや渓流瀑、岩の門となった巨石が現れた。それらを越えてさらに遡行すると、紅葉の始まった木々の間に、ようやく美しい容姿のF3大滝が現れた。滝の近くに寄って見ると、落差20mを流れ落ちる水流が轟音を鳴り響かせている。国土地理院の地形図や『日本登山体系』(白水社)によれば、小清水沢上流にはまだ滝記号があるが、日帰りでは体力的にここまでが精一杯であった。心残りはあったがここで引き返すことにした。

奥裾花自然園周辺

奥裾花は、樹齢３００年を超えるブナの原生林が残り、太古からの自然が続く森である。園内には日本一といわれる水芭蕉の大群落があり、また、秋には森一面が赤や黄色に染まる。訪れる季節によって姿を変える森の神秘を堪能できる。奥裾花ダムから奥裾花自然園までの沿線は観光地化していて、数多くの滝を苦労せずに見ることができる。しかし、濁沢の枝沢に踏み込むと、そこは秘境の地だ。その枝沢の一つであるクルワドウ沢にも滝を懸けているというので踏査してみた。

クルワドウ沢に入渓して遡行すると、途中には渓流瀑やナメがあり、それらを越えて上流に行くと、白色で幅広く、三段となったクルワドウ滝が懸かっていた。滝の右股の沢からは、水温は低いが温泉が湧出して硫化水素の匂いが漂っていた。滝周辺の岩肌は、硫黄分（硫化水素）沈殿物のために白濁していて下段ほど顕著だった。ただ滝まで行く道はなく、渡渉を繰り返したり途中にある滝を高巻いて遡行しなければならず危険である。

また奥裾花自然園の観光センターから濁川沿いの林道を歩くと、林道が大きく左カーブする辺に落差20ｍの大滝がある。奥裾花自然園の今池湿原を水源とし、濁川に注ぐ沢に不協和となって懸っている滝である。上段は３ｍほどの斜瀑、中段では凹凸のある岩肌面を裾を広げるように落ち、下段は崩れた岩を避けるように流れている。

クルワドウの滝

大滝

10

冷沢（つめたさわ） 戸隠連峰西岳稜間

長野市鬼無里

◆冷沢 戸隠連峰西岳稜間【つめたさわ とがくしれんぽうりょうかん】

戸隠連峰の西岳稜間の東面には幾筋もの小さな渓流があるが、険しい渓谷の沢登りとなり、いずれも登攀は難しい。急な岸壁には水量が少ないが、高度感のある滝が懸っている。

掲載滝：大滝沢の大滝

写真：大滝沢の大滝

西岳稜間の大滝沢

6月下旬、『日本登山体系』（白水社）に載っていた西岳稜間に懸かる大滝への探訪に向かった。県道信濃信州新線を鬼無里から品沢高原に入って西岳林道を行き、地獄沢出合で車を止めた。地獄沢を遡行して右股の大滝沢に進むと、一気に高度を上げる険しい渓谷の沢登りとなった。両側の草付は滑りやすい岩盤となっている。気を緩めずに谷を登り詰めていくと、見上げるような高さの岩壁から細く糸を引いて流れる滝が懸かっていた。落差30mの大滝である。振り返って地獄沢を見ると、よくもこの渓谷を登ってきたものだと感慨にひたってしまった。冬季には見事な氷瀑に変身するであろうと想像して引き返した。

よしね入沢探訪

西岳P5・P6稜間から流れ下る沢はいずれも水量は少ない。6月下旬に品沢高原から西岳林道に入り、西岳稜線間から流れ下る小さな沢のひとつ「よしね入沢」を遡行した。「よしね入沢」の銘板のある砂防堰堤を越えて遡行すると、途中に落差7mほどの小滝があった。その上流は雪渓となって大岩壁へと続いていた。

よしね入沢

その後、右隣の沢も遡行してみた。砂防堰堤からたどり、しばらくすると大岩が見え、その手前で沢は二股に分かれた。右股は水量が少ないので左股を遡行する。高度を上げるとV字谷となり、やがて階段状の滝が現れた。P5大岩壁を右側に見てP5稜へと続いている。しかし、『日本登山体系』に記載のある滝は確認できなかった。なお、西岳林道からの西岳各稜への登攀は高度の技術を要するエキスパートの領域のようである。

P5沢

①大滝沢の大滝（N36°44′38″　E138°01′02″）

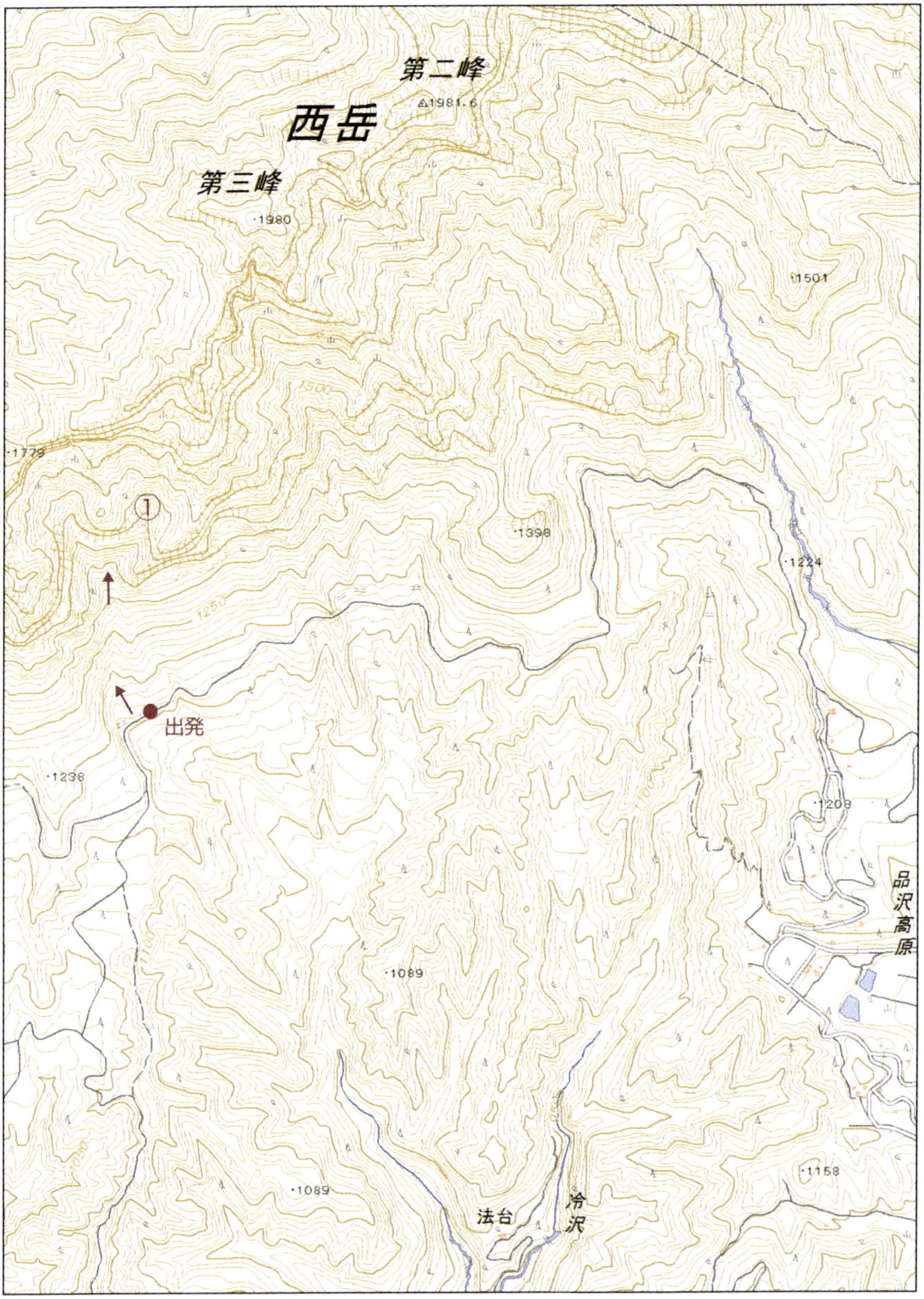

11

上楠川上流域

長野市戸隠

◆**上楠川上流域**【かみくすがわじょうりゅういき】

上楠川は戸隠連峰の八方睨（1,900m）から本院岳（2,030m）、西岳（2,053m）に掛けての稜線に発する不動沢、百丈沢などの渓水を集めて流れる。上流の沢の訪瀑には、急峻な岩場が入渓を拒んでいる。

掲載滝：赤石の滝　百丈沢の滝・百丈滝　西岳本谷F１〜F３滝　黒滝　　写真：黒滝

不動沢遡行

県道信濃信州新線を戸隠神社宝光社から鏡池に向かう林道に入った。途中に西岳登山道入口があり、その辺りで道幅の広い場所に車を止める。ゲートを跨いで林道を約30分歩くと終点となった。そこから上楠川に降りると、最近できた砂防ダム（訪問時は建設中）があった。そのダムを越えると、楠川の河床は幅も広く緩やかで、気持ち良い渡渉が続いた。左岸には鏡池からの支流が流れ込んでいる。

平坦な河床をしばらく遡行すると、左側に百丈沢が現れた。水が伏流して流れの無いゴーロの河原であった。百丈沢を横に見ながら、本流の不動沢を遡行すると、しばらくして勾配が厳しくなり、巨石が現れるようになった。やがて落差10mの滝が現れ、その上にも落差10m、二段の滝が懸かっていた。二条とも滝の右岸側を巻いていった。

滝上に出て不動沢の巨石を乗り越えて行くと、7月下旬でもまだ渓谷には雪渓が残っていた。スノーブリッジは転落の危険があり、沢沿いの登攀は困難なため、不動沢右岸の切り立って急峻な痩せ尾根の岩場をたどることにした。岩壁には、イワツメクサ、メノマンネングサ、センジュガンピなどの高山植物が張り付くように咲き、疲れを癒してくれた。岩壁の痩せ尾根から不動沢へと下降するのは急斜面のV字谷であるため、滑落の危険がある。そこで、下降はあきらめて痩せ尾根から不動沢を眺めることにした。不動沢の左岸枝沢には切り立った山から糸を引くように流れ落ちる落差40mほどの細長い赤石の滝が見えた。下流部は直瀑となって流れ落ちている。上流部には所々にまだ残雪があった。

赤石の滝

百丈沢遡行

日を改め、枝沢の百丈沢を探訪してみた。２０１２（平成24）年完成の砂防ダムから上楠川を約７００m遡行すると、左側に水の流れていない涸れ沢があり、土砂を押し出して合流している。この沢が百丈沢である。巨岩を乗り越えていくと、水流が現れたり伏流したりを繰り返した。やがて、一定の水量で流れるようになり、その上流に

百丈沢の滝

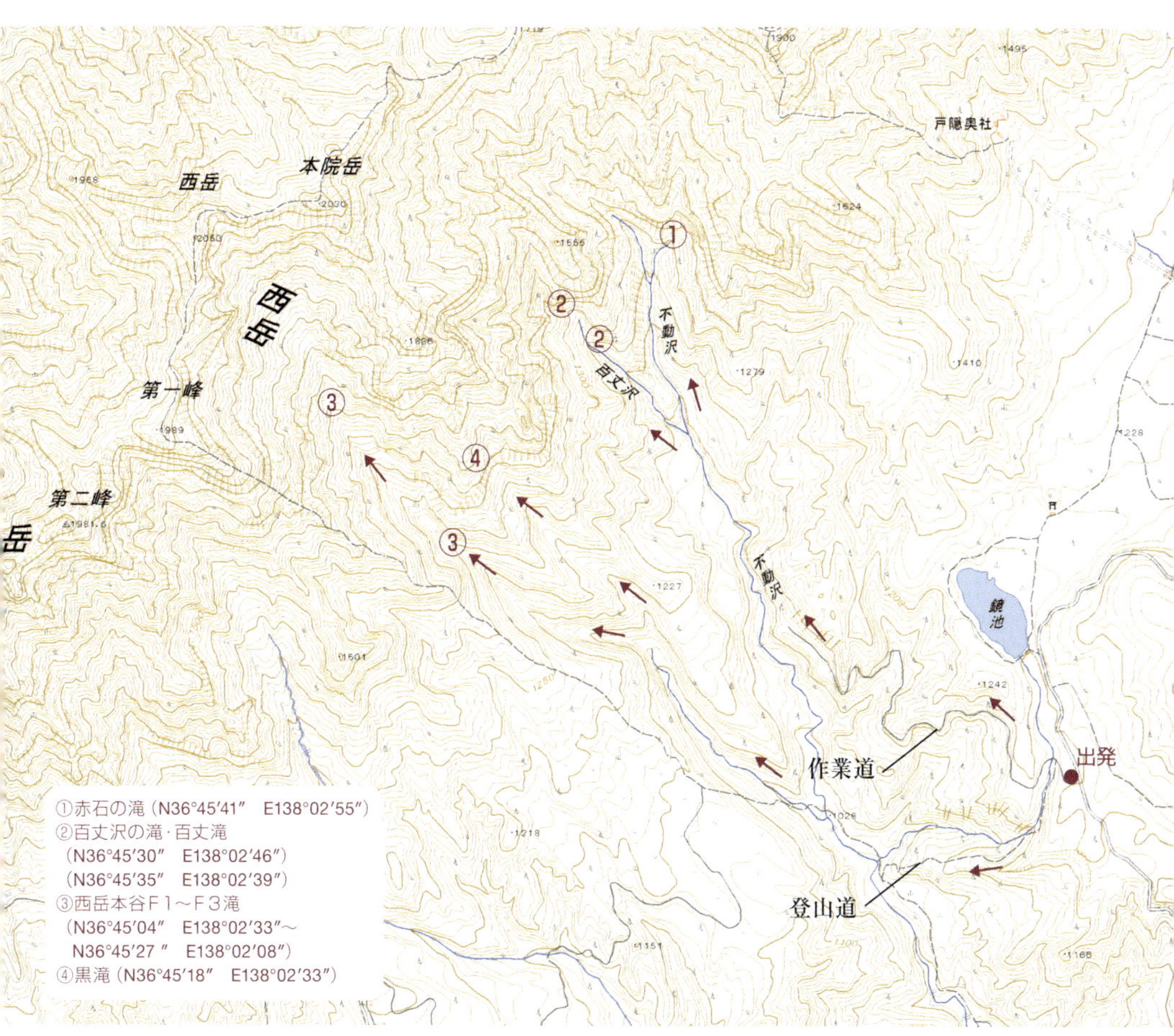

落差10mほどの滝を懸けていた。水量は少ない。滝口からまとまって一筋に流れ、途中の岩に当たって跳ね返りながら落ちている。名称が不明なので、めざす百丈滝と区分するため、「百丈沢の滝」としておく。

この滝の上流にも落差5mほどの滝が見えるが、この滝を越えるのは滑落の危険があって容易ではない。これ以上は立ち入らない方がいいと思ったが、危険を冒して百丈沢をさらに遡行すると、落差10mほどの滝が懸かっていた。そこから先は巨石や小滝が続き、ここも乗り越えるのには危険が伴った。渓谷を上り詰めていくと、左側に大きく曲がり、その先はゴルジュとなってしまった。進めないので、右岸の身の丈以上もある藪の尾根を攻めたてて登攀すると樹木の間から1ヵ所だけ、お目当ての百丈滝が撮れるポイントがあった。滝の落差は全体で50mほど。滝の中流部にはまだ雪が残っていた。下流部では水量は少ないが岩盤に広がって滝水が流れ落ちていた。

西岳本谷

西岳本谷の滝

西岳本谷も興味深い渓谷である。林道から西岳登山道を下りて上楠川を横断し、岩菅沢（ちなみに上楠川本流に築造された営林局砂防堰堤の銘板には岩菅沢の表記があるが、『日本登山体系』（白水社）によると西岳から中山に流れ下る沢が岩菅沢となっている）に入渓する。しばらく行くと二股に分かれた。左股の方が水量の多い本流にあたる西岳本谷で、右股が黒滝沢（仮称）である。

この分岐から７００ｍほど遡行する。黒色の節理の入った堅い岩盤から、三段になって流れ落ちる落差12ｍのＦ１滝があった。その上流には落差６ｍの二段となったＦ２滝がある。そこから上流は巨石が沢を覆い、沢登りは困難を極めた。

Ｆ２滝から７００ｍほど上ると、落差２ｍの前衛滝を従えて、落差10ｍのＦ３滝があり、さらにその上流には細長い樋状で落差10ｍのＦ４滝「西岳本谷の滝」があった。そこから先の渓谷は西岳へ突き上げ、大きく高巻かないと行けない危険な秘境で、エキスパートの領域のため断念して引き返した。

黒滝

『長野縣町村誌』の戸隠村に「【黒瀧】高さ十八丈餘、幅三間餘、西岳の半腹より發し、村の戌の方字中山に落つ。水清く、細水にして直下常に烟霧の如し。流末湯ノ入川に入る」とある。湯ノ入川とは、現在の地図や文献を見ても見当たらないので、上楠川のことと思われる。

西岳登山道から上楠川を渡渉して岩菅沢に入渓する。河床を約１㎞遡行すると、右側から流れ込む先ほどふれた枝沢（仮称：黒滝沢）がある。この沢の遡行は非常に困難を極め、厳しい登攀であった。巨石を乗り越え、落差５ｍの小滝を越えて、身の丈以上もあるブッシュの藪漕ぎをして登り詰めていく。すると高さ50ｍほどの、見上げれば首が痛くなるような、黒色の絶壁が屏風のように立ちはだかっていた。その絶壁には『長野縣町村誌』の表現通り、細かい飛沫を霧のように散らして流れ落ちる黒滝が懸かっていた。滝下には小さな滝壺を持っていた。この滝は上楠川渡渉から２時間程度かかる秘境の滝で一般向きではないが、感動を覚えた滝の一つである。

12

八蛇(やじゃ)川 滝ノ沢

飯綱町川上

◆八蛇川 滝ノ沢【やじゃがわ たきのさわ】

滝ノ沢は飯縄山（1,917m）東山腹の爆裂火口に発し、約4.5km 東流して八蛇川と合流、鳥居川へ流下する。アプローチの難しいこの沢の上流には、「まぼろしの滝」と呼ばれる滝がある。

掲載滝：扇要滝

写真：扇要滝

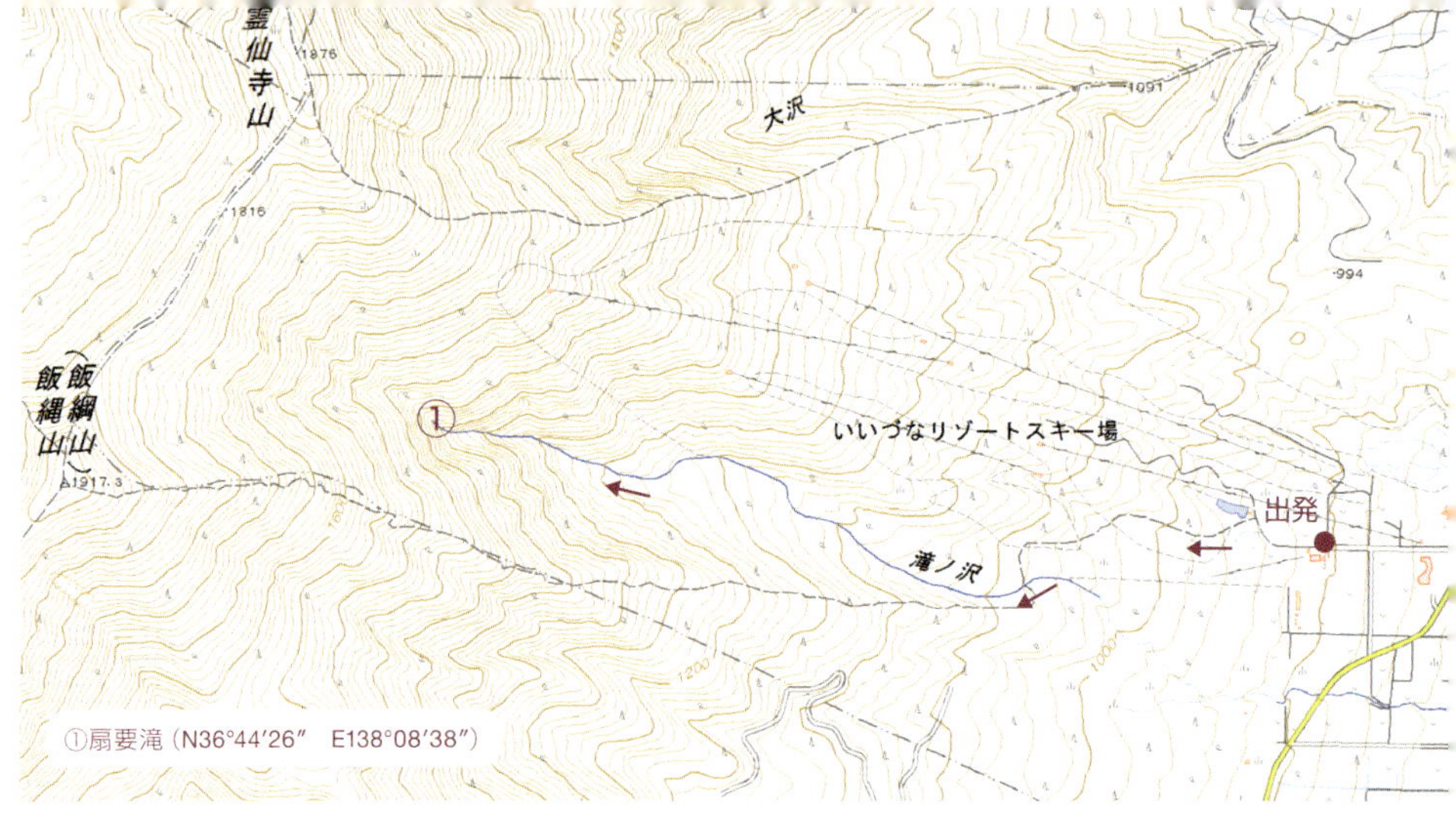

①扇要滝（N36°44′26″　E138°08′38″）

扇要滝（おうようだき）

八蛇川の名の由来は、支流が八方に広がりヤマタノオロチを彷彿とさせるからとも、大雨時に水が一時に流入氾濫して夜叉のように荒れ狂うことからともいわれている。『長野縣町村誌』の浅川村北郷の項に【扇要瀑布】高さ五丈、幅三尺、村の丑の方、飯縄山の東字扇平に懸り、瀧澤に瀧落し流末八蛇川となる。此地西は飯縄山、東は霊仙寺山の間にありて、開きたる扇の形をなし、要と見ゆる所より懸水瀉下するを以って瀑布の名となし、字地の稱となせり」と記載されている。浅川村は現在では長野市に属しているが、国土地理院の地形図によると、滝の位置は長野市浅川ではなく飯綱町の地籍になっているようである。

滝の沢遡行

飯縄山麓の「いいづなリゾートスキー場」から滝ノ沢を見ると、正しく扇を広げたような地形をしている。この沢にある扇要滝をめざす。扇要滝はアプローチが難しいことから別名まぼろしの滝とも呼ばれている滝だ。昂ぶる気持ちを抑えて、県道栃原北郷信濃線の「いいづなリゾートスキー場」から滝ノ沢の遡行を開始した。樹林を抜けて滝ノ沢へ入渓すると、勾配は緩やかだが道跡が無かった。熊笹や雑草の中を藪漕ぎしながら登っていった。沢の湿地帯にニリンソウの群生地があり、時期がちょうどよかったため、白い可憐な花を楽しむことができた。

その後、急崖となり、周囲には雪渓も残っていた。沢筋は遡行できないので、深い熊笹を掻き分けながら右岸側の小尾根伝いに登攀して行った。滝にたどり着くのは容易ではない。尾根の中段から扇要滝を見ると、滝の落差は30ｍで、断層となった岩盤の上を布を垂らしたように流れていた。滝の上流部には斜瀑が続いて、飯縄山（１９１７ｍ）爆裂火口へと突き上げていた。

13

大滝川 黒姫山中腹

信濃町柏原

◆大滝川 黒姫山中腹【おおたきがわ くろひめやまちゅうふく】

大滝川は黒姫山（2,053m）の東側山腹に発し、赤川へと流下して野尻湖に注ぐ。黒姫山の山腹には融雪期や大雨後などの限られた時季にのみ滝が現れる。ただし、水量のある美しい姿を目にするのは難しいようだ。

掲載滝：幻の滝

写真：幻の滝

幻の滝

黒姫山の中腹に、融雪期や大雨の後などの限られた時季にのみ現れる滝がある。地元の人はこの滝を「大滝」または「幻の大滝」と呼んでいる。黒姫山ろくは豪雪地帯なので積雪期には雪が深い。雪渓を登らなければならず、滝下まで行くのは危険である。地元の人は、春先でも危険なのでやめた方がいいと忠告してくれた。この滝は、信濃町の長水集落や雲龍寺周辺から遠望するのが無難のようである。しかし、滝下からの写真をどうしても撮りたくて、4月の下旬から毎週のように黒姫に通い、滝の現れるのを待っていた。

ルート選択の失敗

最初は市道の長水集落から黒姫集落に抜ける途中の大きくカーブする所にある林道を上ってみた。途中に右に入る立派な林道（伐採木搬出道路）があった。大滝への最短距離の道だと思い、鎖が張られていたのでそこから歩くとやがて道はなくなった。山中を彷徨った後、やっとのことで上の山腹を横断している黒川林道に出た。ところが、この林道突き当りでどうしたことか方向音痴となり、目的地の大滝川方面ではなく、全く逆方向の湯の入沢方面へと向かってしまった。林道を大分歩いた後、湯の入沢出合に出てから間違いに気付いた。それでもそこに設置された砂防堰堤への道をたどって一応は湯の入沢上流の沢を見渡してみたが滝はなかった。この時は大滝川まで行く気力が失せ、黒姫集落へと引き返した。

リベンジ

次の機会に地元の年配女性に聞いたところ「若いころ、湯の入沢沿いに登って、黒川林道を歩いて大滝に行ったことがあるような気がする」という話を聞いた。この前の林道を右折はしないで、真っ直ぐに黒川林道へと抜けることにした。しかし、道は狭くなっていき、両脇に木の枝が張り出して車の車体が擦れるので車を止めて途中から歩いた。女性に聞いた通りこの林道沿いの湯の入沢を遡行すると、こちらも道が無くなってしまったので左岸をたどり、尾根を上ったり薮の中を歩いて何とか黒川林道にたどり着き、前回引き返した湯の入沢の堰堤前へと出た。

黒川林道を今度は右側へ行くと大分距離はあったが、やっと目指す滝のある大滝川出合に着いた。大滝川の左岸側から入渓して遡行すると、大きな砂防堰堤があった。山桜が咲く春の陽気であった。そこからの「幻の大滝」の遠望は見事であったが、時季が早いのか、水は余り流れ落ちていない。大堰堤を越えてアイゼンを着けて雪渓を登り、念願の滝下までたどり着いた。大岩壁から風に乗って舞い散る水流を見てい

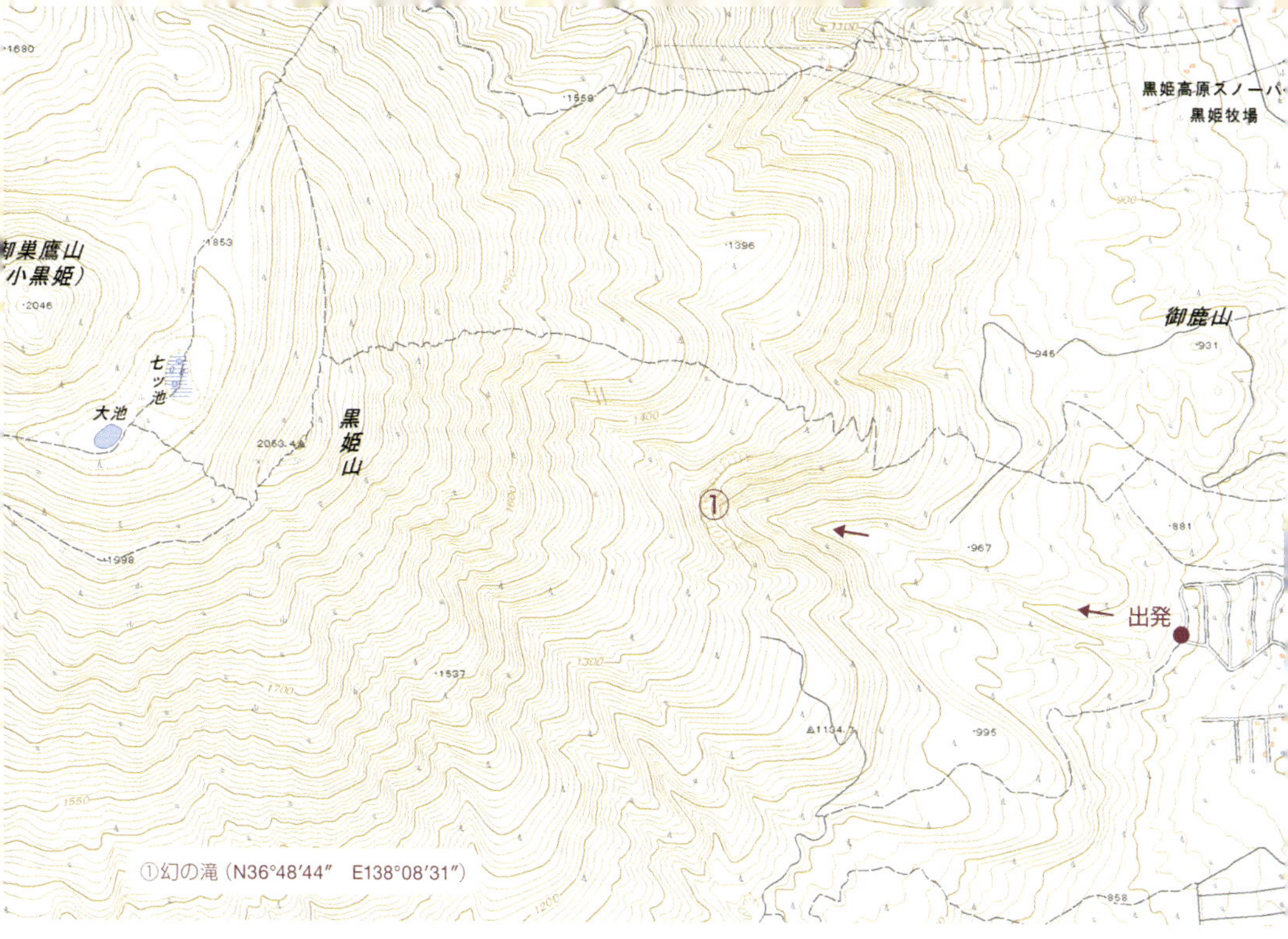

①幻の滝（N36°48′44″　E138°08′31″）

ると、飽きることもなく、時間の過ぎるのを忘れてしまった。もっと水量が増えるかと、午後まで待ったが、残念ながら増えなかったので諦めて帰った。

再度訪瀑

気温も大分上がってきた5月中旬、今度は長水集落に流れ込む大滝川を直接遡行することにした。まず作業道らしき道を歩いていくと、その先に林道があったが、途中で無くなってしまった。そこからは大滝川沿いの左岸側を遡行すると、やがて急峻な渓谷となった。黒川林道下の大滝川堰堤周辺の地層からは、落差7mの褐色の滝が流れ落ちていた。黒姫山の中腹には、鉄分を含む地層があり、そこから湧出する水は赤川に代表されるように褐色をしているようである。大堰堤まで行って写真を撮ったが、水量は前回とあまり変わり無く、滝下まで行くのは止めることにした。タイミングが余程良くないと美しい写真は撮れないようだ。

なお、この滝の近くには昔、四天王寺という山寺があったそうで、黒姫弁財天の伝説も残されている。しかし、大きな山崩れや1847（弘化4）年の大地震などでお寺は壊れてしまったという。不思議なことに何回もの災害にかかわらず、弁財天は奇跡的に助かり、寺とともに移された。「黒姫弁財天」として雲龍寺の本堂に安置され、信仰を集めているという。

14 米子川(よなごがわ) 大黒沢(だいこくさわ)　須坂市米子

◆**米子川 大黒沢**【よなごがわ だいこくさわ】

大黒沢は四阿山（2,354m）と浦倉山（2,090m）間の稜線に発し、諸渓水を集めて米子川となる。足場の悪いこの沢の荒廃した鉱山跡には、ひっそりと滝が懸っている。

掲載滝：大黒滝

写真：大黒滝上段

米子川大黒沢探訪

米子川の支流には、日本の滝百選に選ばれた米子瀑布（米子不動滝、米子権現滝、黒滝の総称）をはじめ、奇妙滝、ウラノ沢の滝、雨模様滝など、落差のある滝が数多くある。米子瀑布は『かくれ滝を旅する』（永瀬嘉平著）では、秘境の滝として紹介されているが、今では観光地化されて訪れる人も多い。しかし、米子川上流の大黒沢については、足場が悪いために訪れる人もなく、ひっそりと滝を懸けている。

須坂市誌編纂主任専門員の青木廣安先生から、「信州大学元教授の小林先生たちと大黒滝に行くので一緒に参加しないか」との連絡があった。青木先生や小林元教授は、須坂市誌の編纂で米子川流域の地質について調査していて、以前にも同行させてもらったことがある。小林元教授は、70才を過ぎたお年にも関わらず、現場を若い人と一緒に行動しているそうだ。青木先生

①大黒滝（N36°33′49″　E138°20′40″）

によると、小林元教授は数年前に崖から転落して骨折し入院していたとも聞いていたが、年齢の割には健脚であった。青木先生は、足が悪いというので米子鉱山跡の辺で待機することになった。

米子瀑布の滝巡り登山口から約８００ｍで東屋展望地に出る。そこから約４００ｍで根子岳登山道となり、大黒沢に架かる木橋から落差８ｍほどの滝が見える。下流にも小滝があった。この滝を大黒滝と間違える人が多いようであるが、地元の人の話ではこの滝には特に名前はないとのことである。元信州大学の小林先生が「大黒沢下の滝」でよいのではないかということで、「命名」してもらった。滝名については、歌手の小松みどりさんが名付けた「雨模様滝」のように、それが一般化しているものも多くある。

大黒沢下の滝の周辺にはハクサンシャクナゲやサラサドウダンツツジ、イワカガミなどの植物が豊富で目を楽しませてくれた。

根子岳登山道を行くと、途中の急峻な場所にロープがあり、その尾根からは大黒滝を遠望できた。そこで登山道を外れて、左岸側の山腹をトラバースしていけば大黒滝に行けるはずだ。

左岸の斜面を大黒滝を目指して進み、砂地となった滑りやすい急斜面を通過して大黒沢近くまで降りると、鉱山の坑口から水が湧き出て緑色の藻が生えていた。そこを越えてさらに登攀すると、鉱山が崩壊したところに大黒滝が懸かっていた。

大黒滝の上段部は落差10ｍの直瀑となっている。中段部は米子鉱山の崩れた坑道内を通過して、下段部に至って渓流瀑を形成していた。地元の人の話では、大黒滝は、鉱山のトンネルが崩壊したために、昔とは形状が大きく変わってしまったとのことである。その様子は大きく崩れて開いた坑口や崩落した滝の周辺の地形からも伺い知ることができた。

小林先生は、「鷹の目」といわれる硫黄の結晶や崩れた鉱山跡などを疲れも見せず真剣に調査している。やはり、専門家は現地に足を運ぶと目の色が変わるものだと感心させられた。

ちなみに米子鉱山は１７４３（寛保３）年、米子村の竹前氏によって硫黄などの本格的な採掘が始められた。その後、数回にわたる鉱山経営権の変更があり、１９７３（昭和48）年に全面閉山されるまで硫黄のほかに蝋石、褐鉄鉱などを産出していた。戦前は軍事向けの火薬としての需要が高く、最盛期には鉱山関係者１５００人が生活し、集落には共同浴場、学校、映画館などもあった。米子鉱山の主要な鉱床は、大黒滝を中心として東西６００ｍ、南北１０００ｍに分布し5鉱床あった。今でも鷹の目の岩石を見ることができる。

15

米子(よなご)川北の沢

須坂市米子

◆米子川北の沢【よなごがわきたのさわ】

北の沢は浦倉山（2,090m）と土鍋山（1,999m）間の稜線に発し、諸渓水を集めて本流の米子川に合流する。水質が良く魚が棲み、農業用水にもなる貴重な沢は、上流でさらに分岐し静寂の滝を懸けている。

掲載滝：本沢の滝　舟久保二条滝　　　写真：本沢の滝

北の沢遡行～本沢の滝

北の沢本沢の滝をめざす。林道御所平線の須坂市清掃センター前を進むと砂防ダムがあり、北の沢登山口となっている。そこに車を止めた。大型砂防ダムから登山道を約７００ｍ歩き、その付近で右岸の道跡から北の沢の河床に降りて遡行すると、小さな滝や渓流瀑が連続し、飽きることなく楽しめた。北の沢の砂防ダムから１・５㎞ほど歩いたところで左岸から流れ込む沢があった。その沢出合から上流へ約６００ｍ遡行すると、北の沢は二股に分かれた。右股が本流である北の沢の本沢なので、こちらを遡行する。国土地理院の地形図では、登山口の標高は約８６０ｍ、本沢の滝は１１５０ｍほどなので、勾配は比較的緩やかなのだが、滝までは十数回の渡渉を繰り返さなければたどりつけない。沢筋を遡行すること約3時間。本沢の滝が見えてきた。本沢の滝は、別名北の股大滝、北の巻大滝とも呼ばれ、落差は35ｍ、滝口から断崖絶壁をほぼ垂直に美しい姿で流れ落ちて実に見事な滝である。滝下にはシシウドの白い花やキオンの黄色い花などが咲き、疲れを癒してくれた。

舟久保二条滝

二股分岐の左股は舟久保沢である。地元の古老は、この左股の沢を「ヘイビ沢」と呼んだ。「ヘイビ」とは上高井地方の方言で「蛇」のことである。左股を約1㎞遡行すると、舟久保二条滝の「下の滝」が懸っていた。下の滝は落差20ｍほどで、黒い岩肌の絶壁を糸を引くように水が流れ落ちている。

舟久保下の滝

舟久保下の滝の周囲は高い岩壁で、これより上流は神聖な地であって人が入り込むのを拒絶しているようにも見えた。しかし、周辺をよく探すと危険ではあったが1カ所だけ上れる場所があった。岩壁の切れ目を攀じ登って行くと、滝口の上の沢筋に出た。そこから上流は、河床が安山岩の板状節理のような滑りやすい岩盤となっていて、小滝やナメ滝が連続していた。約４００ｍ遡行すると、正面の絶壁に船久保の滝の「上の滝」が現れた。上の滝は水量は少ないが

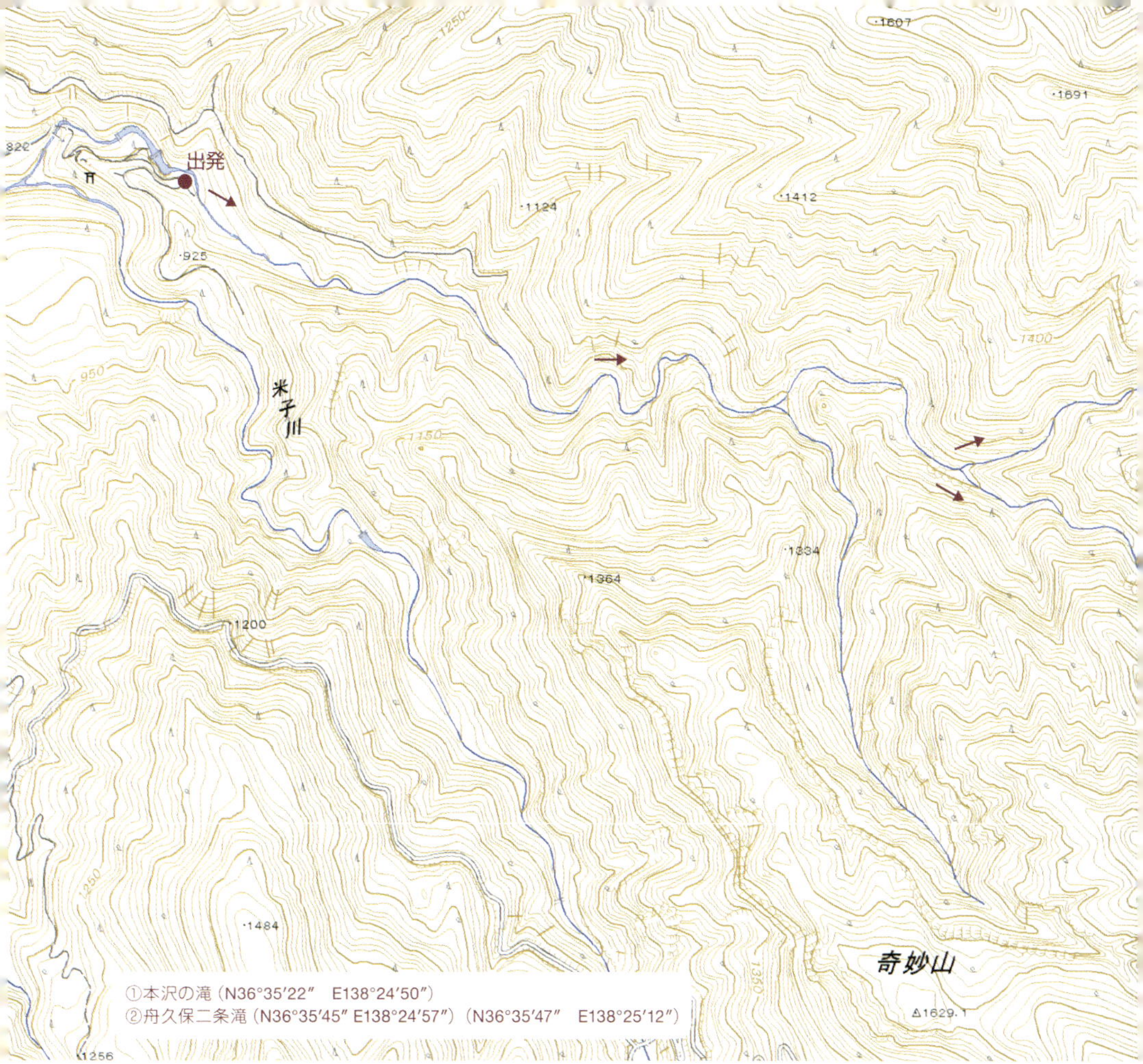
出発
米子川
奇妙山
①本沢の滝（N36°35′22″　E138°24′50″）
②舟久保二条滝（N36°35′45″ E138°24′57″）（N36°35′47″　E138°25′12″）

落差が約30mもある見事な滝であった。滝下にはシラヒゲソウが群生し、可憐な白い花を咲かせていた。

なお滝名については、『長野縣町村誌』では、「舟久保瀑布」、『長野縣町村繪図』では二つの滝を併せて「舟久保二條滝」と記載している。「下の滝」「上の滝」は便宜上付けた名称である。二条ともに、国土地理院の地形図に滝記号が記載されているが、ここまで訪れる人はいない。舟久保二条滝は静寂の中にある滝で、上の滝はことさらに秘境中の秘境の滝といえる。

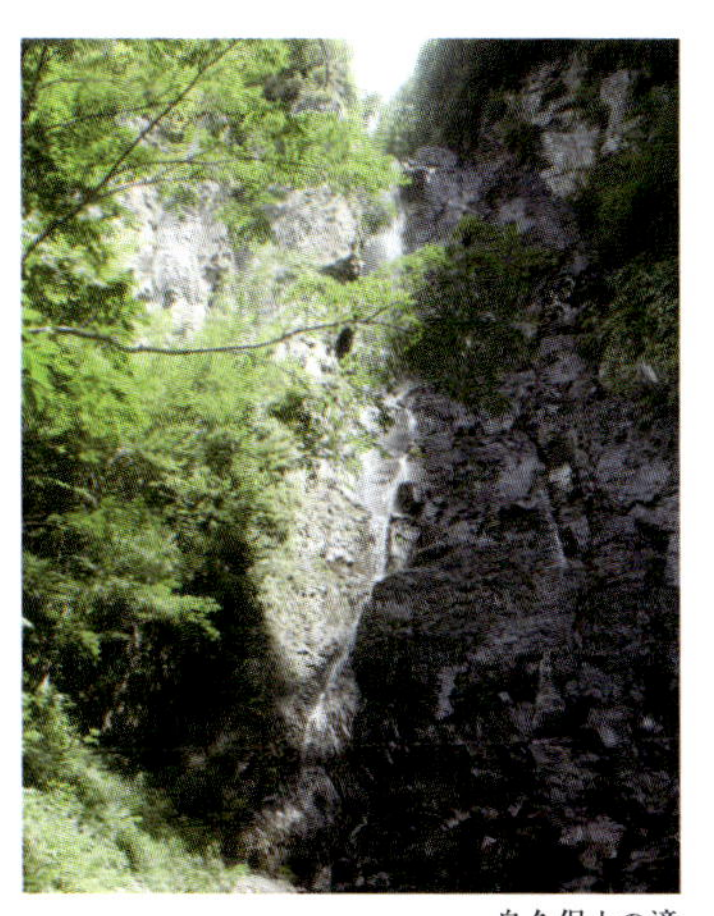

舟久保上の滝

16

灰野川上流域

（はいの）

須坂市豊丘

◆**灰野川上流域**【はいのがわじょうりゅういき】

灰野川は土鍋山（1,999m）を水源に、乳山牧場、五味池、北の沢の渓水を集めて豊丘ダムに貯水され、下流は百々川となり千曲川に注ぐ。乳山牧場への旧道を頼りに本流・支流を遡ると滝を見ることができる。

掲載滝：峰小場滝　起遺滝？　ヨシミの滝

写真：起遺滝？

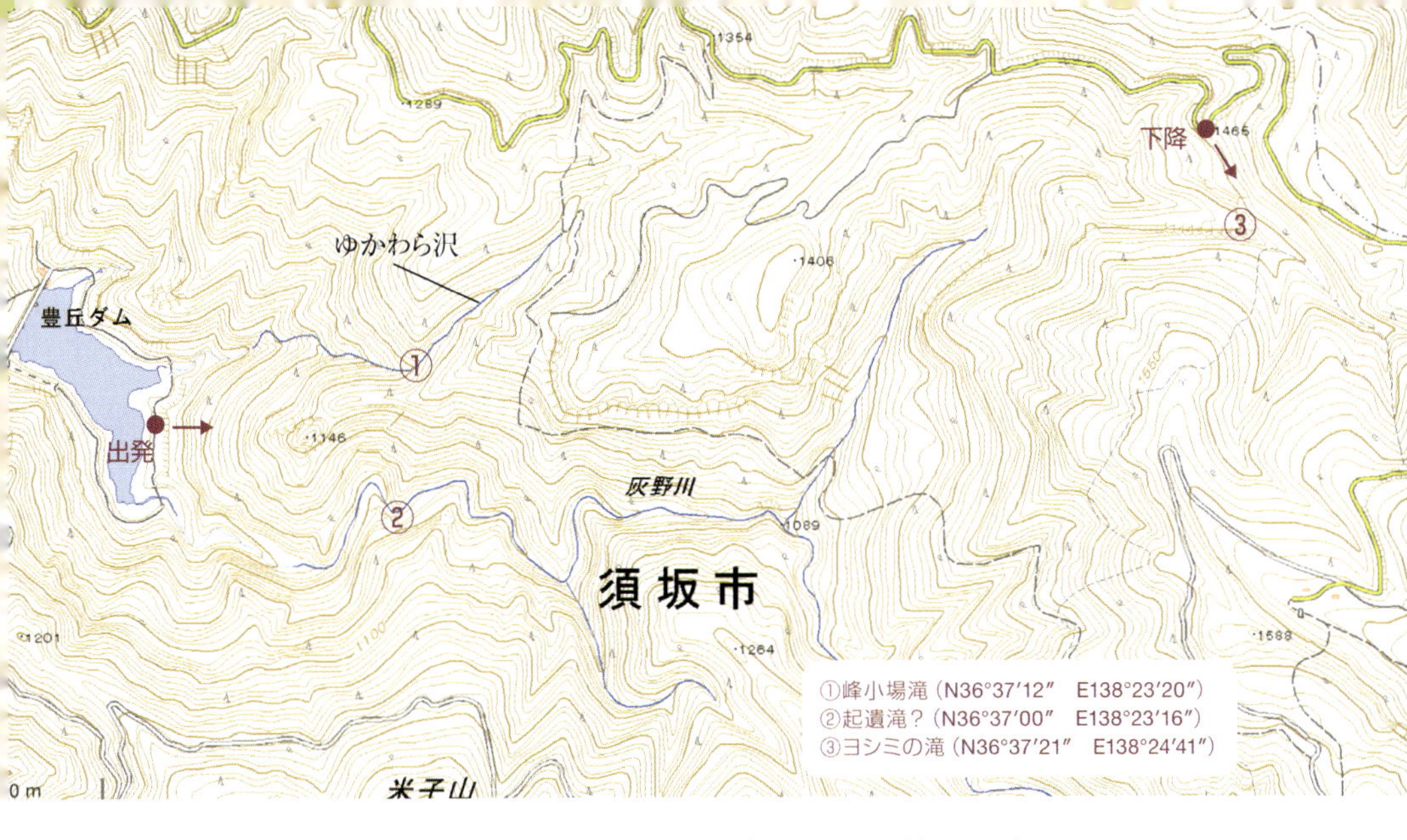

灰野川

豊丘ダムは高さ81ｍの多目的ダムで、１９９４（平成６）年に完成した。ところで、このダムが当時の県知事による「脱ダム」宣言により、長野県最後の湛水ダムになるのではないかとも言われたのだが、知事が代わるとあの騒ぎは何だったのかと、無駄なエネルギーを皆が費やしていたような気がしてしまう。

豊丘ダム湖は、昇竜湖とも名付けられている。ダム堰堤の下に親水公園が作られ、その右岸に人工滝の「やすらぎの滝」が落ちている。

乳山牧場は１８７２（明治５）年以来、牛が放牧されているが、県道五味池高原線が開通する前までは、牧場へと牛を追う道は豊丘ダム上の大乳、小乳を上って幕掛岩の脇を通り、北の沢を横切る険しい道しかなかった。乳山の地名の由来は、遠くから眺めると両の乳房を思わせるような岩山が並んで屹立っていることから名付けられたといわれる。

豊丘ダム周辺の滝

豊丘ダムの右岸に小便滝沢がある。『須坂市の地名』（須坂市教育委員会刊）に小便滝沢の小地名が載っている。ダムの周遊道路から小沢を少し上っていくと、その小便滝があった。水量が少なくて小便のような形で流れ落ちていることから滝の名前が付けられたようであるが、訪れた時にはその名前と違って上品な美しい姿で流れ落ちていた。

豊丘ダムに注いでいる「ゆかわら沢」には、ダムができるまでは木の橋があり、そこに滝が懸かっていたそうだ。今の落差15ｍほどの湯河原の滝はその名残りで、地元古老からの聞き取りによると、昔の姿とは変わってしまったとのことである。

峰小場の滝

峰小場滝（扇子滝）

ゆかわら沢上流の峰小場滝へは、廃道となった乳山牧場への旧道をたどる。旧道は豊丘ダムの周遊道路から入った場所にあるが入口は分かりずらい。周遊道路からツヅラ折れの道跡を登り詰め、しばらく歩くと道の脇に大日如来の石碑が祀られている。そこから左側の谷を覗き込むと、扇状に裾を広げて流れ落ちる落差30ｍの峰小場滝が懸かっているのが見える。その形状からして、『長野縣町村誌』に記された扇子滝ではないかと思われる。滝下まではガレ場の急斜面を下りるため、危険である。昔は炭焼きが盛んで、その仲間同士がこの滝を峰小場の滝と呼ぶようになったのだという。なお、峰小場滝については、「須坂市の地名　須坂市教育委員会刊」に峰小場の滝の小地名も載っている。

起遺滝

廃道となった旧道周辺は赤松林となっている。財産区のマツタケ山管理地内のため、「李下に冠を正さず」のことわざ通り、収穫時期には入山を控えた方がよい。旧道を途中から松林の急斜面を下りて灰野川本流側へ下降すると、灰野川に落差20ｍの滝が懸かっていた。川の両側は狭いゴルジュとなっていて、上部はその間を段瀑となり曲がりくねって流れ落ちている。下部は落差8ｍ程の直瀑で、水量が多いため見応えがある。大きな滝壷もつくっていた。また、滝の下流には箱淵と呼ばれる渓流瀑もあった。滝まで行く道はなく、斜面の下降は危険である。この滝が『長野縣町村誌』に載っている「起遺滝」ではないかと思われる。

ヨシミの滝

県道五味高原線から信州の名水・秘水の一つである「穴水」へ向かう途中で北の沢に降りると、落差35ｍの見事なヨシミの滝が懸かっている。残念ながら滝下までは急崖で危険なため行けなかった。ヨシミの滝の名前の由来は不明だが、『長野縣町村誌』では、北の沢滝となっている。なお、地元の人の話だと、県道五味池高原線は自衛隊によって建設されたが当時、滝の近辺で隊員が遭難して亡くなったとのことである。

ヨシミの滝

17

松川渓谷上流域

高山村奥山田

◆**松川渓谷上流域**【まつかわけいこくじょうりゅういき】

松川は横手山（2,304m）に発し、白根沢、渋沢、唐沢などの渓水を集め、柞沢川、樋口沢と合流して千曲川に注ぐ。近年は古道「草津道」が整備・復興され、渓谷の滝にもアプローチしやすくなってきた。

掲載滝：滝平七沢の滝　六坊滝　松川滝　横手沢滝

写真：六坊滝一の滝

草津古道

松川渓谷には鋸滝、八滝、雷滝などの有名な滝があり、観光拠点となっている。かつて高山村の松川渓谷から群馬県の草津温泉まで通じていた「草津道」は時代とともに利用されなくなり荒れ果てていたが、2002（平成17）年から、村民の有志約30人が「信州高山村古道復活の会」を立ち上げ、ボランティアで薮払いや支障木の除去、山桜の植栽を行い、安全で美しいトレッキングコースとして整備している。古道が復興・整備されたことに伴い、松川渓谷上流域へのアプローチも容易になってきた。

滝平七沢の滝

滝平七沢の滝

七味温泉の上の県道脇に車を止めて、古道草津道入口から古道を歩く。六坊滝に行く途中の5km付近で滝平七沢という沢を横断する。そこに落差27mの凹凸した岩肌を流れ落ちる滝平七沢の滝が懸かっていた。この滝は、『長野縣町村誌』に記載のある「平石滝」ではないかと思われる。滝平七沢の滝と呼ばれるようになったのは最近のようだ。先人たちは草津往来の際にこの滝を見て一息ついたのではないかと偲ばれる。

六坊滝

松川本流には七味温泉から約2・5km上流の標高1450m近辺に、「六部伝承」を持つ六坊滝瀑布群がある。約500mの区間に大小6つの滝が連続する。高山村誌によれば、一連の瀑布群は「一体となって松川の遷急点を形成するもので、玢岩の堅硬な部分が造瀑岩を形成している」。滝平七沢の滝から50mほど過ぎた地点でロープ伝いに急斜面を松川へと下ると、六坊滝の二の滝（上段の滝）に行ける。二の滝は落差9m、幅2mで真一文字に滝壺に向かって落下する豪壮な滝である。ここから下流は危険なので、通常は二の滝で引き返した

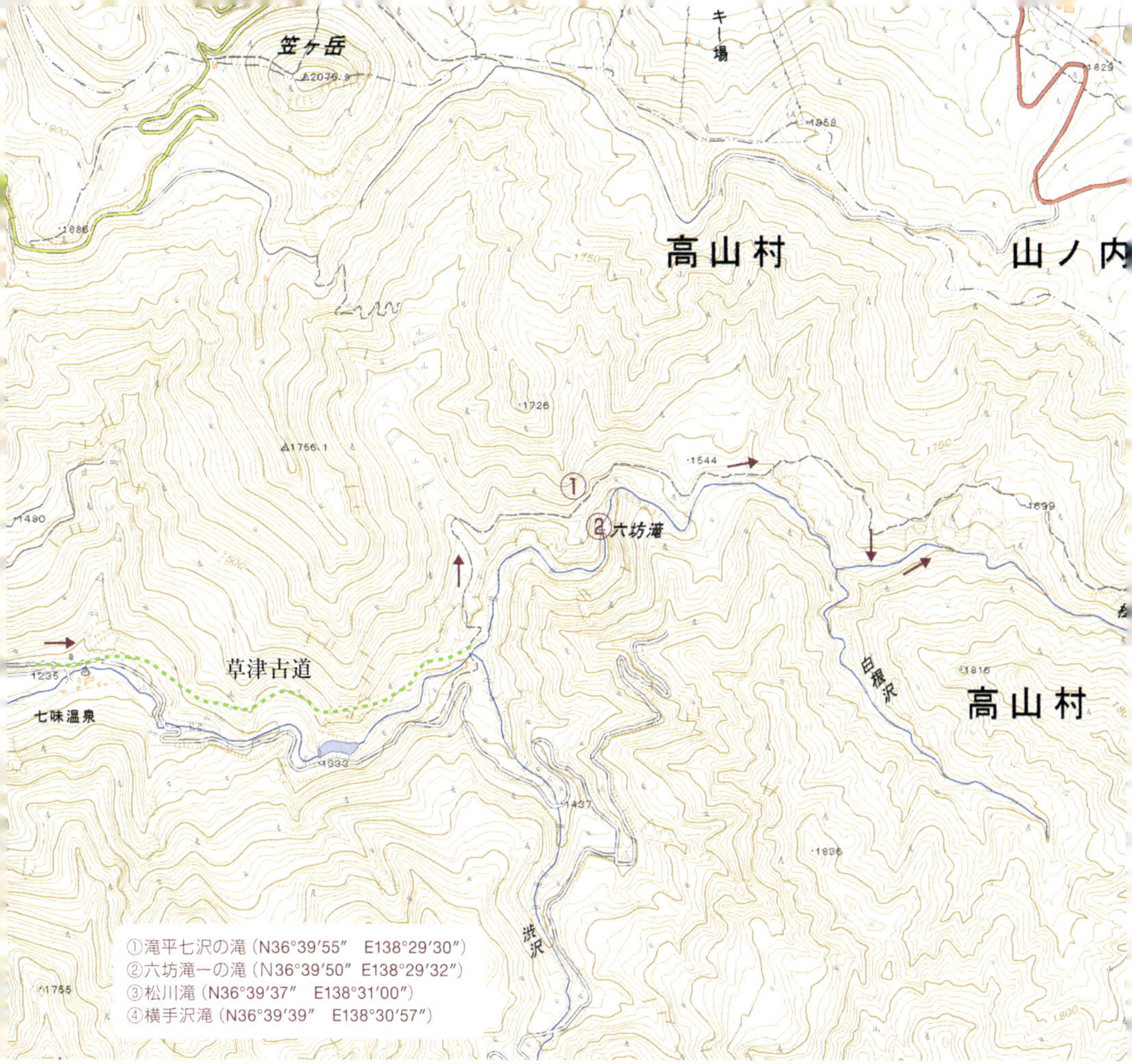
笠ヶ岳
△2076.9
キー場
1829
1958
1900
1886
高山村
山ノ内
1750
1726
△1756.1
1544
①
②六坊滝
1699
1480
1500
草津古道
1235
七味温泉
1333
1437
白根沢
1816
高山村
1836
渋沢
1755
1800
①滝平七沢の滝（N36°39′55″　E138°29′30″）
②六坊滝一の滝（N36°39′50″　E138°29′32″）
③松川滝（N36°39′37″　E138°31′00″）
④横手沢滝（N36°39′39″　E138°30′57″）

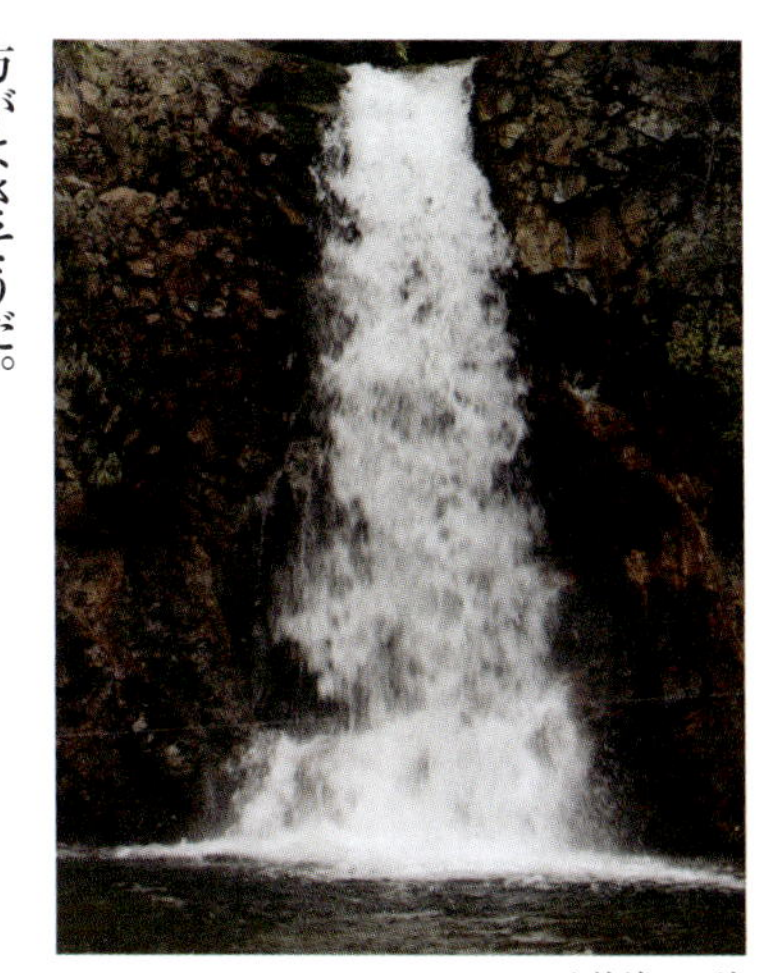

六坊滝二の滝

方がよさそうだ。

六坊滝へのアプローチは、国土地理院の地形図では、林道山田入線からのルートが記載されている。しかし実際は林道から入る脇道は笹薮が生い茂って荒廃している上、松川上流に大きな砂防堰堤が幾つも築造されているので、高巻きしたとしても危険な状況である。二の滝からそれを覚悟で右岸をトラバースし河川敷に降りると、小滝が多段瀑となって連続していた。六坊滝の一連の瀑布群である。また、中段の多段瀑群を下降して、六坊滝の中で最下段に位置する「一の滝」の滝下まで降りるのも危険だった。一の滝は落差最大の12ｍ、直下型の滝である。滝水は造瀑岩に接して流れ落ち、途中から砕け散っている。滝下には横幅12ｍの滝壺があって、さらに美しい姿を見せていた。

松川源流の滝

松川滝

『高山村誌』に「横手沢と松川本流が合流する所で滝をかけている」との記述があったので、松川の上流へと遡行してみた。滝平七沢の滝から約１ｋｍ歩くと古道が分岐し、そこを右に折れ、金山平方面に進むと松川の砂防堰堤の上に出た。右岸側で温泉が湧き出し、硫黄（硫化水素）の臭いがする。温泉は適温で、穴を掘って浴槽を作れば入浴できそうだったが、先を急いだ。松川上流は温泉が湧き出ている箇所がほかにも多く、硫化水素臭が強い所もあるので、風の弱い日には中毒に注意が必要だと思う。

　砂防堰堤を2基越えて、松川をしばらく遡行すると白根沢が合流した。白根沢には落差３ｍほどの小滝を懸けていた。そこから４００ｍほど遡行すると、右岸には緑に苔むした岩盤を流れ落ちる落差10ｍの滝が懸かっていた。

　さらに渓流瀑を越えると落差６ｍほどの直瀑があった。左岸の藪を巻き、落差３～４ｍの渓流瀑やチョックストーンを越えていくと、横手山（２３０４ｍ）を水源とする横手沢に出合った。横手沢には落差10ｍ、二段の滝「横手沢滝」が懸かっていたが、この滝は岩盤が脆弱なため、滝の容姿が崩れかけていた。

　松川本流側には落差８ｍの幅広い滝が懸かり、左岸を高巻いて滝口に降りると、その上流はナメとなっていた。帰りは古道を道なりに下ってきたが、金山平分岐から山田峠間は、地元の保存会の人たちが逐次整備を進めているところで、まだ深い熊笹が生い茂っているところもあった。全通が待たれるところである。またこの周辺は熊のフンや熊棚が多く見られたので、熊の個体数も多いようなので注意が必要である。

横手沢滝

18

柞沢川（たらさわ）・樋沢川（ひさわ）流域

高山村高井

◆**柞沢川・樋沢川流域**【たらさわがわ・ひさわがわりゅういき】

柞沢川は老ノ倉山（2,020m）、樋沢川は破風岳（1,999m）の稜線に発し、２本の河川は西流して松川と合流する。それぞれの上流、また支流をたどると、大小さまざまな滝を見ることができる。

掲載滝：幻の滝（北向の滝）　富貴の滝

写真：幻の滝

御飯火山は火山カルデラで、破風岳、毛無山、御飯岳、老ノ倉山を結んだのが外輪山である。樋沢川と柞沢川は昔は一本の谷を流れていたが、御飯山火山の噴出溶岩が谷を埋め、大平山から福井原に流れたため、川は谷の両端に分かれて流れるようになった（『高山村誌』より参照）。樋沢川上流には小規模の滝をいくつも懸けている。

幻の滝（北向の滝）

『高山村誌』（２００６年９月発行）付録の記念絵はがきには「幻影を放つ幻の滝、柞沢渓谷源流の大滝」として紹介されている滝がある。また、『長野縣町村誌』の高井村の項に「【北向の瀧】　高さ十五丈　幅九尺　大位座山より出て、村の東方字北牧の北端に瀉下す。下流瀧澤川となる」とある。大位座山は資料を調べても分からなかったが、現在の地形図から大平山（１８２４ｍ）かと思われる。

北向の滝

この「幻の大滝」とも「北向の滝」とも伝わる滝を探しに柞沢川を遡行した。柞沢川上流は、老ノ倉山や大平山などを源流とし、本沢、軽井沢、滝沢を集合して険しい渓谷となっていて、小滝や渓流瀑がみられる。林道は笹に覆われ、柞沢川の遡行も渡渉があり、危険を伴う渓流である。

県道の柞沢川と交わる辺から熊笹の茂る林道を藪漕ぎして、崩壊した作業小屋の脇を通り柞沢川から滝沢沿いに遡行すると、目の前の岩壁に落差45ｍの大きな滝が見えた。幻の大滝である。滝口から裾を大きく広げて流れ落ちている姿は実に勇壮であった。しかし、林業の衰退した今ではこの滝まで足を運ぶ人は少なく、「幻の滝」とも呼ばれるようになったのだろう。

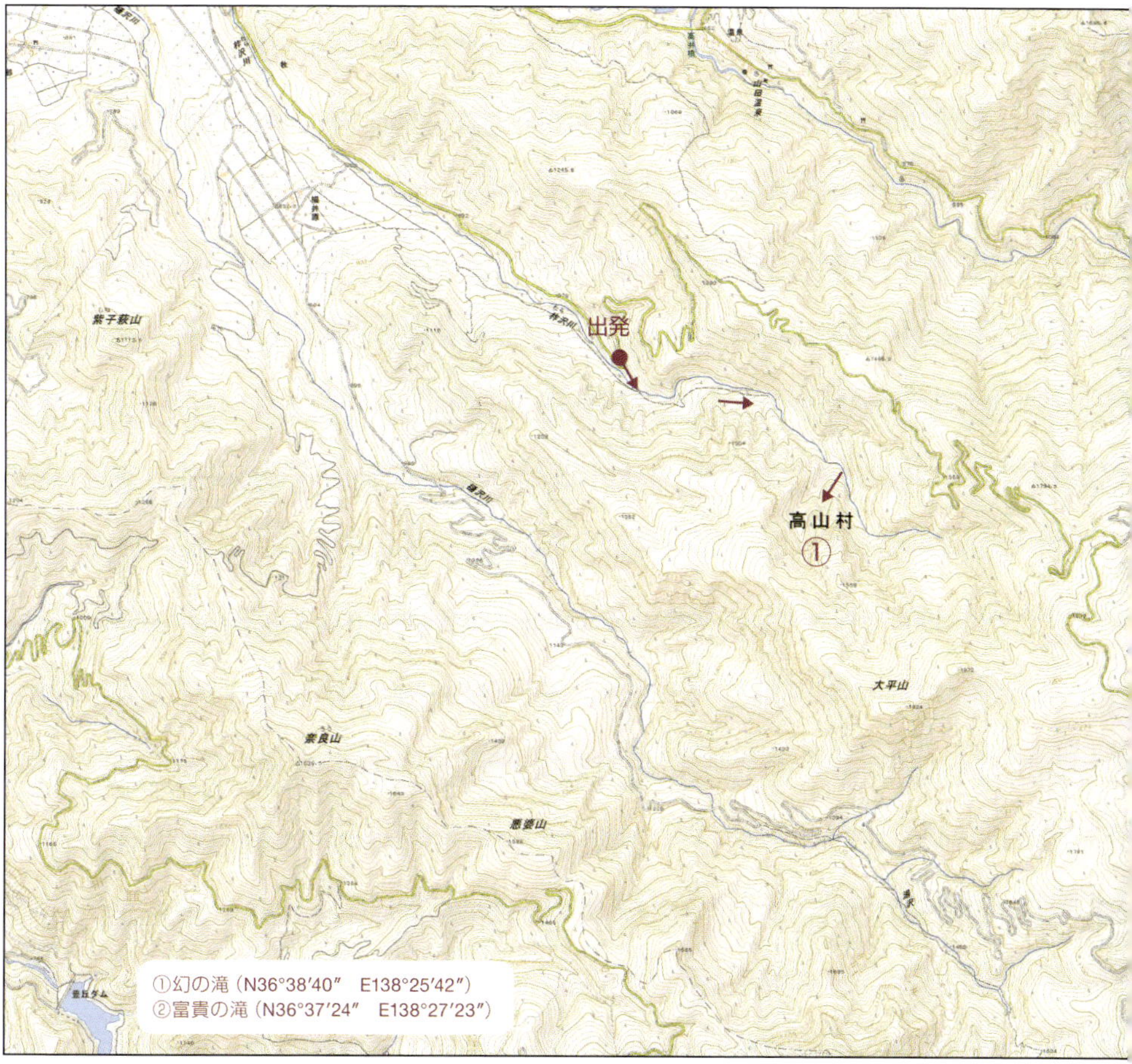
出発
高山村
①
紫子萩山
大平山
奈良山
悪婆山
①幻の滝（N36°38′40″　E138°25′42″）
②富貴の滝（N36°37′24″　E138°27′23″）

小串鉱山とくつろぎの滝

富貴の滝

県道干俣牧線から毛無峠方面に向かって行くと、途中の林道脇の絶壁に滝が懸かっている。御飯岳を水源とする樋沢川支流の湯沢に流れ落ちる滝で、水量は少なかった。正式名称は「富貴の滝」であるが、その昔、小串硫黄鉱山が盛んであったころ、そこで働く作業員たちがこの滝でくつろいだところから「くつろぎの滝」とも呼ばれている。最近はこの呼び方が一般的になっているようである。

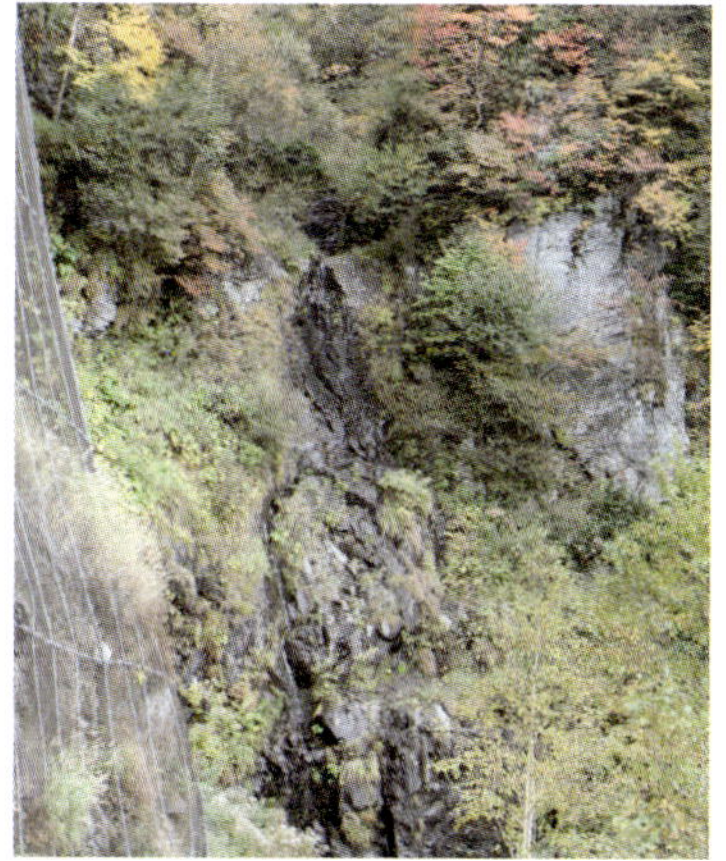

小串硫黄鉱

長野県と群馬県の県境にある毛無峠（1823m）から群馬県側に少し下ったところに、小串硫黄鉱山の廃墟がある。かつては3万人の作業員が働いていたといわれ、最盛期はこの標高の高い山奥に、2000人もの人々が住み、学校やスーパー、遊園地まであったという、日本で2番目に大きな硫黄鉱山であった。

1937（昭和12）年には大規模な山崩れが起こり、245名もの人々が亡くなった。犠牲になったのは鉱山で働いていた大人だけでなく、31名の児童も含まれていた。山崩れ後も小串鉱山は、事業を拡張し続け、1969（昭和44）年には、全国の硫黄の1割を生産していたが、1971（昭和46）年、時代の流れもあり採算が取れなくなり廃坑となっている。現在は草木も生えない土山と化し、集落があったはずの平地は半分崩れて荒野となっている。鉱山跡には、硫黄を運んだ索道の錆びた鉄塔や発電所などがぽつぽつと残ってはいるが、時と共に風化が進み、土に帰りつつある場所となっている。

小串鉱山跡

長野県の地形と水系

長野県は日本の屋根とも呼ばれ、標高2,000mから3,000m級の高山が隣接する県との境をなす。北アルプス（飛騨山脈）、中央アルプス（木曽山脈）、南アルプス（赤石山脈）はその代表格で、県の北部と中央部には富士火山帯に属する多くの火山が連なる。これらの険峻な山脈により諏訪盆地、伊那谷、松本平、佐久平の高原盆地が形成され、その間を一級水系の天竜川、木曽川が太平洋側へ、犀川と千曲川を合わせた信濃川が日本海へと注いでいる。また、太平洋に注ぐ利根川、富士川、矢作川、日本海に注ぐ関川、姫川といった一級水系の水源域ともなっている。県の南北にはフォッサ・マグナが横断し、複雑な断裂帯が何本も走っている。急峻で複雑な地形や地質が造瀑層をつくり、各所に多くの滝を懸けている。

第四章

北信地方

19 横湯川渓谷
20 運上川黒川
21 野々海川西沢左股
22 中条川流域
23 北野川上流域
野沢温泉村
栄村
飯山市
千曲川
木島平村
中野市
山ノ内町
24 釜川中流域
25 釜川高山沢
26 中津川秋山郷周辺
27 魚野川檜俣川
28 魚野川流域

19

横湯川渓谷

山ノ内町平穏

◆**横湯川渓谷**【よこゆかわけいこく】

横湯川は志賀高原の焼額山（2,009 m）からの諸渓水を集め、地獄谷自然園から野猿公苑を通過し湯田中で角間川と合流、夜間瀬川に注ぐ。暴れ川のため砂防工事によって滝の様子も昔とは変わったようである。

掲載滝：うさ口の滝

写真：うさ口の滝

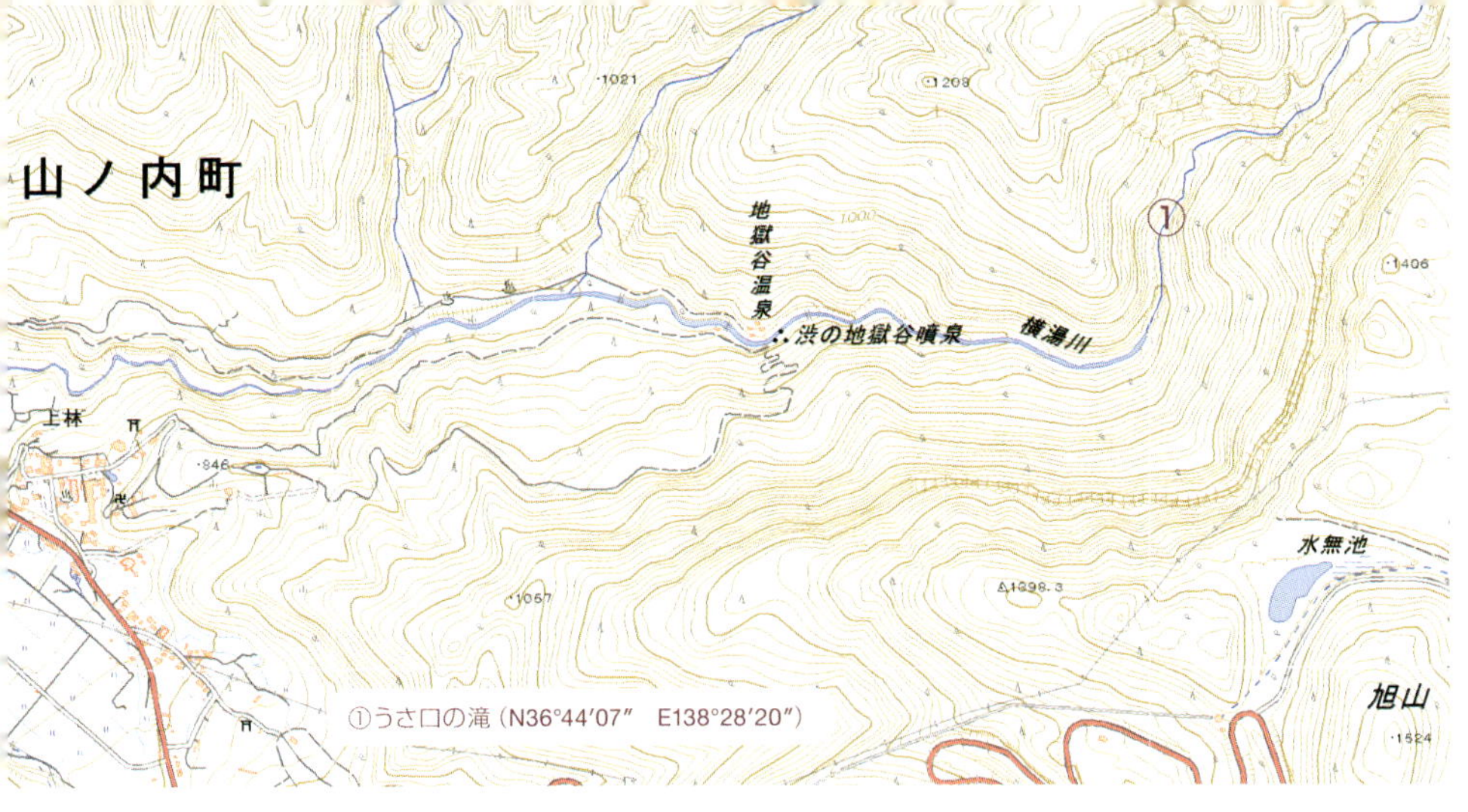

横湯川渓谷

『日本の自然景観甲信越版』（大蔵省印刷局）によると、「うさ口ノ滝、横湯川、標高950m、落差20m、滝口3m」とある。『下高井郡誌』の山ノ内町の項には「横湯川（黒川とも呼ぶ）は、山之内地溝帯の北邊を流下するものにして、赤石川と志賀山との間、大沼池に發源し、志賀、東館山諸山の渓流を合せ、西北に走り、文六の砂防工事跡の下にて右岸より来れる龍王澤を合わせ、折曲りし深き渓谷を作り、地獄谷に近く箱膳（此地方にては谿谷に於ける絶壁を膳と稱す、蓋し岩石の節理が直立状をなして絶壁をなせる形膳に似たるによる）下り膳（クダリゼ）、大膳（オホゼ）、の瀑等を懸けて地獄谷に出づ……」とある。

うさ口の滝

横湯川への入渓・遡行は、国道292号（志賀草津道路）の上林温泉から左岸の水道管理道路を歩くのが最短だが立入禁止だった。別の野猿公苑からのアプローチは近年大型砂防堰堤が何本も築造され、巻くのに危険が伴うのだが、この方面から自己責任で横湯川を遡行すると、左岸枝沢に滝が懸かっていた。さらに行くと、右岸側の浸食で段丘となった高台の突端に古びたトラックが車体を半分突き出し、今にも落ちそうな様子で架かっている光景に出合った。「道がないのにこのトラックはどこから来たのだろうか?」。またしばらく行くと、落差20mのうさ口の滝（ウタザロ滝）が勢い良く滝壺に流れ落ちていた。

横湯川は暴れ川で、下流に湯田中温泉などがあるため、大きな砂防堰堤が何本も入っている。昔と形状が大きく変わってしまい、文献にある「箱膳」「下り膳」などの滝は特定できなかった。堰堤工事で消滅してしまったようだ。うさ口の滝の上流にも砂防堰堤が入っているが、辛うじてこの滝は残されていた。

20

運上川 黒川

うんじょう

飯山市大田

◆運上川 黒川【うんじょうがわ くろかわ】

鍋倉山（1,288 m）稜線からの諸渓水が黒川となり、流下して運上川と合流、千曲川に注ぐ。黒川上流の秘境には、地元の人たちが毎年お清めのために訪れるという滝がある。

掲載滝：山姥ケ岳の大滝

写真：山姥ヶ岳の大滝

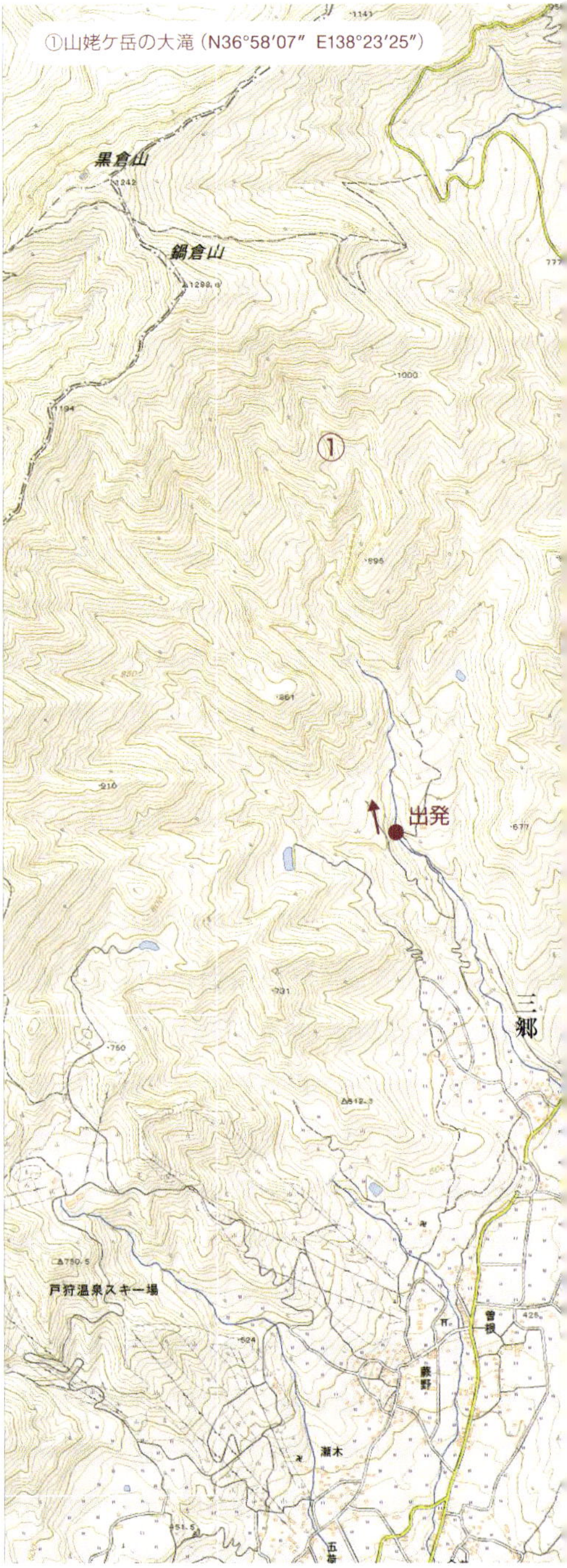

①山姥ケ岳の大滝（N36°58′07″ E138°23′25″）

山姥ケ嶽の大滝

『長野縣町村誌』の太田村（常郷村）の項に「【大瀧】 高さ七丈、幅六尺、山姥ケ嶽の小鍋窪より出て、村の北方隅山の影に落つ。下流黒川に入る」とある。山姥ケ嶽は鍋倉山、黒倉山のことである。

黒川遡行

地元の三郷集落では、代表者が春と秋に大滝の下までお酒を持って行き、今でもお清めするそうである。しかし、秘境のため山道はなく、地元の人でも山中で迷ってしまうという。沢を登り詰める方が確実にたどりつけると考え、黒川を遡行した。県道上越飯山線の吹上トンネルから三郷に入った。林道終点に車を止めて黒川の遡行を開始した。途中、枝沢から流れ落ちる細滝や可憐に咲くイワカガミも見られた。豪雪地帯なので、6月上旬ではまだ残雪があり、だんだん心細くなってきた。

渓谷を歩くこと約1時間30分で落差30mの山姥ケ嶽大滝に着いた。大滝は細長く、曲がりくねって岩の間を流れ下っていた。

帰りは左岸側の尾根伝いに降りる方が容易だろうと考え、尾根まで登って道を探したが見当たらず、やはり村人が言っていたように山中を彷徨ってしまった。雪の重みで横倒しになっているブッシュを掻き分け、やっとの思いで下り切ったのであった。

21

野々海川 西沢左股

ののみ

飯山市照岡

◆**野々海川 西沢左股**【ののみがわ にしざわひだりまた】

野々海川の本流は野々海池に源を発し、中流域で新潟県境の菱ケ岳（1,129m）からの西沢が流れ込んで千曲川に注ぐ。西沢上流には多くの枝沢があり、そのひとつ左股には落差50mの手強い不動滝がある。

掲載滝：不動滝

写真：不動滝

野々海川の不動滝

『長野縣町村誌』の岡山村（照岡村）の項に「【不動瀧】 高さ五丈、幅五尺、村の丑の方中尾宮林に懸れり。傍の巨石自ら不動の形に肖たり、故に名付く。下流野々海川に入る」と記載されている。また、『長野縣町村繪地図大鑑』にも滝名が記載されている滝である。不動滝は野々海川西沢の左股にあるようだ。

西沢左股下降

不動滝には一度、下流からの遡行を試みたことがあった。だが、途中で天候が悪化して断念した。地元の人に聞いたところ「下流からは距離があるので、上流の林道から下降した方が早いのではないか」とのアドバイスだったので、林道から下降してみることにした。国道403号から須川峠に向かって車を走らせた。途中の林道入口にはゲートがあって車は入れないので、そこから林道を歩いた。地形図を見ながら結構長い距離を歩き、まずは西沢左股を探していった。林道が左股の渓流と出合う場所は熊笹が生い茂っていたので、そこは通り過ぎ少し先の林道斜面から入渓した。

西沢左股は熊笹やブッシュの生い茂る渓谷であった。不動滝にたどり着くまでの間には、いくつもの無名滝や渓流瀑がある。距離はさほど無いのだが、下降は厳しく容易ではなかった。入渓点を下ると左岸に落差10mほどの滝が現れ、それを横に見て下降していくと大きな滝が懸かっていた。一度、急峻なその滝の下まで降りて見上げると、途中にある大きな岩と、滝は曲がりくねっているために下段の一部しか見えず、上段は見通せなかった。

手強い不動滝

そのすぐ下にある不動滝の滝口に立つと、西沢左股の川筋が良く見えたが、目が眩むほどの急峻な絶壁で下降は不可能だった。不動滝の上流には落差10mほどの滝が懸り、左岸の斜面もトラバースは困難だった。仕方なく10mの滝があった支流の手前まで引き返し、そこから左岸を大きく高巻くように落差10mの滝上に出て、その沢を横断して小尾根伝いに不動滝の下流に降りようという作戦を立てた。

小雨が降ってきたので雨具を着用し、ザックにはカバーを取り付けた。林の中の藪を掻き分け、悪戦苦闘しながら小尾根を降りて行ったが、尾根はだんだん痩せ細っ

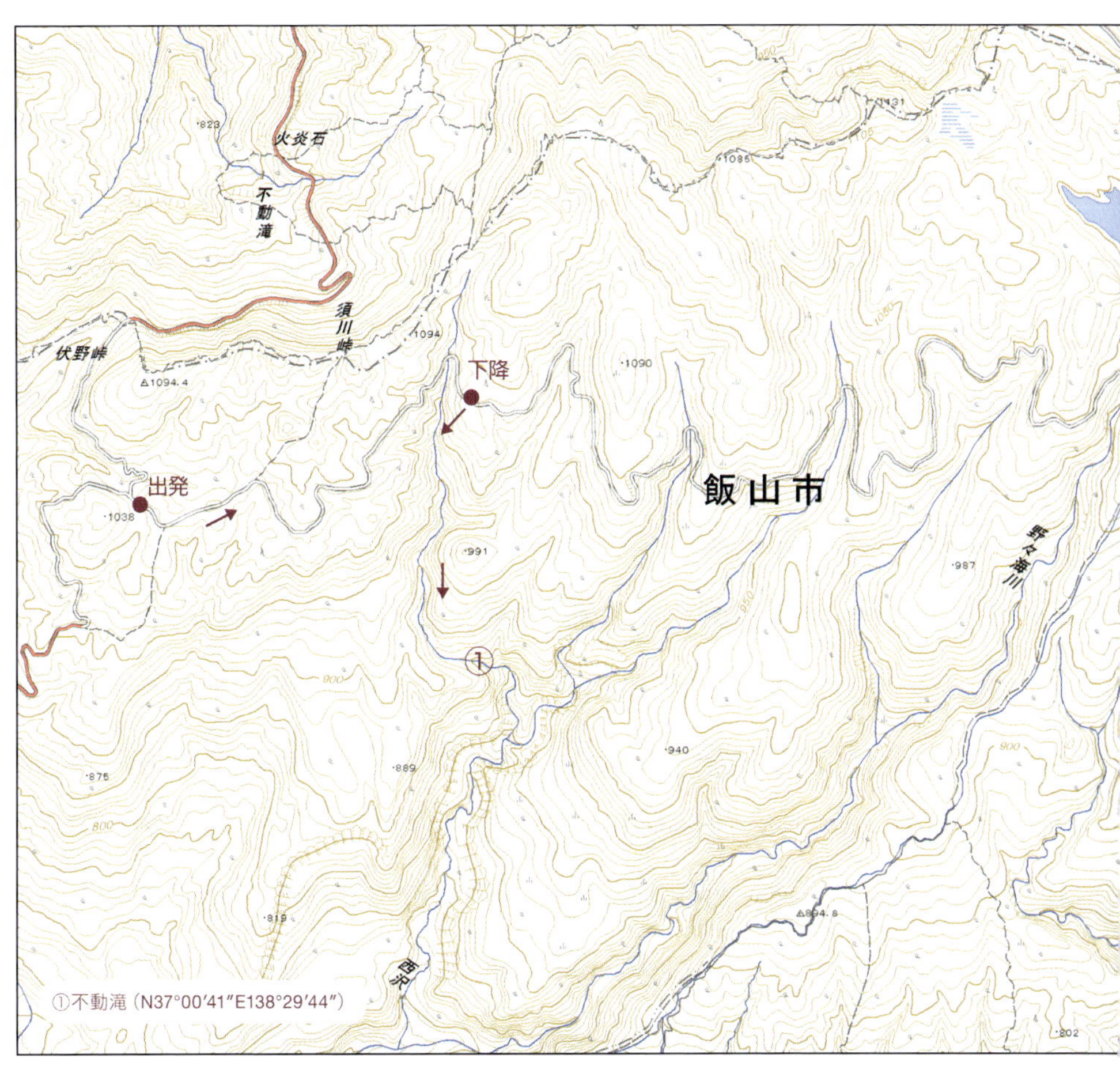

ていき、下降できる場所が無くなってしまった。

仕方がないので少し戻って、小尾根の木の間から写真を撮ろうとしたが、木の枝が邪魔をして良いビューポイントが見つからない。やっとの思いで写真を撮ったが、不動滝は落差が50mもあり、全景を写真に収めるのは難しかった。ただ、湾曲していて全景が見えなかった不動滝上の本流の滝も、ここからやっと遠望することが出来た。

帰りに小休止して荷物を見ると、ザックカバーが無くなっていた。木の枝に持っていかれたようだ。さらに、左岸枝沢を横断するときに、雨で地面が滑り易くなっていて尻もちを突き、滑り落ちてしまった。全身は熊笹の汚れや泥で真っ黒、濡れ鼠の哀れな気分を味わい、散々な滝行であった。やはり距離はあるがセオリー通り下流側から攻め上がる方が良かったようである。

22

中条川流域

栄村中条

◆**中条川流域**【なかじょうがわりゅういき】

野々海池周辺の深坂峠と三方岳（1,138m）からの東入沢、貝立山（937m）に発する西入沢川が合流して中条川となり、信濃川に注ぐ。両沢の上流には災害を被りながらも迫力ある滝が残されている。

掲載滝：大滝（別名／不動滝）　小滝　西入りの滝

写真：西入りの滝上の滝

大滝（不動滝）と小滝

『長野縣町村誌』に「【不動瀧】　高さ七丈、幅六尺、三坂三法の山澗より出で、村の北方中尾林の東に懸れり、下流中條川となる」と記載されている。この不動滝は、現在では「大滝」の呼称の方が一般的のようである。

2011（平成23）年3月12日、震度6強の長野県北部地震が発生し、中条川上流部の東入沢沿いで山崩れによる大規模な河道閉塞と土石流が発生した。崩壊地周辺の地質は、新第三紀魚沼層の安山岩凝灰角礫岩、火山礫凝灰岩、溶岩や貫入岩が含まれるといわれ、大きな地震などの際には崩れやすい。震災後の大滝がどのようになっているか、現状を確かめるために訪瀑することにした。

国道117号の中条からトマトの国温泉方面に向かい、用水管理道路へと入り、ゲート前に車を止めた。ダートであるが地震による災害復旧のために道路は整備されていて歩きやすい。名前の分からない花などを見ながら快適に歩く。崩壊地周辺は大規模な復旧工事が完成していた。そこに落差20m、三段となって流れ落ちている大滝があった。大滝は「く」の字となって流れ落ちていたが、地元の人の話だと、土砂崩落の影響で滝壺は埋まり、昔とは形状が変わってしまったという。

大滝の上流には小滝があり、そこへ向かった。大滝の崩落現場の左岸に古いトラロープもあったが、使用に耐えられるのか

大滝

小滝

①大滝（N37°00′46″　E138°33′41″）
②小滝（N37°00′46″　E138°33′37″）
③西入りの滝（N37°00′22″　E138°33′35″）

心配だったので、急斜面を直攀し小尾根越しに上流の河床に降りた。３００ｍほど遡行すると、渓流瀑が現れたので、右岸を巻いていくと落差10ｍの小滝が現れた。滝口から幅広く三段となって流れ落ち、小滝の名称から想像するのとは全く異なる立派な滝であった。訪れた時は大雨の翌日だったので、なおさらに水量も多く、水飛沫を上げて流れ落ちる姿は迫力があった。

西入りの滝

中条川左股の西入沢川は、貝立山（９３７ｍ）が水源で、トマトの国温泉付近で東入沢川と合流している。トマトの国温泉の職員に聞いたところ、「行ったことはないが、この沢にも滝があるらしい」というので、西入沢川も踏査してみた。

トマトの国温泉の近くから東入沢を横断し、西入沢川に入渓して川を遡行した。この谷にも地震の影響で土石崩落した災害の爪痕が数カ所あった。それらを乗り越えて行くと落差３ｍの渓流瀑があり、その上流に延長30ｍほどの段瀑が続いた。段瀑の左岸を巻き、テラスとなっている木の間から上流を見ると、落差15ｍほどの西入りの滝が懸かっていた。前衛滝を従えて幅広くなって豪快に流れ落ちる滝であるが、周辺は急崖で、滝下へは危険で降りられなかった。テラス状の場所からは上流部が見えるのみで、滝下部分は見えない。後で分かったことだが、国道脇に「猫つぐらとあんぼの里」の案内看板があり、そこには西入沢に三連瀑の絵が記載されていて、滝名は「西入りの滝」となっていた。

西入りの滝連瀑の始まり

国土地理院の滝の地図記号

長野県内で国土地理院の地形図に滝記号が記載されているものは、323カ所（うち滝の名称があるものは101カ所）あるが、地域によって記載の精度が異なる。
国土地理院1／25000地図の滝表示の滝とは、流水が急激に落下する場所をいう。普通は高さが5m以上で、いつも水が流れている有名な滝や好目標となる滝を表示している。滝の幅が20m未満のものは滝（小）、幅が20m以上のものは滝（大）で表示している。なお、滝記号と堰は間違えやすい。また、地図には載っていない有名な滝もたくさんある。

23

北野川上流域

栄村堺

◆**北野川上流域**【きたのがわじょうりゅういき】

北野川は上流域で数多くの沢の諸渓水を集めて流下。天代川、釜川と合流して志久見川となり、信濃川へ注ぐ流域面積の広い河川である。上流域の支流の滝は情報が少なく、一般には未知の領域ともなっている。

掲載滝：ウスマル沢の三滝　川クルミ沢大滝　サワラノ沢の滝　　写真：サワラノ沢の滝

北野川

上流部の本沢、また支流に懸かる滝については、国土地理院の地形図に記載されている滝記号だけで、ほとんど情報がない。滝の名称も分からず不明な部分が多い。したがってこの項での滝名は一部を除き便宜上の仮称である。

北野川本谷には特筆すべき滝はない。あえて挙げるとすれば、国土地理院の地形図に滝記号が載っている北野川本沢の瀬野上滝くらいである。極野集落から北野川沿いの林道を上って行く。集落外れの樽沢に懸かる落差8mの滝を横目に歩き、途中で草木を掻き分けて北野川本沢を覗いて見ると、延長30mほどの間に三段の段瀑が続いていた。気を付けていないと見過ごしてしまいそうな場所である。栄村役場で調べてもらったところ、これが瀬野上滝という名称の滝だそうである。

ウスマル沢の三滝

この本沢の段瀑から少し上流の右岸にはウスマル沢が注いでいる。途中まで沢沿いに作業道があるが、すぐに無くなってしまった。ウスマル沢に入渓して遡行すると二股に分かれた。左股を上っていくと、また2つの沢に分かれる。右股（地図上では中央の沢）を300mほど遡行すると、落差8mほどの一の滝が現れ行く手を阻んでいた。滝は直攀できないので、左岸側の滑りやすい草付き急斜面を大きく高巻いた。一つ間違えれば谷底に滑落しそうな急斜面である。高台のテラスのような場所から絶壁に懸かる落差20mの二の滝を見ると、上部が二条となっている。下段は水流が集まり、やや斜瀑となって流れ落ちている。滝下まで降りるのは濡れた斜面が険しくてあきらめた。

二の滝の左岸の絶壁を高巻き、藪の中をトラバースして上流の河床に降りた。約200m遡行すると、落差40mの三の滝が見えてきた。滝下まで近づくと飛沫をあげて一直線に細長く流れ落ちている美しい滝で、その姿は神秘的であった。この滝も国土地理院の地図に滝記号が載っているが、

ウスマル沢一の滝

ウスマル沢二の滝

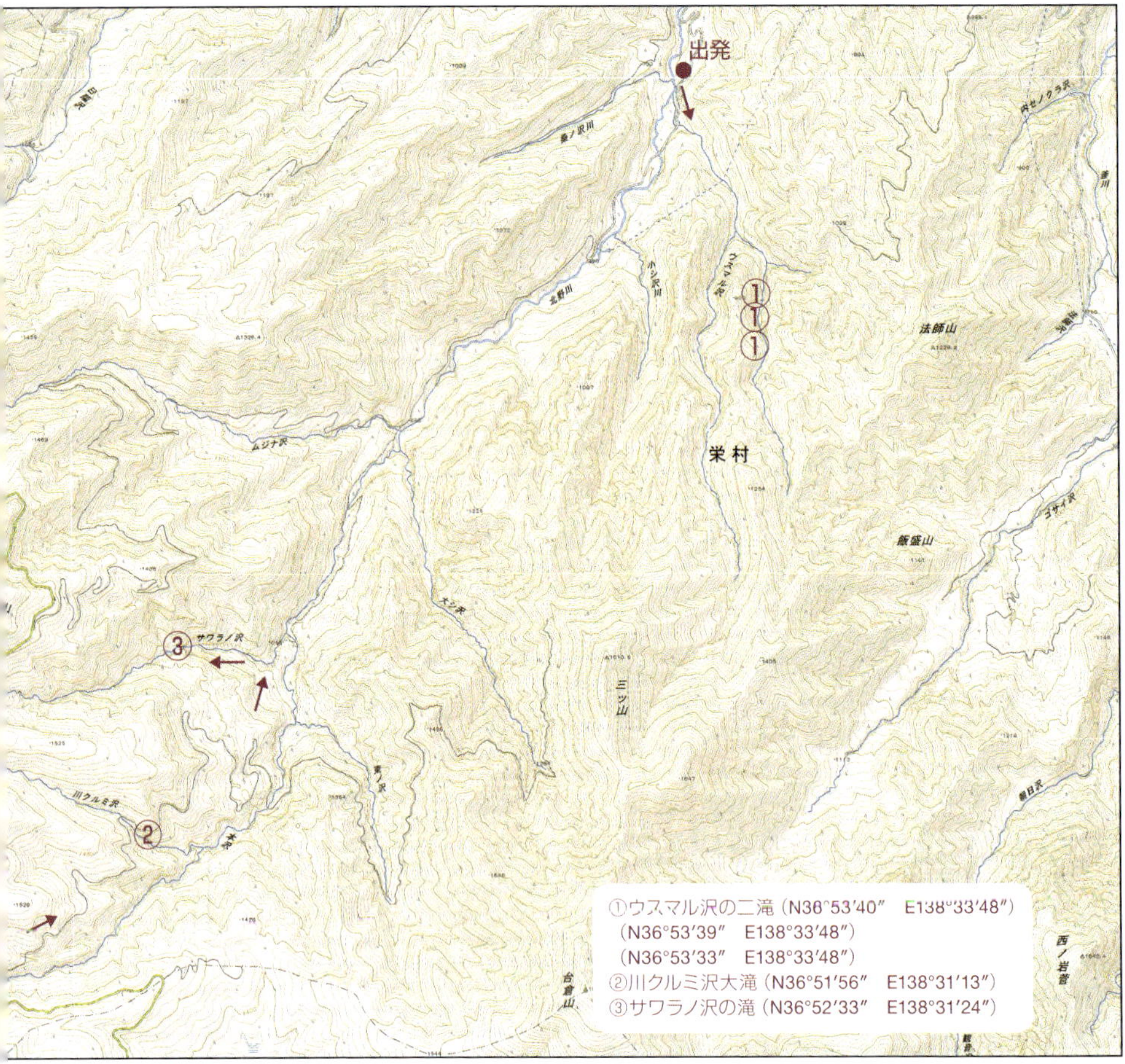
出発
栄村
法師山
飯盛山
三ツ山
ムジナ沢
サワラノ沢
川クルミ沢
北野川
台倉山
西ノ岩菅
①ウスマル沢の二滝（N36°53′40″　E138°33′48″）
（N36°53′39″　E138°33′48″）
（N36°53′33″　E138°33′48″）
②川クルミ沢大滝（N36°51′56″　E138°31′13″）
③サワラノ沢の滝（N36°52′33″　E138°31′24″）

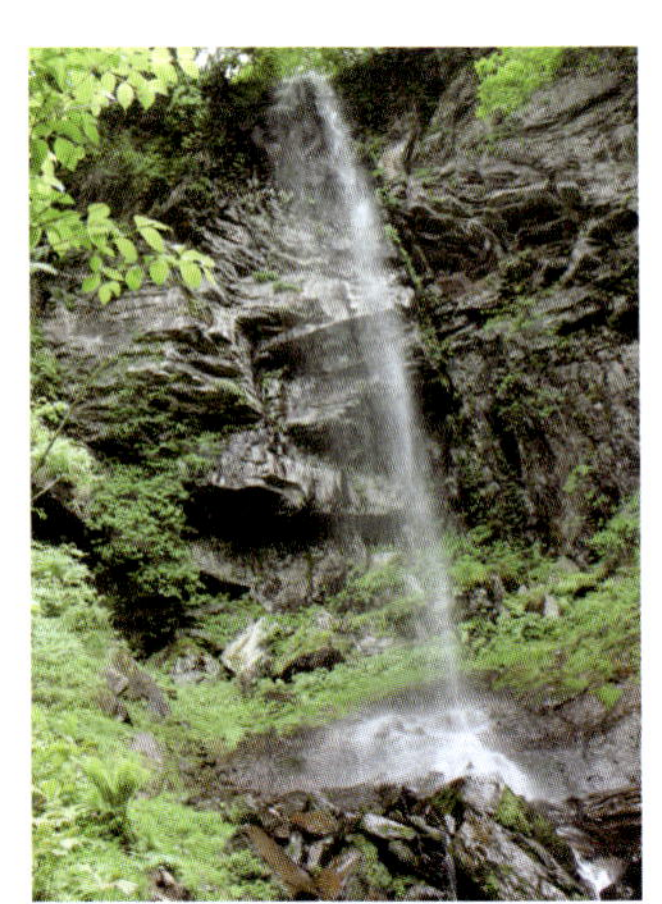

ウスマル沢三の滝

今は訪れる人もなく、村人も山に入る機会は無さそうで、存在すら忘れられているようだ。

川クルミ沢

北野川上流の川クルミ沢には、国土地理院の地形図に滝記号があるので気になっていたが、情報もなくアプローチが大変そうで、なかなか訪瀑の決断が付かずにいた。10月上旬、やっと重い腰を上げて訪瀑してみることにした。

北野川の本沢から遡行するルートも考えたが、県道奥志賀公園栄線の馬曲鳥甲（上

川クルミ沢大滝下段

線）林道からアプローチする方が地形的に容易であると判断し、林道からの下降を選んだ。紅葉した林道の周辺を見渡しながら歩いていくと、心地よい風が吹いて、この情景を独り占めしている至福感で満たされた。林道の約3km付近から川クルミ沢に入渓し下降して行くと、三段となって流れ落ちる落差35mの川クルミ沢大滝が懸かっていた。滝口に立ち下流を覗いてみたが、滑り易く懸垂下降は転落の危険がありそうだ。右岸側を巻いて滝下へ下降することにしたのだが、こちらもやはり斜面が滑り易くて非常に危険であった。

最下段まで降りると滝壺があった。上流部を仰ぎ見ても、そこからは全体をよく見ることができない。そこで危険を承知で再び登り返して、中段のテラスから上流側を見ることにした。滝の中段は斜瀑、上段は直瀑だった。訪瀑時は雨後のためか水量が多いようであった。この滝も素晴らしい滝だが残念なことに訪れる人はいないようだ。

サワラノ沢

サワラノ沢にも滝記号があるので、10月下旬に訪瀑した。馬曲鳥甲（上線）林道のゲート前に車を止めて、林道の6km付近にある北野川歩道を下降した。サワラノ沢出合から入渓、遡行を開始した。途中で直径10cmほどの枯枝につかまって段差を乗り越えようとしたところが、枝は腐っていて折れ、転倒して顔面左側を猛烈に石に強打した。ヘルメットを被っていたが、しばらく失神していたようだ。気が付くと左耳の辺りから出血している。頭はもうろうとして沢の水音も聞こえない状態だった。携帯電話は通じず、釣り人も入らない場所である。不安が頭の中をよぎる。谷間の湿った地面に小一時間、横になっていた。ズボンからは水分が浸み込んで下着まで濡れて気持ちが悪い。体も冷えてきたので立ち上がることにした。耳の辺の出血している部分が腫れてきて痛い。が、何とか歩けるようだ。

せっかくここまで来たのだからと気を取り直して遡行を再開した。

渓谷の川幅が狭まり、そこには落差５ｍの滝が懸かっていた。左岸を巻いて少し進むと、正面に絶壁が現れ、その中央に一文字となって流れ落ちる落差30ｍの細長い美しい滝が懸かっていた。無理してきた甲斐があったと、しばらく清閑の中で放心状態のまま座り込み、見惚れていた。

車に戻り病院に行こうかと思ったが、近くの医院も分からず、救急車を呼ぶほどでもなかったので、そのまま帰宅した。その後はしばらく安静にしていたが、大げさに言えば、１か月ほどは調子が悪かった。運が悪ければ命を落とすところだったかもしれない。こういう滝には思い入れが深くなる。忘れることのできない秘境の滝となった。

名瀑と呼ばれる滝

【全国三名瀑】

華厳の滝（栃木県）と那智の滝（和歌山県）については異論がないところだが、残る一つには、袋田の滝（茨城県）、称名滝（富山県）、秋保大滝（宮城県）、三条の滝（福島県・新潟県境）、安倍の大滝、白糸の滝（静岡県）、白水滝（岐阜県）など自薦・他薦の滝があり確定していない。

【日本の滝100選】

長野県内では米子不動滝（須坂市）、田立の滝（南木曽町）、三本滝（松本市安曇）及び苗名滝（信濃町・新潟県妙高町）が選ばれている。潤満滝（山ノ内町）は落差が107mで全国7位であるが選定されていない。選定の過程では、全国各地から観光誘致などのために熱心な売り込みもあり、選考者を悩ませたようである。それでも100選の滝を訪れると、さすがに立派な滝ぞろいである。

【長野県の滝100選】

『信州の滝紀行・名瀑100選』（窪田文明著）では、東信地区22カ所、北信地区28カ所、中信地区30カ所、南信地区20カ所が記載されているが、この選定基準は不明である。この本の100選以外にも名瀑と呼ぶに相応しい滝は数多い。

24

釜川中流域

栄村堺

◆**釜川中流域**【かまがわちゅうりゅういき】

釜川の五宝木から下流の中流域は深い渓谷をなし、箱嵓沢などの諸渓水を集めて北野川と合流、志久見川となり信濃川に注ぐ。訪瀑するには、険しい地形を行く遡行や徒渉が避けられない流域となっている。

掲載滝：大釜の滝（釜川滝）　無名沢の三滝　箱嵓沢の滝　赤釜の滝　　写真：赤釜の滝

大釜の滝

大釜の滝

大釜の滝（釜川の滝）は『長野縣町村誌』の堺村の項に「【釜川瀧】　高さ五丈六尺幅三尺　源を三ツアタービ山より発し、本村の東南の間釜下と高倉山の間に落つ。本流釜川と稱し、北流して本村字下夕川原に至り、志久見川に入る」と記載されている。

上流の五宝木方面から下見をしたことがあるが、滝の周辺は絶壁となっていて滝下に降りられる場所は無かった。下流の新潟県津南町の出浦集落の林道から急斜面を釜川に降りて川を遡行することにした。国道403号を逆巻地籍で折れ、上加用集落方面へと向かい、出浦集落から林道に入った。林道終点に車を止め、釜川へ下降して遡行を開始した。腰下までの水深を覚悟していたが、釜川の水流は安定していて膝上程度で済んだ。釜川中流域一帯は釣り人にも人気の場所で、大勢が入渓しているようだが、増水時は水嵩が増して水流も速くなり、水深もあるので、渡渉に危険が伴うことは容易に想像できた。気象条件などを考慮した上での入渓が必要だ。

河床を遡行すると、新潟県側の枝沢には細い滝があった。やがて釜川はドーム形の岩壁を形成し、そこに落差17ｍの滝を懸けていた。水を狭窄部に集めて小さな段をつくり、大きな滝壺の中へと豪快に流れ落ちていた。大釜の滝上に出るのは困難だったので引き返した。

無名沢の3連瀑

釜川の「大釜の滝」と上流域の内セノクラ沢間の左岸に小さな無名沢が流れ込んでいて、国土地理院の地形図にはそこに滝記号が載っている。それを見ようと、県道の大きくカーブしている付近から谷を下降していった。すると落差15ｍほどの「上の滝」

無名沢三滝上

無名沢三滝下

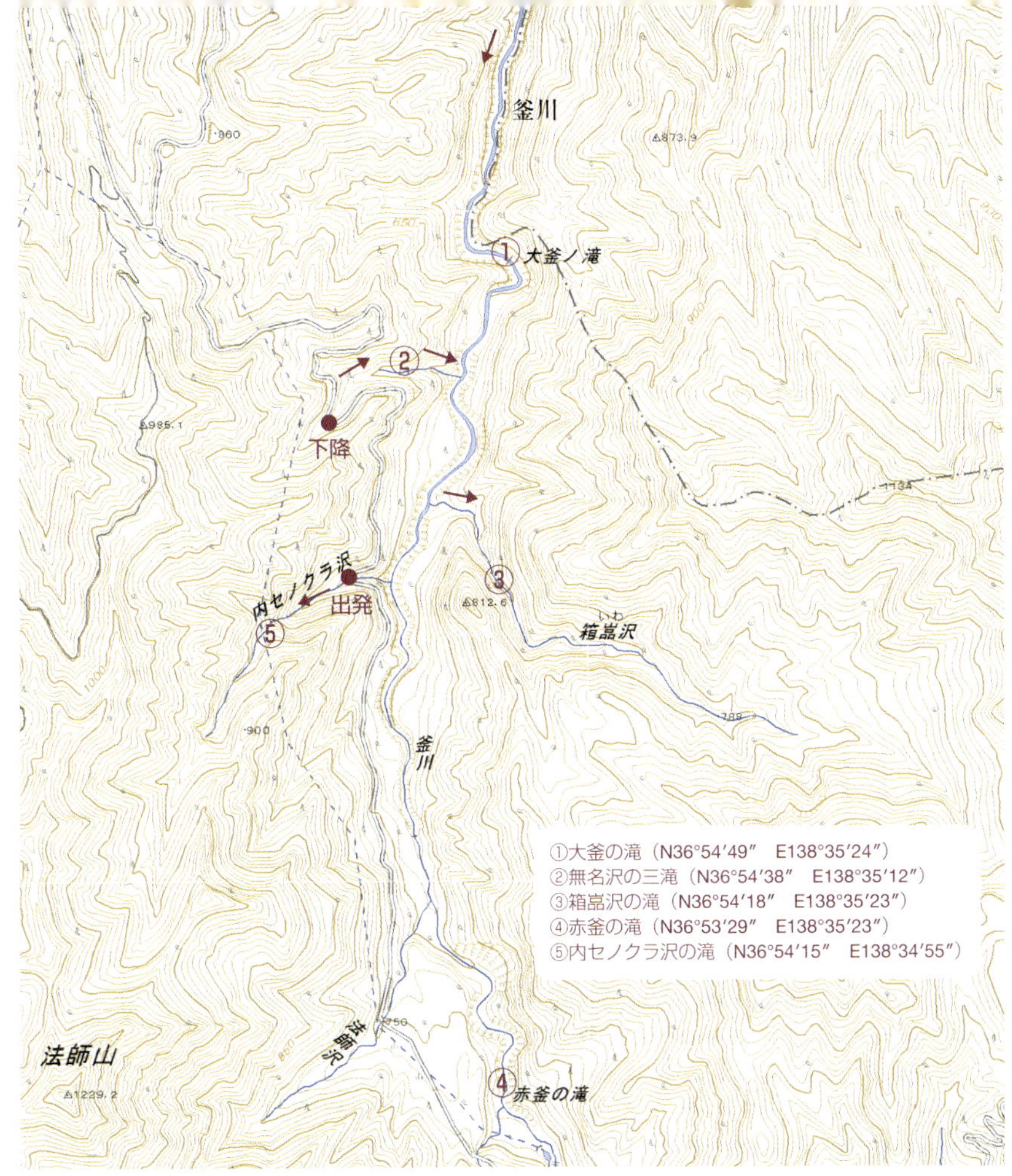

があった。この滝は落差があって幅広く流れ落ちている。右岸の斜面を下降して、落差20mの「中の滝」の滝上まで行ったが、斜面は滑り易くて危険であった。水量が多い時には迫力ある滝に変身することが想像できた。釜川合流点に降りるには、釜川の浸食された岩面を下降しなければならず、危険だったのでロープを出した。釜川の出合には、落差8mの「下の滝」が幅広く流れ落ちている。いずれも無名滝のようであるが、便宜上「無名沢の三連瀑」としておく。

箱嵓沢（はこいわさわ）

箱嵓沢は高倉山（1325m）付近を水源として、釜川に注ぐ右岸の枝沢である。この沢にも国土地理院の地形図に滝記号が載っているので踏査してみた。この沢が合流する釜川の周辺はゴルジュとなっているため、県道から降りられる地点は限られる。内セノクラ沢付近から下降して釜川を渡渉して箱嵓沢を遡行すると、落差5m、延長

箱嵓沢の滝

8mほどの斜瀑があった。この斜瀑は右岸側を容易に越えることができた。その上流からは一気に狭いゴルジュ帯となり、めざす滝までは進めない。右岸の滑りやすい斜面を攀じ登って木の枝の間から渓谷上流を覗き込むと、細長く流れ落ちている落差20mほどの滝が見えた。下部にはエメラルド色の小さな滝壺があった。

内セノクラ沢

釜川の左岸枝沢の内セノクラ沢にも国土地理院の地形図に滝記号が載っている。県道から内セノクラ沢へ入渓して、約500m遡行すると、周囲は断崖絶壁となり、その奥に落差35mの大きな滝を懸けていた。水量が多いときには迫力ある滝となると思われる。この滝は遡行距離も短くて比較的容易に行くことができた。

内セノクラ沢の滝

一の滝と赤釜の滝

釜川の本流に、国土地理院の地形図に滝記号が載っている一の滝が懸かっている。落差は3m程度であるが、川幅一杯に流れ落ちていた。この程度の滝が地形図に載っているのが不思議である。

釜川は法師沢の合流付近から下流で下方浸食が一段と激しくなる。この一の滝周辺から両岸が切り立ったゴルジュとなっていて、この中流域の河床を連続して踏査するのは容易ではなかった。

釜川沿いの林道の飯森橋からは、支流の飯森川に落差8mの滝を見ることができる。この滝も国土地理院の地形図に滝記号が載っているが正式名称は不明だ。その近くに発電所設備の道路があり、その道路を利用して釜川左岸側に出る。左岸沿いに藪の中を下降すると、落差8mの「赤釜の滝」がある。釜川の本流に懸かる滝なので水量が多く、滝口から幅広く流れ落ちる姿は迫力がある。ちなみに「栄村の自然」によると、造瀑岩は、赤釜石英斑岩と呼ばれる灰白色の石英斑岩の貫入岩体によって構成されているが、表面は全体に酸化鉄によって赤錆色を帯びているところから赤釜の滝と呼ばれるようになったとのことである。

25

釜川 高山沢

栄村堺

◆釜川 高山沢【かまがわ たかやまさわ】

釜川の五宝木から上流はゴサイ沢、五宝木沢、朝日沢、高山沢に分岐する。高山沢は上流で分岐しエビリュウ沢、オゼノ沢と名前を変え、それぞれの沢には多くの滝を懸けているが、険しく危険の伴う領域である。

掲載滝：勘五郎の滝　黒滝　ヒロゼの滝

写真：勘五郎の滝

高山沢の勘五郎の滝

高山沢は中流部にゴルジュ帯があり、私の技量では登攀や遡行が困難だが、馬曲鳥甲（五宝木）林道から勘五郎の滝に下降するルートなら何とかなる、と訪瀑を決断した。最初の訪瀑時には、林道入口に車を止めて、ゲートから林道脇に咲く花などを見ながら気持ちよく約50分歩き、林道終点に着いた。ここからの作業道は二手に分かれている。赤テープがある尾根伝いに登る左手の作業道を選択して登攀した。これが大失敗だった。やがて作業道はなくなり、原生林の樹木が生い茂る山中を彷徨うことになってしまった。斜度45度もあるような急斜面を灌木の枝につかまりながら下降し、やっとのことで高山沢右岸の絶壁の上まで降りることができた。そこからは木の小枝に掴まり、勘五郎の滝の滝上に出た。

勘五郎の滝は落差50m。滝口から下流を覗き込むように見ると、高山沢の渓谷はV字に刻まれた深く険しい谷となっている。滝下へ降りるのは無理だった。ひと息ついて気が付けば、腕や足は擦り傷だらけだ。熊撃退スプレーや腰に付けた鉈（なた）も無くなっていて惨々であった。

高山沢は多くの滝を懸けている魅力的な渓谷だ。どうにか入渓できることが分かると、勘五郎の滝より上流も踏査したくなった。次からは林道終点で右手の作業道を選んで進んだ。約30分歩くと、こちらも道跡がなくなってしまう。けもの道や踏跡を探しながら、右手の急斜面を木の枝を頼りに下っていくと、やがて前に来た勘五郎滝の滝口に出た。右岸側をトラバースして木の隙間から勘五郎滝を見る。ほぼ垂直の岩肌を一気に流れ落ちる雄大な滝は、何度見ても美しい姿で迎えてくれた。

黒滝

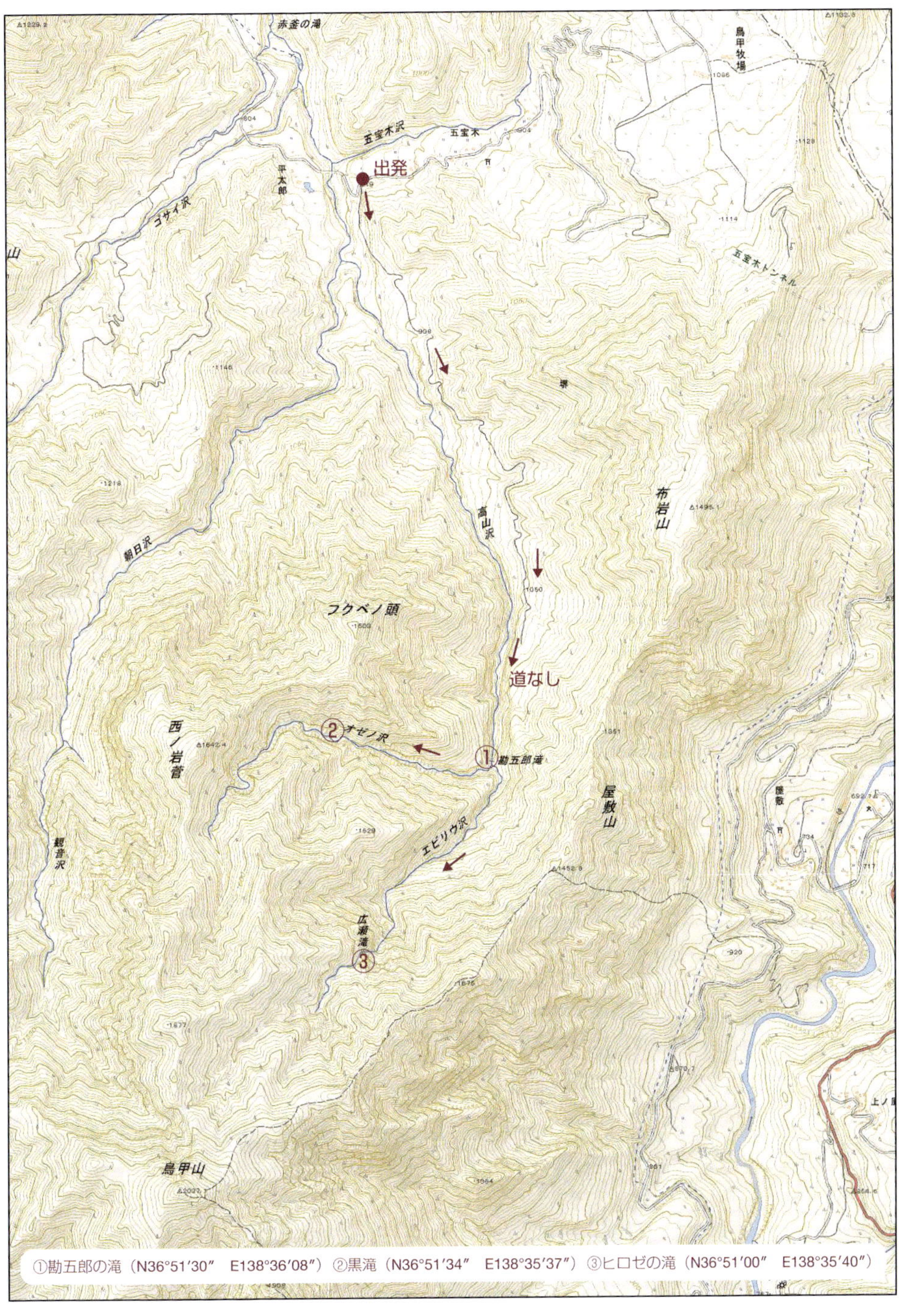
赤釜の滝
鳥甲牧場
五宝木沢
五宝木
出発
平太郎
ゴサイ沢
五宝木トンネル
高山沢
布岩山
朝日沢
フクベノ頭
道なし
西ノ岩菅
オゼノ沢
勘五郎滝
屋敷山
エビリウ沢
観音沢
広瀬滝
鳥甲山
①勘五郎の滝（N36°51′30″　E138°36′08″）②黒滝（N36°51′34″　E138°35′37″）③ヒロゼの滝（N36°51′00″　E138°35′40″）

オゼノ沢の黒滝

勘五郎滝のすぐ上流に左岸から注ぐ渓流がオゼノ沢である。勘五郎滝から上流に見て右股となるオゼノ沢へと入渓して遡行した。しばらくは水の流れがあるが、すぐに伏流する。荒廃したゴーロの河床を遡行すると、渓谷が左折する辺りで黒い岩肌の絶壁に懸る落差20mの黒滝が見えてきた。そこは三方が馬蹄形となった絶壁で、節理の入った滝の下段岩壁をぬらして滝壺に少量の水が流れ落ちて溜まっていた。水量はごく少ないが、大雨時には見事な滝に変身するのだろうと想像しながら引き返した。

エビリュウ沢遡行

高山沢は勘五郎滝から上流で二股に分かれ、右股がオゼノ沢、左股はエビリュウ沢と名前を変える。烏甲山(2037m)を水源とするエビリュウ沢は、上流にヒロゼの滝を懸けている。勘五郎滝上からは平坦る所から滝場となった。落差8mに始まりきた。渓谷が左折して右に大きくカーブすなっていった。やがて正面に露岩が見えてが現れて、進むにしたがって水量は細く出た。河床は再びゴーロとなり、時折小滝崩れやすい岩壁を何とか攀じ登って滝上に付く場所が見当たらない。結局、右岸側の岩盤は脆弱なうえに切り立っていて、取りエビリュウ沢遡行の最大の難関であった。5mの滝が現れた。この小滝を越えるのがしばらくゴーロの河床を遡行すると、落差な岩が削られて樋状となったナメを歩き、

滝場の始まり

難関5m滝

滝の連続で、高度を上げてヒロゼの滝へと突き上げるが、まだ先のヒロゼの滝を見ることはできなかった。

ヒロゼの滝

滝場の登攀については、『日本登山体系』(白水社)の記述によると「二段、8m、5m、8m、5mと快適に越えていく」とあるが、見上げる滝場は急峻で険しく、とても私の技量では直登は難しい。ロッククライミングのエキスパートでなければ登れないだろうと判断した。そこで、右岸側の滑りやす

い岩盤に着いている草を頼りに、斜面をトラバースすることにした。急斜面での足場確保には最大限の注意が必要だった。ひとつ間違えれば一気に谷底まで滑落してしまい、命の保証はない。ヒロゼの滝の対岸のテラスから滝を望むと、落差150mの大ナメの滝で、ガレ状となった凹凸ある斜面を山の上から一気に流れ落ちていた。訪瀑時には水量は少なかったが、岩肌を縫うように流れ落ちている様子は実に豪快でスケールの大きさにも圧倒される。

帰りも慎重に降りた。登って来るときには夢中で気が付かなかったが、沢は紅葉の最盛期であった。見事な景色に後ろ髪を引かれる思いで（……髪の毛はないが）帰路に着いたのであった。

ヒロゼの滝

古代の滝と瀑布

漢字が日本に伝わった頃、われわれの先祖は、「タキ」に多岐、多芸、多紀といった字を当て、「タギ」と呼んでいたという。ただし、この「タギ」は早瀬や急流を指し、万葉集にも数十首に滝が詠まれているが、その対象も「湍つ瀬」、や「石走る」といった急流である。瀑布のような滝は、「垂水（たるみ）」と呼ばれた。中国でもかつて「瀧」は奔流あるいは早瀬を指していたという。日本では、滝のなかに水を司る神としての竜が棲む—との信仰が定着した以降の時期から、今の瀑布のような形態の「タキ」に「瀧」の字を当てたという。（『隠れ滝を旅する』永瀬嘉平著より参照）

ちなみに本流の早瀬や急流を「滝」と呼んだ例は比較的新しい時代まであり、例えば長野県では、安庭（やすにわ）の滝（犀川／長野市）、弥太郎滝（犀川／長野市信州新町）、大滝（千曲川／飯山市大滝）、新滝（天竜川／天龍村先途）、勝負ケ滝（天竜川／天龍村鶯巣）、水神の滝（天竜川／天龍村的瀬）などがある。いずれも水上交通の難所で、船乗りは命がけで操船した場所である。その早瀬や急流も今では船の交通は無くなり、河川改良やダムの建設でほとんど消滅し、忘れ去られてしまった。

26

中津川 秋山郷周辺

栄村堺

◆**中津川 秋山郷周辺**【なかつがわ あきやまごうしゅうへん】

中津川中流域は大赤沢、小赤沢、栃川、雑魚川などの支川が注ぐ。雑魚川は志賀高原や奥志賀高原、鳥甲山、木島平の諸渓水を集める流域面積の広い河川。この秋山郷一帯は、どの沢にも数多くの滝を懸けている。

掲載滝：栃川の大滝　切明西方の滝　外川沢の大滝

写真：外川沢の大滝

栃川の大滝

中津川の支流、栃川は大きな堰堤が何本も入っている暴れ川である。上流へ遡れば平太郎尾根で二股に分かれる。左股は苗場山の台地を水源とする本流である。右股は上流でさらに白岩沢や曲沢に分岐し、大岩山や天狗の庭が水源となる。ここまでの渓谷は深く険悪で、安易には近づけない。

栃川に大滝があるというが、ほとんど情報が無いまま、多分、上流に行けば見れるだろうという気安い気持ちで向かった。のよさの里から林道を進み、苗場山登山道栃川コースの上の原登山口から40分ほど歩くと栃川を横断し、そこから急斜面を登り詰め、平太郎尾根の４合目（１３５０ｍ）に達した。その急斜面の中間辺りで振り返り、対岸山腹の栃川上流を遠望すると、白い糸のように細長く流れ落ちている滝が見える。実はこの滝が栃川の大滝だと思い込んで長い間自己満足していたが勘違いだった。

栃川大滝

秋山郷和山の民宿「雄山荘」には、近年になって友人とよく泊り掛けで行くようになり、その仲間の中には30年ほどこの辺に通っている釣り名人がいる。この名人の話から栃川の大滝が別にあることがわかったのである。

足腰の衰えを感じ「危険な秘境滝の訪瀑は封印しよう」と思い始めた矢先ではあった。しかし、その話に血が騒いでしまったのだ。11月の中旬といえば、秋山郷の山々は落葉し冬を迎えようという時期である。訪瀑の前日は冬型の気圧配置で雨が降ったようだ。林道東秋山線の所々で側溝の水が道路に流れ出ていた。中津川も少し増水しているように見えた。

栃川温泉の道路脇に車を止め、平坦な工事用道路を歩いて行くと約15分で栃川に着いた。そこには最近になって発電用の取水堰堤ができたようで、堤体は木製の外観に化粧されていた。工事用の鋼鉄製の歩道橋を渡って右岸を歩き、堰堤を横に見ながら上って行くと岩が張り出して道をふさいでいた。ここは左岸側へ渡渉しなければならず、沢登り用のフエルト底の渓流靴と渓流用のウェアに着替え、膝下まで水に浸かりながら渡った。さすがに水は冷たいが、歩いて身体が温まっているためか、さほどには感じずに済んだ。

最終の堰堤を越えて先へ遡行すると、ゴルジュが始まり行く手を阻んだ。左岸を大きく巻くことにして攀じ登っていった。しかし、そこは絶壁で下降できる場所はなく引き返した。この辺の栃川は両岸はツルツルとした岩壁で、取り付く場所がなかった。意を決して腰まで浸かって水の中を遡行すると、川は二股に分かれた。目指す滝は右股にあるが、左股の本流から落差8mの滝が流れ落ちて分岐に滝壺をつくっている。滝壺はもっと深く、水風呂のような冷たい水の中を臍の辺りまで浸かって越えた。そして右股の奥には、前衛滝を持った落差20mの栃川の大滝が懸かっていた。前衛滝の滝壺も深く、また仮に泳いで渡っても前衛滝の上に立つのは難しそうだ。そこまでであきらめて引き返した。

滝壺の水に浸かっている間は夢中で気にも留めなかったが、丘に上がると渓流用ウェアでも冷たさが身に沁みてきた。帰りの栃川から苗場山方面の山を見ると白く雪化粧していた。車の温度計の外気温は5.8度。年寄りの冷や水とはよく言ったものだ。何と無謀なことをしたことかと反省。後日、友人からも叱られてしまった。

切明西方の滝（栄村）

雑魚川下流側の渓谷は深く刻まれていて、その途中に大滝（おおぜん又はだいぜん）や三段の滝など多くの滝がある。遊歩道も整備されていて観光拠点となっている。

雑魚川を魚野川との合流点から数百mほど樹海づたいに進むと、発電所の取水堤に出る。かつては第一の釜と第二の釜があったといわれるが、現在、下の釜（第一の釜）

烏甲山
布岩
栄村
雑魚川
切明
中津川
秋山郷
切明発電所
外川小屋
外川沢
シジミ沢
上ノ原
のよさの里
栃川
和山
①栃川の大滝（N36°49′59″　E138°38′53″）
②切明西方の滝（N36°48′37″　E138°36′51″）
③外川沢の大滝（N36°47′48″　E138°35′01″）

は発電所の取水堰となっている。第二の釜はさほど落差は大きくはないが、右岸の絶壁と相まってなかなかの景観である。この滝については、『秋山記行』の著者・鈴木牧之（1770年＝明和7年生まれ）は、その景観に惚れ込み、「すべて此前後石工の源翁も及ばざる真石の累々と堅横に重なり或滑らかにして草鞋辷り又は碁盤に座せるが如く予眺望するに此処につづき二の釜と云あり。取りわけ第一の釜の滝壺は薬研の如き凹の数間の巌石の合により霹靂とし て漲り落。其音予が聵を轟かし、又瀑壺の白浪潭水の中へ洋々と流れ入り、其深き事量知るべからざる。況や両岸は千仞の巌石聳て見ぬ。唐土の石壁もかかる風情ならんと。座に逸興頻なり。其巌上を遥かに見挙れば桧、松の常磐万水の紅葉の中に斑にして錦繍を織るが如し。尋常の佳景の及所あらず」と記している。

切明西方の滝

なお、『秋山郷の地学案内』（島津光夫ほか著）で、この滝は「切明西方の滝」となっているが、昔の面影は薄れてしまったようである。ちなみに、この滝の造瀑岩は石英閃緑岩貫入岩体からできているという。

外川沢の大滝（山ノ内町）

雑魚川の支流である外川沢（通称・外ノ沢）は山ノ内町側の地籍にあり、一部の釣り人には知られているがマイナーな沢だ。秋山林道から東電の巡視路を下降して吊り橋を渡り、東電の「外の沢巡視路」を歩く。巡視路はよく整備され、ブナ林の中を歩いていると、シロヒゲソウなども咲いている。気分は爽快で心地いい。外ノ沢の吊り橋を渡り、しばらくすると右岸から差し込む枝沢に落差10mの無名滝が懸かっていた。取水管理用トンネルを潜って取水堤まで行き、そこから外川沢に入渓して遡行すると渓流瀑や釜があり、周囲の樹木と調和した景観が美しかった。紅葉の時季にぜひ訪れたい場所である。

さらに遡行すると、正面が岩壁で、沢の流れが一瞬消えたかのような錯覚に陥る場所に出合った。沢が右に直角に屈曲しているためで、そこに水量が多く迫力ある落差10mの外川沢の大滝が懸かっていた。右岸側を回り込んで正面から見ると、幅広くて形のよい美しい姿である。なお滝の左岸側にロープが垂れ下がっていたので、上流にも滝が数多くあるようだ。だが、そこは沢登りのエキスパートの領域である。

27

魚野川 檜(ひの)俣(また)川

栄村堺

◆魚野川 檜俣川【うおのがわ ひのまたがわ】

魚野川支流の檜俣川は赤倉山（1,938m）と佐武流山（2,191m）間の渓水を集め、西流して魚野川に合流する。深い渓谷は険しく、飛沫を上げて流れ落ちる大滝へのアプローチは極めて難しい。

掲載滝：檜俣の大滝

写真：檜俣の大滝

檜俣の大滝

魚野川の支流には、『日本登山体系』（白水社）によると、大滝があるようだ。秋山郷和山の雄山荘の主人から「檜俣川は武流山登山道の渡渉地点の下流辺りからＶ字のゴルジュになる。本流に悪沢が合流する辺に大きな滝を懸けている。その下流からは平坦な河床になるが、堰堤の下からまた大きな滝や滝壺があって、魚野川に注いでいる」といった情報をもらった。さらに「檜俣川を魚野川との合流点から遡るのは、堰堤などが入っていて渡渉が難しいし険しい」とのアドバイスなので、教わった通りに檜俣川林道から急斜面を下降し、堰堤から上の平坦な河床を遡行することにした。

国土地理院の地形図では、林道と河床の標高差は１８０ｍもある。ガレ場手前の林の中を木の枝をつかみ、帰りの登り返しを心配しつつ急斜面を一気に下降していった。檜俣川の河床まで降りると、確かに勾配は緩やかだが水量があって気は抜けなかった。渡渉を繰り返して遡行すると、落差４～５ｍの滝が現れて行く手を阻んでいる。この滝は右岸を巻いた。次に小さなチョックストーン滝があって滑り易かったものの難なく越えたが、そこからは逃げ場のない険しいＶ字渓谷がはじまった。それが右へ湾曲しているその奥に懸かっていたのが落差30ｍの檜俣の大滝である。滝表面の凹凸のある大きな岩壁に勢いよく飛沫が跳ね上がっている。幽玄な雰囲気であった。

滝は絶壁となっていて、右岸の張り出した岩壁にも滝のミストが常に降り注いでいる。濡れて滑り易い急斜面となっているので滝下には近づけなかった。また、大きな滝壺も水深があって、少し近づいてみたがとても滝下までは行けそうもなかった。さらには右岸側を高巻こうとしたが、こちらも滝からのミストで濡れた急斜面が滑りやすくて攀じ登るのは無理だった。滝の周囲を見渡すと、右岸の小さなルンゼを足掛かりにすれば登れそうだ。足を踏ん張って攀じ登っていき、ロープに体を預けて木の枝の間から何とか写真を撮ることができた。

そこから下降してまた河床を下るのは、林道までの登り返しが大変だと考えたので尾根沿いに登って行くことにした。古いロックネットがあったが、昔はこの等高線沿いに旧道があったようだ。しかし、今は薮やガレで埋まり道跡も無い。その廃道跡をたどって行くと、入渓したガレ場の近くまで戻ることができた。しかし、ガレ場は横断できなかったので、急峻な痩せ尾根を攀じ登り、やっと林道に出た。疲れてしまい予定していた悪沢の踏査まではできなかった。

悪沢遡行敗退

檜俣川の右股、悪沢の水源は佐武流山（２１９１ｍ）である。『日本登山大系』によると、悪沢の上流に落差40ｍの滝が記載されている。日を改めて悪沢の探査を計画した。今度は佐武流山の登山道から檜俣川を下降する作戦である。檜俣川林道を歩き、月夜立岩の奇岩を横に見て進んで行くと、佐武流山の登山口があった。近年、地元の人達の努力によって、佐武流山の登山道が整備されたようである。登山道を外れて沢を下っていくと檜俣川を横断する場所に出た。その渡渉場所は、地図を見ると悪沢分岐から大分上流のようだったが、渡渉地点から檜俣川を下降してみた。しかし、すぐに険しいゴルジュ帯となり、地形も険しくて高巻きできないので諦めて引き返した。やはり前のように下流の檜俣の大滝を高巻いて攻略するしかなさそうだ。檜俣の大滝の滝上へ行くには、檜俣川林道から小さな沢を下降して行く方法も考えられるが、このルートも藪漕ぎや岩壁の下降などで危険を伴いそうである。その名のとおり、悪沢の入渓はアプローチが難しいようだ。

ところで『日本登山体系』（白水社）によると、檜俣川源流域には目立った滝は無いようである。そうではあったが、佐武流山の登山道から檜俣川上流を目指し入渓して遡行してみた。地形図の水平距離で2kmほどを上ったが、小滝や渓流瀑がある程度で特筆すべき滝も見当たらないので、ここは途中で引き返した。

①檜俣の大滝（N36°47′43″ E138°39′06″）

28

魚野川流域

山ノ内町平穏

◆**魚野川流域**【うおのがわりゅういき】

魚野川本流は上信国境の赤石山（2,109m）付近に発し、岩菅連峰と上信連峰からの支流を集め、雑魚川を合流して中津川と名前を変える。この渓谷には滝が数多く、奥が深いために未知の滝もあるとされる。

掲載滝：大ぜん　黒沢の滝

写真：大ぜん

魚野川

中津川がどこで魚野川と名称を変えるのか、かつては諸説があったようである。『日本登山体系』では、明確な地点は不明というのが通説としながら、渋沢合流付近であるとしている。また、栄村史によると、岩菅山や大高山など上信国境の峡谷を十二沢と呼び、野反湖からの千沢を合わせ、渋沢が合流する付近から魚野川と名前を変え、切明において雑魚川が合流する地点から下流を中津川としている。しかし、現在は一般的には漁業協同組合の管轄に従い、切明の雑魚川合流から下流を中津川、上流を魚野川とし、渋沢ダムから上流も魚野川と呼んでいるようである。

魚野川の本流と支流は、『秋山紀行』や『日本登山体系』及び『秋山郷の地学案内』などの著書で数多くの函や淵、滝（ゼン）が紹介されている名渓で、古くから魚を求めて多くの人が入渓している。

魚野川へのアプローチ

魚野川上流への入渓は、切明温泉から東電の巡視路を利用するルートと、野反湖から渋沢ダムに降りるルートが一般的である。今回は東電の巡視路を利用して、魚野川上流の日帰り探索を試みた。切明温泉上の林道ゲートからしばらく歩き、中津川に架かる吊り橋を渡って東電巡視路を行く。九十九折れの心臓破りの急坂を息を切らしながら登り、急坂を登り詰めると比較的平坦な水平歩道となった。しばらく歩くと狭いトンネルがあり、懐中電灯をつけて通り抜け、さらに進むと、木の間から魚野川右岸に合流する佐武流川の谷が見えた。佐武流川の出合を覗くと、国土地理院の地形図に滝記号のある滝が懸かっているのを遠望できた。越後の鈴木牧之（ぼくし）が１８２８（文政11）年に秋山を訪れた際に狩人から聞いた話として、「切明温泉から川伝いに一里ほど両岸千仞の谷あいを上るとばんとう滝という所にでる」と記録している。その滝はこの近辺にあるのかと、近くまで行ってみたいという気持ちもあったが、目的は上流の探索であるため日を改めることにして谷底を横目に通り過ぎた。

渋沢ダムまでは3時間以上の歩行を余儀なくされたが、その間には小さな沢が数か所横断し、そこに小規模な滝が懸かり、長い道程の息つく場となっている。

魚野川へ入渓・遡行

渋沢ダムから吊り橋を渡り、橋から続く登山道の途中から山林を横切って魚野川に降りる。下降場所は限られていて、釣り人が垂らしたお助けロープを利用した。魚野川は水量が多く、通常でも股下までの水深がある。特に野反湖からの放流時には千沢からの水嵩が増えるので、渡渉には注意が必要だ。千沢出合付近は土砂が堆砂し水流が早い。流されないように足を踏ん張って渡渉した。やがて左岸から桂の沢が流れ込

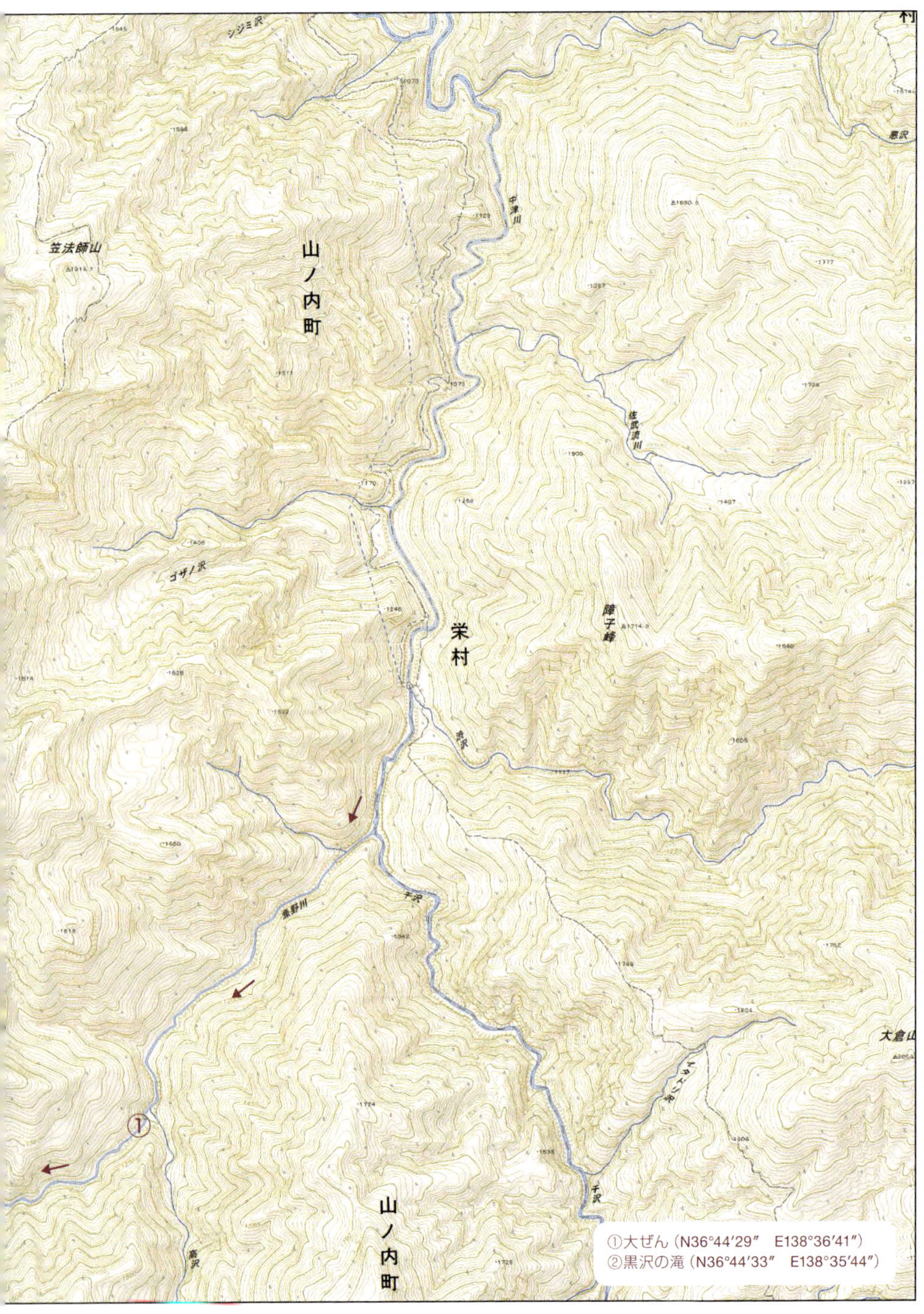

山ノ内町
栄村
山ノ内町
笠法師山
障子峰
大倉山
中津川
佐武流川
ゴザノ沢
雑魚川
①大ぜん（N36°44′29″　E138°36′41″）
②黒沢の滝（N36°44′33″　E138°35′44″）

み、出合に落差4mの桂の沢の滝があった。滝には巨木が引っ掛かっている。そこを通り過ぎ、しばらくするとゴルジュ帯となった。そこには箱淵、不動コイデなどの小滝（渓流瀑）が連続している。さて、このゴルジュ帯を越えるのだが、滑りやすい河床の遡行は容易ではない。そこで左岸側の藪の中を高巻きし、河床に降りてしばらく歩くと右岸側から高沢が注ぎ込み、出合には渓流瀑があった。高沢はその上流にも多くの滝を懸けているそうだが、急峻な沢のようである。いつか踏査できればと思いながら通過した。

大ぜん

「大ぜん」は魚野川の本流に懸る落差10m、幅5mの滝で、魚野川を代表する滝といってよいほどの美しい滝である。滝の上部はナメとなっていて、全水量をひとつに集め幅広く豪快に一気に流れ落ちる。大きな滝壺をもっている。魚野川の渓谷は奥が深く、日帰りの遡行では、この大ぜんまでたどり着くのが精いっぱいである。魚野川は、夏場には大物の天然イワナを狙って泊まりがけで入渓する釣り人が多いようだ。しかし、大勢のため釣果はあまり期待できないらしい。

大ぜんの左岸にロープが垂れているが、滝壺から流れ来る水が深く勢いもよくて腰まで水に浸かってしまった。滝口まで上がると、滝の上流は滑らかな岩盤で美しいナメとなっていた。やがて渓流は比較的緩やかな勾配となり、所々に渓流瀑やナメが見られた。釣りには絶好のポイントのようだ。

黒沢の滝

黒沢は、岩菅山（2295m）と烏帽子岳（2230m）間の渓水を集めて流

黒沢の滝

れ下る魚野川の支流である。魚野川出合から、黒沢に入渓して５００ｍほど上り詰めると、黒沢は大きく左に湾曲して、そこに大きな滝壺を持った落差８ｍの黒沢の滝が懸っていた。狭い滝口から末広がりの美しい姿で深い滝壺へと勢いよく流れ落ちている。釣り人達はこの滝を越えてさらに上流へと獲物を求めて登っていくというが、日帰りの日程だったのでここで引き返した。黒沢の上流は大ナゼ沢、黒沢本流、カヤ沢と三俣に分かれる。『日本登山体系』（白水社）によると、落差１００ｍの黒沢大滝や6～40ｍの滝が数多くあるようだ。しかし、それらはエキスパートの領域である。

魚野川遡行断念

黒沢から魚野川本流に戻り、平坦な河床を少し遡行してみたが、時計を見ると予想外に時間が経過している。食事の予備がなく、ツエルト1枚ではテント泊も心許なかったので、目的としていたカギトリゼンからの連瀑にたどり着く前にあきらめて帰路に着いた。東電管理道路を歩くころにはすっかり暗闇となってしまった。九十九折りの坂で膝はガタガタとなり、懐中電灯の明かりで下るのも厳しかった。

魚野川の渓谷は奥が深くアプローチが難しい。日帰りの行程では限界がある。また、未だ完全踏査されていない沢もあり、未知の滝も多いようである。入渓には専門技術を要するエキスパートの領域もあるので、安易な入渓は慎しみたい。

ランドマークとしての滝

全国各地に「魚止め滝」という名前の滝が数多く分布する。この名前は、川で漁をする人たちが「これ以上魚が上れないほどの険しい滝」という意味で、便宜的に名付けたのが由来のようである。

実際には「魚止め滝」の上流にもイワナやヤマメが数多く棲息し、魚ではなく、それ以上は人が登れないほどの大きな滝という見方もできよう。「魚留めの滝」「岩魚止の滝」「鱒止の滝」などもルーツは同じである。なお、東信地方の川上村にある「いおどめ滝」は、「うお」が「いお」に訛ったものである。

狩猟者や漁業者たちは、滝などを目標物（ランドマーク）として山中深くに入っていた。今でも釣り人たちは、渓谷深くにあり一般には知られていない滝や枝沢を仲間同士で通じる名称で呼び合い、情報を交換・共有している。

第五章

木曽地方

29 正沢川上流域
30 濃ヶ池上流域
31 鹿ノ瀬川流域
32 湯川流域
33 白川湯川一の又沢
34 荻原沢流域
35 滑川上流域
木祖村
木曽町
王滝村
上松町
木曽川
大桑村
南木曽町
36 神戸沢南木曽岳中腹
37 柿其川上流域
38 岩倉川流域
39 木曽川源流
40 王滝川御嶽山山腹周辺
41 小俣川流域
42 瀬戸川・崩沢

29

正沢川上流域

木曽町新開

◆**正沢川上流域**【しょうざわがわじょうりゅういき】

正沢川は木曽駒ヶ岳（2,956 m）や将棊頭山（2,730 m）の諸水を集め、濃ケ池川や幸ノ川を合わせて木曽川へと続く。水量が多く渡渉は距離もあるが、その先には苦労が報われるほど見応えある滝が懸っている。

掲載滝：細尾大滝

写真：細尾大滝

正沢川遡行

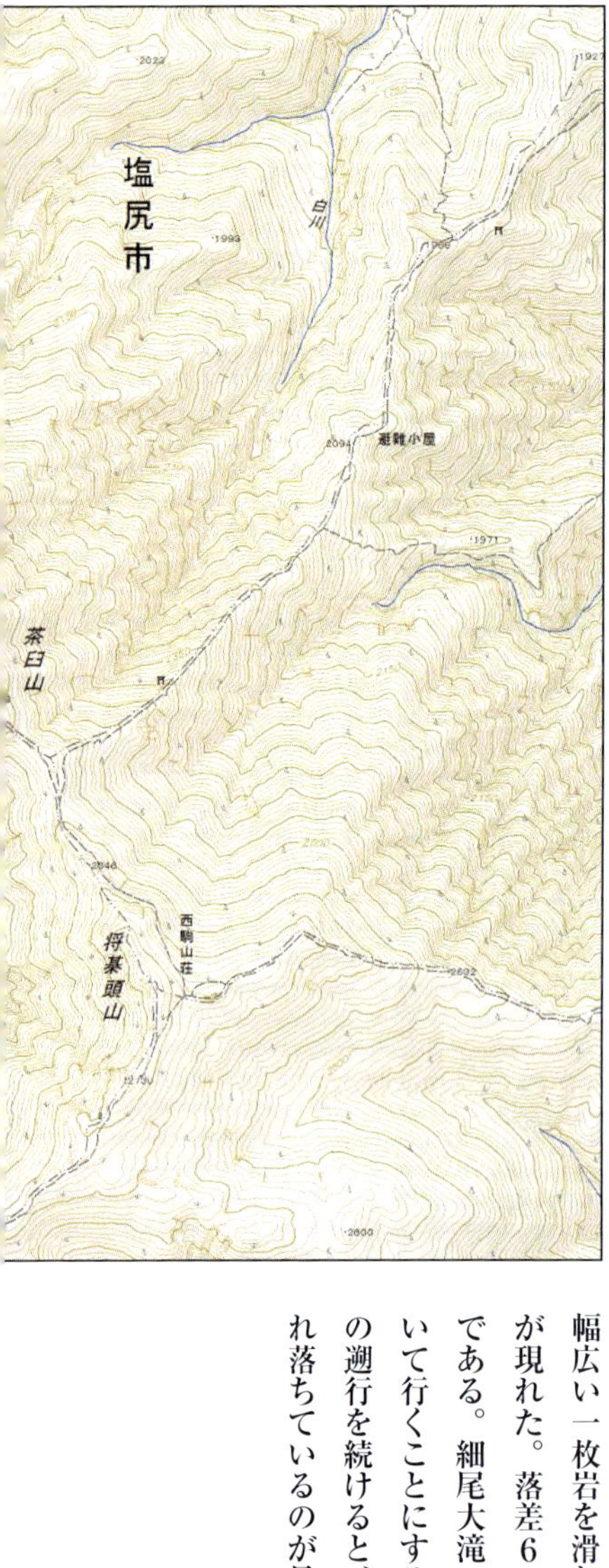

『長野縣町村誌』の新開村（現木曽町）の項に「【細尾瀧】本村元標を距る東四里二十五町、駒嶽の内字細尾谷に在り。高百十八間餘、幅二間、水深四寸、下流大原川に濺ぐ」と記載されている。大原川は現在の正沢川のことである。

『長野縣町村誌』の記す「高百十八間餘」は２２０ｍほどである。こんな大きな滝とはいかなるものかと正沢川を遡行した。

国道19号（中山道）を原野から木曽駒高原方面に向かう。木曽駒高原スキー場まで行って、林道入口ゲート前の幅員の広い場所に駐車した。そこから茶臼山登山道を歩き、吊り橋の右岸から正沢川に入渓する。しばらく歩くと悪沢出合となった。悪沢は、その名が示すように荒れ沢で、下流には大量のガレが押し出していた。悪沢を少し遡行してみると、その上流に二段となって流れ落ちている落差10mほどの滝が懸かっていた。そこから上流は、エキスパートの領域となるため引き返した。

再び正沢川本流に戻り、ゴーロの河床を渡渉したり高巻きを繰り返して遡行すると、玉ノ窪沢が出合った。玉ノ窪沢は、木曽前岳と駒ケ岳の稜線にある玉ノ窪沢小屋へと突き上げている沢だが、出合付近に滝らしきものは見当たらなかった。『日本登山体系』（白水社）によると、上流には滝を懸けているようであるが、とても私の手には負える渓谷ではない。

玉ノ窪沢を横目に見てさらに正沢川本流のゴーロの河床を遡行する。河原を歩いていくと、正沢川の枝沢からはいくつもの細滝が流れ落ちている。その景色は飽きることがなかった。やがて正沢川は、左股の三郎右衛門沢と右股の細尾沢に分岐する。細尾沢に入渓して１５０ｍほど遡行すると、幅広い一枚岩を滑り落ちるような美しい滝が現れた。落差６ｍほどだが無名滝のようである。細尾大滝へは、この滝の右岸を巻いて行くことにする。無名滝を越えて渓谷の遡行を続けると、右岸枝沢にも細滝が流れ落ちているのが見えた。

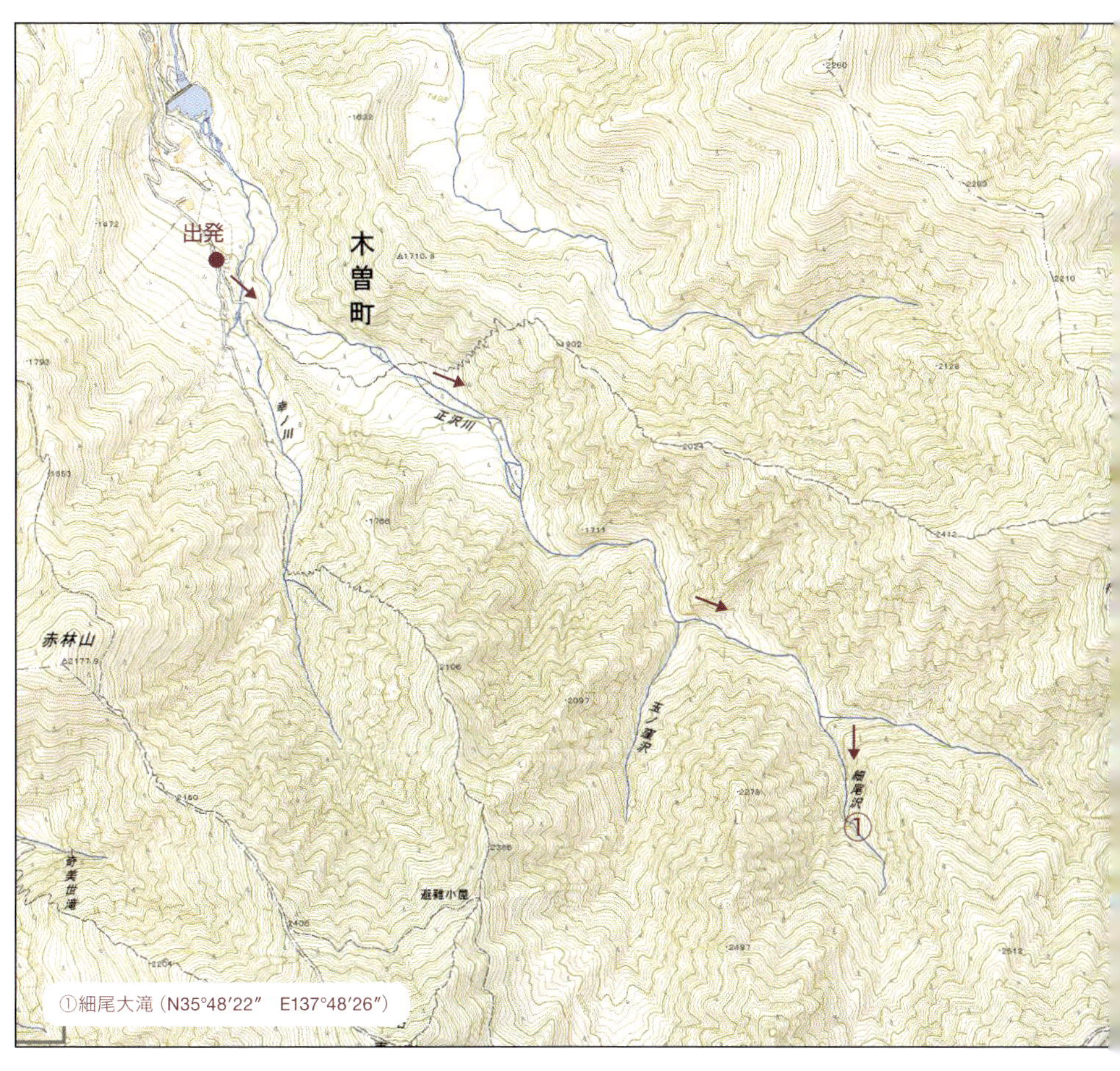

細尾大滝

細尾沢はやがて左側に向きを変え、そこに細尾大滝の雄姿があった。滝の上流部は確認できないが、見える部分だけでも50m以上ある。清閑の中、細い滝口から段を撥ねた水が飛沫となって広がり落ちてくる。美しい滝の対岸斜面には野アザミが咲いていた。その情景は今でも印象に残っている。正沢川は水量が多く、河原歩きや渡渉は距離もあって厳しい。一日がかりの訪瀑となるので体力の消耗や危険も伴うが、その苦労が報われるほど美しく癒される滝である。

30

濃ケ池川上流域

木曽町日義

◆**濃ケ池川上流域**【のうがいけがわじょうりゅういき】

濃ケ池川は茶臼山（2,652m）からの諸渓水を集め、濃ケ池平原を下り、正沢川と合流して木曽川に注ぐ。上流の上タルガ沢を遡ると、竜神の伝説を想わせる神秘的で美しい滝が人知れず流れ落ちている。

掲載滝：上タルガ沢出合の滝　野婦の大滝

写真：野婦の大滝

濃ヶ池川遡行

濃ヶ池川の上流は二股に分かれ、右股には国土地理院の地形図に滝記号が記載されている。この滝は事前に調べてみたが情報はなく、木曽町役場に照会しても知られていないようで「正式名称はない」との回答だった。果たしてこの滝はどのような姿をしているのか大変に興味が湧いた。

国道361号（木曽街道）を原野で木曽駒高原へ向かい、長野県水産試験場を通過して林道の途中で車を止めた。濃ヶ池川右岸の踏み跡をたどって上って行くと、昔の地震による土石流で濃ヶ池川が堰き止められたとされる場所の末端に出た。ここには押し出された巨石の間から湧出する潜流瀑が懸っていた。ちなみに13世紀頃に発生したその地震で大棚入山の山腹が崩壊、土石流が濃ケ池川を堰き止めるように谷を埋め、天然ダム湖の濃ケ池もその時にできたといわれている。また土地の伝承によれば、1661（寛文元）年5月、ダム湖は決壊して消滅し、池の跡は緩やかな扇状地となって現在は雑木林となっているという。

その昔に「おのう」という娘が池に入り、龍神と化して主となったとの言い伝えから濃ケ池という名が付いたといわれている。

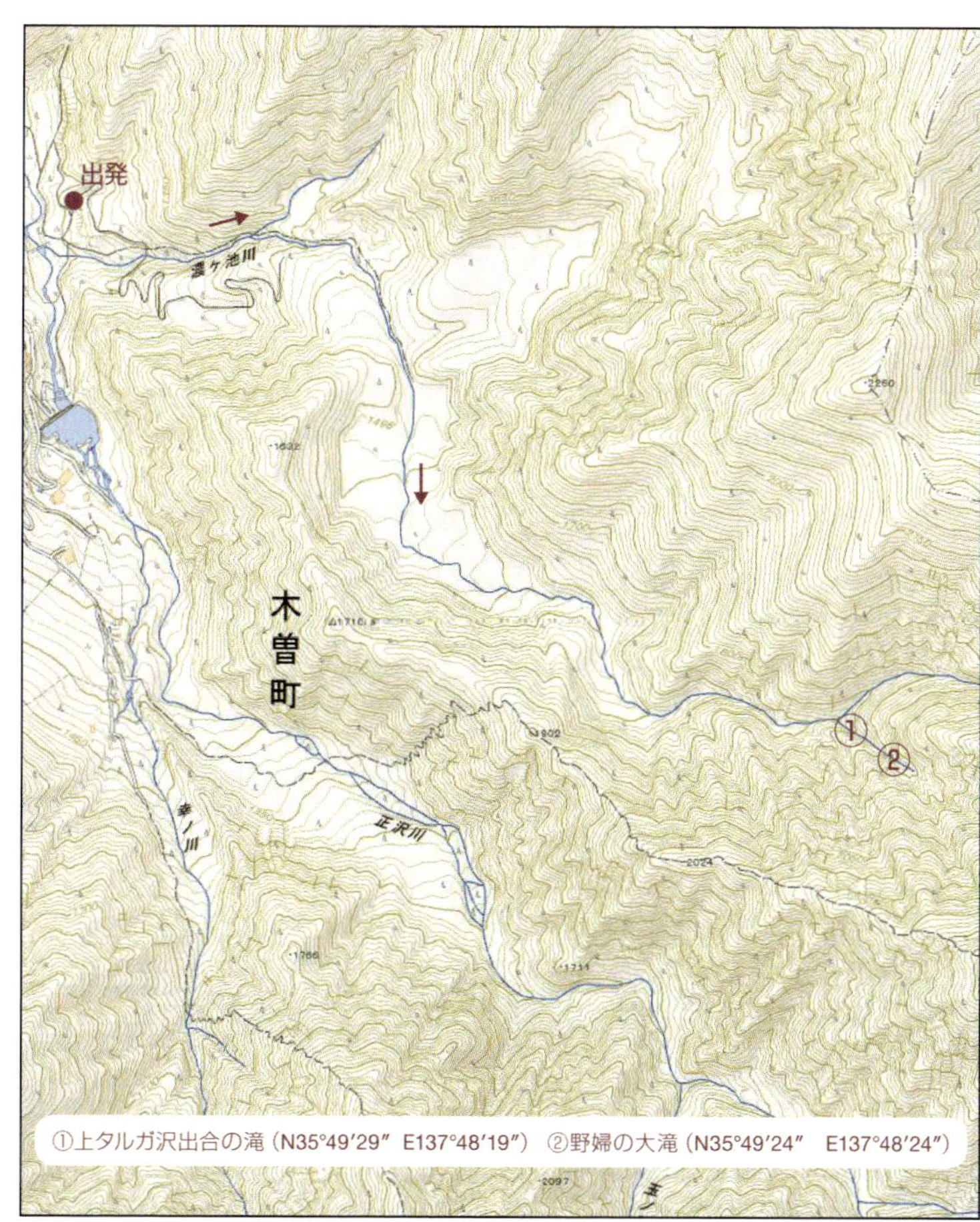

①上タルガ沢出合の滝（N35°49′29″ E137°48′19″） ②野婦の大滝（N35°49′24″ E137°48′24″）

また、吉川英治の「宮本武蔵」にも登場する別名野婦池でもある。

潜流瀑の先は平坦な山林の様相となり昔の濃ケ池を偲ばせていたが、水が伏流して流れの無い広大な河原となった。微かな踏み跡が河原の左側を大きく回り込むようにあったが、前途不明瞭なので水の無い川筋を歩くことにした。これが大失敗だった。倒木が所々に横たわっていたり、トンネル状態の笹薮があったりして進むのに大変苦労を強いられた。厳しさに耐えながら不明瞭な川筋を遡行すると、再び川筋がはっきりしてきて水が流れ出すようになった。

上タルガ沢出合の滝

濃ケ池川は二股に分かれた。本流の左股を見ると、緩やかな勾配で上流に続いているようである。まずは国土地理院の地形図に滝記号のある右股の上タルガ沢上流を目指す。上タルガ沢の出合には落差10mほどの無名滝と思われる滝が懸かっていた。この出合の滝には上流から流れてきた巨木が数本折り重なっている。直登できないので、右岸を大きく高巻きして河床へと降りた。河床を遡行して行くと、渓谷はまた二股に分かれ、左岸に落差10mの細滝が流れ落ちていた。この合流点の右岸を高巻いて、さらに渓谷を遡っていくと、その先の右岸で大きく土砂崩落していた。

出合の滝

野婦の大滝

崩落した右岸のガレを乗り越えると、その奥に落差30mの見事な大滝が現れた。滝の上部は逆「く」の字に曲がり、その下流は細く岩を削ってほぼ垂直に白い糸を垂らすように流れ落ちている。優雅な形の滝であった。念願の滝にたどり着き、感激のあまり我を忘れて滝前に佇んでいた。龍神となった「おのう」は池が崩壊して住む場所がなくなり、その後どうなったであろうか。「この滝に移り住み、天へと昇っていった」という伝説の続編を勝手に想像するとロマンの滝にも見えてくる。よって仮称野婦の大滝と呼ばせてもらうことにした。

「野婦の大滝」はこのように神秘的で美しい滝だというのに、入渓から二股の分岐点まで約3時間の行程を要する。流路延長が長くてアクセスも悪いために一般的な渓流とはいえないところが残念である。

31

鹿ノ瀬川流域

木曽町三岳鹿の瀬

◆**鹿ノ瀬川流域**【かのせがわりゅういき】

御嶽山の摩利支天山（2,959 m）に水源を発し、御嶽山の山腹を流下して西野川に注ぐ。上流は陰鬱とした原生林の中を流れ、人が容易に立ち入れる場所ではない。藪漕ぎや道迷いなどタフな訪瀑が強いられる。

掲載滝：魚止めの滝　鹿野瀬の滝　　写真：魚止めの滝

鹿ノ瀬川遡行

滝の情報としては、本流の開田高原保健休養地付近に魚止め滝が、左股には鹿野瀬の滝が懸かっているのが知られているが、アプローチが難しく訪れる人は少ない。今回はこれらを目指した。

五月下旬、県道の鹿ノ瀬川橋から鹿ノ瀬川を遡行してみた。川は緩やかに流れ、河床は岩盤で、所々でナメや淵をつくってい て渓流美を醸しだしている。この辺りまでは釣り人も入渓しているようだ。

やがて周辺は原生林の様相を帯び、苔むした倒木や熊笹の川岸を歩くようになる。踏み場を間違えれば木の根の穴に腰まではまってしまうような危険な場所もあるので、慎重に足を置きながら歩いた。

しばらくして川は二股に分かれた。左股は上流に鹿野瀬の滝を懸ける支流で、右股は本流である。まず右股を選んで遡行すると、巨石と倒木が連続し、行く手を阻んだ。地形図の等高線が狭まる辺りから一気に高度を上げる。巨石の間を縫うように斜瀑が続いていた。

魚止めの滝

巨石を乗り越えて行くと左岸側に絶壁が迫り、川の勾配も高度をさらに上げていった。巨石が重なり、その上流には「く」の字に曲がった切れ込んだ樋状の溝となっていた。その上に視線を向けると落差7ｍほどの滝が見えた。これが魚止めの滝である。正面に回ると滝口中央から幅広く二条に分岐した水が轟音とともに流れ落ちている。滝の上にも3ｍほどの小滝が続いている。なお、現地で周辺の地形を見ると、開田高原保険休養地内から下降してアプローチした方が近くて容易だったかもしれないと思えた。下流側からの攻め上げは距離がありすぎて大変であった。

鹿野瀬の滝

鹿野瀬の滝

鹿ノ瀬川支流の「鹿野瀬の滝」へのアプローチは別のルートもある。県道開田三岳福島線の木曽温泉から御岳ブルーラインに入り、途中で右折して別荘地内を直進、道路終点から歩いて鹿ノ瀬川支流に入渓するルートで、その方が近い。

別荘地道路の終点に車を止め、笹薮の茂る道を歩いていった。国土地理院の地形図には、鹿ノ瀬川の左股の沢に沿って山道の破線が記載されているが、現地にいってみ

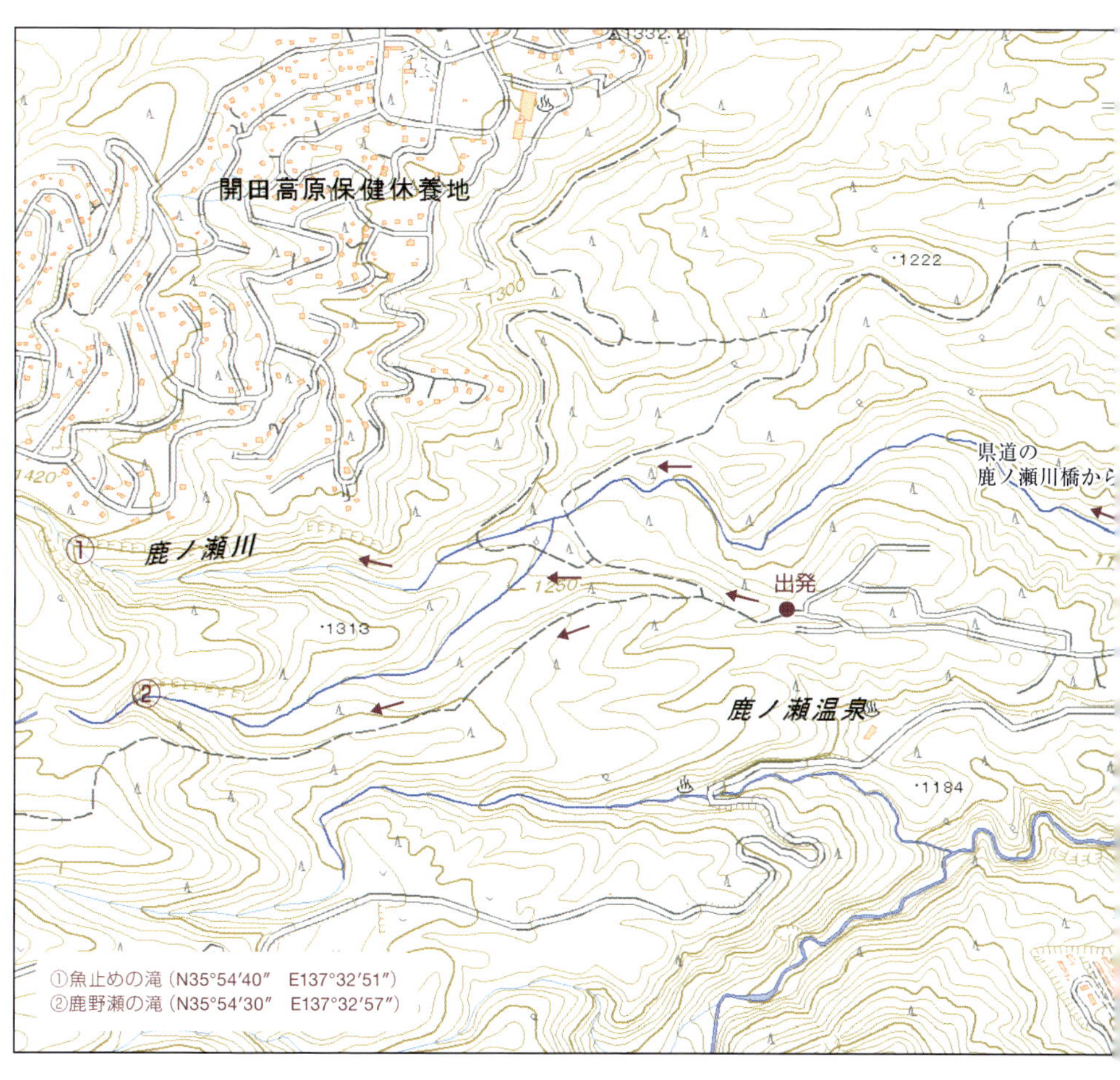

ると様相はまったく違っていた。
途中から全面がクマザサで覆われた原野となり、破線の山道は踏み跡もなくなり、まったく不明となった。身の丈もあるようなクマザサを漕ぎながら上流を目指した。
やがて辺りは苔生す原生林の様相を帯びてきた。悪戦苦闘して歩くこと約1時間。やっとのことで鹿野瀬の滝にたどり着いた。滝口には今にも落下しそうな巨石があり、そこから幅広く岩壁を一気に流れ落ちている。その様子は優美で幻想的である。また、滝口の右側を見ると、そこにある木にはキヨスミイトゴケが垂れ下がり、さらに霊験な雰囲気を醸し出していた。
なお、帰り道でも破線の山道の踏み跡が分からず迷ってしまった。県道まで下降してしまい、車に戻るまでが大変であった。藪漕ぎで体力を消耗するタフな訪瀑であった。

32

湯川流域

木曽町三岳

◆**湯川流域**【ゆかわりゅういき】

御嶽山の二の池、三の池間の稜線に発し、御嶽ロープウェイスキー場を横断して流下、西野川に合流して木曽川に注ぐ。スキー場が開発されているため入渓は容易に思えるが、意外と近くて遠い険しい渓谷である。

掲載滝：湯川一の滝　湯川二の滝　湯川三の滝　湯川大滝　湯川滝　中山沢の二滝

写真：中山沢下の滝

湯川滝及び湯川大滝

『長野縣町村誌』の三岳村の項に「【湯川瀧】　高さ三丈、幅六尺」、【湯川大瀧】　高さ九丈、幅六尺」と記載されていて、その湯川滝と湯川大滝がどのようなものか前から気になっていた。三岳村誌には地図に滝記号が数多く記載されている。ただ、いずれも滝名は不明である。また、国土地理院の地形図にも、標高１８９５ｍ付近の湯川源流に滝記号があって、やはり滝名の記載は無い。実際に湯川を探査してみると、確かにいくつもの大きな滝が懸かっていた。

しかし、湯川滝及び湯川大滝については、文献を調べたり、木曽町三岳支所、また地元の人にも聞いたものの、その位置は特定できなかった。よって滝と滝名の特定については学術的な解明を待つとしたい。この訪瀑記では便宜上、滝名を位置や形状などを基にした仮称としているのでご承知願いたい。

湯川源流域遡行

湯川滝

県道の開田三岳福島線の木曽温泉から御岳ブルーラインに入って御岳ロープウェイ鹿瀬駅を通過し、湯川橋付近の路肩に駐車。北側の橋から河原に降りた。この付近の河床は、安山岩類の堅硬な露岩で、所々に小滝やナメ滝が連続した。

ナメ滝や小滝群を越えていくと川幅が広くなり、河床は巨石が混ざったゴーロとなった。水は伏流して流れていない。しばらく遡行すると再び水流が戻り、渓谷が狭くなった先に、人工的に巨石を積み上げたような節理の入った岩盤を落ちる落差６ｍの滝が現れた。美しい大きな滝壺をもっていて、静寂の中、末広がって糸を引くように流れ落ちていた。この滝は左岸側を容易に攀じ登ることができた。周囲の樹木はシラビソの針葉樹が主となり、陰鬱な雰囲気である。やがて正面に落差10ｍの滝が現れた。この滝も美しい滝壺をもっている。形状からして『長野縣町村誌』の「湯川滝」はこれではないかとも思われる。

湯川源流の大滝

この落差10ｍ滝は両側が絶壁となっていて、一見すると登れそうな場所は無いようだが、1カ所だけ木の根を頼りに攀じ登れる場所を見つけた。慎重に滝を越え、滝上に出て３００ｍほど遡行すると、国土地理院の地形図に滝記号のある落差30ｍ、二段となって流れ落ちる大滝にたどり着いた。地図上だと水平距離1・5㎞ほどの遡行で、勾配も緩く沢歩きとしては難易度の比較的低い行程であった。

湯川大滝

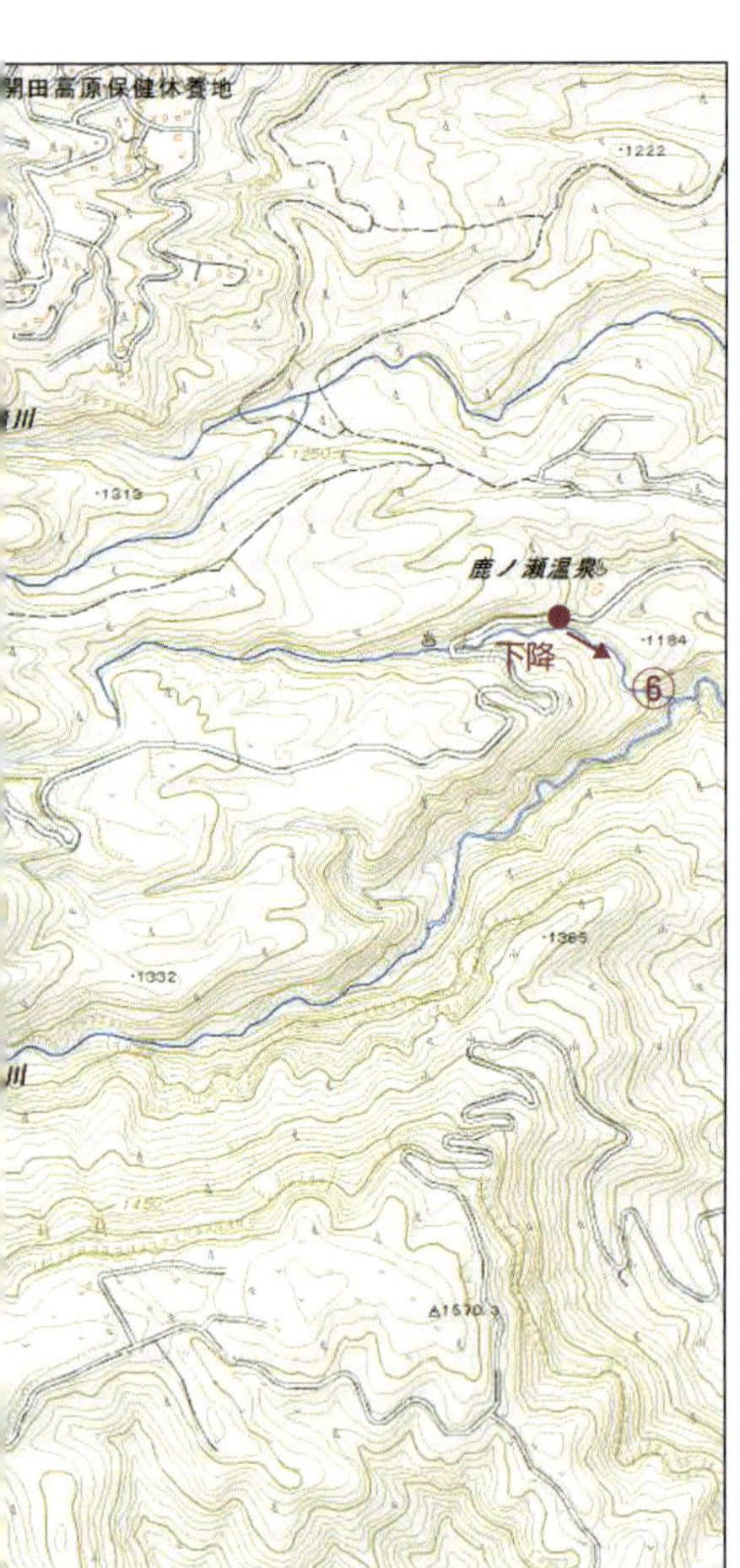

御岳ロープウェイ鹿瀬駅南側からの湯川下降

三岳村誌によれば、千本松原と御岳ロープウェイ鹿瀬駅を結ぶ線と湯川が交わる辺に滝記号が載っている。この滝も名称は不明で、入渓場所を探してみたが、湯川の県道橋からの遡行は距離があるし、どこから川へ降りてよいのか見当も付かない。そこで、御岳ロープウェイ鹿瀬駅の周辺から西側斜面を下降する最短距離のルートを試みた。平坦な広場から道跡を探したものの、周辺は熊笹で覆われていて湯川に降りる道など無い。けもの道さえも見当たらない。仕方なく身長を越える熊笹の密生した藪の斜面に踏み入り、掻き分けながら降りていった。しかし、体力を消耗して大変に危険であった。悪戦苦闘の末に何とか湯川に降りた。そこから広いゴーロの安山岩の巨石を乗り越えて遡行すると、右岸から流れ込む枝沢には不協和の滝が二つ懸っていた。さらに遡行すると、ゴルジュとなり、小滝が行く手を阻んだ。右岸を巻くがロープを出さなければ滝上には下降できなかった。そこを越えると再び幅広いゴーロの河原となった。

湯川一の滝

ゴーロの河床をたどりさらに遡行すると、正面には溶岩による赤褐色の岩壁が現れ、そこには美しく流れ落ちる落差10mほどの滝が懸かっていた。岩壁の滝口から裾を広げ、整った形をしている。ここでは「湯川一の滝」と呼んでおく。右側の巨石とガ

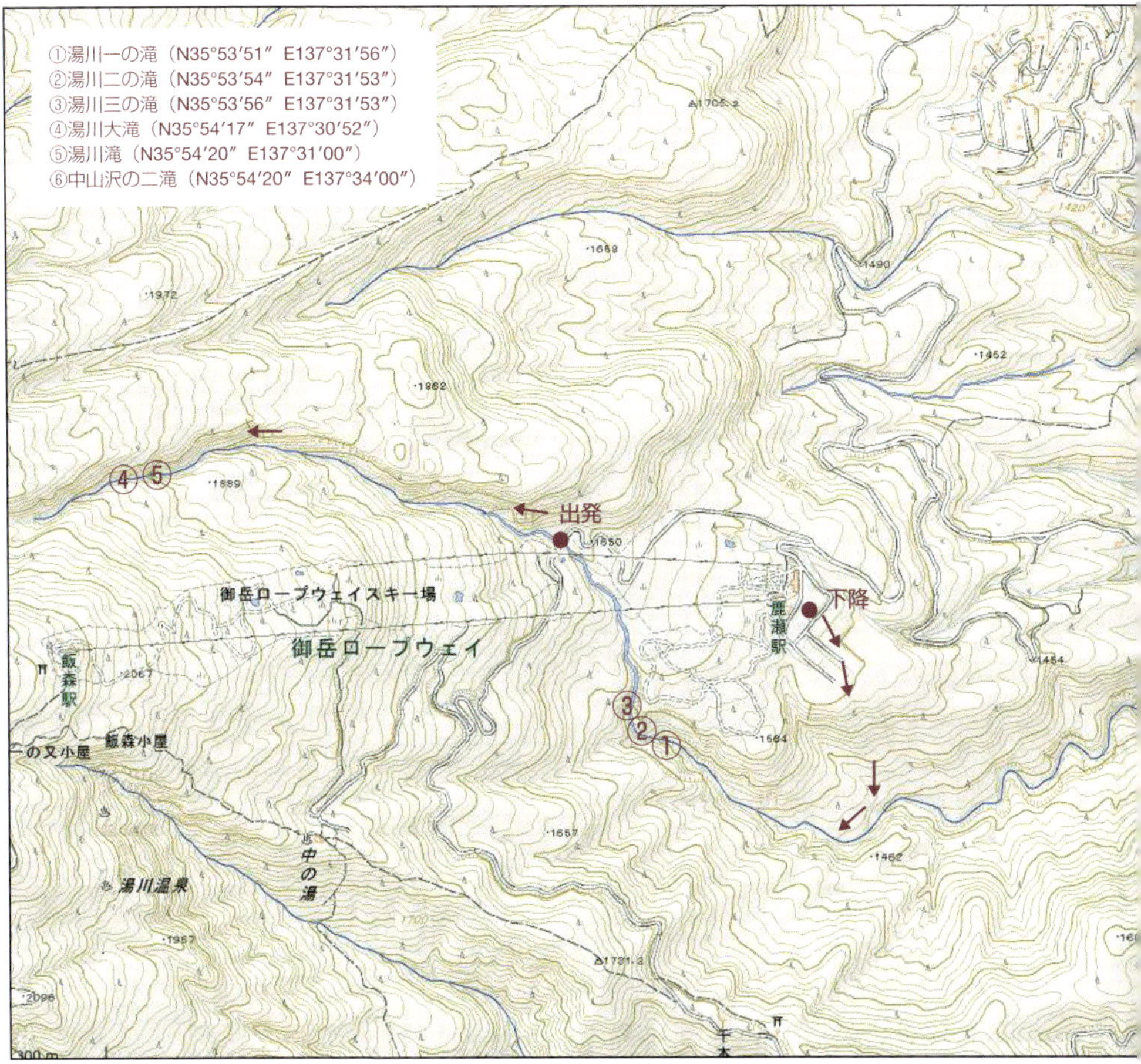

①湯川一の滝（N35°53′51″ E137°31′56″）
②湯川二の滝（N35°53′54″ E137°31′53″）
③湯川三の滝（N35°53′56″ E137°31′53″）
④湯川大滝（N35°54′17″ E137°30′52″）
⑤湯川滝（N35°54′20″ E137°31′00″）
⑥中山沢の二滝（N35°54′20″ E137°34′00″）

出発
下降
御岳ロープウェイスキー場
御岳ロープウェイ
鹿瀬駅
飯森駅
飯森小屋
一の又小屋
中の湯
湯川温泉

レ場を攀じ登って痩せ尾根を越えると、滝口に降りることができた。

湯川一の滝

湯川二の滝

湯川一の滝の滝口に降りると、右岸からの沢が合流し、本流の上流には滝が連続していた。前衛滝は滝壷をもっていて、その奥には、一文字に滝壺に流れ落ちる落差15mほどの仮称「湯川二の滝」が懸っていた。勢いよくまとまって流れ落ちる水流は迫力がある。この滝は痩せ尾根からも、その美しい姿と滝壷を見ることができた。

湯川二の滝

湯川三の滝

湯川二の滝からまた痩せ尾根を登り、途中で斜面を下ると、これが「湯川大滝か」と勘違いしてしまう三の滝下に降りた。しかし、全景を見るには下ってきた斜面中段から眺望するのが一番よかったようだ。滝は落差30mほどで上部は斜瀑、下部は直瀑となっているのがよくわかった。

帰り道は熊笹の斜面の登り返しが厳しかった。汗と熊笹でウェアは一面黒く汚れ、車までたどり着いたときには実に悲惨な姿となっていた。湯川周辺はスキー場開発で観光地化しているが、一歩外れると人も踏み込まない秘境の地であった。

湯川支流中山沢の滝

鹿の瀬温泉近くを流下する湯川の左岸支流は、ゼンリン地図によると中山沢とある。この中山沢の末端にも、『三岳村誌』に滝記号が記載されている。だが無名滝のようで、地元の人も知る人は少なく、ここを確かめに向かった。

鹿の瀬温泉から湯川に続く尾根に入った。鳥居のある小さな神社から尾根伝いに熊笹を押し分け、中山沢へ下降して行くと、落差20mの「上の滝」の滝口に降り立つことができた。この滝の滝下まで降りるには急斜面を下降する必要があるが、滑り易くて危険を伴う。斜面の中腹から見ると、滝は二段で、滝口は樋状に狭められていて、そこから放物線を描き、水流が勢いよく落ちていた。上の滝からロープを出して急斜面を慎重に下り、湯川の河床に降りた。湯川の出合には二条に分かれた落差15mの幅広い「下の滝」が懸かっていた。中山沢の浸食が湯川の浸食に追い付かず、不協和によって形成された懸谷の滝である。

中山沢上の滝

33

白川湯川　一の又沢

木曽町三岳

◆**白川湯川　一の又沢**【しらかわゆかわ いちのまたさわ】

白川湯川一の又沢は御嶽山中腹に発し、一の又小屋を経由して下タル沢と合流、白川となり西野川へと流れ下る。国土地理院の地形図には、上流にある一の又小屋の下側に滝記号が2つ記載されている。

掲載滝：大江権現の滝

写真：大江権現の滝　前衛滝と下の滝

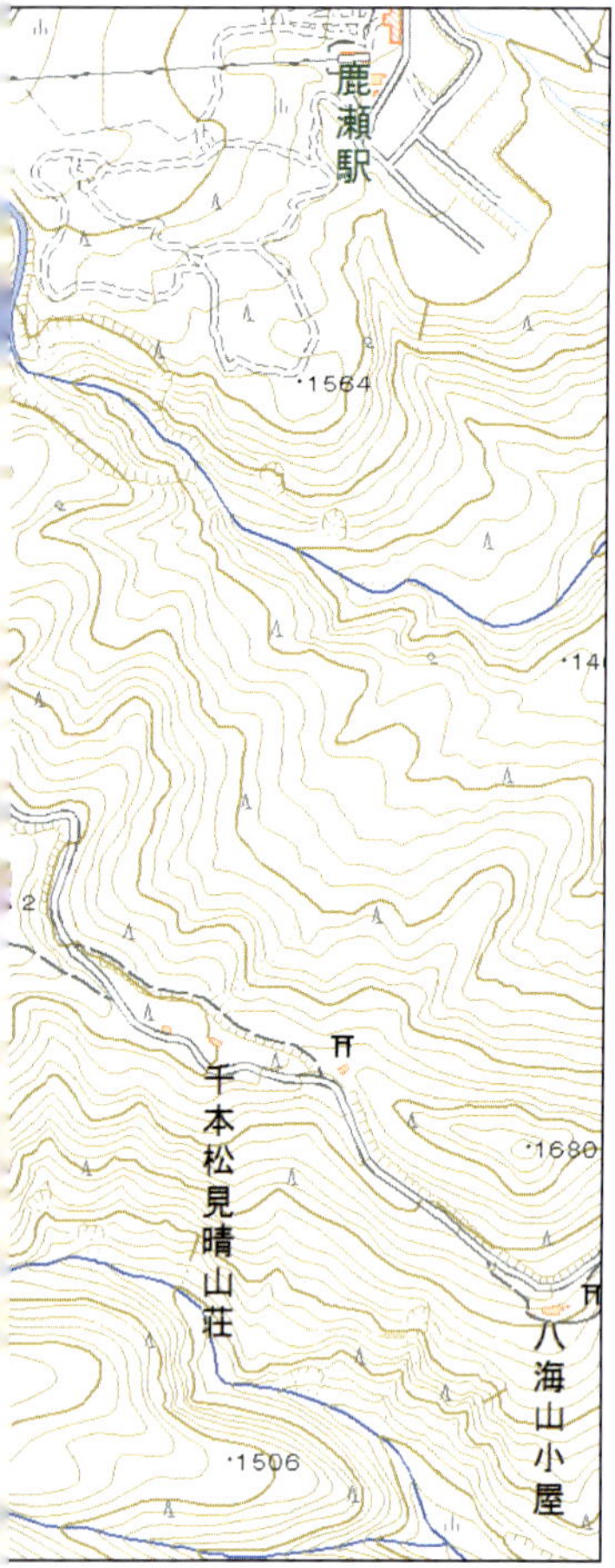

道者登拝時代の御嶽登山道と大江権現

『御岳の信仰と登山の歴史』（生駒勘七著）では、古文書や古地図などから道者登拝時代（室町時代中頃以降から江戸後期まで）の御嶽登山道を次のように読み解いている。

これによると、当時は登り道と下山（下向）道とに分かれていたようだ。大江川（現在の白川湯川）周辺の登り道は、現在の千本松原から小峰（三笠山）の旧登山道沿いを登り、中の湯の少し下方で大江川に一度降りる。そこから沢伝いに遡り、岩壁地帯のいわゆる「西の除」の難所を通って、現在の中小屋から湯川温泉へ通じる湯道（現在は廃道）に出たという。現在の尾根伝いの緩やかなコースを取らずにわざと川筋に降りて難所を通過したのは、当時の登山がいわゆる捨身行と呼ばれる難行苦行に基づくものであったということであろう。「左ミヨ沢」と呼ばれた現在の一の又沢を、右手に登った岩壁の下には大江権現が祀られ、王滝ミヨと呼ばれる宿泊小屋が設けられていた。左へ現在の湯道を行くと樽ノクボを経て湯川温泉（現在は廃業）にたどり着き、ここが御湯権現で、黒沢ミヨが設けられていた。ここの岩鳥居から川に沿って下る下向道があったという。湯川温泉からは方丈の滝付近に出て、尾根伝いに金剛童子に登ったようだ。しかし、この本には滝に関する記述はない。

一の又沢へのアプローチ

国土地理院の地形図を見ると、白川湯川上流の「一の又小屋」下側に滝記号が2つ記載されている。それを見つけた時から、どのような滝なのか興味が募っていた。11月上旬といえば、標高1940m付近の高山まで滝探しに行くにしては時季が遅過ぎる感は否めない。しかし、思い込んだら我慢できない性分なので決行した。

県道上松御岳線から御岳四合目を通過し、霊峰ラインを車で走り、中の湯の駐車場に車を止めた。中の湯から湯川温泉へ行く登山道は、国土地理院の地形図には破線で記載されているが、現在は廃道となって人の歩いた形跡は消えていた。熊笹で覆われた旧登山道の踏み跡らしき跡を探しながら薮漕ぎして行くと、それも途中で消えてしまった。背丈ほどもある熊笹で見通しも

御岳ロープウェイスキー場
御岳ロープウェイ
飯森駅
・2067
飯森小屋
一の又小屋
出発
・1657
中の湯
湯川温泉
1700
・1957
白川湯川
・2096
1850
1600

①大江権現上の滝・下の滝（N35°53′47″　E137°30′47″）

落差10m滝

利かない。結局、山中に迷い途方に暮れてしまった。とにかく白川湯川まで降りれば何とかなると考え、危険を覚悟で急峻な斜面を下降することにした。しかし、沢沿いには高い崖が連続し、降りる地点が見つからない。この辺の岩壁が難所で知られる「西の除」のようだ。ロープを垂らして強引に懸垂する場所を何とか見つけ、河床に降り立った。しばらく渓谷を遡行すると、今度

上の滝

は落差10ｍの滝が行く手を阻んだ。登れそうな場所を探したが足場がなく、無理すれば滑落の危険もある。最後は左岸の笹薮を強引に掻き分け、やっと滝上に出ることができた。

大江権現の滝（仮称）

白川湯川のこの周辺の河床は温泉成分のために赤褐色となっている。硫黄分を含む鉱泉も湧き出ている。手を入れてみると、水温が低い冷泉だった。落差10ｍの滝上で上流を見ると、前衛滝を従え赤褐色の岩盤を二段となって流れ落ちる落差30ｍの大きな滝が懸かっているのが見えた。右岸を見ると、枝沢にも細滝が懸かっている。この滝下に近づくのは、やはり容易ではない。前衛滝を越え、何とか滝の下にたどり着いた。この滝が地形図に滝記号のある下の滝であった。滝名については、木曽町三岳支所で調査してもらったが、無名滝のようだ。よって便宜上、「大江権現の滝」としておく。

この滝は絶壁のため、地形図に滝記号のある上の滝はそこからは見えない。下の滝の左岸側の笹薮を強引に掻きわけて攀じ登ると、登山道の跡らしき場所に出た。昔は、中の湯から湯川温泉へ行く登山道が上下二つの滝の間を通っていたようだ。今では熊笹に覆われて周辺も荒廃し、道の面影も失われていた。

落差20ｍの上の滝は、この廃道と化した登山道の上に懸かっている。大きな岩塊を二段となって流れ落ちているが、上段部分は滝下からはよく見えない。なお、岩壁の下に祀られているとされる大江権現も見当たらなかった。

帰路は湯道の登山道らしき道跡を探して歩いたが、やはり途中からは不明瞭となり、やがて笹薮の中に隠れてしまった。身の丈以上もある熊笹の中を再び悪戦苦闘の藪漕ぎをして、やっとの思いで中の湯駐車場に戻った。はからずも修験者の捨身行を体験することとなった滝紀行であった。

下の滝

荻原沢流域

おぎわら

上松町荻原

◆**荻原沢流域**【おぎわらさわりゅういき】

荻原沢は、三沢岳から連なる荻原沢岳（2,338m）に水源を発し、木曽川に注ぐ小河川だが、過去に何度も土石流が発生している暴れ川である。その山奥へと足を踏み入れると、一筋の美しい滝が懸かっていた。

掲載滝：雨乞滝　荻原沢大滝　荻原沢多段瀑

写真：多段瀑

雨乞滝

雨乞滝

国道19号の上松町荻原から木曽古道東野阿弥陀堂方面へ向かい、集落外れの道路脇に車を止めた。ちなみに東野阿弥陀堂は、照谷山阿弥陀堂と呼ばれ、木曽古道の東野に古くからあった。文化初年ころに火災で焼失したが、寺宝の阿弥陀来迎図と太子七高僧図の掛け軸は自ら火を逃れ、そばの木に掛かっていたと伝えられる。文政5年に再建し、今は町文化財に指定されている。

荻原沢から導水路（入口を間違いやすいので注意）を歩くと沢に降りられた。最初の堰堤を梯子で上り、堰堤をもう一基越えて約２００ｍ遡行すると、落差8ｍの形の良い雨乞滝が懸かっていた。この滝までは訪瀑する人も多いようだ。雨乞滝の上段部は滝下からは見えないが、下段では滝口から垂直に滝壷に落ちていた。

荻原沢大滝

雨乞滝より上流は情報も少なく、未知の場所といっていい。雨乞滝の直攀は困難なので、右岸側のルンゼを登り大きく高巻きして沢に降りた。沢には砂防堰堤が何基も入っている。その右岸枝沢からは水量は少ないが滝を懸けていた。数基の堰堤を越え、河原の中を少し遡行すると、落差10ｍほど、二段となって幅広く流れ落ちる大滝が懸かっていた。この滝は『西筑摩郡誌』にある大滝ではないかとも思われる。

荻原沢多段瀑

この大滝も直攀は困難なので、左岸のルンゼを高巻いて河床に降りた。ゴーロの河原を少し遡行すると小滝や渓流瀑が現れ、落差5ｍ滝では左岸のブッシュを巻いた。枝沢から渓流瀑が流れ落ちているのを見ながらしばらく遡行すると、南沢出合となった。南沢を横目に本谷の左股を30分ほど遡行すると、沢は左へと直角に屈曲し、そこには落差30ｍほど、樋状の多段瀑が懸かっていた。対岸のガレの中腹まで登って眺めると、上段の奥はロート状からスラブ状、中段は多段となって滝壺に落ちている。下

大滝

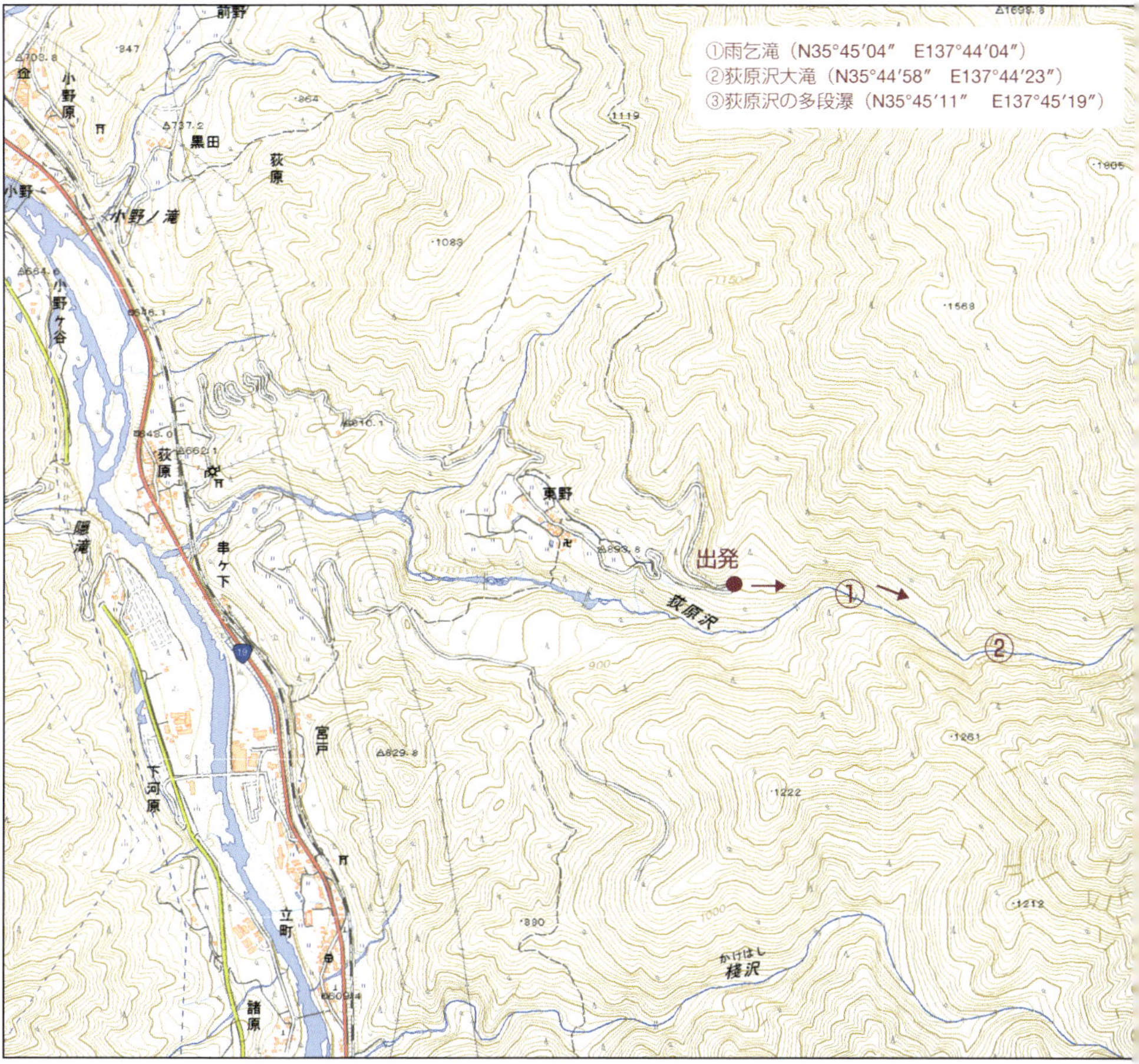
①雨乞滝（N35°45′04″　E137°44′04″）
②荻原沢大滝（N35°44′58″　E137°44′23″）
③荻原沢の多段瀑（N35°45′11″　E137°45′19″）
前野
小野原
黒田
荻原
小野
小野ノ滝
小野ケ谷
荻原
東野
出発
荻原沢
串ケ下
宮戸
下河原
立町
諸原

段では水流の一部が滝壺から直瀑となって左折し、また一部は滝壺から右折して幅広い岩面の上をナメとなって流れている。

『日本登山体系』（白水社）によると、この滝には名はないが、滝の形状から「多段瀑」としておく。また同書によると、この上流にも滝が続いているが、この滝を越えるのは相当な技量がないと難しい。エキスパートの領域であるため引き返した。

なお、荻原沢の隣にある釜中沢に懸かる小野の滝は、広重・葵泉の合作である中山道六十九次の浮世絵に描かれている有名な滝であるが、それと比べて、荻原沢上流は人が訪れることもなく閑静な沢である。上流域の山奥には、こんな美しい滝があると分かっただけでも苦労して訪瀑した甲斐があった。

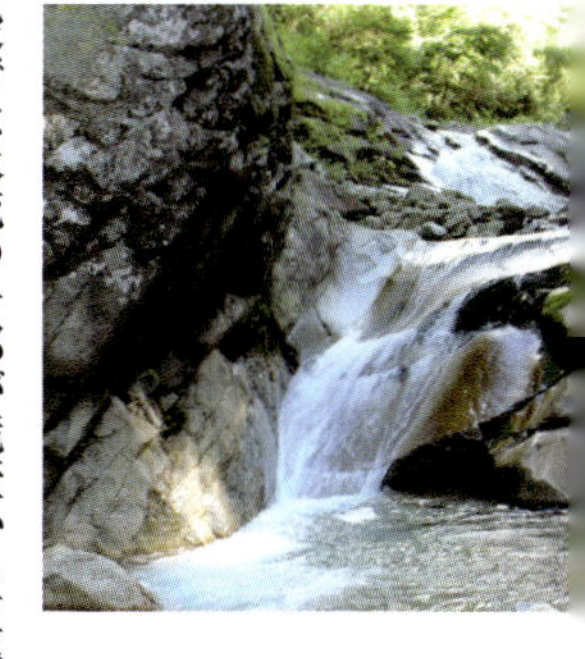

35

滑川(なめかわ)上流域

上松町荻原

◆**滑川上流域**【なめかわじょうりゅういき】

滑川は木曽駒ケ岳（2,956m）と宝剣岳（2,931m）間に発し、三ノ沢岳（2,847m）稜線からの渓流を集めて北股沢と合流、木曽川に注ぐ。暴れ川で、本谷よりも支流に大きな滝をいくつも懸けている。

掲載滝：奥三ノ沢出合の滝　奥三ノ沢四十五m滝　奥三ノ沢ナメ滝　雄滝・雌滝　四ノ沢出合の滝　五ノ沢出合の滝　北股沢の滝

写真：奥三の沢ナメ滝

滑川

8月下旬、滑川本谷の滝群を探しに行くことにした。滑川本谷は最後までゴーロの続く単調な河原で、取り上げる滝はないが、その支流の奥三ノ沢、四ノ沢、五ノ沢には、いくつもの大きな滝を懸けている。

滑川への入渓は、敬神ノ滝小屋から登山道を5分ほど登った所で右に分岐する巻道を利用するのが一般的のようだが、最近になってスリット式砂防ダムまで作業道が使えるようになり、そこから入渓するのもいい。滑川は水量が多く、渡渉の回数も多いので、十分な装備と注意が必要である。また、滑川の河原の砂地には熊の足跡が多く見られた。入渓には熊除け対策も必要である。

滑川本谷遡行

日帰りの探訪は日程的に厳しいので、砂防堰堤まで車で行き、ダムの天端(てんば)に車を止めて車中泊することにした。夜空には星が満天にきらめき、天の川が今にも落ちてきそうな迫力だった。その星を見ながら明日の探訪の無事を祈って、一人宴会でビールと冷や酒を飲みながら夕飯をとる。何という贅沢なひと時であったことか。

翌日、朝食も早々に済ませ、空が薄明るくなるのを待って出発。河原に降りて右岸側を進んだが、直ぐに岩壁となってしまった。とても巻けそうもないので渡渉できそうな場所まで引き返した。滑川は水量が多くて水も冷たい。足が濡れないように飛石を探して左岸へ渡る。左岸側は林の中を行き、適当な場所から川原に降りて歩いて行った。渡渉を繰り返しながら、やがて三ノ沢出合に着いた。途中から気を付けて見てきたのだが、地形図にはある敬神小屋からの巻き道の入渓地点はついに分からなかった。

三ノ沢出合からは、ゴーロの河原の渡渉を繰り返す。渡渉で膝まで水に浸かってしまったが、一度濡れてしまえば、もう気にすることもない。快調に遡行を続けた。この辺りは緩やかな川の勾配で、渓谷の正面には宝剣岳が見える。見事なロケーションの河床を順調に歩き、老骨の脚でも約1時間30分で奥三ノ沢に到着した。

奥三ノ沢の滝群

奥三の沢は三沢岳に水源を発し、滑川に注ぐ急峻な渓谷で、そこには多くの滝を懸けている。まず奥三ノ沢と滑川本谷との出合に落差40m、二条となってスラブ状岩盤を流れ落ちる豪快な滝が懸かっていた。滑川本谷からは、樹木が邪魔をして全景をみることができないので、奥三ノ沢へ入り、河床を少し遡行すると滝下に行くことができた。ここから見上げると、首が痛くなるような高さがある。そのまま奥三ノ沢を遡行することにしたが、この滝をこれからどう越えて行ったらいいのか、不安と恐れが交錯し感動に浸る余裕もなかった。

奥三ノ沢出合の滝

滝のスラブ状岩壁を直攀するのは厳しいので左岸側を巻くことにする。ブッシュを掻き分け、斜面をトラバースして滝の中腹に出た。やっと足が置ける幅30cmほどの崖の切れ目を見つけて、蟹の横這い状態でトラバースしていったが、途中に崖から生えた枝が出ていて跨ぐことも潜り抜けることもできない。崖下は垂直に切れていて落ちれば地獄行き……とパニックに陥った。リュックを下ろし、強引に潜って通過できたが、足はすくみ緊張で体は硬直、手の平は冷や汗でビッショリだった。

再び薮漕ぎで河床に降りると、目の前にも幅広い大きな岩盤の前衛滝と、その上に落差45m、スラブ状の岩壁を豪快に流れ落ちる美しい滝が立ちはだかっていた。この滝は奥三ノ沢のメーンであるスケールの大

奥三ノ沢四十五m滝

きな滝で、その雄姿に感動してしばらく見入ってしまった。

　この滝も直攀は厳しい。左岸のガレを攀じ登って斜面の草付をトラバースし、上流の小滝の上に出ると、今度は落差10ｍの滝が懸かっていた。この滝は右岸の岩壁を登って滝上に出た。そこには左岸枝沢から細滝が、本流にもまだまだ滝が続いていた。この上流にはナメ滝、雄滝、雌滝があるのだが、当初計画の滑川本流遡行が頭をよぎり、不覚にもここで引き返してしまい後悔の種になった。この時は奥三ノ沢を引き返して滑川本流に戻り、四の沢、五の沢へと向かった。

四ノ沢出合の滝

　奥三ノ沢出合から30分ほど、滑川本流のゴーロの河原を遡行していくと、左岸の四ノ沢の出合に落差60ｍで二段となって流れ落ちる「四ノ沢出合の滝」が懸かっていた。滝の下段は40ｍほどで幅広く、上段の20ｍ

はスラブ状になっていた。この上流にも滝が続いているようだが、エキスパートの領域であった。

五ノ沢出合の滝

四ノ沢出合から右岸の前岳沢を横目に本流を遡行すると、8月下旬でもまだ雪渓が行く手を阻んでいた。渓谷はスノーブリッジとなっていて直攀は困難であった。雪のない左岸の岩場を慎重にトラバースして「五ノ沢出合の滝」の滝下に降り立った。見上げると、凹凸のある岩面を形よく流れ

四ノ沢出合の滝

落ちる落差30mの見事な滝である。上流にも滝が続いているが、ここもエキスパートの領域であった。五の沢出合周辺の宝剣沢、本谷沢、前岳沢にも滝があるようだが、雪渓が残り登攀は難しく、ここであきらめて引き返した。滑川には、途中の枝沢や本流にもなお多くの滝や渓流瀑がある。距離は長いが楽しく満足のいく渓谷であった。

五ノ沢出合の滝

奥三ノ沢の雄滝、雌滝

奥三ノ沢で目にすることの無かった雄滝、雌滝が頭から離れず、どうしても悔いが残っていた。日を改め、九月上旬に奥三ノ沢へのリベンジを試みた。奥三ノ沢までの遡行は距離があり、やはり前回と同様に時間がかかった。一度学習したので、落差10m滝の滝上までは前回ルートを確かめながら登っていった。そこから上流が未知の領域である。

落差10m滝の滝上からは巨石が行く手を阻んでいる。右岸を強引に攀じ登り、そこにあった斜瀑を越えると、落差40mのナメ滝が花崗岩面を流れ落ちていた。岩盤は滑りやすいので右岸の草付の場所を利用し

奥三ノ沢雄滝

て登攀すると、沢は二股に分かれそれぞれに滝を懸けている。左股が落差40mの雄滝で、右股が雌滝である。雄滝は雌滝に比べて水量が多く垂直に流れ落ちている。右股の雌滝は二股分岐地点から見上げると、絶壁から流れ落ちている直瀑のように見えたが、下流の離れた場所から見ると落差70mほどで、スラブ状の幅広い岩盤を流れ落ちていた。水量はさほど多くはない。『日本登山体系』（白水社）によると、この上流にも滝が連続して三ノ沢岳まで突き上げているが、エキスパートの領域であった。

奥三ノ沢雌滝

北股沢の滝

滑川の支流である北股沢は、麦草岳（2721m）～牙岩～木曽前岳（2826m）間に源を発し、別名・大崩谷といわれるように崩壊の激しい荒れ沢で、大型砂防堰堤や谷止め工が何本も入っている。ここにも滝がある。

大型砂防堰堤から入渓し、右岸の林道を横目に見ながらゴーロの河原を遡行して、第10号谷止め工を巻いていくと小滝が現れた。その上流に、岩間に挟まった大岩をぬってチョックストーン滝（右岸は水量が少ない）となって流れ落ちる北股沢の滝があった。左岸側を巻いて滝上に出たが、その上流は緩やかな勾配の河床がずっと続いていたため、ここで引き返すことにした。

北股沢の滝

36

神戸沢 南木曽岳中腹

南木曽町読書

◆**神戸沢 南木曽岳中腹**【ごうどさわ なぎそだけちゅうふく】

南木曽岳（1,676m）西側の山腹に発した渓水が神戸沢となり、木曽川に注ぐ。小河川だが過去に何回も大災害を起こした暴れ川で、立派な滝があるが脆い地形のため、その姿をとどめているかは不明である。

掲載滝：百間滝

写真：百間滝

南木曽岳西面の渓流

南木曽岳（1676m）の西斜面からは、神戸沢をはじめ幾筋もの渓流が木曽川に流下しているが、いずれも距離が短くて急勾配で通常は水量も少ない。しかし、ひとたび大雨があると脆弱な地盤は、「ジャヌケ」といわれるような大災害をもたらす。南木曽町では、2014（平成26）年7月9日の台風8号に伴う豪雨により、翌9日午後5時55分すぎ、読書地区の梨子沢橋付近で土砂崩れが発生し、土石流や河川の氾濫で民家が流された。これにより住民の母親と息子ら3人が土砂に埋まった。その後救助された4人は病院に搬送されたが、男児1名が死亡する痛ましい災害となった。

梨子沢の隣にある神戸沢下流の集落で大きな被害が聞かれなかったのは、大型砂防ダムが人家を守ってくれたためのようである。滝巡りをする者からすれば、砂防ダムや人工構造物は、自然を破壊するものであ

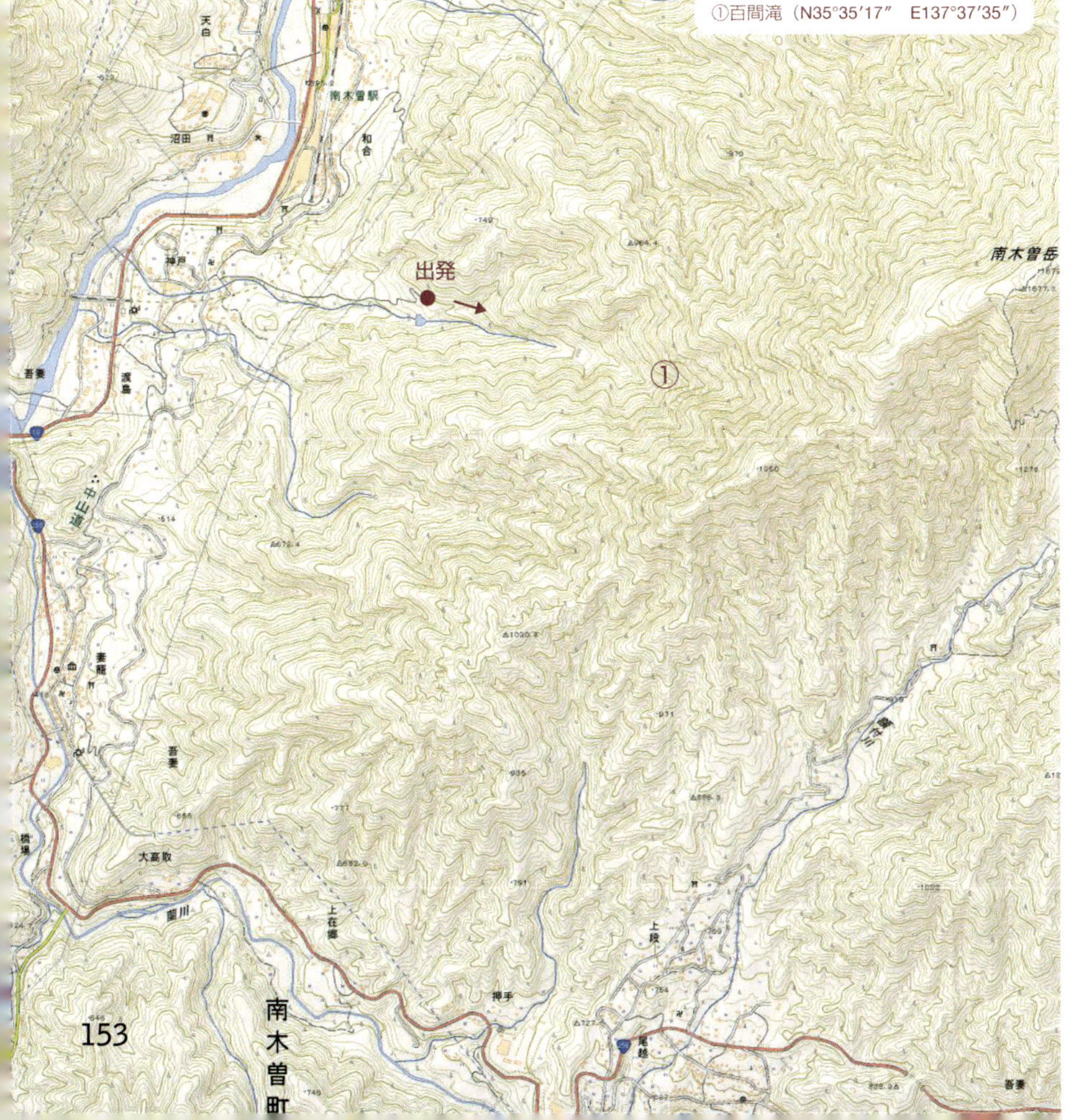

り受け入れがたいものであるが、それらはちゃんと人間の生命や財産を守ってくれる機能があるため、一概には否定はできない。人間と自然の共存のバランスは難しいものだと感じさせられる。

百間滝

もうずっと気になっていた「百間滝」は、『長野縣町村誌』の読書村の項に「高さ凡八丈、幅五尺、南木曽岳より出づ。村の南の方を下流し、木曽川に落つ」と記載されている。また、西筑摩郡誌の読書村に、「賓殿紅葉南木曽山の内字神戸澤に在り。高さ百間、幅二百間、小瀑布懸かる。百間瀧といふ。此の附近秋暮紅葉観るべし」とある。地元の人や営林署、役場に聞いても所在が分からずあきらめていたが、偶然にも図書館で百間滝の場所を見つけることができた。いよいよ現地へ向かったのである。

国道19号から神戸集落に向かい、神戸沢に沿って続く林道に入ってゲート前に車を止めた。林道を歩いていくと、大きなスリット式砂防ダムがあった。ダムの段差を利用して右岸を巻いて行き、ダムの上流に降りて、神戸沢の遡行を開始した。左岸にある踏み跡をたどって登っていくと、やがてそれは消えてしまった。

滝の位置が分からないので、見当を付けて適当な場所から入渓した。そこには落差25mほどで、褐色の花崗岩の凹凸がある岩肌を幅広く流れ落ちる「百間滝」が懸かっていた。こんな立派な滝が地元の人に知られていないのが不思議である。

神戸沢を訪れたのはまだ災害前で、ごくありふれた渓流であった。今では先の大雨で上流の百間滝や渓谷の様相は変わってしまっているかもしれない……。

雨乞いの神事と滝

全国各地に雨乞いの神事を行った滝や淵が数多くある。滝はその地に降臨した神そのものであり、修験者の信仰対象であった。農耕民族の日本人にとって干ばつは最大の敵、水は稲作の生命線であり、滝は恵みの雨を呼ぶ「雨乞いの神」ともされた。
民衆はいろいろな方法で雨乞いの神事をして五穀豊穣を祈願した。例えば、山頂で木片などを燃やし、雨の神を燻しだす千駄焚き、また水の豊富な別の滝や沼から水を汲んできて枯れ滝に撒く呼び水。ほかにも竜神（水の神）の眷属（けんぞく）である牛馬を生贄とする方法、竜神や神仏を怒らせて雨を得る方法など。長野市鬼無里では、観音様を淵に投げ込んで雨乞いをするという珍しい神事もある。

37

柿其(かきぞれ)川上流域

南木曽町読書

◆**柿其川上流域**【かきぞれがわじょうりゅういき】

柿其川は奥三界山（1,810m）に発し、中流域で柿其渓谷となり木曽川に注ぐ。この渓谷は深い谷を埋める巨大な花崗岩が美しいとされる。さらに上流にはエメラルドグリーンの滝壺を持つ美しい滝が懸っている。

掲載滝：銚子の滝　大沢の滝

写真：銚子の滝

柿其渓谷

中流域にある柿其渓谷は数ある木曽路の渓谷の中でも特に美しいと言われる。深い谷を埋める巨大な花崗岩が美しい渓谷には、牛ケ滝や霧ケ滝などの滝がある。瀬や淵も多くあり、景勝地となっている。上流域には銚子の滝や大沢の大滝といったスケールの大きな美しい滝があるというが、歩行距離が長いためか、訪れる人はほとんどいない秘境である。どんな滝であるか興味がわいた。

銚子の滝

国道19号の柿其入口から柿其渓谷に向かい、林道ゲートで駐車した。柿其渓谷の林道を歩き、林道分岐から本谷林道に入って終点まで行く。分岐してからは林道とは名ばかりだった。雨に洗掘されて河原化したり、土砂崩落で埋まっている場所もあり、歩くのに大変苦労した。林道終点付近の草藪の間から本谷を覗くと、銚子滝の一部が見えた。滝まで降りるのは危険で推奨できないが、自己責任で降りてみると、銚子の口から高低差25m、エメラルドグリーンの滝壺に美酒を注ぐように、細長く一本の水流が放物線を描いて流れ落ちている。その美しさは、つい見入ってしまうほどの名瀑だった。しかし、この滝は林道ゲートから遠く、安易に行ける滝ではないのが残念である。

大沢の滝

大沢の大滝

大沢は柿其川本谷の支流で、銚子の滝へ行く途中にある。そこには「大沢の滝」が懸かっている。林道の北沢橋、大沢橋を通過して林道分岐から本沢沿いの林道に入り、柿其林道2号橋から入渓した。巨石を乗り越えて遡行すると、落差25mの大沢の滝があった。柿其川水系では落差のある大きな滝の一つである。ただ、この滝も林道ゲートから遠く、訪れる人は少ない。

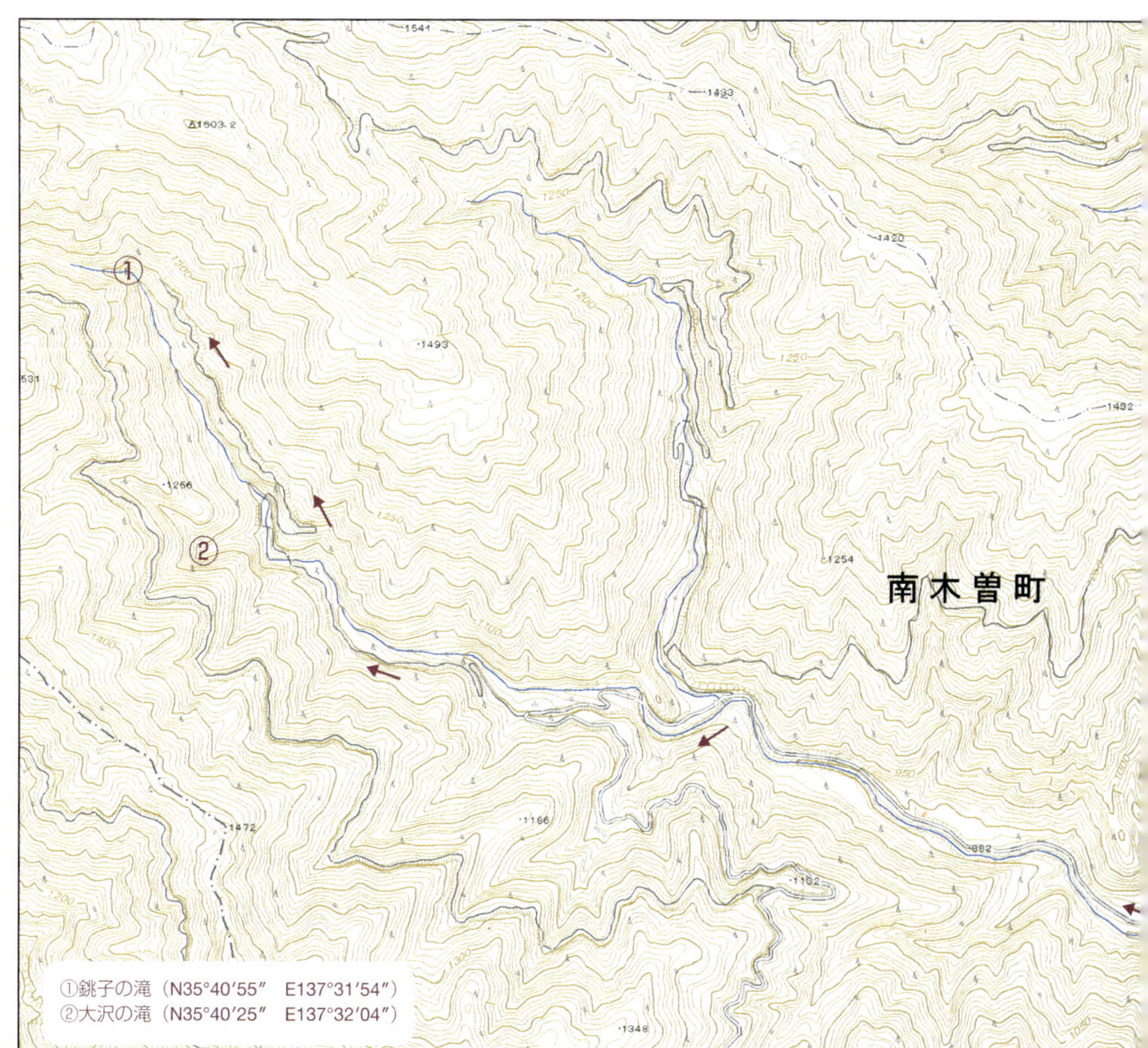

山岳信仰と滝

「不動」の付く滝は全国に広く分布し約1070本あるが、中部・近畿地方に多く、兵庫県より西側では少ない。長野県ではそのうち68本あり、各地にみられる。滝と不動明王は密接な関係にあった。修行者は険しい高山や岩場にこもり、滝に打たれて修行を積み、霊力を習得して雨乞いや豊穣、厄除けなど人々の願いを祈祷して信仰を集めた。多くの滝の傍には不動明王が祀られているのも不動明王信仰の根強さの表れと納得ができる。

不動明王は五大明王の中心的な存在で、梵名はアチャラナータ。「アチャラ」は動かない、「ナータ」は守護者を意味し、「お不動さん」「不動尊」「大日大聖不動明王」とも呼ばれ、大日如来の化身ともされている。火炎を背負い、髪は弁髪に結び、右手に宝剣、左手には羂索（けんさく）と呼ばれる縄を持って憤怒の形相をしている。悪を降し衆生を救済する仏様である。

38

岩倉川流域

南木曽町岩倉

◆**岩倉川流域**【いわくらがわりゅういき】

岩倉川は夕森天然公園の高層湿地帯からの諸水を集め、東流して柿其川と合流して木曽川に注ぐ。柿其川とは対照的にマイナーな沢といえるが、滝ファンにとっては魅力的な流域である。

掲載滝：岩倉川F1〜F6滝

写真：F6滝

岩倉川

柿其渓谷の滝群は遊歩道も整備されて観光地化している。一方で、その南側を流れる柿其川支流の岩倉川は、柿其渓谷に劣らず立派な滝が数多くある。国土地理院の地形図にも滝記号が2カ所記載されている。にもかかわらず、南木曽町役場や地元の人に聞いてみても、いずれの滝も名称は不明で存在さえ知られていないようである。

岩倉川は、滝に興味ある者にとってはわくわくするような場所である。そこで10月中旬のある日、この川を踏査しようと思い立った。

岩倉川は渡渉や巻きの繰り返しで危険な場所もある。釣り人もあまり訪れない秘境のようだ。遡行は情報もなく未踏の地を歩くといった感じでスリルがあり、沢登りとしても楽しめる渓谷であった。そして、この滝群はそれぞれ個性ある姿をしていた。

F2仙人滝

岩倉川の滝群

国道19号の柿其入口から岩倉集落に向かって岩倉林道に入る。鎖のゲート前に迷惑にならないように駐車した。そこから岩倉林道を歩き、岩倉橋から岩倉川へ入渓して北沢合流点の上までを踏査した。

岩倉橋から最初の滝はF1滝である。左岸側から入り、近づくとF1滝は落差10mほどで、二段となり曲がりくねって流れ落ちている。滝の上流には堰堤があった。F1滝の左岸を巻いて遡行すると、右岸は絶壁となって、ゴルジュが行く手を阻んでいた。そこにはエメラルドグリーンの美しい大きな淵があった。

渡渉を繰り返すと、初めての本格的な滝に出合った。そのF2滝は落差10mほどで、滝口から裾を広げて大きな滝壺に落ちている。岩倉林道の仙人橋手前からも遠望できる滝で、勝手ながら「仙人滝」と命名しておく。岩倉川の渓谷は深くV字に刻まれて小滝や淵が連続し、遡行を阻んでいる。高巻きや渡渉を繰り返し、滝水のシャワーを浴びながら渓谷を遡行すると、板状節理の

F3滝

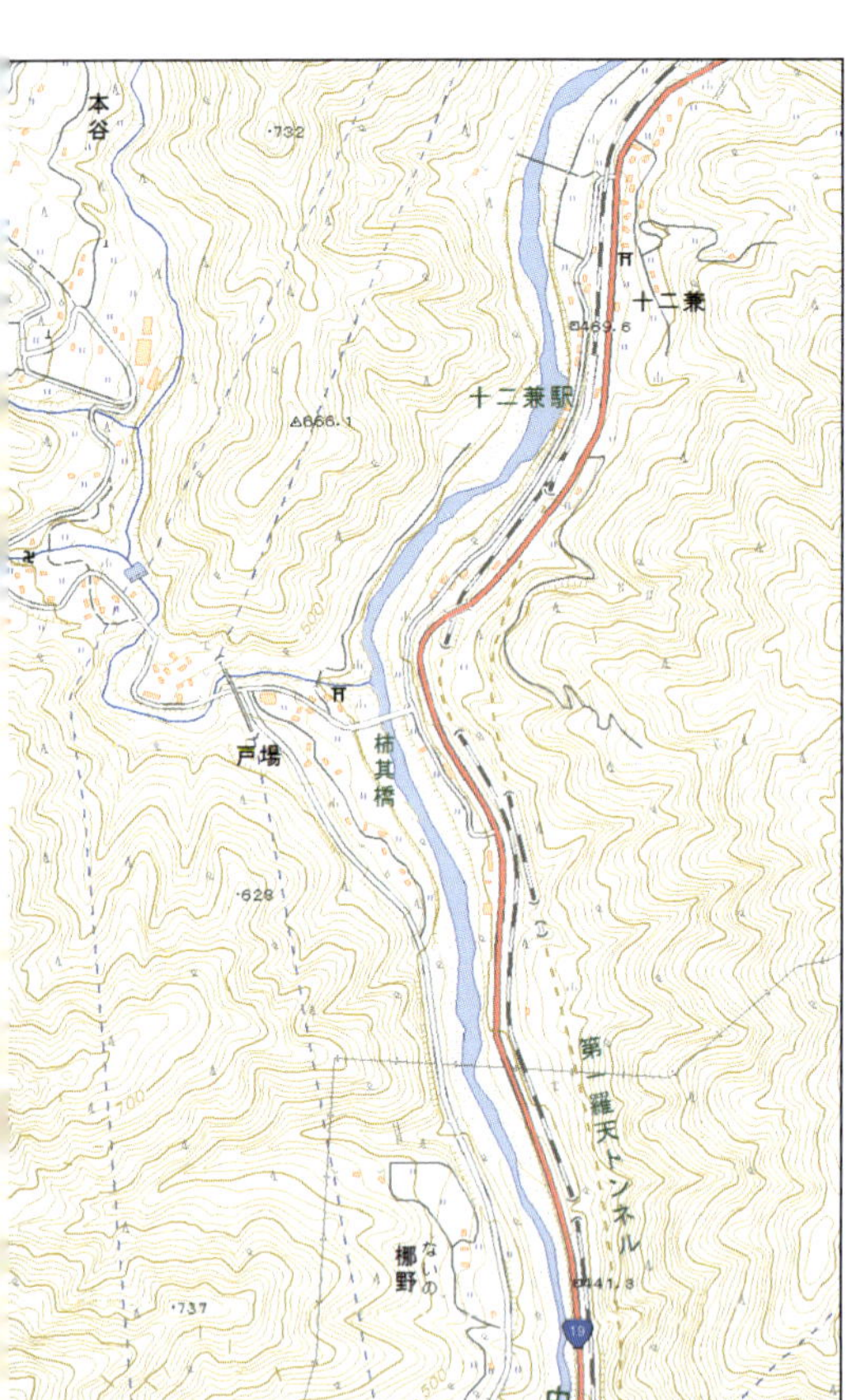

F4岩倉大滝

花崗岩がつくるスラブ状岩盤を流れ落ちる落差10ｍほどのＦ３滝が現れた。大きな滝壺をもった美しい滝である。この滝は右岸側を高巻いた。

Ｆ３滝の上流には、褐色の花崗岩の滑り易いナメが50ｍほど続いた。さらに10分ほど遡行するとゴルジュと小滝が現れ、そこを乗り越えて行くと前衛小滝が現れた。右岸を巻いていくと２本の沢が本流に流れ込み、それぞれ落差10ｍ、３ｍの滝が見えた。地図に滝記号のある「Ｆ４岩倉大滝」は沢が直角に曲がった先にあった。

岩倉川の滝群の中でもメーンである「Ｆ４岩倉大滝」は落差15ｍ、幅５ｍほどで、褐色の花崗岩の岩面を幅広く流れ落ちていた。この滝へは岩倉林道から下ってアプローチすることもできる。岩倉橋から林道を上っていくと岩倉川が近くなり、鋭角にカーブする所に砂防堰堤があるので、そこから入渓する。川を下り、大滝の滝口では対岸に渡り、右岸の枝沢を巻いて降りていくと滝下に行くことができた。

Ｆ４岩倉大滝からＦ５二条滝に向かうため、一旦林道に上がって歩くと左岸から北沢が流れ込み、そこに北沢橋が架かっている。その付近から岩倉川を覗き込むと落差７ｍの「Ｆ５二条滝」が見えた。滝下に降りるには急斜面を行かなければならないが下降してみた。滝の中央には大きな岩が張り出して、その岩で二条に分岐して流れ落ちているチョックストーン滝だった。左側の水流は張り出した平坦な巨岩に落ちて二

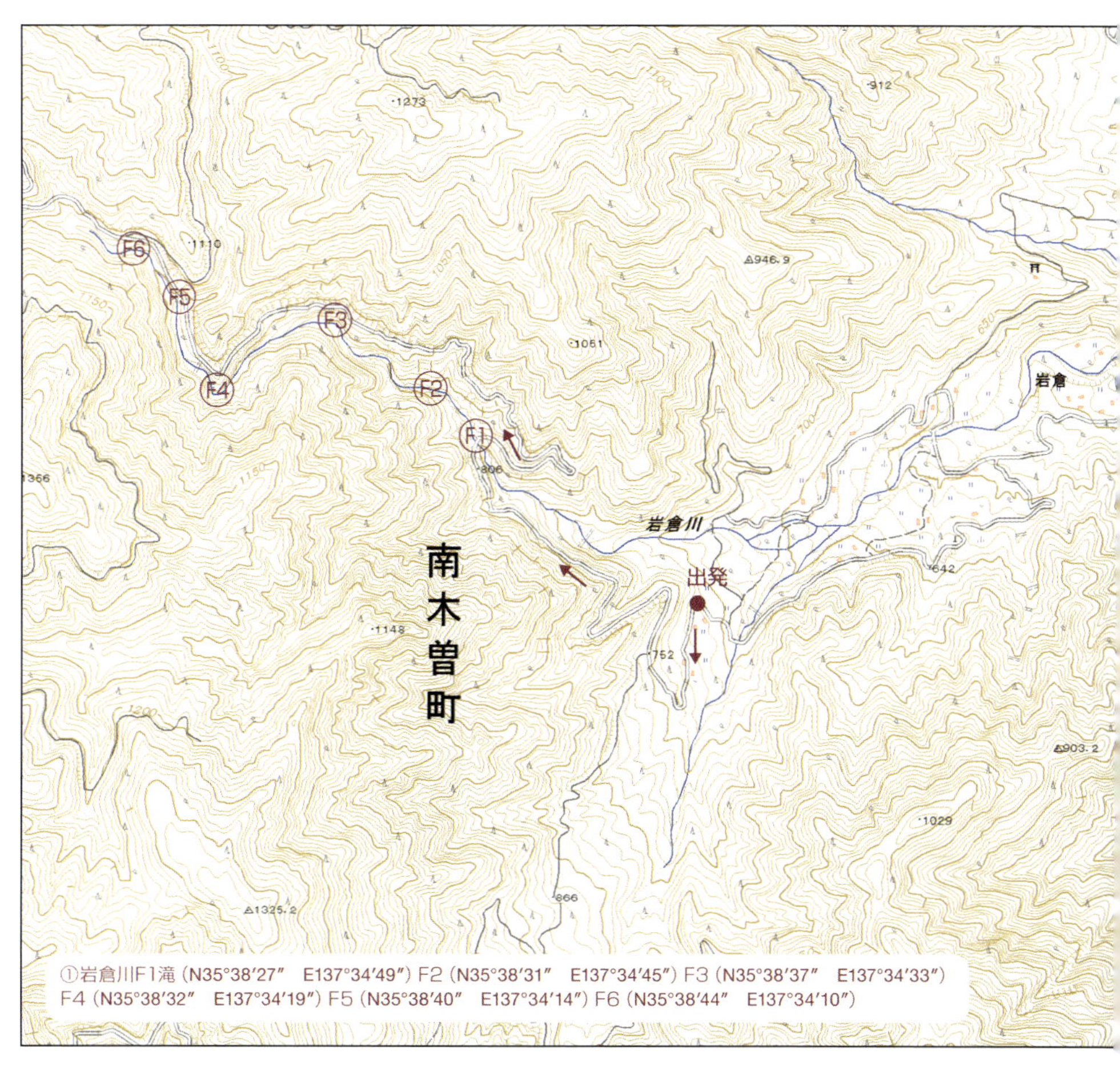

段となっていた。

その上流にある「F6岩倉滝」もF5二条滝から遡行するよりも、林道から急斜面を下降する方が容易だった。この滝も上段の中央に巨石が張り出しているチョックストーン滝で、数条の分岐となって中央の大きな滝壺に落ちている。そこから水流がまとまり、幅を広げながら流れ落ちていた。

岩倉川の上流は、反対側にある田立の滝の上流にある天然公園へと突き上げている。少し林道を上ってみたが、次第に勾配が緩やかとなり、大きな滝は無さそうなので引き返した。

岩倉川の滝群は、いずれも立派な滝でありながら滝名が不明なのも不思議な気がする。しかし、このまま、人の手を加えず、静かに悠久の時間の中を流れ落ちている方が、滝にとってはよいのかもしれない。

39

木曽川源流域

木祖村小木曽

◆**木曽川源流域**【きそがわげんりゅういき】

鉢盛山（2,446m）と小鉢盛山（2,374m）間を水源とする笹尾沢、ヒルクボ沢などの諸渓水が奥木曽湖に貯水され、木曽川となる。ヒルクボ沢の滝の訪瀑は、時間と体力を要するタフな行程となる。

掲載滝：笹尾滝　ひるくぼの滝

写真：**笹尾滝**

笹尾滝

小木曽森林鉄道は1927（昭和2）年12月に完成し、主として味噌川流域で伐採された木材の運搬に活用された。笹尾沢作業軌道は、今は湖底に沈んだ羽黒沢停車場から分岐し、渦巻き軌道（ループ線）で狭い谷間での高低差を克服して笹尾沢奥へと伸びていた。途中には馬蹄形のスイッチバックがあり、笹尾滝の上にはインクライン（木材を乗せた台車の下る力を利用して一方の軌道で空の台車を引き上げる）があったという。作業軌道は丸太を組み合わせた一時的なもので、伐採する場所が無くなると撤去され、次の場所へと移設されていった。笹尾沢作業軌道も1949（昭和24年）年に撤去されている。

さて、馬蹄形のスイッチバックやインクラインはどこに敷設されていたのか、インクラインの下にあった笹尾滝はどこにあるのか、村役場や藪原営林署に聞いてみたが当時の情報はあまりにも少なく、笹尾沢作業軌道や笹尾滝のことは忘れ去られてしまったようだ。当てずっぽうに笹尾沢を踏査してみることにした。

林道笹尾沢線の入口にはゲートがあって車両通行止めとなっている。奥木曽大橋の広場に駐車して、舗装された林道を約2㎞歩き、笹尾沢橋から笹尾沢に入渓した。落差2m滝、落差3m二段滝などを越えていくと、二股に分かれていて、左股の正平沢には落差12mほどの形の良い直瀑が懸かっていた。渓谷の周囲を見渡しても笹尾沢作業軌道の残骸は見当たらなかった。しかし、この滝が笹尾滝であろうことは疑いの余地はない。右股の本流はゴルジュとなって曲がりくねっていた。落差3mの滝を越えると古木に「安全第一」の丸型の標識が吊るされていた。この辺が木材搬出の作業場所だったのだろうかと思いを巡らせた。ここから上流は川幅が広くなり、勾配も緩やかになって特筆するものはなかった。

ひるくぼの滝

ひるくぼの滝

木曽川は全国で5番目に流域面積の広い河川で、愛知方面の人々の水ガメでもある。その源流の一つ、ヒルクボ沢には連瀑が懸かっているというので、早速、訪瀑へと向かった。

国道19号の藪原から奥木曽湖方面に向かうと、味噌川ダム湖（奥木曽湖）がある。ダムの右岸側には「木曽川源流の里」の看板があり、ひるくぼの滝の写真があっ

連瀑の上段

連瀑の中段

た。ダム湖の駐車場に車を止めて藪原林道のゲートから歩き始める。トンネルを抜け、距離の長い林道をひたすら歩き、枯尾林道に入って進むとヒルクボ沢と出合う。

砂防堰堤を数本越えて、ガレたヒルクボ沢の本流を遡行すると、最初の滝、落差10mほどのF1ひるくぼの滝があった。訪れた時には水量が少なくて、看板にあるような豪快な姿ではなかったのが残念である。ひるくぼの滝は、別名「百間滝」と呼ばれるように滝が連続する連瀑である。それらの滝を越えていくのは至難であった。

F1ひるくぼの滝右岸の原生林の中を大きく巻いて進み、滝上に出ると上流には渓流瀑が続き、その上に落差10m、三段のF2滝があった。その上の落差6m、三段のF3滝も登攀には技量が必要だった。その上流にはF4滝と続き、この滝は落差10m、二条となって幅広く流れ落ちていた。F4滝の滝上に出てしばらく遡行すると、遠くに落差6mほどの小滝が見えた。その小滝までは行く気力も体力もなかったので引き返した。帰り掛けに木曽川の別の源流のワサビ沢を遡行したが、本流に落差4mの渓流瀑、右岸枝沢に落差6mの滝があるくらいで特筆するものはなかった。

ヒルクボ沢の滝を訪ねるならば、奥木曽湖から水平距離で11km以上もの距離があり、沢の登攀にも時間が掛かるので余裕をもった計画が必要である。

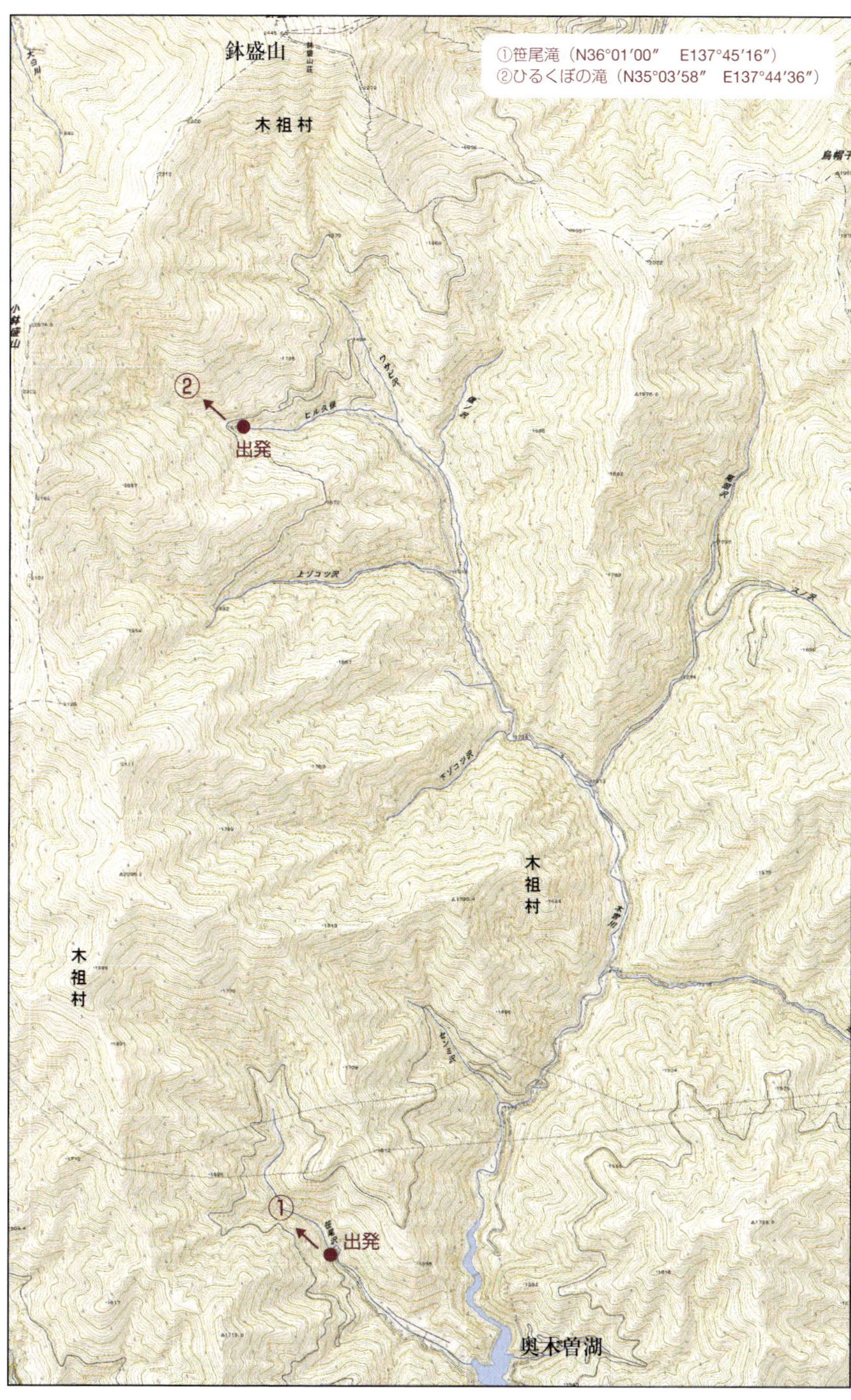
①笹尾滝（N36°01′00″　E137°45′16″）
②ひるくぼの滝（N35°03′58″　E137°44′36″）
鉢盛山
木祖村
②
出発
上ゾコツ沢
下ゾコツ沢
木祖村
木祖村
木曽川
①
出発
奥木曽湖

40

王滝川 御嶽山山腹周辺

王滝村溝口

◆**王滝川 御嶽山山腹周辺**【おうたきがわ おんたけさんさんぷくしゅうへん】

御嶽山南麓を流れる王滝川の支流で、三笠山（2,256m）に発する溝口川や鈴ヶ沢、田の原の火山爆裂口に発する伝上川、三浦山（2,393m）を水源とする上黒沢には、それぞれ見応えのある滝が懸っている。

掲載滝：大樽滝　イタ崎滝　鈴ケ沢大滝　伝上大滝　上黒沢の滝　　写真：鈴ヶ沢大滝

溝口川の大樽滝

『長野縣町村誌』に「大樽滝」という名が載っていた。興味を覚え、その滝のある溝口川まで訪瀑に向かった。

県道御岳王滝沢線の王滝村溝口から林道を上って行くと、途中から砂利道となり、4kmほどで王滝温泉がある。通過してさらに林道を進むと、溝口川手前にゲートがあり、道路の広くなった場所に駐車して溝口川へ入渓した。すぐに右岸は熊笹が密集し、左岸側は岩壁となって、河床を遡行せざるを得なくなった。倒木の折り重なるゴーロの河床を遡行すると、小滝やナメが現れた。

大樽の滝

この小滝が、『長野縣町村誌』に記載のある小樽であるが、溝口集落の人の話だと、小樽は昔は釜をもった淵だったそうだ。この辺の位置を、山に入った人が目標の目安とするために、大樽に対して小樽と呼んでいるという。

溝口川の水質が良いためか、この周辺の河床には緑のジュータンを敷き詰めたようなナメがあり、原生林の中を縫うように流れる水流は美しく神秘的だった。

陰鬱とした原生林の中の渓谷を遡行すると絶壁が現れ、直角に曲がった奥に黒い岩肌を幅広く流れ落ちる落差35mの滝が懸かっていた。「大樽滝」であった。滝の左側の岩壁にも糸を引くような滝が落ちている。さすがに釣り人もここまでは入らないのか、滝壺にはイワナが人の姿も恐れずにゆったりと泳いでいた。

溝口川の上流は三笠山の黒石林道に突き上げているが、この滝を巻くのは周囲が絶壁となっていて難しい。少し戻って大きく高巻くことも可能かとは思ったが、体力も気力も限界のようだ。心残りはあったがあきらめて引き返すことにした。ただ、黒石林道から降りるのも難しいようである。後日、黒石林道から流頭部を覗いたが、ガレの急斜面が一気に落ち込んでいて滑落の危険がありそうだった。さらにその先の渓谷は深い原生林の中に消えているので、私の技量ではとても太刀打ちできる場所ではなかった。

イタ崎滝

溝口川の右岸支流に『長野縣町村誌』に載っている「イタ崎滝」が懸かっている。王滝温泉手前の林道から林の中に入り、溝口川を渡渉してイタ崎沢に入渓した。沢の周辺ははじめ勾配が緩やかで広く山のような様相をしていたが、しばらく遡行するとゴルジュが現れ、延長20m、落差7mの渓流瀑やナメがあった。そこを越えてさらに遡行すると、内側が半円形にくぼんだ岩壁

イタ崎滝

があり、そこに形のよい落差40ｍの直瀑が懸かっていた。この「イタ崎滝」は、地元でも知る人は少ないようだ。

さて、近くにある御嶽温泉王滝の湯はナトリウム、カルシウム、炭酸水素塩温泉で、そこで汗を流して帰るものいい。

鈴ヶ沢大滝

王滝川支流の鈴ケ沢は三沢橋の辺りで東股、中股、西股に分かれている。中股、西股には特筆すべきものはないようだが、東股は三笠山（２２５６ｍ）に突き上げていて滝や淵が多かった。

県道王滝加子母付知線を鈴ケ沢で鈴ケ沢林道に入り、鈴ヶ沢橋を渡ったところに林道のゲートがあった。ゲートから30分ほど歩くと三沢橋が架かっている。この橋から東股に入渓するとすぐに落差10ｍの滝が現れた。さらに遡行すると、砂防堰堤と見間違えるような幅の広い落差6ｍ滝があった。登攀は難しいので一旦林道に上がった。この周辺までは釣り人の領域で、県外からも大勢訪れているようだ。

林道を歩いて行くと、鈴ケ沢橋があり、そこから再び東股に入渓して遡行すると、ナメとなった滑りやすい河床となり、その奥に三段となって流れ落ちる落差25ｍの大滝が懸かっていた。この滝の上流にも滝が連続しているようで、右岸側に赤テープが続いていたが、技量を要するエキスパートの領域であった。

伝上大滝

伝上大滝

１９８４（昭和59）年9月14日午前8時48分、長野県王滝村を震央とするマグニチュード（Ｍ）6・8の地震が発生し、伝上川上流部にあった御嶽山の尾根の一部が大崩壊（標高２５００ｍ付近）、崩れた土砂

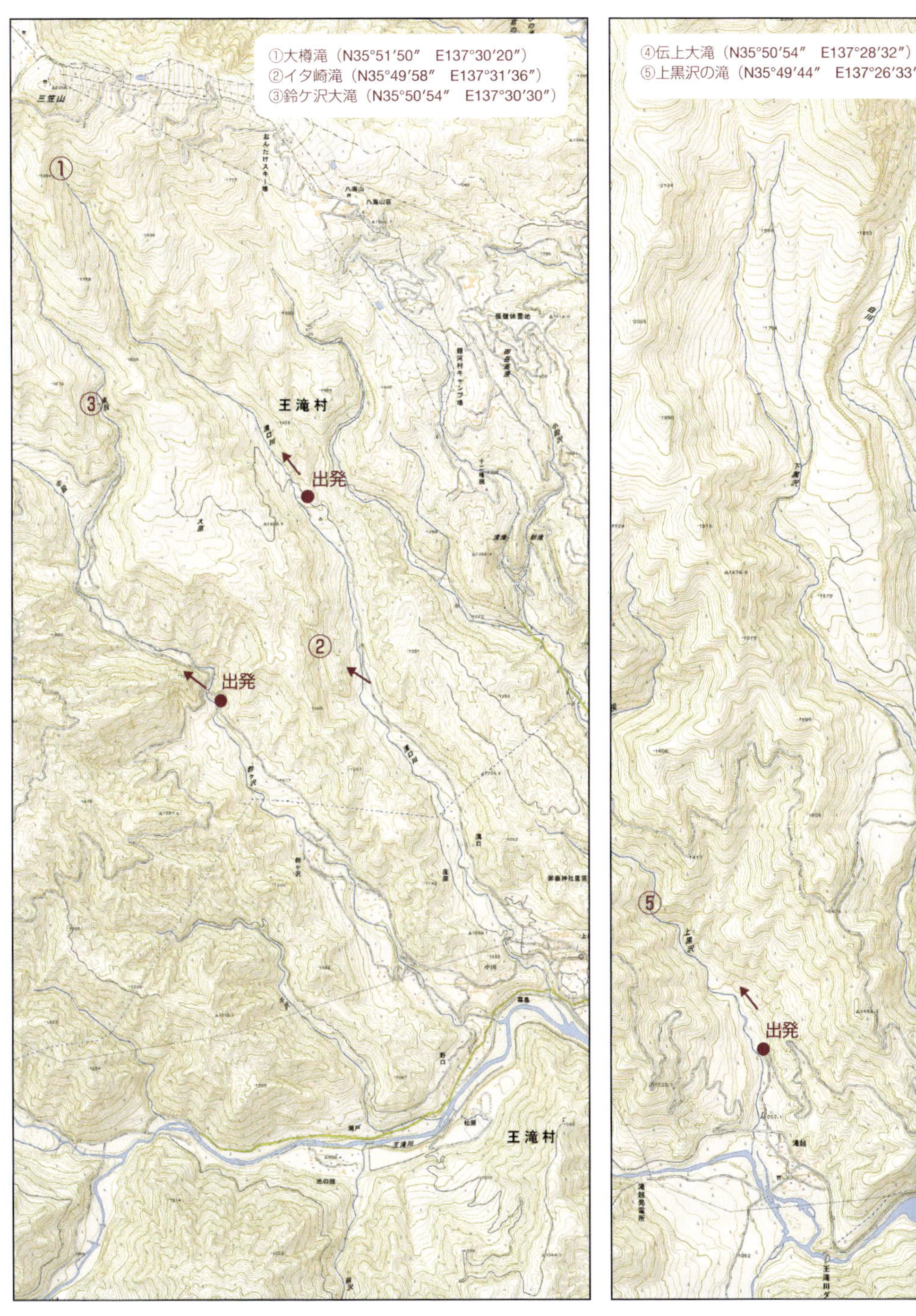
①大樽滝（N35°51′50″　E137°30′20″）
②イタ崎滝（N35°49′58″　E137°31′36″）
③鈴ケ沢大滝（N35°50′54″　E137°30′30″）
④伝上大滝（N35°50′54″　E137°28′32″）
⑤上黒沢の滝（N35°49′44″　E137°26′33″）
王滝村
出発
出発
出発
王滝村
三笠山
おんたけスキー場
濁川
鈴ケ沢
王滝川
白川
上黒沢
下黒沢

は土石流となって尾根を乗り越え、鈴ヶ沢や濁川にも流れ下った。伝上川に懸る伝上大滝はその時に消滅してしまったとの情報もあったので、自分の目で確かめてみようと踏査を試みた。

県道王滝加子母付知線から、濁川保安林管理道路に入り、ゲート前に駐車。舗装された管理道路を歩き、林道に出てから右に曲がり伝上橋まで歩く。伝上橋から左岸の工事用道路跡を歩き、終点で伝上川に入渓して遡行を開始した。崩れ落ちたガレや巨石を越えて遡行して行くと、川筋が右折した先に目的の「伝上大滝」が懸かっていた。

伝上大滝の周辺は柔らかい火山噴出物が積み重なった地質であるが、造瀑層の固い岩盤によって（……以前とは形状が異なるかもしれないが……）、辛うじて滝が残っていたのでほっとした。

ちなみにこの訪瀑から3カ月後の2014（平成26）年9月27日11時52分、御嶽山が水蒸気爆発した。新たな火口は、1979年噴火の火口列の南西250～300m付近に複数個が形成され、火砕流も発生して地獄谷を3kmほど流れ下ったといわれている。

御嶽山は、日本百名山であること、御嶽神社に代表される山岳信仰などで知名度が高かったこと、さらには3000mを越える高山にも関わらず、アクセスがよく登山の難易度が高くなくて、家族連れを含む多くの登山者に親しまれていることから、死者数58人、行方不明者5人と、日本でも戦後最悪の火山災害となってしまった。

上黒沢の滝

上黒沢は林道の上黒川橋の上流に滝が懸かっているが、林道にゲートがあり、歩いて行くのは大変である。そこで、県道王滝加子母付知線の滝越から上黒沢に沿って遡行し、林道に抜けようという甘い算段をした。上黒沢沿いにある林道ゲートから、左岸側の林道を進み、途中で上黒沢に入渓して遡行すると、やがてゴルジュとなった。ゴルジュの右岸側を高巻くと、沢が鋭角に曲がり、そこに多段となって流れ落ちる滝が懸かっていた。滝の対岸の中腹までは行けたが、滝下には降りられなかった。滝の下流を見ると、巨石が沢をふさぐように挟まっていて、その下を水が潜って流れていた。

なお、滝上への遡行を考えたが、見渡すと周囲は絶壁である。遡行は困難だと分かり撤退した。いつか上の林道橋から上流を目指したいと思うが、いつになることか……。それは分からない。

上黒沢の滝

41

小俣(こまた)川流域

王滝村氷ヶ瀬

◆**小俣川流域**【こまたがわりゅういき】

流域の国有林からの諸渓水を集め、鯎(うぐい)川と合流して王滝川に注ぐ小俣川は、深く刻まれた渓谷が遡行を阻む。かつては森林鉄道が敷設されていたが、特定の釣り人以外は足を踏み入れることのない秘境の地である。

掲載滝：小俣川F1滝　小俣滝　右岸の大滝　八重滝　落差8m滝

写真：小俣滝

小俣川F1滝

難関F1滝

県道王滝加子母付知線の氷ケ瀬貯木場から左折して、鯎川林道ゲートに車を止めて林道を鯎川に沿って歩く。小俣川出合から関西電力取水堤管理道（通行禁止になっている場合もある）を利用させてもらい、関電の取水堤まで行き入渓する。400mほど遡行すると、大きな滝壺をもち、釣り人達がF1滝と呼ぶ滝があった。初めての訪瀑のときは、滝の両側の岩壁に上流への遡行を阻ばれた。巻こうとしても左岸側は大規模なガレとなっていて登って行くのは困難で、右岸へ渡ろうとしても水量が多くて渡渉できずあきらめて撤退したのであった。

幻の百間滝

だがどうしても小俣川上流に踏み入れたいという思いが強くなり、次は鯎川林道から氷ケ瀬小俣林道に入り、その途中から目見当で尾根沿いから小俣川へと降りることにした。しかし、予想とは外れてF1滝の少し上流に下降してしまった。そこから小俣川に降りる地点は滑りやすい岩壁で、ロープを出すか迷った。しかし、「この程度の崖なら楽勝だろう」と手間を惜しんだがために、4mほどの高さから滑落し激しく尻餅を突いた。やはりロープを使うべきだったと反省したが後の祭りである。幸いにも足と腕の擦り傷程度で済んだのが不思議なくらいであった。

小俣川の河床の巨石を乗り越えながら遡ると、右岸側から一枚岩の幅広い花崗岩岩盤を流れ落ちる滝が懸かっていた。滝マニアが名付けた「百間滝」が小俣川にあるというが、情報だと百間滝は落差20mというので、確証はないがこの滝がそれだと思われた。ただ、地元の何人かに尋ねても、そのような名前の滝は聞いたことがないという。この無名の滝は仲間同士で名前を付けてラウンドマークとしている滝のようだが、できれば公の機関に場所と形状を明確にしてもらいたいものだ。

百間滝

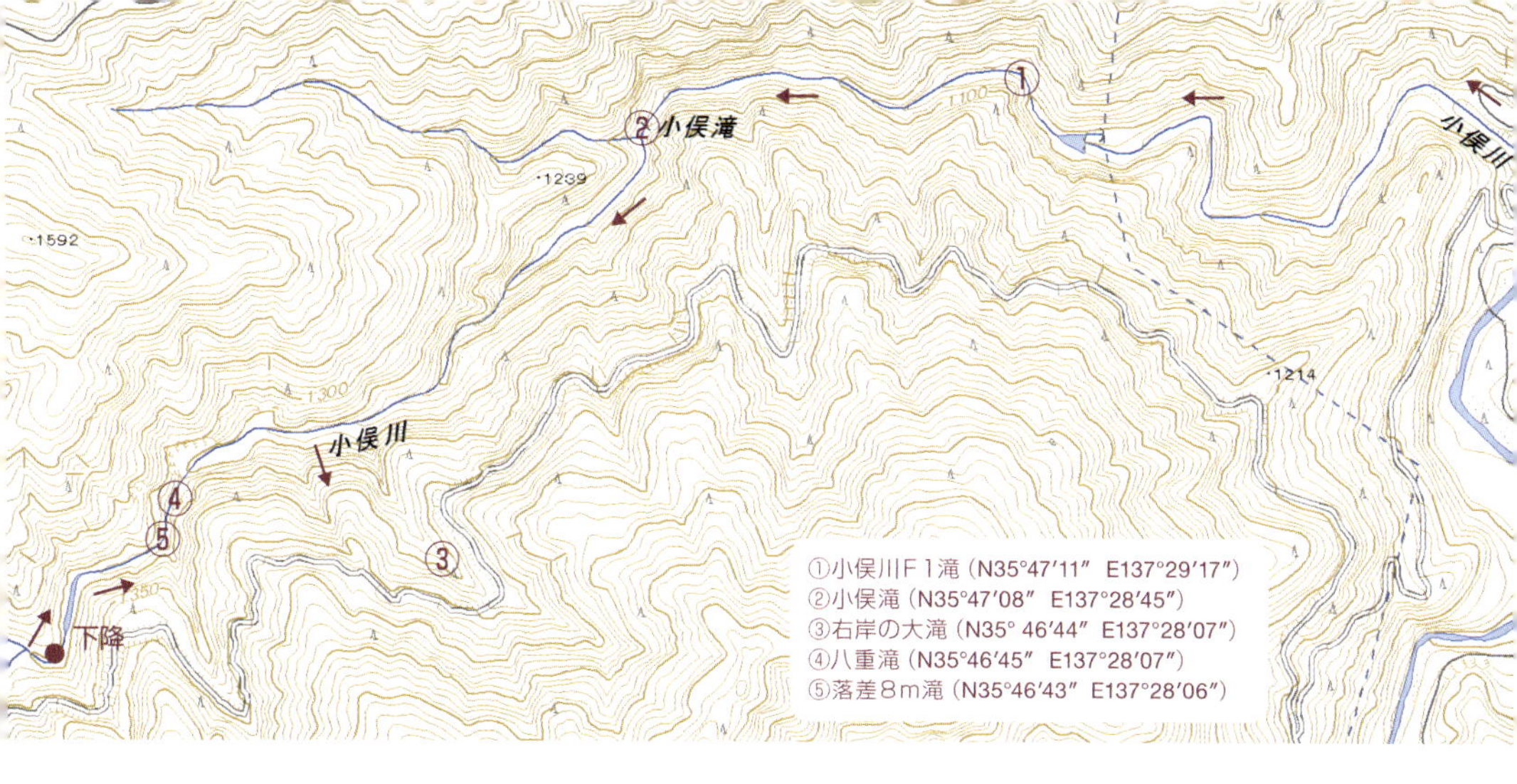

小俣滝

この渓谷には廃線となった林鉄小俣線のレールが至る所に散在している。V字となった渓谷によくぞ線路を敷いたものだ、と感心しながら遡行していく。さらに巨大な転石を乗り越えていくと、右岸の支流から2本の滝が流れ落ちていた。そこからしばらく歩くと、念願だった小俣川のメーン、小俣滝が現れた。

小俣滝は落差40ｍほどで、垂直に切り立つ岸壁を一気に滝壺へと流れ落ちている。そして、滝壺には警戒心のないイワナがゆっくりと泳いでいた。しばらく見惚れてしまうほどの美しい容姿だった。この滝には巻き道があるようだが、探しても分からない。仕方なく左岸側の険悪な斜面を大きく高巻き、藪の中をトラバース、小尾根を越えて滝口上の河床に降り立った。滑落の危険があって大変な集中力と体力を強いられてしまった。

右岸の大滝

小股滝の上には左岸側から土砂が押し出している支流があり、川幅が広くなっていた。上流の八重滝を目指して遡行を続けると、しばらくは広い河原であったが、やがてV字の渓谷に戻ってしまった。次に現れた落差３ｍほどのF３滝は小滝であるが直攀は困難で、両岸も絶壁で巻くところが見当たらないと思っていると、左岸側に巨木が梯子のようになって倒れている。人工的に置かれたものではないが、この巨木がなければ上流に行くことはできなかった。神の助けか偶然か。ともかく助かった。というものの傾斜のある丸太を縦に渡るのは大変だった。最初は枝に掴まりながら登ったが、上の方は掴まるようなところもなく、木肌はツルツルだ。トカゲが張り付くように四つん這いになって下を見ないようにしながらバランスを取り、やっとのことで登った。

右岸の大滝

険悪な河床をさらに遡行すると、右岸に落差100mを超える細長い大滝があった。この滝の方こそ「百間滝」に相応しいのではないかと思われた。百間滝については前述したが、元営林署で働いていた地元の人たちの話だと「小俣川に百間滝があるとは聞いたことがない」とのことだ。そういえば、元森林鉄道の運転手だった方は「小俣線には落差のある滝の上を通過する場所があり、滝の名前は分からないが何時も肝を冷やした」と語っていた。小俣川右岸の沢を見上げると、上部には林鉄時の架橋が渡っている。沢はその下を細長く一気に流れ落ちている。すごい所に鉄道を敷いたものだと改めて感心したのであった。

八重滝

八重滝

この大滝から小股川上流にはナメが続き、そこを越えるとやっと落差25mの八重滝が見えてきた。滝左岸の絶壁にも糸を引くような細滝が流れている。八重滝についても情報が少なく、地元の人の話では「三段となって豪快に滝壺に流れ落ちている滝だ」とのことだった。地元の人は八重樽と呼んでいるようである。八重滝の周囲は、円柱を半分に切ったような、内側に丸くくぼんだ絶壁に囲まれていて、巻けるような場所も無い行き止まりであった。

ここからは戻るも地獄、近くの氷ケ瀬小俣林道線まで上がるも地獄で、迷った末に林道まで登ることを選んだが、これが大失敗だった。急斜面を途中まで攀じ登ると岩壁が現れ、それより上へ上がれそうな場所はなかった。トラバース気味に横に這っていき、何とか上へ登れそうな場所を探し出して、無理やり旧小股線の鉄道敷まで上がった。その上にはシカ除けの金網が張り巡らされていた。それを乗り越えて、笹薮とブッシュの急勾配を無我夢中で這い上がり、ついに林道に出ることができた。山腹にある林道は急勾配のため大きく迂回してつけられているので、ここまで登るのは相当な根性が必要であった。

落差8m滝

八重滝へは上流からのアプローチを試みた。氷ケ瀬小俣林道の上入山橋から小俣川に入渓しゴーロの河床を下降すると、ここも所々に林鉄の残骸が残されていた。さらに河原を下降すると、八重滝の約１００ｍ上流にある落差８ｍ、大きな滝壺をもった滝の滝口についた。滝口は花崗岩の滑りやすい岩面で、近づくと滝下へと吸い込まれそうな危険を感じた。左岸の斜面を木の根に掴まり、岩場ではロープを出して下降すると、エメラルドグリーンの大きな池のような滝壺に降り立った。落差８ｍ滝を下降し、下流の八重滝の滝口まで行って下を見たが、高低差25ｍを水が一気に流れ落ちている。ここも滝に吸い込まれそうな気がして足がすくんでしまった。八重滝の下へ降りる場所を探したが、見つからなかった。この滝も手強い滝のようである。

林道沿いの無名の滝

氷ヶ瀬小俣林道沿いには無名の滝がいくつもある。小俣川支流の下入山沢には、国土地理院の地形図に滝記号のある落差30ｍの斜瀑が懸かっている。正式名称は不明で、林道から容易に見ることができるが、滝下まで行くのは難しいようだ。上入山沢には、上入山沢林道を４００ｍ進むと落差６ｍの滝が懸かっている。この滝も林道から遠望できる。上入山沢橋の上流３００ｍ付近の小股川本流にも落差３ｍの小滝がある。

八重滝上８ｍ滝

ちなみに林鉄小俣線の概要について記しておく。王滝村は木曽ヒノキの産地として江戸時代から林業が盛んであった。伐採されたヒノキを搬出する手段は当初は王滝川の川流しが主体であったが、伐採区域が奥地へ伸びるにつれて川流しでは対応しきれなくなった。そこで大正末期から昭和初期にかけて森林鉄道網が敷かれた。

今回訪れたこの辺を走った小俣支線は、鯎川沿いに走った「うぐい川線」から黒渕停車場で分岐し、進路を小俣川下流方向へと変えてガーター橋で鯎川を渡り、左岸を高度をやや上げながら下流へと進路を取った。やがて小俣川との出合い付近では、尾根を回り込むように転回して右岸側へと渡り、高度を保ちながら遡行した。その後は小俣川との比高を徐々に縮めながら西へ進み、上入山沢出合い付近の「小俣製品事業所」を経由して、樋千沢で終点となった。

42

瀬戸川（せとがわ）・崩沢（くずさわ）

王滝村滝の越

◆瀬戸川・崩沢【せとがわ・くずさわ】

瀬戸川は東股、中股、西股の渓水を集めて王滝川に注ぐ。西股山（1,716m）に発し支流で延長が最も長い西股には、文献によると「幻の滝」があるという。瀬戸川の隣にある崩沢にもスケールが大きな滝がある。

掲載滝：瀬戸川幻の西股滝　崩沢西股の大滝

写真：崩沢西股の大滝

幻の西股滝

『長野縣町村誌』の王瀧村の項に「西又瀧　高さ九丈、幅三間、源は鰔川、瀬戸川の間より出で、瀬戸川へ入。本村正面に當る」とある。文脈から読み取ると「瀬戸川へ入」

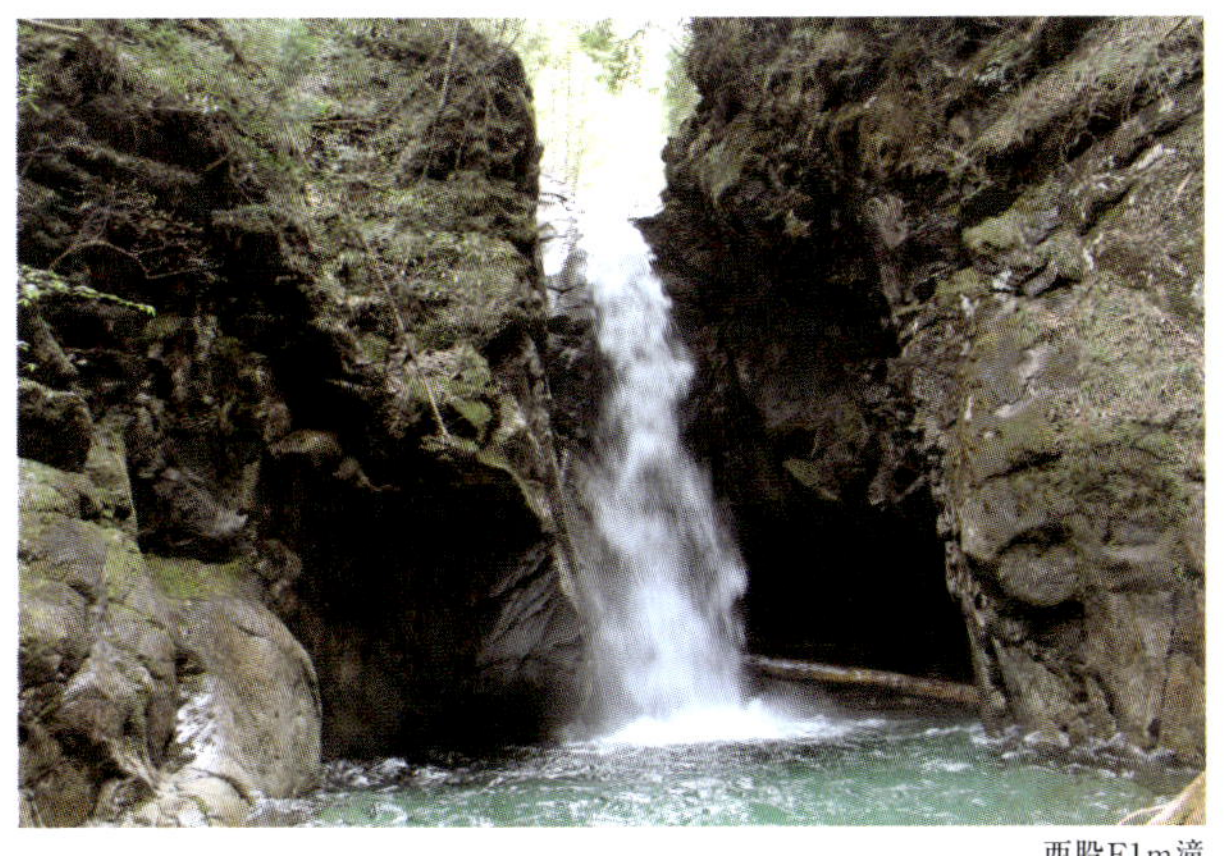

西股F1m滝

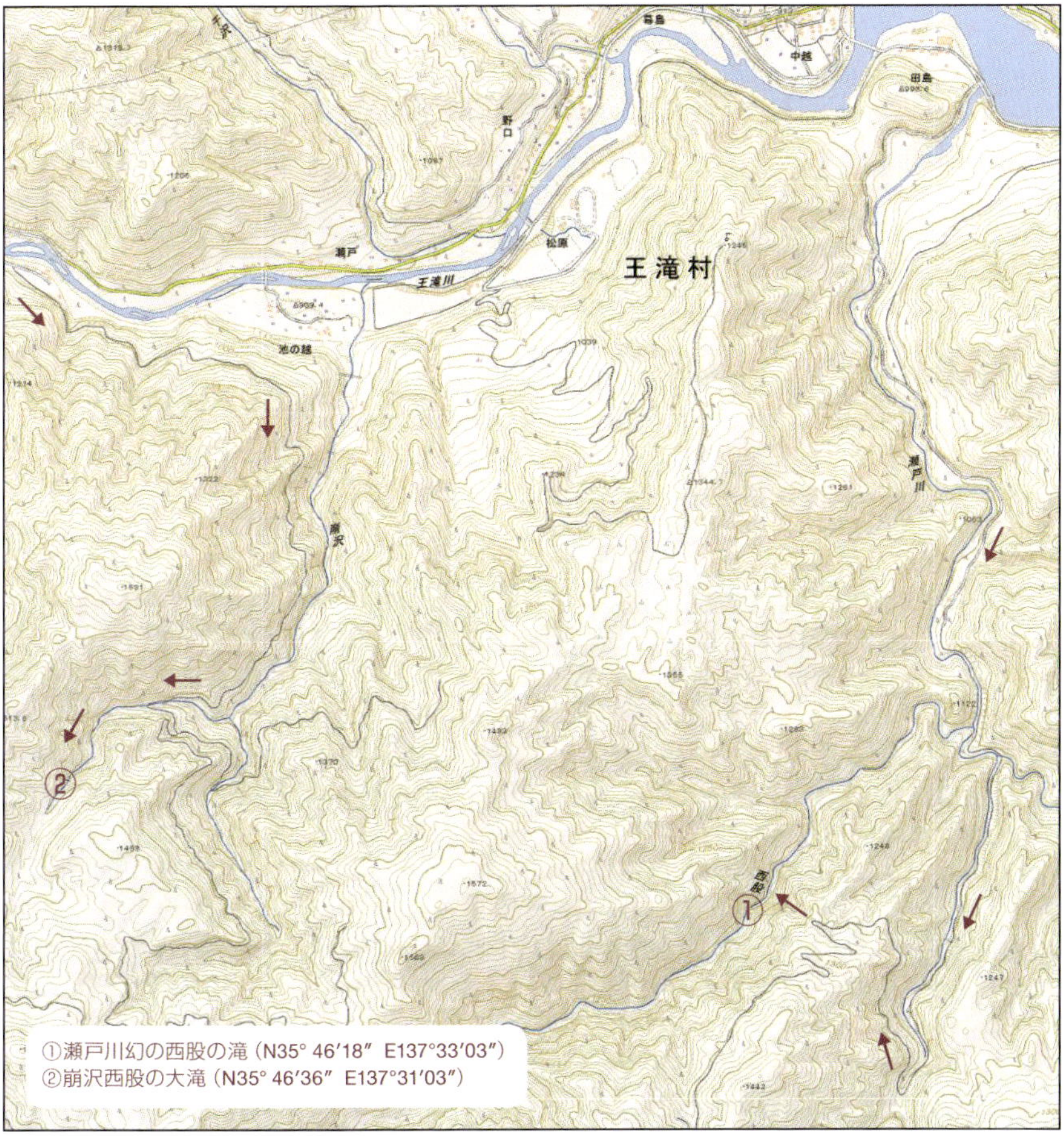
王滝村
瀬戸
王滝川
松原
池の越
崩沢
瀬戸川
西股
野口
中越
田島
①瀬戸川幻の西股の滝（N35° 46′18″ E137°33′03″）
②崩沢西股の大滝（N35° 46′36″ E137°31′03″）

とあるので、瀬戸川支流の西股沢ではないかと想定される。5月上旬、この「西又の滝」を探しに西股沢を遡行した。

しかし、地元の人の話では「瀬戸川で落差27m、幅5mの規模の滝は見たことがない」という。地形図からは、西股沢を瀬戸川との合流点から遡行すれば苦労も無いだろうと想像された。瀬戸川高樽林道が西股山の尾根で大きくカーブする場所に作業小屋があった。そこから急斜面を降下して、西股に降り立つと、狭まった両岸に轟音を立てながら大きな滝壺に落ちる形のよい滝があった。この滝が「西又滝」かと思ったが、高さ九丈（27m）にはとても及ばない。

西股の河床を遡行していくと、右岸支流に沢が合流していた。その奥を覗いてみると、岩盤を二条となって幅広く流れ落ちる落差20mほどの滝が懸かっていた。西股の流路延長は長い。ゴーロと倒木のある荒廃した河床をさらに遡行すると、やがて大きな滝壺をもった小滝があった、これも乗り越え、西股をかなり歩いたころ、沢は三股に分岐した。中央の本流の渓谷には落差70mの多段瀑が曲がりくねって流れ落ちている。滝の右岸を巻いて遡行を続けたが、やがて川筋は熊笹のなかに消えてしまった。その上流に滝は見当たらず、結局「幻の滝」は特定できぬまま、そこまでで引き返した。

崩沢の西股の大滝（仮称）

崩沢は、西股山（1716m）の鹹川、瀬戸川の間にあって直接王滝川に注ぐ小河川である。

さて、幻の滝の関連として、崩沢で見た滝についても記しておく。崩沢林道をゲートから歩いて登っていくと、橋が架かっている付近から崩沢は二股に分岐する。橋の左岸側の西股に道跡があるのでたどってみたが、すぐに無くなってしまった。そこで、西股の左岸の堰堤上から入渓した。渓流瀑を2つ越えると沢が直角に湾曲し、そこにはカメラに収まりきれないほどの高さがある大きな滝が懸かっていた。落差は40mほどで、幅広い凹凸のある岩肌を流れ落ちている様子は壮観だった。

西股源流の滝

この滝は、国土地理院の地形図に滝記号が載っているが、地元の人によると名前は無いようである。崩沢は瀬戸川には流入しないが、この滝が『長野縣町村誌』でいう西股の滝ではないかと思えるほどスケールの大きな滝であった。それに相応しいと思っても結局「西股の滝」は特定できず、今なお未解明のままである。

第六章

松本地方

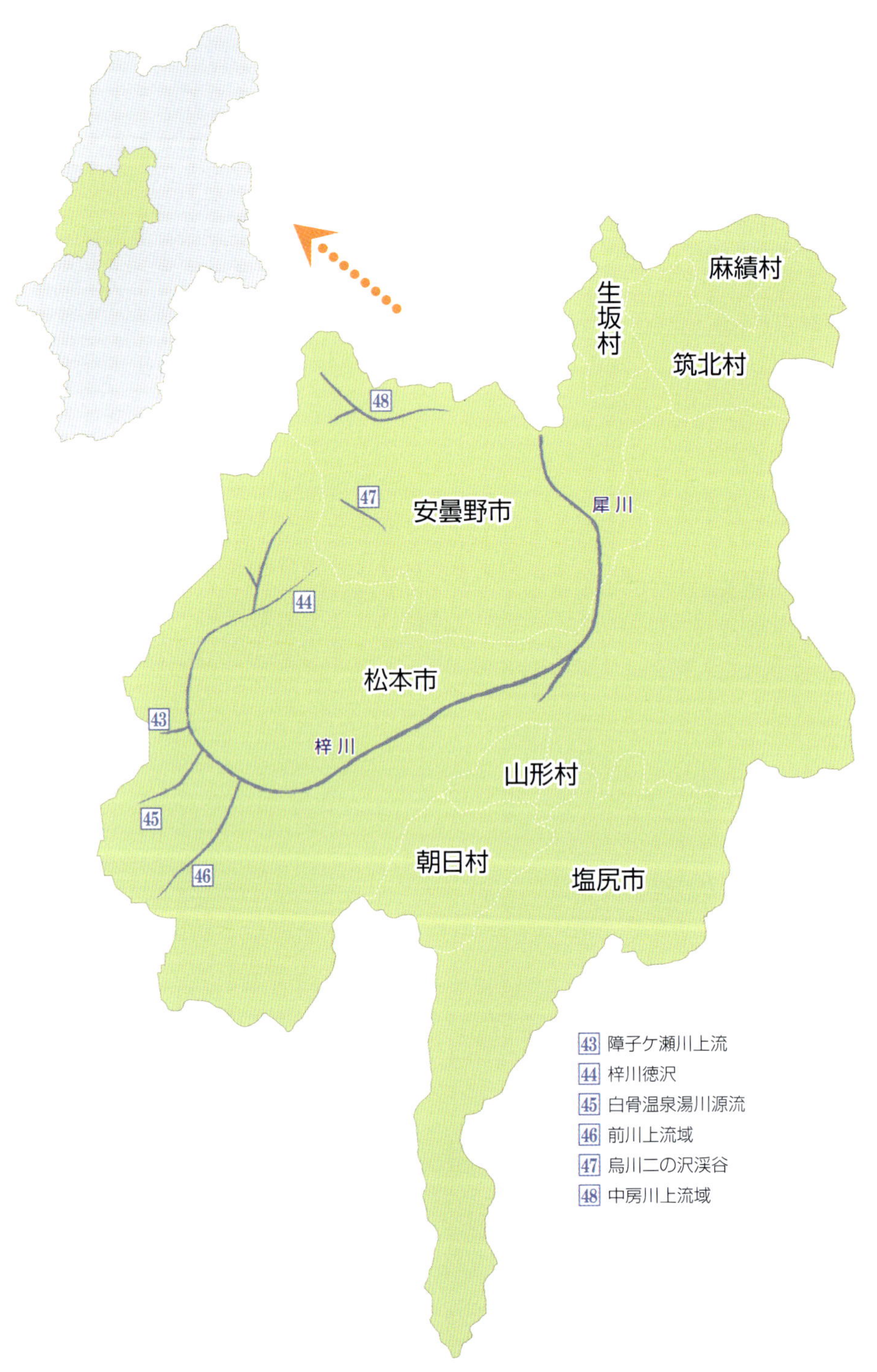

麻績村
生坂村
筑北村
48
47
安曇野市
犀川
44
松本市
43
梓川
山形村
45
46
朝日村
塩尻市
43 障子ケ瀬川上流
44 梓川徳沢
45 白骨温泉湯川源流
46 前川上流域
47 烏川二の沢渓谷
48 中房川上流域

43

障子ケ瀬川上流

（しょうじがせ）

松本市安曇

◆障子ケ瀬川上流【しょうじがせがわじょうりゅう】

障子ケ瀬川は、長野・岐阜県境の十石山（2,525m）から北に伸びる稜線沿いの渓水を集めて東流し梓川に流れ込む。その渓谷には迫力ある滝がそびえるが、そこは信仰の谷であり、険しく人を寄せ付けない。

掲載滝：雲間の滝

写真：雲間の滝中段と上段滝

雲間の滝へのアプローチ

　国道158号を奈川渡ダムから上高地方面に向かうと、雲間の滝トンネル手前に駐車スペースがある。そこから前方の山の中腹を望むと、周辺は崖となっていて、そこを一気に流れ落ちる滝が見える。以前には、駐車スペース脇に「前方、山の中腹　雲間の滝」の案内看板があったため、この滝が雲間の滝であると長い間勘違いしてきた人も多い。しかし、この滝は障子ケ瀬の支流にある滝で、本物の雲間の滝ではない。近年、国道脇にあった案内標識は撤去されて、この滝はいつの間にか無名滝に降格してしまったようである。本物の雲間の滝は、国土地理院の地形図に滝名と滝記号が載っていて、障子ケ瀬の上流に懸かり、国道からは樹木に遮られてその一部しか見ることができない。その名の通り雲の間にある幻の滝である。

　五月下旬のある日、長い間の念願であった雲間の滝への訪瀑を決断した。雲間の滝トンネル南坑口から梓川に降りて、障子ケ瀬川に入渓する。川沿いを遡行すると、左岸から支流が流れ込んで二股となっていた。この支流の源流にある滝が、国道から見えて勘違いされてきた「雲間の滝」である。

　左股の障子ケ瀬の本流に入って間もなく、渓谷は両岸が切り立った険悪なゴルジュとなり、登攀が困難になったので早々に撤退、少し戻ってルートを探し、ショートカットで途中の斜面から尾根に取り付こうとしたが、ここも急坂で滑り易くて危険なのであきらめ、結局本流と支流の二股付近まで戻らざるを得なかった。本流と支流の間にある痩せ細った急峻な尾根に取り付き、滑りやすい急斜面とガレ場を登攀して高度を上げてから、斜面をほぼ水平にトラバースして行くと、障子ケ瀬の左岸尾根に出た。

雲間の滝

　障子ケ瀬の深い渓谷を尾根の木の間から覗き見ると、直瀑が飛沫を巻き上げて流れ落ちていた。灌木の枝を頼りに左岸をさらに攀じ登っていくと、少し平らなテラスの

雲間の滝上段

雲間の滝下段

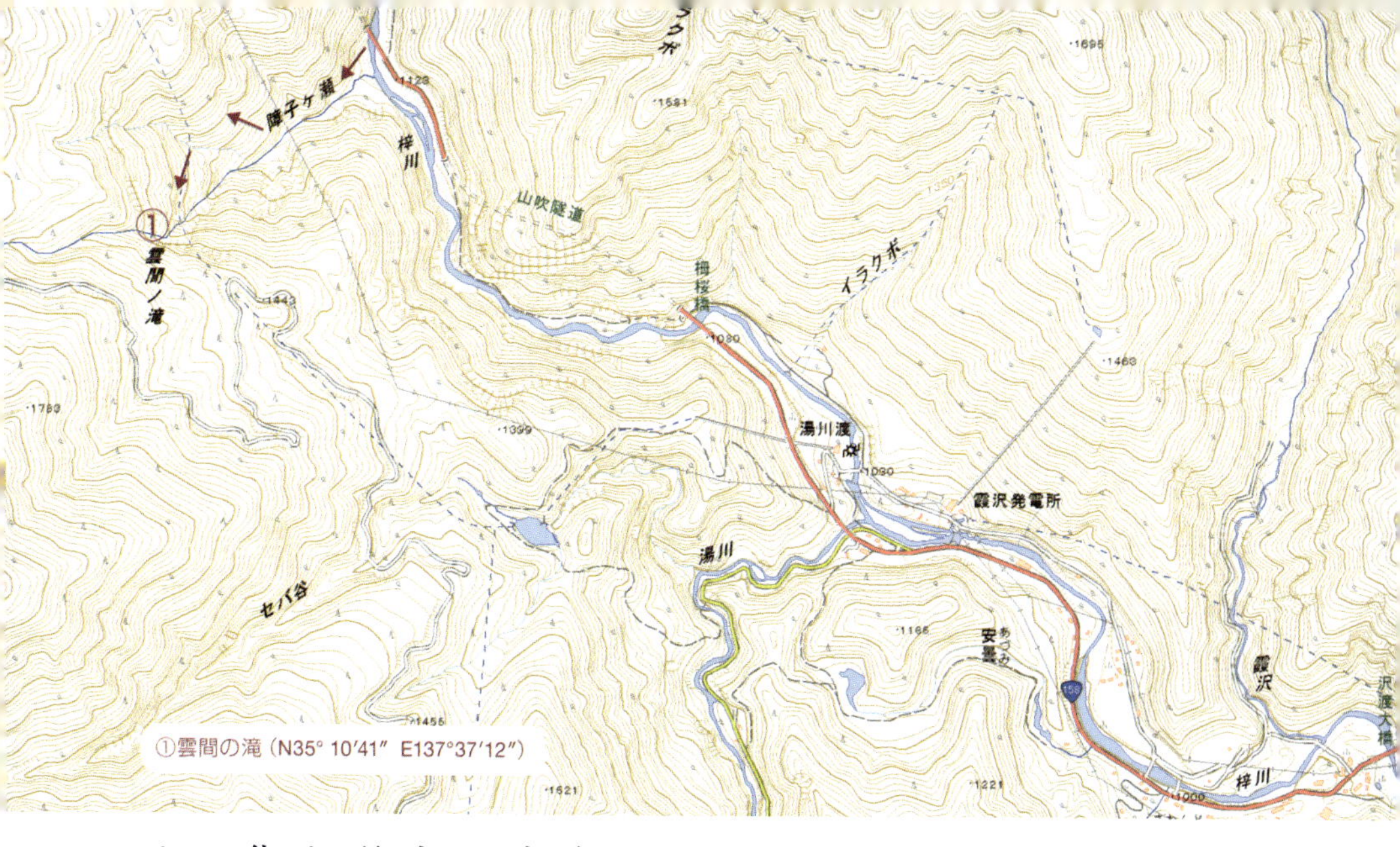

①雲間の滝（N35° 10′41″ E137°37′12″）

ような場所があった。唯一安心して立っていられるビューポイントになっていて、ひと息着けた。そこからは中段（二段目）の滝と、さらにその上に二段となって流れ落ちる主瀑の上段の滝が見えた。中段の滝から斜面をよじ登り、最上段の滝まで行ってみた。崖が垂直に切り立っていて、下の滝壺まで降りるのは無理である。「深淵をのぞき込むとき、深淵もまたこちらをみつめる」というニーチェの名言がある。滝壺を覗き込むと、奥深く魔物がこちらを睨んでいるような不気味さで、名言の正しい意味は分からないが、この言葉が頭をよぎり背筋が寒くなった。滝から舞い上がる水煙（ミスト）で体が濡れ、カメラも出しておけない状態だった。素早く写真を撮って早々に引き返すことにした。

帰りは、三段目から下流に連続する滝群の写真を撮ろうと斜面を下ってみた。しかし、崖上から覗き込んでも樹木に遮られて滝の全容が見えない。河床へは危険でとても降りられるような場所がない。滑落すれば一気に谷底へと消えてしまいそうなので、あきらめて痩せ尾根へと引き返した。

ちなみに『乗鞍の歴史と民族』（長野県文化財保存協会刊）によると、障子ケ瀬の「しょうじ」は精進の意で、この沢水は虫も棲まないほどきれいだったため、行者がここで潔斎をして乗鞍岳へ登ったといわれる神聖な場所なのである。

雲間の滝は、美濃帯のジュラ紀砂岩や泥岩の造瀑層（山と渓谷社『日本の滝東日本611』による）が、この神秘的で豪快な連瀑を作り出したものである。自然の造形美がなせる名瀑であるが、残念ながらアプローチが難しく常に滑落の危険がある。神様の住む神聖な滝として安易に近づかない方が無難なのである。

44

梓川 徳沢

松本市上高地

◆梓川 徳沢【あずさがわ とくさわ】

徳沢は蝶ケ岳（2,677m）と大滝山（2,616m）の尾根間に発し、岳沢や上マグサ沢などの各渓水を集めて梓川に注ぐ延長の長い小河川。岳沢に長大な滝があるが、登山道廃道後は秘境滝となっている。

掲載滝：羽衣の滝　釜ケ淵滝

写真：羽衣の滝

上高地

上高地は、飛騨山脈（北アルプス）の谷間、梓川上流の大正池から横尾まで約10㎞にわたる堆積平野で、中部山岳国立公園の一部となっている。国の特別名勝・特別天然記念物に指定されている景勝地で、観光地として、また登山基地として訪れる人も多い。しかし、遊歩道や登山ルートから外れた渓谷には、人を寄せ付けない厳しい場所が数多くあり、そこには多くの滝を懸けている。

羽衣の滝

徳沢の上流左股の岳沢に「羽衣の滝」がある。昔は、徳沢沿いに大滝山への登山道があったというが今は廃道となって、この滝は訪れる人もいない秘境滝となっている。

徳沢園から岳沢出合までは、地形図の水平距離で5㎞以上あり、行程が長いので、どうしても徳沢園をベースにしないと日帰りは難しい。早朝に徳沢園のキャンプ場から鬱蒼とした樹木の中の道を進むと、最初の堰堤があり、その右岸を巻いて広い河原に降り立った。しばらく河原を遡行すると、2番目、3番目の堰堤が現れ、それらを乗り越えて行く。大曲を過ぎた辺りから川幅が一旦狭まるが、再び幾筋もの流路を流れる広い河原となり、そこにはさまざまな種類の花が咲き誇っていた。さらに遡行を続けると、やっと谷らしくなってきた。徳沢の川の勾配は比較的緩やかで、大きな滝はないが、河床は滑り易く、時折倒木があり、膝上までの渡渉の繰り返しもあって予想外に体力を消耗した。

やがて徳沢上流で岳沢と分岐した。羽衣の滝は谷底からは見えないので、対岸の大滝山の中腹まで行って遠望することにした。山腹にある長命水への登山道があるというので探してみたが、左岸の赤テープをたどっていくと踏み跡は消えてしまった。（赤テープを頼りに登るのは時に迷いやすいので注意が必要である。）

強引に斜面のブッシュを掻き分けて登っていくと、樹木の間からやっと滝の全容を展望できる場所に出た。羽衣の滝は、落差100ｍ以上もあろうかというスケールの大きな滝で、多段となって流れ落ちていた。その容姿に感銘を受け、しばらく我を忘れて見惚れていた。なお、岳沢への直攀はエキスパートの領域で、近づけないので安易に入渓しない方がよさそうだ。

釜ヶ淵滝

上高地より下流の梓川にある釜ヶ淵滝については、『釜トンネル　上高地の昭和史』（菊地俊郎著）に「梓川が岩を噛んで釜の渕が沸きかえるところから名付けられた」と記載されている。梓川が旧釜トンネルの上高地側出口近くで屈曲している付近に、落差5ｍほどの釜ヶ淵滝は懸かっている。だが、旧道及び旧釜トンネルは現在閉

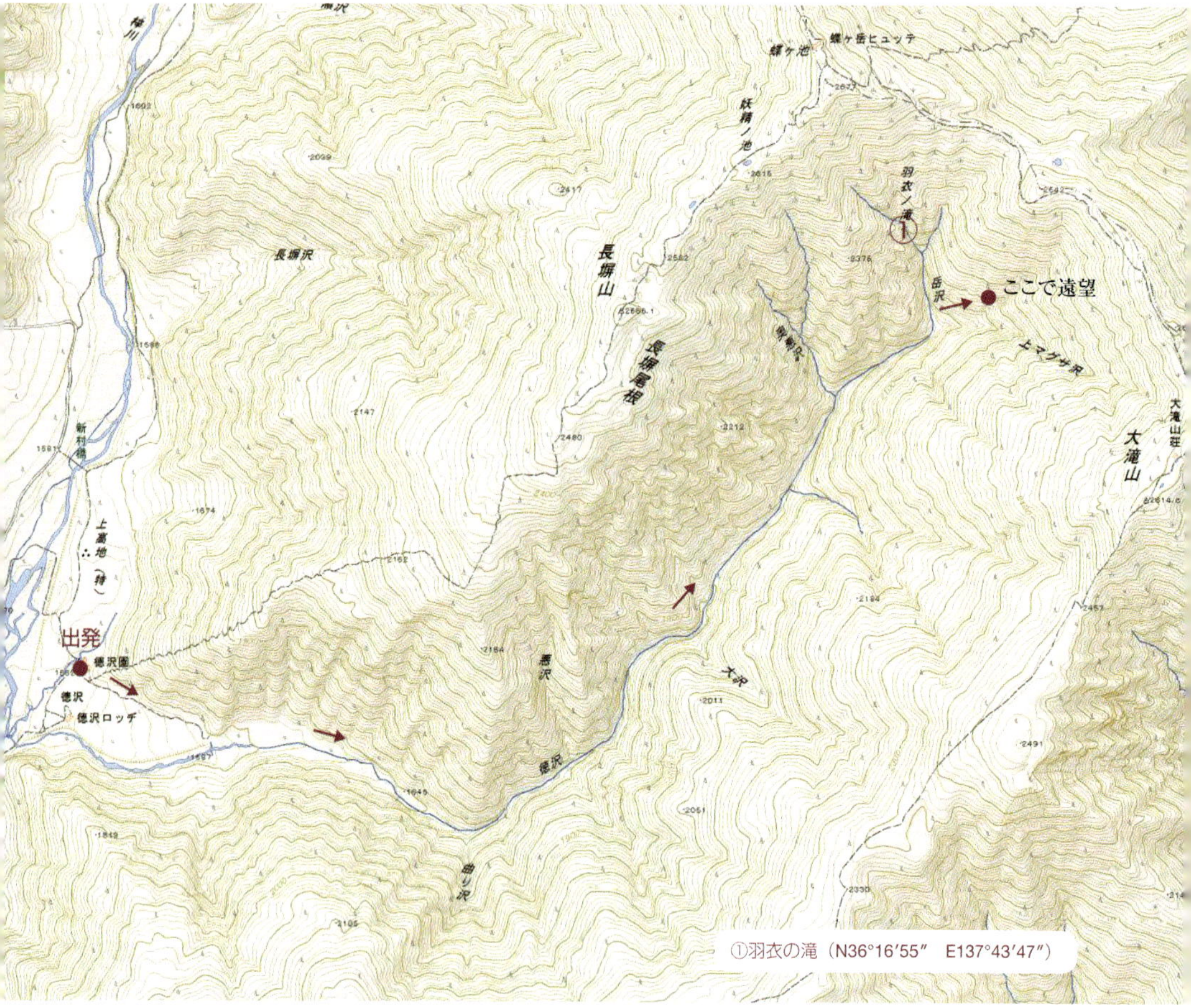

出発
ここで遠望
①羽衣の滝（N36°16′55″　E137°43′47″）
徳沢園
徳沢
徳沢ロッヂ
梓川
新村橋
上高地
長塀沢
長塀山
長塀尾根
蝶ヶ池
蝶ヶ岳ヒュッテ
妖精ノ池
羽衣ノ滝
岳沢
上マグサ沢
大滝山
大滝山荘
悪沢
大沢
曲り沢

松本市
梓川
釜トンネル
②釜ヶ淵滝（N36°12′47″　E137°36′42″）
ワラビ沢
中ノ湯温泉

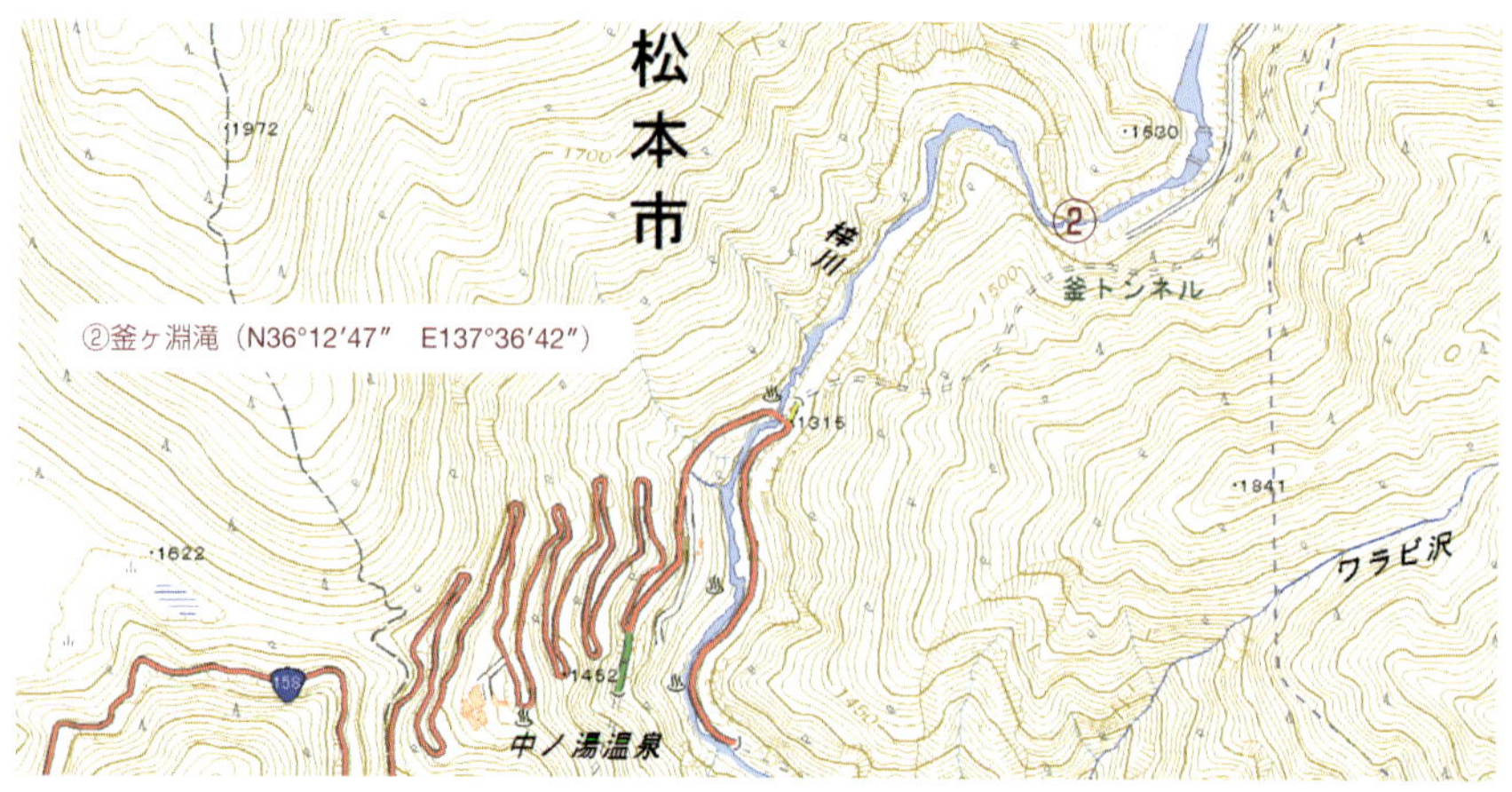

釜ヶ渕滝

鎖されていて残念ながら行くことはできない。釜ケ淵滝から中の湯までの間の梓川は、狭いゴルジュの岩を削り、渦を巻きながら急流を流れ下り、人を寄せ付けない深い険谷となっている。また、下流の国道橋からは、川の色が途中から湧出する温泉成分によって赤くなっている不思議な光景がみられる。

なお、釜トンネル出口の産屋沢上流にも落差30mで二段の「大滝」があるというが、近年、産屋沢では大規模な土砂崩落があって復旧工事中で、入渓は困難であった。

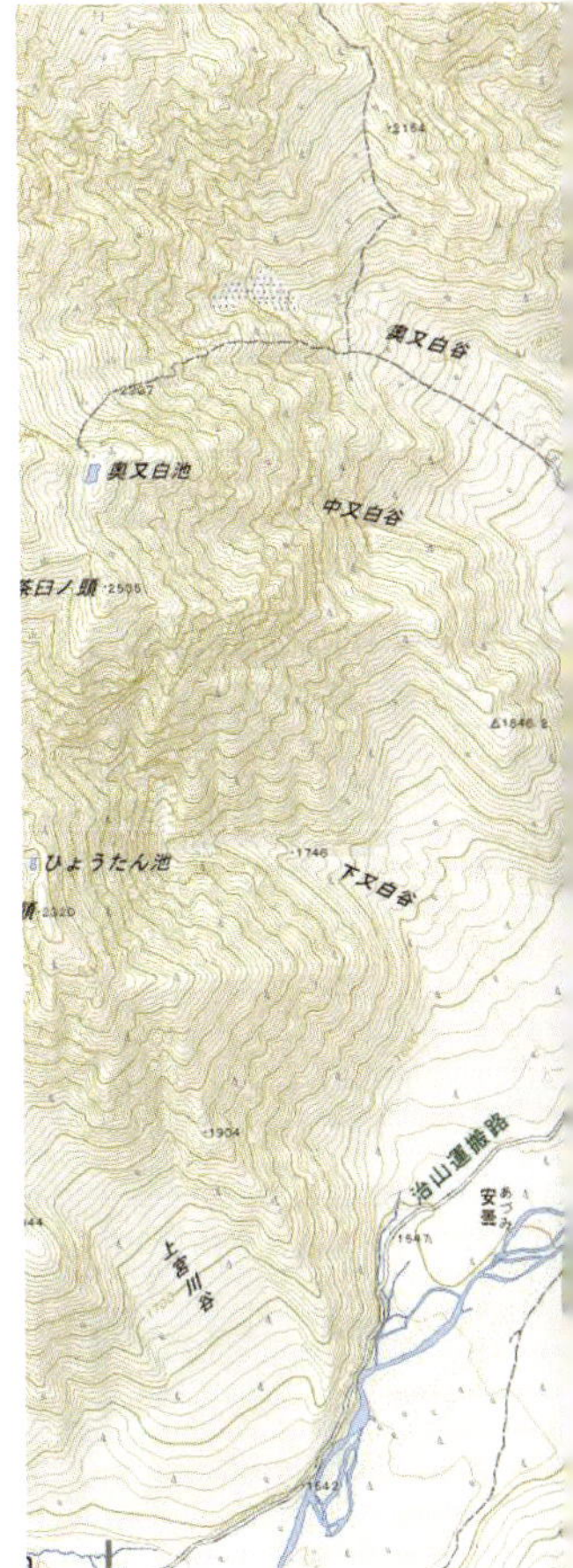

長野県における地域特有の滝名　1

【つたの滝】

南信地方の根羽村には、「つたの滝」と呼ばれる滝が4本あり、小川川に懸かる「つたの滝」は八重鶴姫伝説でもよく知られている。他には長野県内では「つたの滝」は見当たらず、なぜ根羽村に集中しているのか解明が待たれるところである。

【ぜん・ゼン・せん・膳】

下水内郡栄村を中心として、滝のことを「ぜん・ゼン・せん」と呼んでいるが、「湍（たん・はやせ）」という字を土地の人が「せん」と呼んだことによるものである。滝を急湍（早瀬）とみて、例えば大滝を「おおぜん」と呼ぶようになった。「膳」の字をあてる場合もまれにある。

45

白骨(しらほね)温泉湯川源流

松本市安曇白骨温泉

◆白骨温泉湯川源流【しらほねおんせんゆかわげんりゅう】

湯川は硫黄岳（2,554m）と十石山（2,525m）間の稜線に発し、ゴウト沢、池の沢（タルノ沢）、湯沢などの渓水を集めて梓川へ注ぐ。湯川源流温泉への滝めぐりは難ルートとなっている。

掲載滝：ゴウト沢の枯滝　池の谷の滝　大滝

写真：大滝と前衛滝

ゴウト沢枯滝

湯川源流遡行

湯川源流温泉まで、ルートがいろいろあるようだが、湯川林道から湯川支流のゴウド沢を遡行し、尾根越えで行ってみた。不明瞭なルートで大変だった。

まず湯川林道の終点から笹薮を通って湯川支流のゴウト沢に入渓。ゴウト沢は特別に見どころもない平凡なゴーロの渓流だった。遡行していくと、湯川源流温泉から乗鞍高原への引湯管が横断している場所があり、さらに行くと雪渓が現れた。谷は勾配を増していき、巨石が重なり合って水流は伏流して消えてしまった。突き当りでは岩壁が迫り、水跡が残るだけの枯滝となっていた。周辺に行者ニンニクの群生や白花のエンレイソウの仲間が多く見られた。

湯川源流温泉

湯川源流温泉をめざし、枯滝からルンゼを攀じ登って尾根を越えると石灰岩質の白い爆裂口の横に出たが、どうもルートを間違えたようだ。爆裂口は蟻地獄のようになっていて、先には進めない。仕方がないので、尾根筋を少し下り、その先の背の高いハイマツの樹林帯を降りて湯川源流温泉を目指すことにした。ハイマツの樹林は足元が見えない。何回も穴に足を取られて転倒しながら、やっと湯川源流温泉にたどり着いた。

温泉は河原のあちこちから湧出しているが、水温の高い温泉が乗鞍高原まで引湯されている。その他の温泉は硫黄臭の強い白色の冷泉で、そのまま入浴することはできなかった。河原には野天湯跡のビニールや木の湯桶の残骸が散乱していた。

池の谷の滝

湯川の呼称は、池の谷から湧出する温泉に由来するとも言われる。しかし、池の谷

池の谷の滝

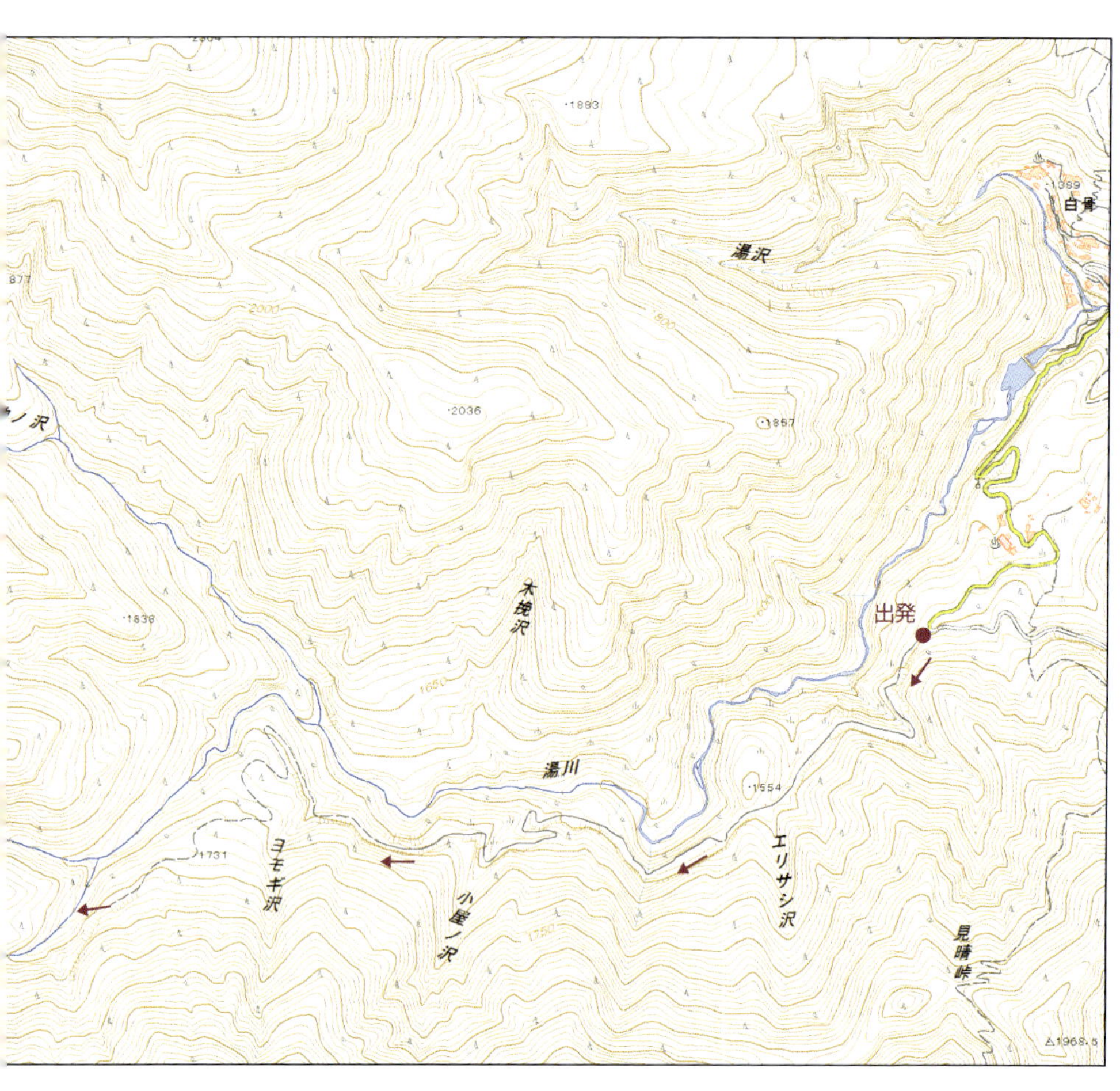

上流への遡行は容易ではない。ちなみに池の谷は湯川本流の源流にある沢であって、湯川支流の池の沢（タルノ沢）とは別の沢である。間違えやすいので注意が必要だ。

湯川源流温泉から湯川本流の「池の谷」の上流を見ると、両岸の一帯は火山性の軟弱なクサレの岩盤で崩れ易くガレていた。渓谷には温泉成分で変色した岩壁に落差10mの幅広い二段の滝が懸かっていた。無名滝のようなので、「池の谷の滝」（仮称）と呼ぶことにする。滝の中央付近からは温泉（冷泉）も湧き出していた。右岸に目を向けると、石灰岩質の白い爆裂口がある。この滝の右岸からの沢には白色の滝が注ぎ、その上流部にも無名の細滝が遠望できた。

大滝

湯川源流温泉から池の谷の上流には大滝や十石尾根が見える。大滝を目指し、池の谷の滝の崩れやすい左岸を慎重に登った。滝上に出て少し遡行すると雪渓が待っ

大滝

①ゴウド沢の枯滝（N36°08′03″　E137°34′31″）
②池の谷の滝（N36°08′27″　E137°34′21″）
③大滝（N36°08′30″　E137°34′06″）

ていた。7月下旬の雪渓はスノーブリッジとなっていて大変危険だったが、スノーブリッジは下を潜ることにした。大滝に近づいたが、手前に前衛滝が待ち構えている。前衛滝を全身に滝水のシャワーを浴びながら登り、三段目に出ると滝壺となっていた。最上段は雪解けで水量が多いのか豪快に流れ落ちている。大滝は前衛滝を含めて落差40mほどで、滝下からは直瀑に見えたが、遠方からだと斜瀑のようにも見えた。

46

前川上流域

松本市乗鞍高原

◆**前川上流域**【まえかわじょうりゅういき】

前川は長野・岐阜県境にそびえる乗鞍岳の朝日岳（2,975m）の稜線からの諸渓水を集めて梓川へと流れ下る。上流域は伊奈川、前川本谷、ミソ川、池ノ沢などに分岐していて、そこには数多くの滝を懸けている。

掲載滝：本谷の滝　魚止めの滝　ミソギ滝　伊奈川の滝　ゴサダロの滝

写真：ミソギ滝上段

前川

乗鞍高原の前川上流域は、伊奈川、前川本谷、ミソ川、池ノ沢などに分岐していて、そこには数多くの滝を懸けている。しかし、アプローチが難しいため、滝の情報は乏しい。一般には未知の領域となっている。秘境の滝を確かめに向かった。

本谷の滝

本谷の滝

県道乗鞍岳線にある前川林道のゲートから林道を歩く。その伊奈川ゲート先にある前川林道第二橋から前川に入渓した。左岸の踏み跡を頼りに遡行すると、左手にガンガラ沢が流れ込み、そこにも滝が懸かっているのが見えた。本谷を進むと、「本谷の滝」にたどり着いた。本谷の滝は落差60mの均整のとれた滝で、滝下にいると霧状の飛沫で濡れてしまうほどの水勢だ。なお、国土地理院の地形図には、この滝の上流にも2つの滝記号がある。しかし、本谷の滝両側は絶壁で、高巻きを試みたが滑落の危険があり、途中で断念して引き返した。二の滝、三の滝はエキスパートにのみ許される滝のようである。

魚止めの滝

本谷の滝よりも下流にある魚止めの滝は、水量も豊富で幅広く規模の大きな滝であるが、アプローチする前川林道には鍵が掛けられているためか、この滝もあまり訪れる人はいないようである。上流からの入渓は、沢歩きが難しい場所もある。前川第二橋手前のカーブ付近から急斜面を降りると滝下に行けた。ただし、クマザサの薮や斜面が険しいので十分な注意が必要である。魚止めの滝は落差30mほどで、三段となって流れ落ちるこれも豪快な滝である。前川には本流のほか枝沢にも無名滝や渓流瀑が数多くある。しかし、全容は踏査できずにいる。

魚止めの滝

ミソギ滝

前川上流で分岐するミソ川に懸かるミソギ滝へは、前川本流から入渓してミソ川へと入るアプローチが紹介され、下段の落差15mの部分が写真掲載されることがほとん

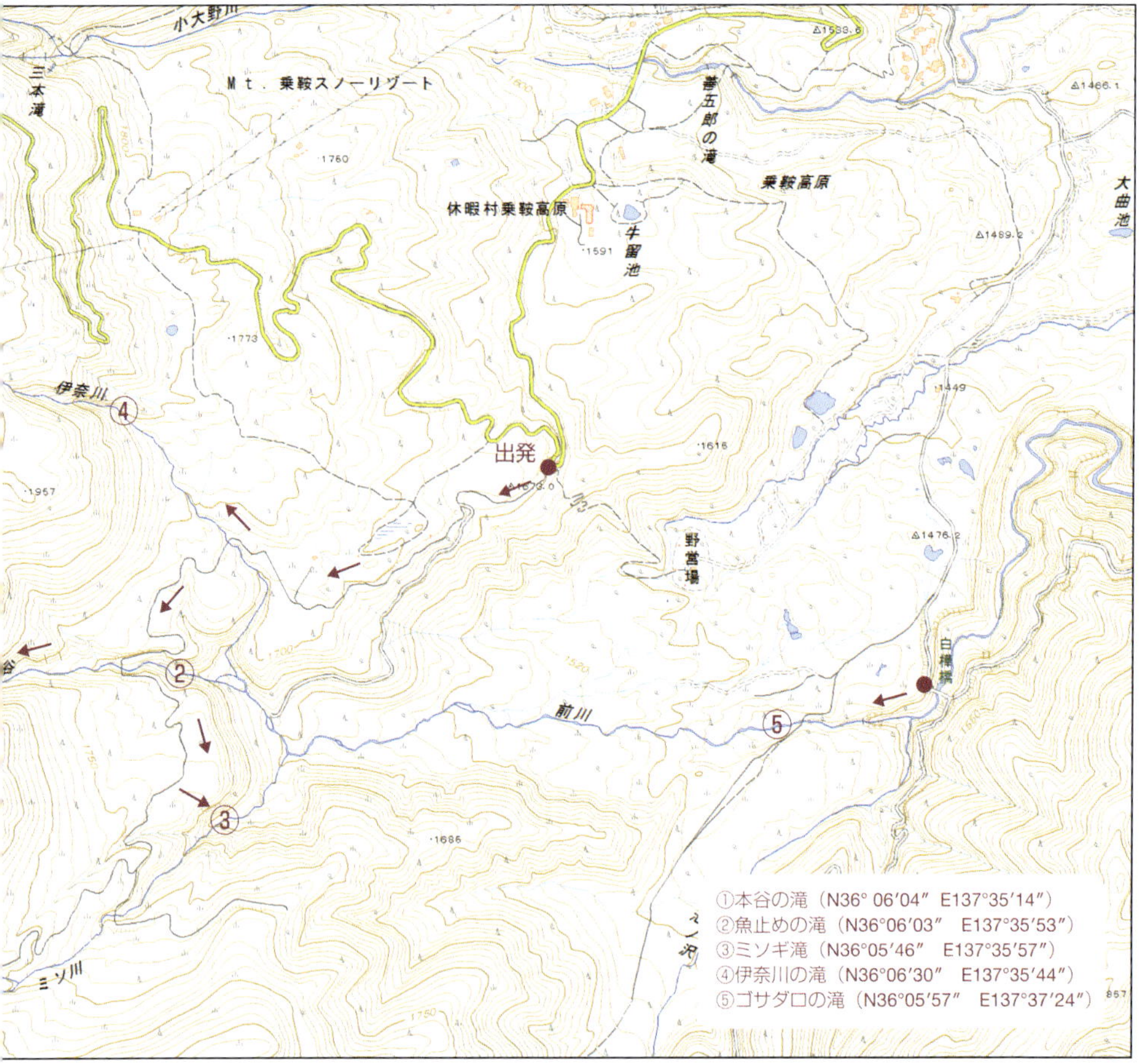

小大野川
三本滝
Mt.乗鞍スノーリゾート
善五郎の滝
乗鞍高原
休暇村乗鞍高原
牛留池
大曲池
伊奈川
出発
野営場
前川
ミソ川
①本谷の滝（N36° 06′04″ E137°35′14″）
②魚止めの滝（N36°06′03″ E137°35′53″）
③ミソギ滝（N36°05′46″ E137°35′57″）
④伊奈川の滝（N36°06′30″ E137°35′44″）
⑤ゴサダロの滝（N36°05′57″ E137°37′24″）

どだ。しかし、その上段には足場が悪くて近づくのは難しいが、落差60mの幅広くスケールの大きな斜瀑が続いている。今回は林道から見当を付けてアプローチし、クマザサの中を藪漕ぎしながら急斜面を下降し

ミソギ滝下段

ミソギ滝上段

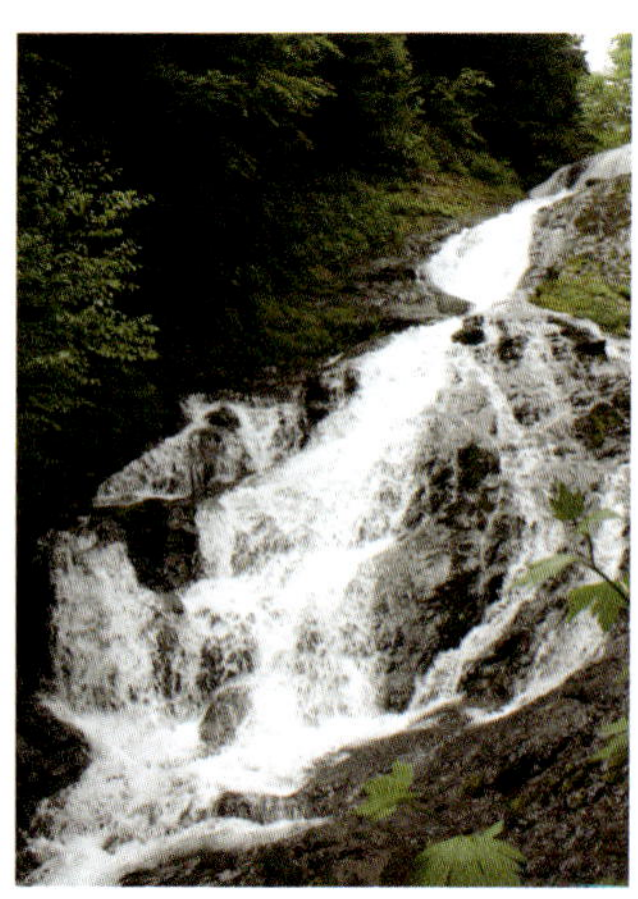

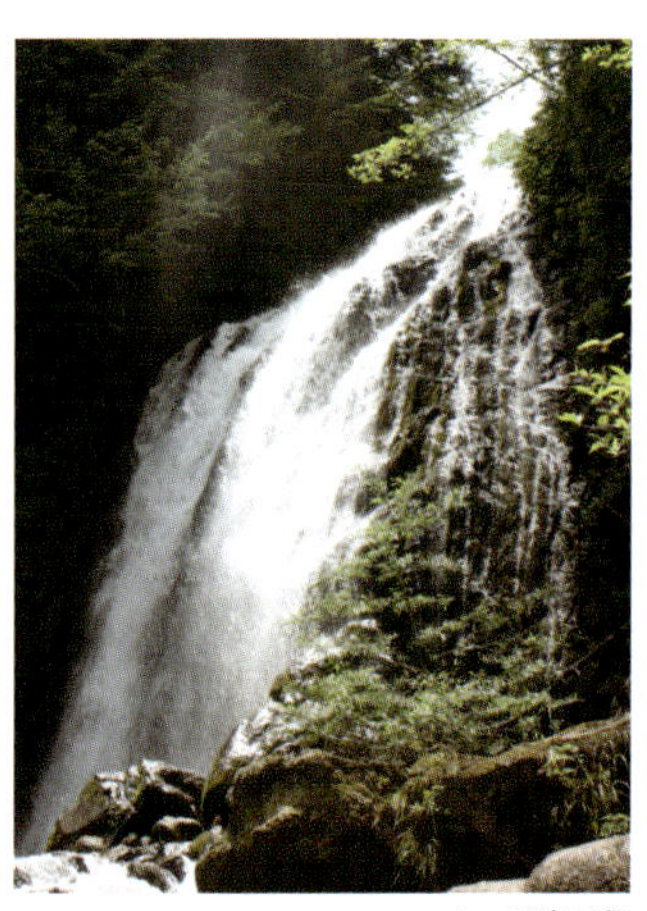

て上段部へ行ってみたが、その下降は予想通り容易ではなかった。やはり上流部は近寄らない方が無難かと思う。上段の滝から下段部の滝への下降も難易度が高く苦労した。

伊奈川の滝

伊奈川の滝

前川のまた別の上流支流である伊奈川は、両岸が丈の高いクマザサや雑木に覆われて滝まで行く道はない。前川林道の伊奈川に架かる林道橋から、川の中の巨石を乗り越えて遡行した。林道橋から７００ｍほど上ると、両岸が狭まってきて岩壁が現れた。その奥に下段が落差15mの直瀑となっている滝が懸かっていた。滝下流の左岸岩壁に目を向けると、赤褐色の乗鞍溶岩の岩の割れ目から、水が勢いよく湧出する不思議な光景を見ることができた。

ゴサダロの滝

ゴサダロの滝は前川本谷の白樺橋の上流３００m付近に懸かる落差25mの滝だが、下流からの遡行は難しい。一之瀬牧場内に入らせてもらい、川音を頼りに有刺鉄線沿いの道を歩くと滝の音で滝の位置が分かる。そこで有刺鉄線を潜って斜面を降り、滝下までいく方法が良いようだ。滝は中央に岩があり、二条になって勢いよく滝壺に流れ落ちていた。その飛沫は細かい霧となって滝を覆い、昼間でも幽玄な雰囲気を醸し出していた。

ゴサダロの滝

47

烏川 二の沢渓谷

安曇野市堀金前常念岳

◆**烏川 二の沢渓谷**【からすがわ にのさわけいこく】

前常念岳（2,661m）に発する渓谷で、本沢と合流してから一の沢を加え、烏川となって穂高川に注ぐ。登山道があるわけではなく、まれに釣り人が入渓するようだが、一般には滝があることは知られていない。

掲載滝：タル滝　二段の滝

写真：二段の滝

タル滝

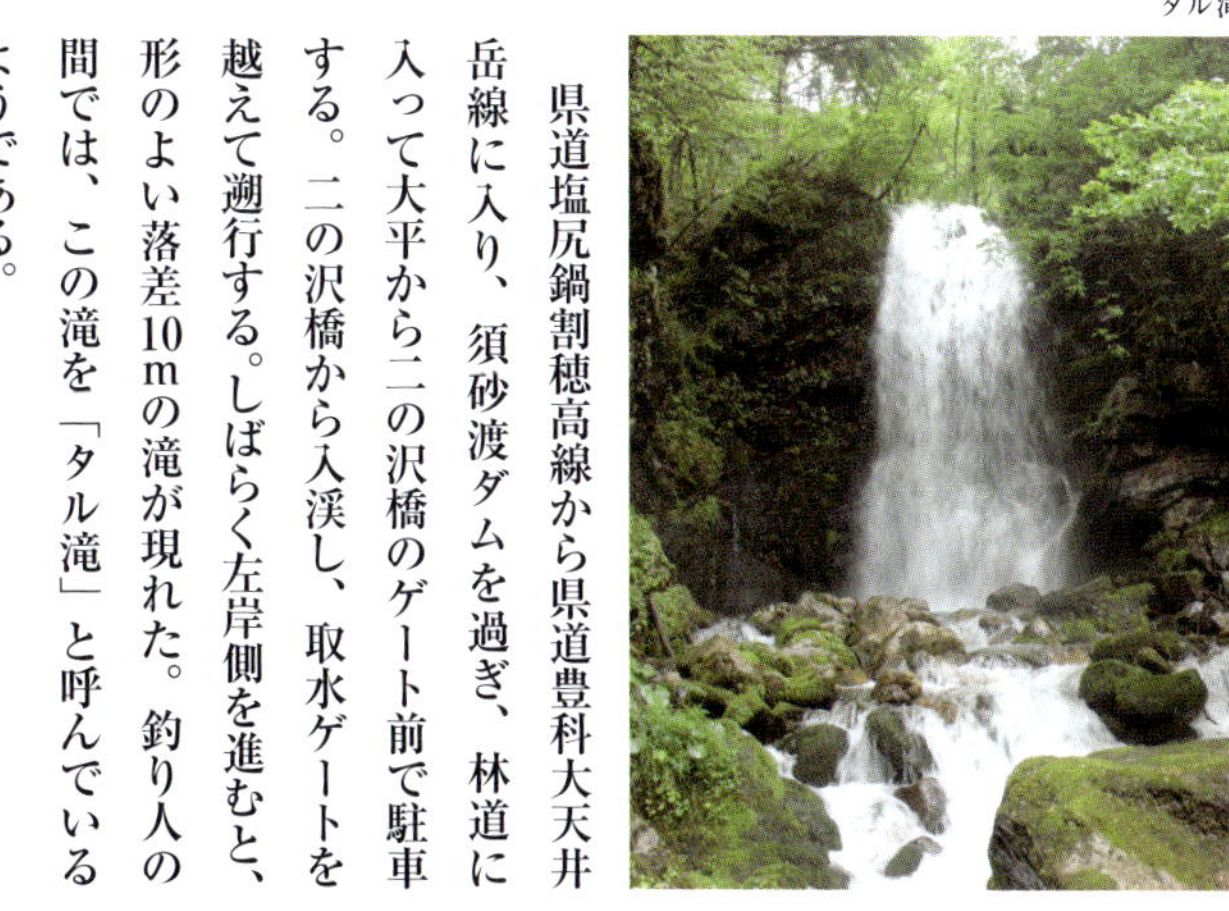

タル滝

県道塩尻鍋割穂高線から県道豊科大天井岳線に入り、須砂渡ダムを過ぎ、林道に入って大平から二の沢橋のゲート前で駐車する。二の沢橋から入渓し、取水ゲートを越えて遡行する。しばらく左岸側を進むと、形のよい落差10mの滝が現れた。釣り人の間では、この滝を「タル滝」と呼んでいるようである。

二段の滝

タル滝の左岸側の急斜面を巻いて二の沢

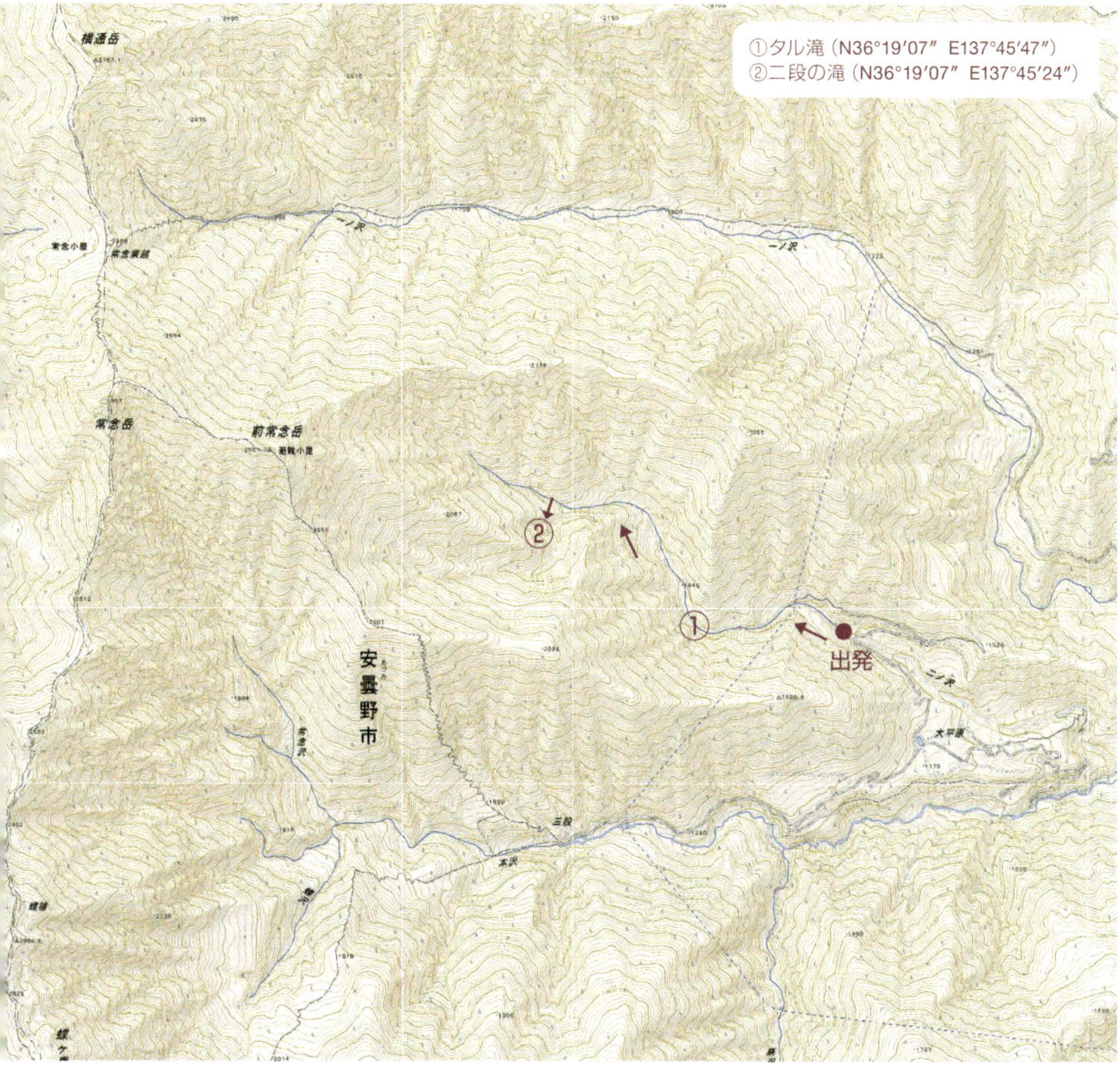
①タル滝（N36°19′07″ E137°45′47″）
②二段の滝（N36°19′07″ E137°45′24″）
①
②
出発
安曇野市
横通岳
常念岳
前常念岳
一ノ沢
二ノ沢
三股
本沢

を遡行すると、やがて二股に分かれる。右股が前常念岳から流れて来る本流で、左股は本流との尾根の稜線から流れくる支流である。『日本登山体系』（白水社）によると、左股の方に二段の滝があるというので、そちらを進むことにした。左股に入って少し登ると渓谷はＳ字となり、そこには確かに落差10ｍ、二段となって流れ落ちる滝が懸かっていた。訪瀑時には、まだ残雪があった。この二段の滝から上流にも落差５ｍほどの滝があるようだが、ここから上流は急峻でエキスパートの領域となる。

　ところで、常念岳登山道の一の沢ルートには登山相談所から約１時間登った標高１６１０ｍの場所に「大滝」の標柱が立っていて丸太で作られたベンチがある。一般に「王滝ベンチ」とも言われていて水場もあり、登山者が休憩できる場所である。しかし、この一の沢周辺は緩やかな渓流で滝らしきものは見当たらないのである。気になるので近くの左岸支流を遡行してみたが、約４００ｍ登った付近で大崩落があり、倒れた巨木が重なり合っていて遡行できず、途中で引き返した。「大滝」の所在は確認できず、名前の由来も不明である。

滝と民話 1

滝や淵に関係する民話（伝説・説話・昔話・民譚など）から推察すると、古代から日本民族と滝や淵は密接な関係にあった。滝は竜神（水神）の化身であり、神聖な場所として崇め畏れられていたことがうかがえる。
椀貸し伝説は、淵・釜・池・洞窟などで膳椀を頼めばそこの主が貸してくれるという伝説で、全国に広く分布している。椀を貸してくれるのは河童・山姥・大蛇などで、また、不心得者がいて、借りた椀を返さなかったために以後は貸してもらえなくなった—という話で終わるのが一般的である。長野県ではまれに滝の椀貸し伝説がある。

48

中房(なかぶさ)川上流域

安曇野市穂高

◆**中房川上流域**【なかぶさがわじょうりゅういき】

南中川谷は燕岳（2,762m）、大天井岳（2,921m）、東天井岳（2,814m）に発し北中川谷を合わせて流下、北燕沢は燕岳やその稜線からの渓水を集めて中房川に注ぐ。険しい渓谷には人を寄せ付けない多くの滝がある。

掲載滝：五龍滝　二瓶造滝　箭助滝　布滝　北燕沢三段の滝　北燕沢の大滝　魚止めの滝

写真：箭助滝

南中谷川の滝群

五龍滝

この渓谷は険しいV字谷で、滑りやすい花崗岩の河床となっている。この川筋の滝群を訪ねるならば、膝上までの渡渉や、身丈以上の笹を藪漕ぎしながらの高巻きを繰り返すことになる。遡行には大変な体力と気力が要求される渓谷である。この深い谷の日帰り遡行は、精一杯頑張っても布滝までが限界である。つまり人がほとんど踏み入ることのない秘境なのである。

県道槍ヶ岳矢村線から中房渓谷に入り、中房温泉の有明駐車場に車を止めた。電力会社巡視路を歩いて取水堰堤の橋を渡り、右岸側から中谷川に入渓して遡行を開始した。

中房川本沢との合流点から数百m上ったところに、落差5mの通称、魚止滝がある。滝の上には取水堤があり、巡視用の鉄の橋が架かっていた。滝には倒木が引っかかっていた。取水堰堤の上から再び入渓して、滑りやすい花崗岩の河床を遡行して行くと、やがて中谷川は二股に分かれる。右股が北中谷川で、川の出合付近に小滝が懸かっていた。左股は南中谷川である。

左股の南中谷川の渓流瀑を、渡渉や高巻きを繰り返して遡行すると、『長野県町村誌』に載っている落差12mの五龍滝と、捻じれて二段となって流れ落ちる落差15mの二瓶造滝が懸かっていた。さらに小さな渓流瀑を越えて高度を上げていくと、周囲は紅葉の景色となってきたが、眺めている余裕などなかった。

しばらくすると、落差12mの箭助滝が懸かっていた。滝は褐色の花崗岩を幅広く流れ落ちている。上流への登攀は右岸を高巻くことにしたが容易ではなかった。

やがて南中川谷は二股に分岐した。右股は大天井岳（２９２１ｍ）に、左股は東天井岳（２８１４ｍ）の尾根にそれぞれ突き上げている渓谷である。左股に入り、渡渉と高巻きを繰り返して遡行すると、高い絶壁の上から三段となって流れ落ちる落差36mの大きな布滝が見えた。滝口は曲がったところにあり、よく見えない。下段は節理の入った花崗岩を斜めに滑り落ちている。

布滝

ここまで来てやっと周辺を見渡し、紅葉を目に入れる余裕ができた。だが、帰りのことを考えると、ゆっくりもしていられない。中房温泉で湯につかりたいといった願望も頭に浮かび早々に腰を上げた。なお、この滝の上流にも国土地理院の地形図に2つの滝記号があるが、遡行は困難を極める。沢登りのエキスパートの領域である。

北燕沢の大滝

中房温泉から燕岳への東沢登山道を登って行くと、標高1740m地点に「東沢乗越まで2・1km」の標柱がある。そこが北燕沢との出合で入渓地点となる。中房川を渡渉し、北燕沢を遡行してしばらくすると三段の滝が懸かっていた。目測では下段5m、中段3m、上段8mの滝で、その上流にも滝が続いているのが見える。

三段の滝下から上流に見える滝は、本流に懸かる大滝ではなくて、右岸枝沢に懸かる滝である。本流は右折しているのでここ

北燕沢三段の滝

からは見えなかった。三段の滝を直攀するのは困難だった。傾斜が険しい左岸の滑りやすいガレの草付を高巻いて滝口へと降りるしかなかった。滝口の河床へと降下する地点も垂直に落ちているので注意が必要だった。

本流はそこから右に屈曲して、その奥に落差40ｍ、滝口が狭く末広がりとなって流れ落ちる大きな滝が懸かっていた。右岸枝沢側からの滝と合わさって滝壺に落ちる様相は実に雄大かつ爽快であった。写真のビューポイントとしては、右岸の高い場所まで登る必要があるが、ここも危険で注意を要した。

北燕沢の大滝

この北燕沢の大滝の上流にも滝が連続し、燕岳の稜線へと突き上げているようであるが、そこは沢登りのエキスパートの領域である。

魚止滝

中房川の本流にも落差5ｍほどの滝がある。北燕沢の出合から中房川を下降して行くと、石積の堰堤があり、その下に落差1・5ｍほどの渓流瀑があった。さらに下には落差5ｍの本流瀑が懸かっていた。この滝が一般にいわれている魚止滝ではないかと思われる。滝下に降りるには、右岸を巻かなければならない。この滝から下流の中房川は、広いゴーロの河原が続いていた。

北燕沢左股の滝

中房川魚止滝

第七章

大北地方

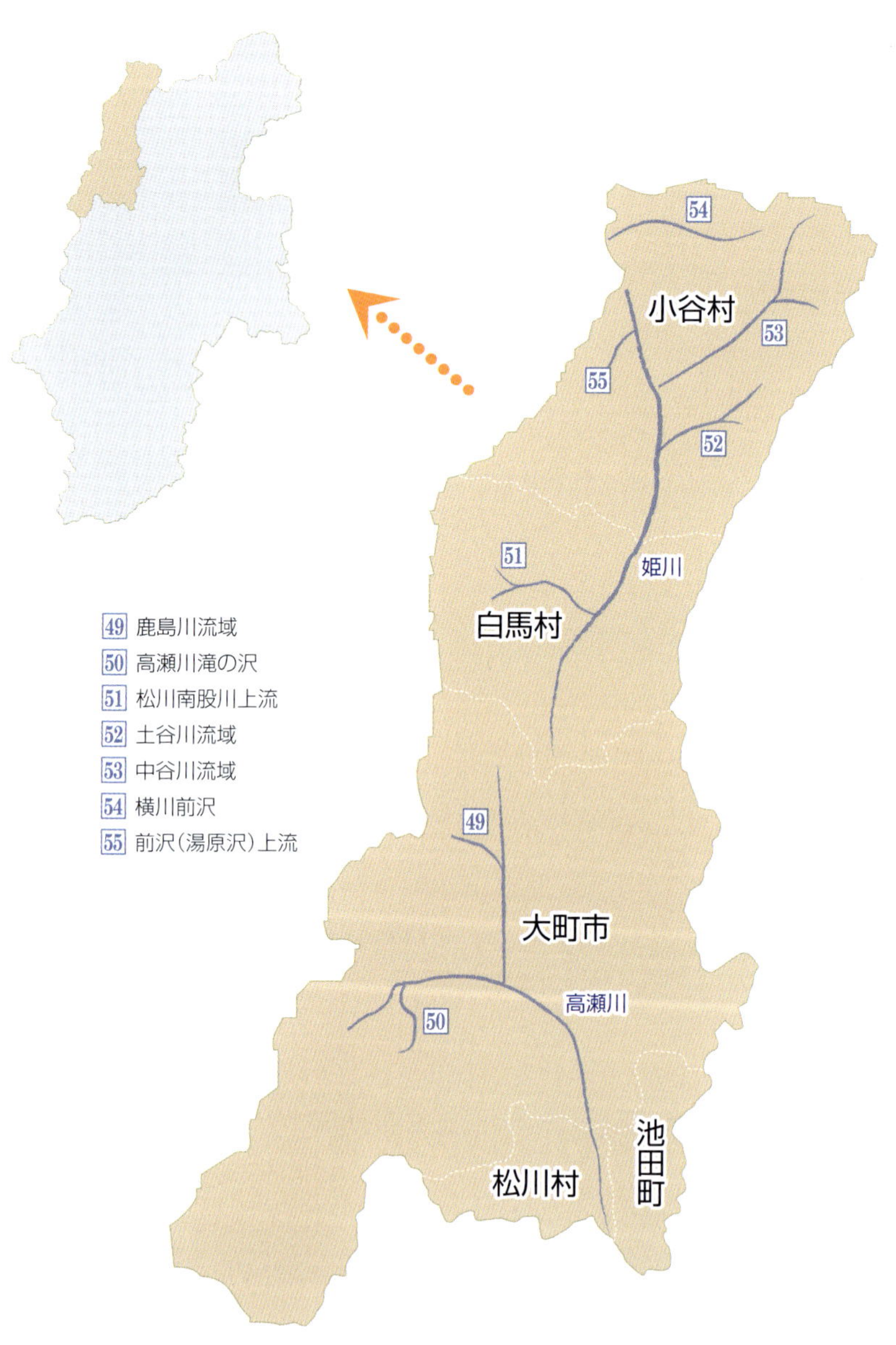
54
小谷村
53
55
52
51
姫川
白馬村
49
大町市
高瀬川
50
池田町
松川村
49 鹿島川流域
50 高瀬川滝の沢
51 松川南股川上流
52 土谷川流域
53 中谷川流域
54 横川前沢
55 前沢(湯原沢)上流

49

鹿島（かしま）川流域

大町市平

◆**鹿島川流域**【かしまがわりゅういき】

鹿島川は五龍岳（2,814 m）、鹿島槍ケ岳（2,889 m）、爺ケ岳（2,670 m）間の稜線に発し、大川沢、アラ沢、大ゴ沢、大冷沢など諸渓水を集めて高瀬川と合流、犀川に注ぐ。奥が深い山域で日帰りでの探訪は難しい。

掲載滝：布引の滝

写真：布引の滝

布引の滝

この川筋の滝というと、北アルプス連峰の爺ケ岳（２６６９ｍ）や布引山（２６８３ｍ）の支峰にあたる白沢天狗山（２０３６ｍ）の麓に位置する爺ガ岳スキー場奥の「布引の滝」がある。その滝をめざした。爺ガ岳スキー場に駐車してゲレンデを歩いて登り、途中から右側を流れる矢沢川の左隣にある無名の支流へ下降、沢沿いに上っていく。ただし道は無く、ブッシュ状態の荒れた河原をひたすら歩き、茨に刺されながらの遡行となった。高度を上げていくと、やがて土石が押し出されたガレ場となり、水は伏流して流れの無いゴーロの河原となった。河原を1時間30分ほど登って行くと、正面の絶壁に布引の滝が見えてきた。近くで見ると、渓間の岩に白い布を垂らしたように水飛沫を上げて滝水が流れ落ちている。渇水期で水量は少なかったようだが、水量が多い時には迫力ある滝に変身するで

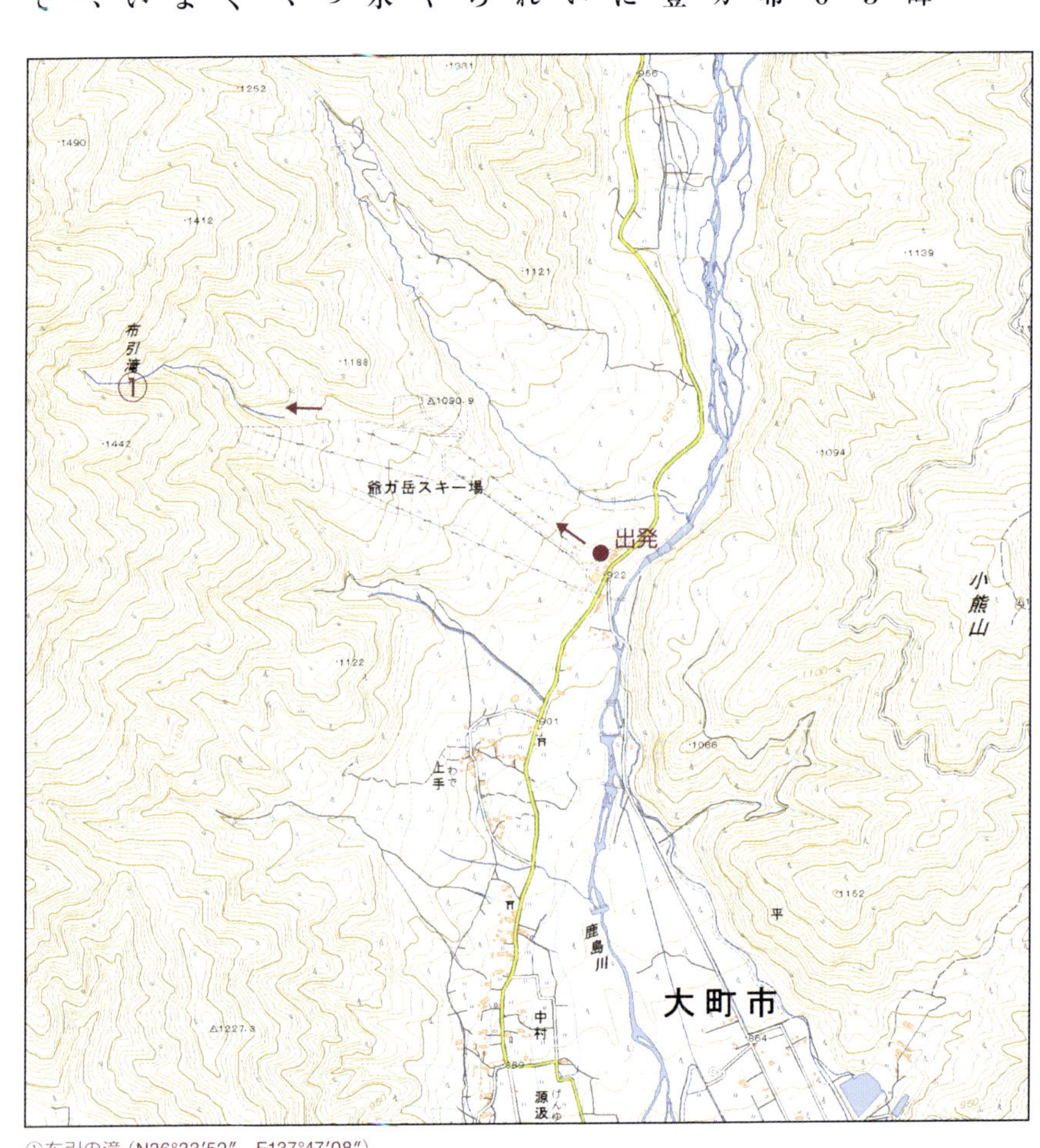

①布引の滝（N36°33′52″　E137°47′08″）

あろうと容易に想像ができた。

夢のカクネ大滝

鹿島川支流の大川沢の上流に「カクネ里」がある。平家の落人が隠れ住んだといわれる伝説の谷である。『安曇郡誌』によると、「カクネ里は、鹿島川の上流にあり、鹿島鑓ケ岳の天狗尾根北山陵に位置した広いU字谷である。白岳沢とカクネ里との出合では、白岳沢に二段の滝があり、カクネ里側にはカクネ大滝があって、ともに落差15メートルに達している」と記載されている。

カクネ里

カクネ大滝へ向かうには、大谷原から林道を歩き、大川沢に入渓して遡行するのが一般的のようであるが、渡渉、高巻きの連続するハードなルートで、日帰りではとても無理である。ましてや70才に手が届きそうな年齢の私では遭難の危険が大きい。そこで、遠見尾根からわずかでもその雄姿を見ることができないかとテレキャビンに乗って西遠見まで登山道を歩いてみた。しかし、登山道からは滝の見える場所はなかった。カクネ大滝は、私には夢の滝となってしまったようである。

『日本登山体系』を見ると、アラ沢上流や大冷沢上流の北股本谷などにも多くの滝を懸けているようである。あと10年、年齢が逆戻りできないものか……残念である。

滝と民話 ②

大蜘蛛などの妖怪に滝壺や淵に引きずり込まれる—という伝説は、浄蓮の滝（静岡県）の「女郎蜘蛛伝説」が有名。長野県でも河童・大蜘蛛・大蛇・大貝などの妖怪が滝壺や淵に棲み、釣り人や村人を引きずり込んで悪さをするという伝説が広く分布している。滝や滝壺は神聖な場所であり、そこで水難事故があった時には、これらの妖怪の仕業だとして立ち入りを戒めたものとも思われる。

また長野県には、滝に身を投げて入水するという内容の民話や伝説も数多い。悲恋の末の入水、嫁姑の軋轢や不幸な身上を悲観しての入水が圧倒的に多い。若い男女が滝によって結ばれるというようなロマンスの滝もある。

50

高瀬川 滝の沢

大町市平

◆**高瀬川 滝の沢**【たかせがわ たきのさわ】

滝の沢は唐沢岳（2,632m）と餓鬼岳（2,647m）間に発し高瀬川に注ぐ。その名のとおりに滝の多い渓谷である。支流の野口沢やツバメ沢にも多くの滝を懸けている。

掲載滝：不動滝　F1～F4滝

写真：不動滝

不動滝

不動滝は、高瀬川支流の滝の沢七倉ダム下付近に懸かる滝である。『長野縣町村誌』の平村の項に「【不動瀧】　野口官山の内、本村より六里坤の方にあり。高瀬川より二町程西に當り、嶮巌の嶺上より下る。十丈にして澤となる。水盛の太み三尺四方に満つ、清水なり。下流高瀬川に入る」とある。

10月下旬に訪瀑を試みた。七倉ダム下の駐車場から鎖の架かった鉄製の階段を上り、滝の沢へ降りると大きな滝壺に落ちる不動滝が懸かっていた。ここまでは容易に行けたが、周辺は粗粒花崗岩で滑りやすいため、滝下に降りるには注意が必要である。ちなみに七倉ダムは1979年に竣工した発電専用のダムで、上部の高瀬ダムとの間で揚水発電している。自然石を積み上げた高さ125m、体積738万㎥のロックフィルダムである。

滝の沢遡行途中で敗退

高瀬川支流の滝の沢は唐沢岳（2632m）と餓鬼岳（2647m）が水源で、名の通りに滝の多い渓谷である。その支流の野口沢やツバメ沢にも多くの滝を懸けている。古くは滝の沢を遡っていく餓鬼岳への登攀路があったというが、今は荒廃して道跡などはない。

不動滝から上流はあまり人の入った形跡がなく、エキスパートの領域といってよい。多少の不安はあったが、滑りやすい花崗岩の河床を行けるところまで遡行してみることにした。不動滝の滝の上は樋状のナメが続いていた。少し行くと崩壊した古い石積の堰堤があった。自然の破壊力のすごさを思いながら、これを越えていく。大小の渓流瀑や小滝を乗り越えると落差8mのF2滝が現れた。この滝は左岸の急斜面を巻いて越えたが、容易ではなかった。そして、右岸側の支流にも滝が懸っているのが見えた。やがて二段に曲がりくねった三段のF3滝があり、この滝は左岸の平坦な場所まで登って越えた。

滝の沢F4滝

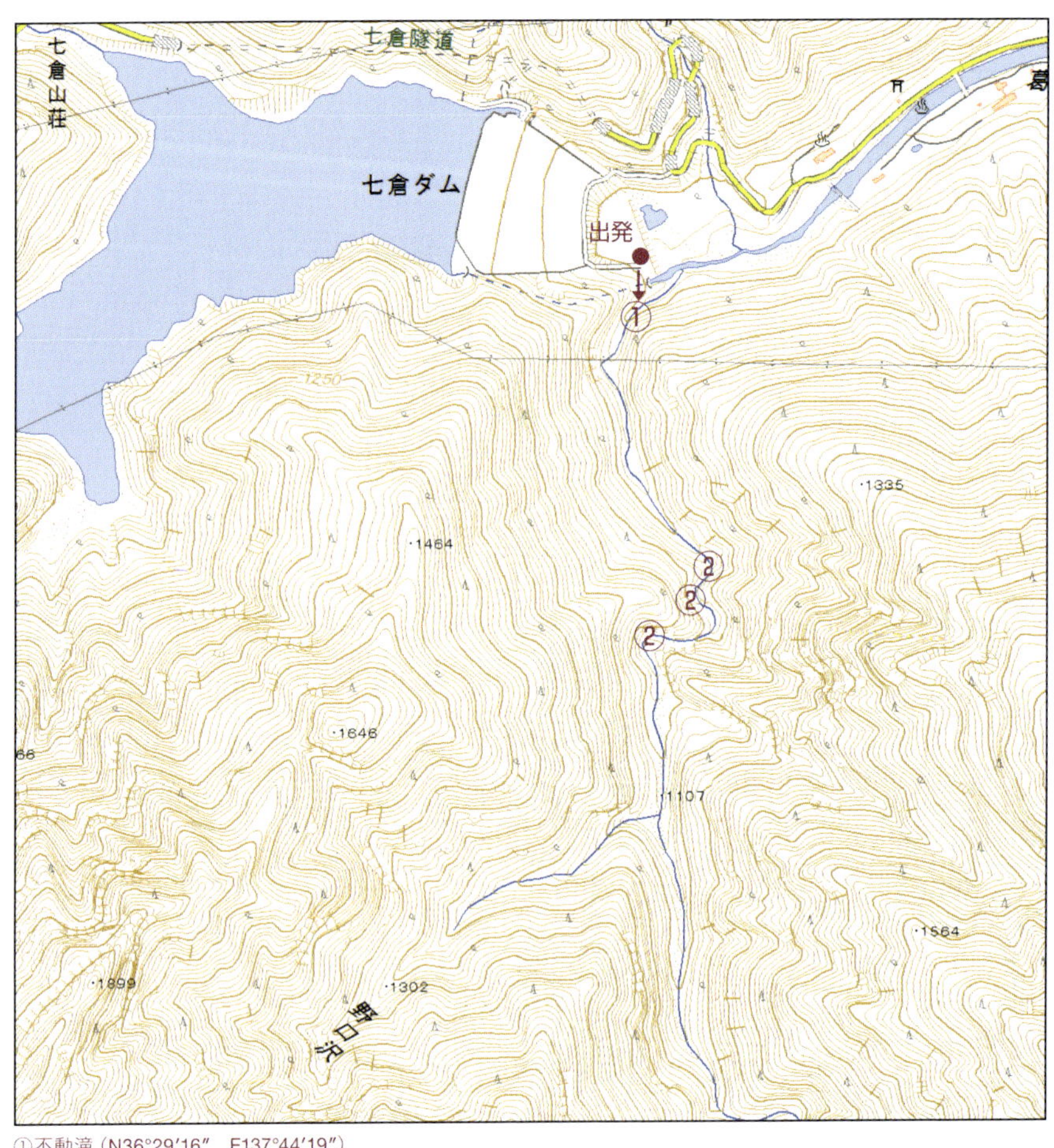

①不動滝（N36°29′16″　E137°44′19″）
② F2（N36°28′59″　E137°44′27″）
F3（N36°28′56″　E137°44′26″）
F4（N36°28′54″　E137°44′22″）

Ｆ3滝の上流には、滑りやすい花崗岩の大きな淵が連続していた。気を付けながら越えていくと、沢は湾曲し、その奥に落差10ｍのＦ４滝が懸かっていた。高巻きを試みたが、滝の上流部は絶壁となっている。降りる場所も見つからなかった。どうもＦ3滝の下流まで戻って尾根伝いに大きく高巻くしか方法はないようだ。体力の限界であきらめて引き返すことにした。滝の沢のさらに上流の渓谷は、野口沢などの分岐が続き、まだたくさんの滝があるようだ。しかし、ガイドでも付かなければ、私の技量ではとても無理な場所であった。

51

松川 南股川上流

白馬村松川

◆**松川 南股川上流**【まつかわ みなみまたがわじょうりゅう】

姫川に注ぐ松川は、上流で白馬岳（2,932m）と白馬鑓ヶ岳（2,903m）に発する北股沢、白馬鑓ヶ岳と唐松岳（2,696m）に発する南股川に分かれる。南股川の上流の沢には大きな滝があるが、遡行は極めて困難である。

掲載滝：六左エ衛門滝　烏帽子滝　南沢の滝

写真：南沢左岸の滝

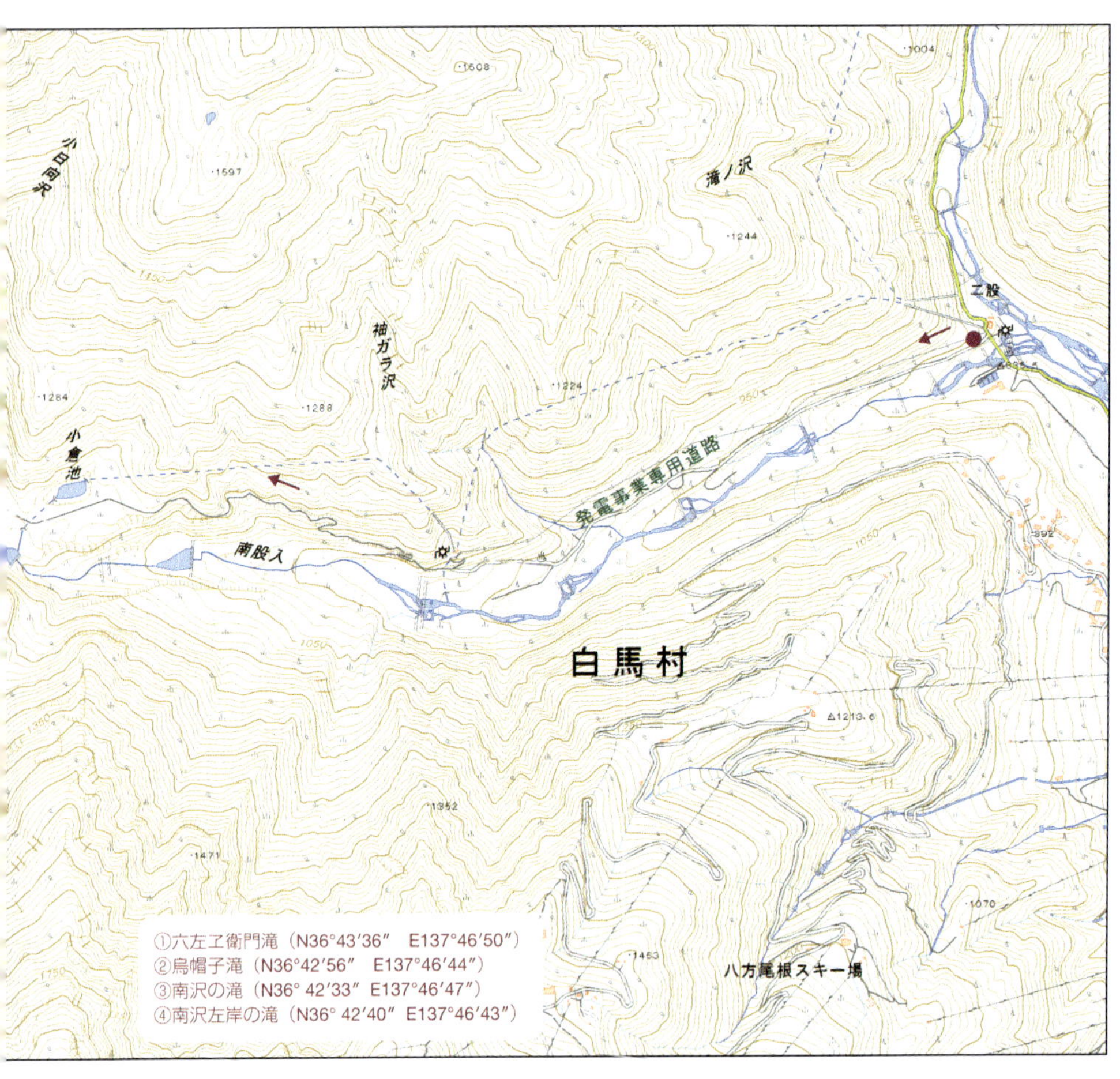

南股川

松川支流の南股川は南股入（奥の二股）で、湯ノ入沢と烏帽子沢、南沢（唐松沢）に分岐している。それぞれの沢に大きな滝を懸けているが、いずれもグレードが高く安易に行ける場所ではない。今回はそれを思い知らされた訪瀑となった。

六左ヱ衛門滝

湯ノ入沢を目指して県道白馬岳線を進み、二股の右岸側の駐車場に車を止めた。中部電力発電事業専用道路のゲートから歩くと、徒歩約1時間20分で南股入に着いた。右股の湯ノ入沢の右岸にある砂防ダム建設用の作業道路を歩き、砂防堰堤を横に見て上っていくと二つ目の砂防堰堤があるので、そこから湯ノ入沢に入渓する。遡行すると、いくつもの渓流瀑が行く手を阻んでいた。この沢には最近人が入った形跡は無い。したがってルートもないので、自分

六左ヱ間滝下段

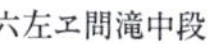

六左ヱ間滝中段

で判断しながら遡行するしかない。両岸は絶壁となっていて、取り着く場所が無い難関が数多くあった。身丈以上の草藪を漕ぎながら高巻いたり、岩も滑りやすく、はたまた滝壷は水深があって厳しい渡渉を強いられるなど困難を極めた。それでも食らいついて遡行していくと、左岸の支流に細滝が見えてきた。目指す六左ヱ衛門滝はまだ先にある。距離はそれほど無いが、とにかくタフな渓谷なのだ。

『北安曇郡誌』に「瀑布名【六左衛門瀧】所在地　北城村鎗ケ岳山麓　高六十餘丈、幅三丈餘　備考　六左衛門なる者の發見とも叉六左衛門の死所とも傳ふ。二股より北股に入る里餘の所にあり」とある。

白馬岳を富山県側に下ったところに「朱殿坊」と呼ばれる硫黄の産地があった。昔は火種として硫黄が必需品だった。この湯ノ入沢を登路に多くの人が硫黄の採取に入ったという。しかし、今ではその登山道も分かっていない。

国土地理院の地形図に載っているが、困難の末にたどりついた滝は「六左衛門の死に場所」とも伝えられるにふさわしいほど険悪な秘境の滝であった。白馬連峰を水源とする湯ノ入沢が岩を削った大きな滝は、下段から三段目辺りまでは右岸の痩せ尾根を登ると見えたが、その上流は曲がりくねっていて、見えなかった。「高六十餘丈」ということは、２００ｍ近くあるということになり、とにかくスケールの大きな滝だ。「六左衛門なる者の死所」といわれるのも納得がいくような気がした。

滝壺に落ちる

帰りには、気を許したわけではないが、花崗岩の上に藻が生えて滑り易くなっている場所があった。そこに足を乗せた瞬間、滝壺に一気に滑り落ちてしまった。滝壺は渦を巻いていた。周囲の岩もツルツルで手掛かりになる場所も無い。蟻地獄のように一度落ちると脱出が難しく、ただぐるぐる回っているのみであった。滝壺は水深があって足が立たない。幸いにもリュックが浮き輪の役目をしてくれて体だけは浮いていた。途方に暮れて、しばらく放心状態のまま回っていたが、岩の割れ目を見つけた。爪を必死に立てて登り、やっと脱出に成功した。全身濡れ鼠なのはいいが、恐怖と湯ノ入沢の冷水で体の震えが止まらなかった。次に予定していた烏帽子沢と南沢の訪瀑はあきらめて撤収した。下り坂なのに、中部電力発電事業専用道路が長く感じた。帰宅後もしばらくの間はショックのため、どこにも出かける気になれなかった。

烏帽子滝

『北安曇郡誌』に「瀑布名【烏帽子瀧】所在地　北城村鑓ケ岳山麓　高三十丈　幅二丈　備考　奥の二股より南股西方の谷二十町餘の所にあり」とある。

日を改めて烏帽子滝の攻略を決意した。烏帽子沢は、天狗の頭（2672m）から伸びる稜線の烏帽子岩から名付けられた沢で、南股本流と湯ノ入沢を合わせて松川へと流れ下る渓谷である。渓谷の勾配は急峻で、そこにいくつもの滝をつくり、一気に山稜へと突き上げている。烏帽子沢の遡行も容易ではない。最初の滝は左岸を登った。次の滝は腐ったロープがあったが、危険だったので素手で登った。すると獣が威嚇のために吠えるような低い唸り声が数回響いた。草の中で周囲の視界が効かず薄気味が悪かったが、鈴を鳴らしてそのまま登って行った。どうも熊が生息しているようだ。あちらこちらに糞などの形跡もある。

落差10mの滝となり、左岸の林の中を高巻くが、河床への下降は身の丈以上の藪漕ぎを強いられて苦戦した。沢に降りると勾配は緩やかになり、ゴーロの河床となった。

烏帽子滝中段

烏帽子滝下段

やがて左側に曲がった奥に目指す烏帽子滝が見えてきた。滝に向かって沢を遡行すると谷は右側に湾曲し、その奥に烏帽子滝は懸かっていた。滝は岩盤を細く削り、溝を作って大きく蛇行して流れ下っている。右岸の岩壁を攀じ登って上流を見ると、辛うじて幅広い上段の一部が見えるのみで、下段も二段部分しか見ることができなかった。捻じれているため、落差１００ｍほどもある滝の全景を見るのは不可能であった。

南沢の滝

南股入（奥の二股）から、三つの沢のうち残る南沢へと向かった。烏帽子沢の出合を横に見て、荒廃した工事用道路を歩いて行くと、やがて巨石群に行く手を阻まれた。何とかそこを乗り越えると、雪渓が待ち構えていた。この雪渓は越せないので、左岸の高巻きを考えたが、岩壁がオーバーハングしていて、私の技量では登るのは無理だった。仕方がないので岩壁を降りて、雪渓の雪洞の中を潜ることにした。水滴が滴り落ち、体が濡れて気持ちが悪い。雪洞を進むと左岸支流が合流し、そこだけ雪が溶けていた。その支流を見上げると、中段に落差５ｍほどの小滝が見えた。支流のガレた右岸側を登って行くと、雪渓と緑の背景のコントラストが鮮やかで、滑らかに白く流れ落ちる落差30ｍほどの美しい滝が懸かっていた。滝の名前は不明だが、この滝が北安曇郡誌でいう五郎兵衛滝であろうか。

南沢の滝

左岸支流の上流から雪渓を避けて斜面をトラバースしながら南沢に下降した。そして南沢が大きく右に湾曲している場所に落差40ｍ、二段となって幅広く流れ落ちている南沢の滝が懸かっていた。滝の上段はチョックストーンとなっていて、下段は幅広い岩壁から突き出した半球状の岩面を多条となって流れ落ちていた。向かって右側の二条は水量が多く、滝壺も作っていた。とにかくスケールの大きな滝である。背面の絶壁が迫っていて標準レンズでは入りきれないほどの幅であった。この場所は、無雪期でも訪れる人がほとんどいないようである。

52

土谷川流域

小谷村奉納

◆**土谷川流域**【つちやがわりゅういき】

土谷川は柳原岳（1,788m）、堂津岳（1,926m）、奥西山（1,616m）、中西山（1,740m）などからの諸渓水を集めて姫川へと流れる暴れ川。大型砂防施設が数多く築造された上流は、滝の情報も少ない領域である。

掲載滝：杉山ノ滝　米倉の大滝

写真：米倉の大滝

杉山ノ滝

『長野縣町村誌』の中土村の項に「【杉山ノ滝】　高十二丈、幅一丈　村の東大倉山より出で、山の中央に至り山麓に落つ。其下流土谷川に注ぐ」とある。なお、『北安曇郡誌』では「松山滝」されている滝が、この滝の別名と思われる。大倉山は、地元の人が「でえくら」と呼んでいる山で、地形図では中西山のことである。中西山に源を発し、下流の土谷川に注ぐ河川といえば熊沢である。しかし、「杉山」とか「松山」の地名については、地元の人も知らないという。

杉山の滝の場所を特定できないまま、滝を探しに熊沢を目指すことにした。国道148号（千国街道）から奉納(ぶのう)集落に入って林道を下り、橋を渡って土谷川の熊沢出合に着いた。

熊沢右岸から入渓し、砂防堰堤を乗り越えて遡行すると、陰鬱とした景色で薄気味

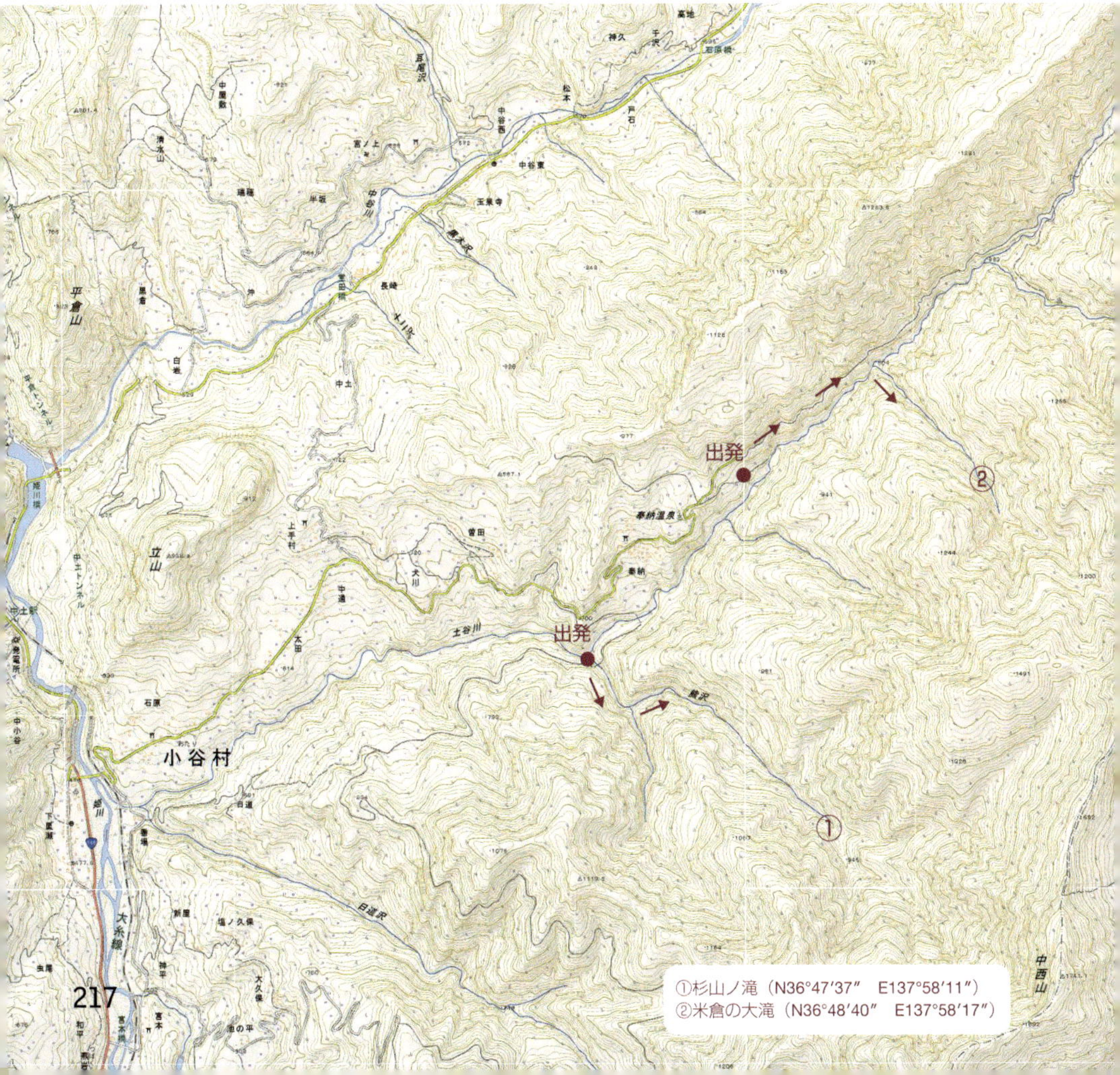

出発
出発
①
②
土谷川
熊沢
奉納温泉
奉納
小谷村
平倉山
立山
日滝沢
中西山
大糸線
①杉山ノ滝（N36°47′37″　E137°58′11″）
②米倉の大滝（N36°48′40″　E137°58′17″）

杉山の滝

の悪い場所であった。熊沢はその名の通り、熊や鹿などの野生動物が棲息している領域のようだ。遡行を続けると、いくつもの小滝や渓流瀑が行く手を阻んでいた。落差6mの滝があって直攀が困難なので、右岸を巻いた。右岸の枝沢には落差10mの滝も見えた。滑りやすいナメもあった。さらに行くと渓谷は大きく左側に向きを変えた。この辺に来ると渓流瀑はなく、ゴーロの河床の様相となった。

やがて中西山の絶壁が現れ、その山腹には多段となって細長く流れ落ちる落差36mほどの滝が懸かっている。滝の下段の右岸側の岩からは、硫黄成分を含んだ水が浸み出し、硫化水素の匂いが漂っている。この滝が「杉山の滝」ではないかと思われる。

滝の上流部に行くには、右岸を大きく高巻きして急斜面をトラバースする必要がある。滑落の危険もあるが登って行った。そこから見ると、細滝は山腹の上流まで続いている。とにかく、この滝まで行くのは難所や危険が多い。とても推奨できる滝ではない。

米倉の大滝

土谷川支流の米倉沢には「米倉の大滝」があるというので訪瀑に向かった。奉納温泉を通過して工事用道路に入る。土谷川は暴れ川のようで、何本もの大きな砂防堰堤が入っている。米倉沢は、谷の入口も見過ごしてしまいそうな分かりずらい沢であった。土谷川の渡渉は、水量が多いので膝上まで濡れるのを覚悟しなければならない。

米倉沢に入渓して、最近できた砂防堰堤を3本越えて遡るが、この沢は山菜採りの人もほとんど入らないような陰鬱とした渓谷であった。小滝を越えてしばらく行く。やがて二股に分かれ、水量が多い本流の左股を選んで遡行した。渓流瀑を越えて行くと、難所である落差5mの滝が現れた。この滝は滑りやすい右岸の草付を巻いて河床に降りた。周辺の川相は泥岩や砂岩が泥となって堆積している。「泥臭い」河床であった。

遡行を続けると、落差20mの米倉の大滝が現れた。この滝は幅広く豪快に流れ落ちている。訪れたのが梅雨の雨後だったこともあり、水量は多く一層美しい姿だったようだ。

53

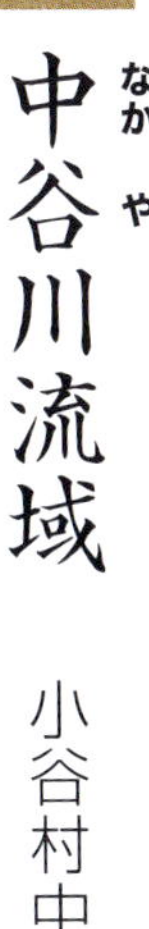

中谷川流域

小谷村中土

◆**中谷川流域**【なかやがわりゅういき】

中谷川は金山（2,220m）や雨飾山（1,963m）に発する松尾川や横沢、浅海川、大海川などを集め、柳原岳（1,788m）に発する押立沢を合わせて姫川に注ぐ。国土地理院地形図に載っている滝のほか多くの滝がある。

掲載滝：押立の滝　黒沢の滝

写真：黒沢の滝

押立沢の滝

押立沢の滝

小谷村の姫川には、東西からいくつもの河川が流れ込んでいて、その枝沢にも多くの滝があるが、いずれも秘境と言っていいだろう。押立沢は柳原岳（1788m）に水源を発し、中谷川に合流する渓谷である。中谷川の上流には尾丸滝や髭削滝があることは知られている。押立沢にも、国土地理院の地形図に滝記号が載っている滝がある。だが、その実態はあまり知られていないようだ。その様子を確かめるため、訪瀑に向かった。

県道川尻小谷糸魚川線を走行していると、小谷温泉に向かう途中で押立沢が中谷川へと注いでいた。そこから押立沢右岸の道跡をたどり登って行くと、砂防堰堤が2本入っていた。両岸は草藪が深い。たまらずに途中からは河床に入渓したのだが、ゴーロの河床の遡行も厳しく危険であった。上流に行くにつれて勾配はきつくなり、巨石も多くなり行く手を阻むようになった。それでも遡行していくと、右岸枝沢から流れ落ちる細滝が現れ、その滝の上流に「押立沢の滝」を見つけた。

押立沢の滝は大きな滝壺を持っていて、二段となって流れ落ちていた。周辺は粘土質の泥岩のためか泥臭い匂いがしていた。この滝の上流への遡行は滑りやすい斜面を登攀しなければならないため、ここで引き返す判断をした。

浅海川

中谷川の上流は、尾丸滝のある松尾川や横沢、浅海川、中海川、大海川などの渓流に分かれている。県道川尻小谷糸魚川線から小谷温泉を通過し、雨飾高原キャンプ場まで行く途中にある浅海川支流の横沢に滝が懸かっているのが遠望できる。また、国土地理院の地形図には、浅海川本流の上流にも滝記号が載っている。しかし、ここまでのアクセスは難しい。訪瀑は今後の夢として残しておくことにした。

大海川上流域

大海川は、雨飾山（1963m）と金山（2220m）に水源を発し、上流には黒沢の滝が懸かっている。雨飾高原キャンプ場に車を止めて、大海川本谷を遡行して、その黒沢の滝を目指すことにした。雨飾高原キャンプ場は日本百名山の雨飾山を間近に望み、登山、トレッキングの拠点として

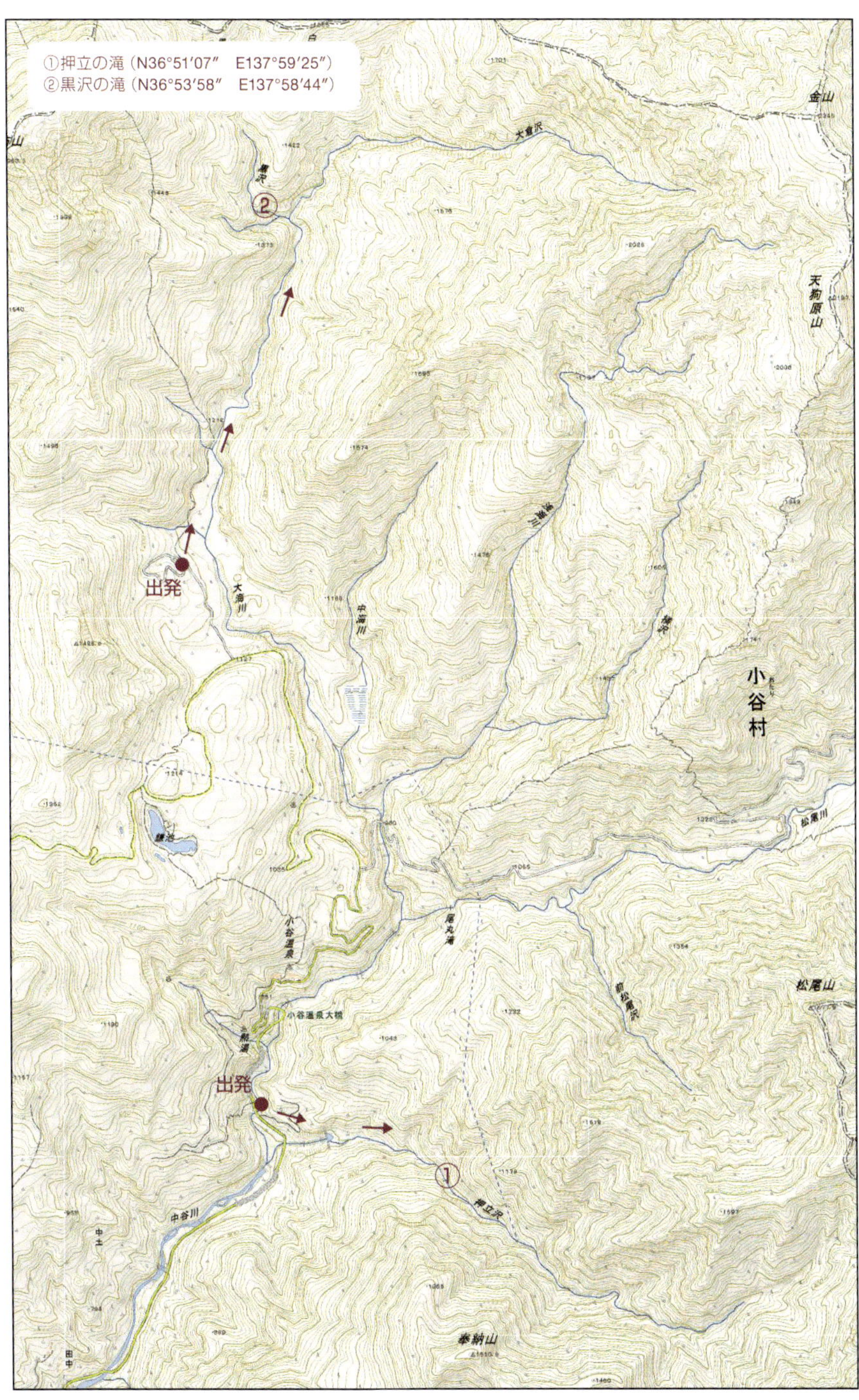
①押立の滝（N36°51′07″　E137°59′25″）
②黒沢の滝（N36°53′58″　E137°58′44″）
金山
天狗原山
小谷村
松尾川
松尾山
出発
出発
小谷温泉大橋
中谷川
奉納山

小滝

6月から11月頃まで愛好者で賑わう。

雨飾高原の登山道木道では、周辺のオニシオガマなどの高山植物に癒されながら歩いていった。キャンプ場からの木道を700mほど行くと、左側に沢（大海川右岸の沢）が流れていて、登山道から外れて奥へ50mのところに小滝と呼ばれる落差7mの滝があった。扇状に裾を広げた美しい滝であった。

黒沢の滝まで行く道はないので、雨飾山登山道の途中から大海川へ入渓して、緩やかな勾配の川の中を歩いて行かなければならない。遡行途中の左岸枝沢から流れ落ちている滝を横目に通り過ぎ、1.5kmほど川の中を歩いて行くと、右岸側から黒沢が合流した。この付近は8月上旬でもまだ雪渓が残っていた。スノーブリッジがあったが、落下する危険はないと判断して、その下を潜り、黒沢を約200m遡行すると、その奥に泥岩質の岩壁を流れ落ちる黒沢の滝が現れた。

黒沢の滝は落差のある大きな滝で、美しい姿で流れ落ちていた。また、滝壺の落ち口には虹も懸かっていた。この上流にも滝があるというが下からは見えなかった。大海川の遡行では膝まで濡れることもあるが、それだけを覚悟すれば危険な場所はなく、比較的容易に行くことができる。ただ、この滝まで行く人は少ないようだ。

長野県における地域特有の滝名　2

【千が滝・仙が滝】

千が滝と呼ばれる滝は、南相木村三川、南相木村栗生川（千が淵滝）、南牧村海の口、南牧村平沢、軽井沢町千が滝の5カ所がある。仙が滝は、小海町塩平、北相木村下白岩、佐久市内山、武石村沖、栗谷渓谷（お仙が淵2カ所）の6カ所ある。ただ、佐久市や小海町の仙が滝は千が滝と呼ばれることもあり、南牧村平沢の千が滝は仙が滝とも呼ばれ、「千」「仙」は厳密には使い分けがされていないようである。「千」「仙」は、「瀬」「狭」の強意形といわれ、滝とか急流の意味があるという。また、「千」は数が多いことをいうので、糸のように流れ落ちる滝の様を現わしているとの見方もできる。千が滝・仙が滝は、長野県内では東信地方のみで、近県でも山梨県昇仙峡の仙娥滝のほか長野県東信地方に近接する群馬県の甘楽郡南牧村ほか5市町村に9滝が確認できた。この名前の分布がどこに起因するのか、解明が待たれるところである。

54

横川 前沢

小谷村北小谷雨飾山奥壁

◆**横川 前沢**【よこかわ まえさわ】

前沢は雨飾山（1,963m）南面の奥壁に源を発し、横川に合流して姫川に注ぐ。雨飾山奥壁には「門の滝」があるというが、険しい滝状岩壁のさらに上にあって登攀することは危険である。

掲載滝：滝状岩壁

写真：滝状岩壁

雨飾山の奥壁

雨飾山南面の奥壁に「門の滝」があるというので行ってみることにした。国道148号の大所トンネルから姫川温泉に入り、大網集落を通過して笹野から林道を走り、雨飾山登山道入口に駐車した。

雨飾山登山道を行き、前沢を渡渉して登って行くと取水堤があった。雨飾山登山道を直進すると急登となり、前沢に入渓できないので、ここで登山道から取水堤に降りて前沢に入渓した。ゴーロの河床を行くと勾配がきつくなってきた。高度を上げつつ遡行すると、雨飾山の奥壁が見えてきた。渓谷を振り返って眺めると、紅葉越しに遠方には白馬連峰が見え、最高のロケーションだった。やがて沢は幾筋にも分かれてしまった。選択を誤ると別の場所に出て徒労となってしまうので慎重にルートを選ぶ必要がある。急勾配の沢を登っていくと、やがて水は伏流した。

沢を登り詰めた所で正面に滝状岩壁が立ちはだかっていた。落差は10mほどで水量はほとんどなく濡れている程度だった。この奥に日本登山体系にある落差5mの滝があるという。しかし、この滝状岩壁の登攀は高度な技術を要し素人では命を落としかねない。門の滝は難関で、未練があったが断念することにした。雨飾山の奥壁の青い空、白い岩壁と黒い水跡、周囲の紅葉のコントラストが絶妙だ。その絶景を目に焼き付けて別れを告げた。

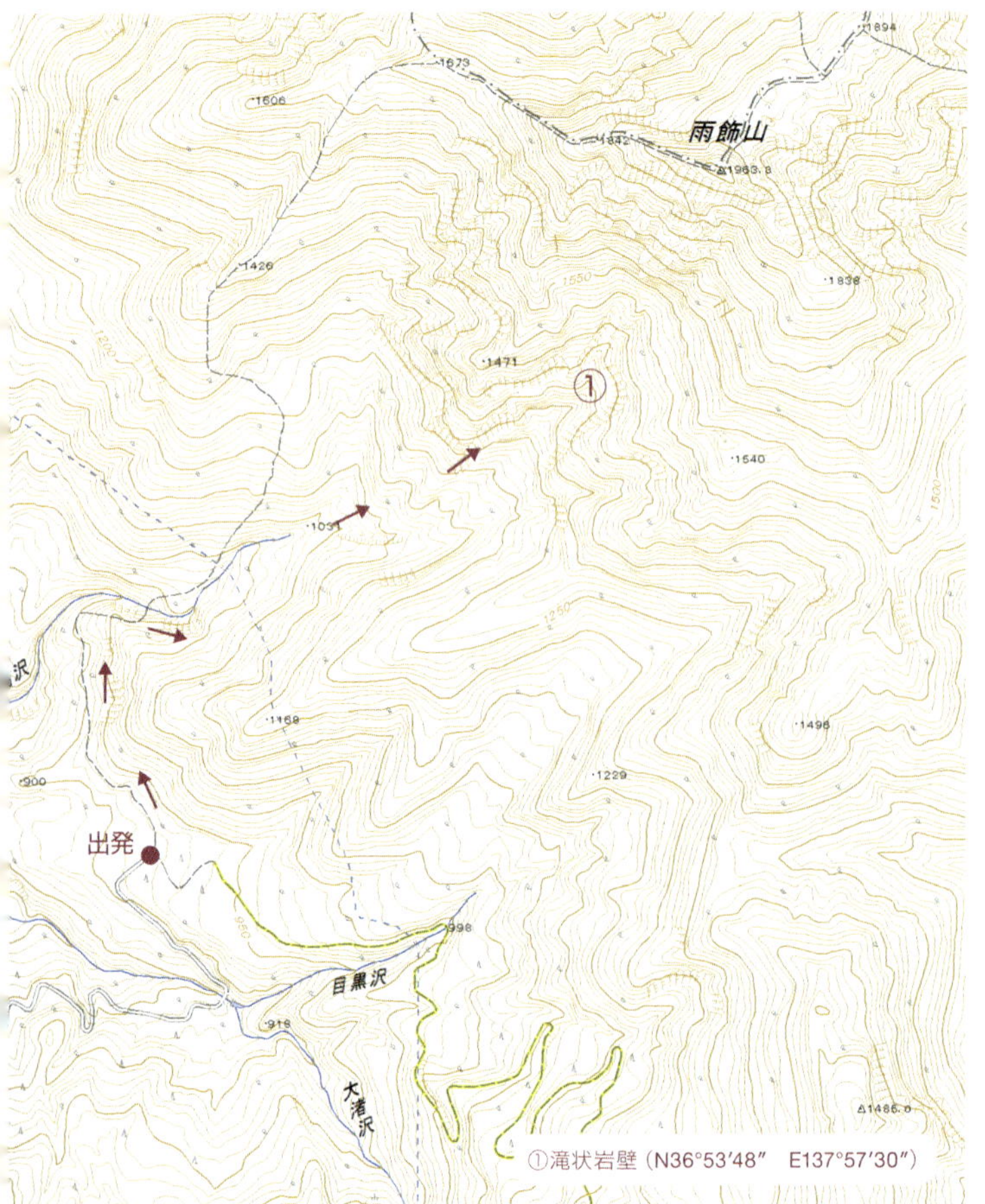

①滝状岩壁（N36°53′48″　E137°57′30″）

55

前沢（湯原沢）上流域

小谷村北小谷湯原

◆**前沢（湯原沢）上流域**【まえさわ（ゆはらさわ）じょうりゅういき】

前沢は蒲原山（1,641m）に発し、急勾配を一気に流れ落ちる暴れ川で、脆弱な地滑りが起きやすい地質のために大型砂防堰堤が5本も入っている。この前沢にも見応えのある滝が懸かっている。

掲載滝：湯原の滝　前沢の滝

写真：湯原の滝

湯原の滝

国道148号（千国街道）の塩坂トンネルの新潟県側の出口にあたる湯原で、前沢（湯原沢）が姫川に注いでいる。国道からは大きな砂防堰堤が見える。この前沢にも滝が懸かっているというので気になっていたが情報が無く、訪瀑を躊躇していた。だが、5月の雪解けを待って重い腰を上げた。

湯沢集落から林道に入り、ゲート前に駐車した。林道を約30分歩くと、湯原沢第3堰堤と第4堰堤の間に落差12mの湯原の滝が懸かっていた。滝は幅広く流れ落ち、雪解け時だったため水流も多くて迫力があった。ちなみに湯原の滝へのアプローチは、夏場は萱が繁茂していて容易ではない。

前沢の滝

林道ゲートから林道を約1時間歩くと、湯原沢第5堰堤からは道路も無くなった。そこから前沢に入渓して、ガレが押し出された脆弱な狭い谷を遡行していった。しばらく登ると大きな崩落があり、押し出されたガレが川を塞ぎ、トンネルとなってその下を水が伏流していた。崩落地を乗り越えると、その奥には末広がりとなって流れ落ちる前沢の滝が懸かっていた。落差12mのこちらも迫力ある滝である。左岸側にワイヤーセンサーの壊れた電柱があり、それを頼りに滝の中腹まで登ったが、両岸は脆弱な岩壁となっている。この滝の上流へ行くのは難しいようなのでここまで引き返した。

前沢の滝

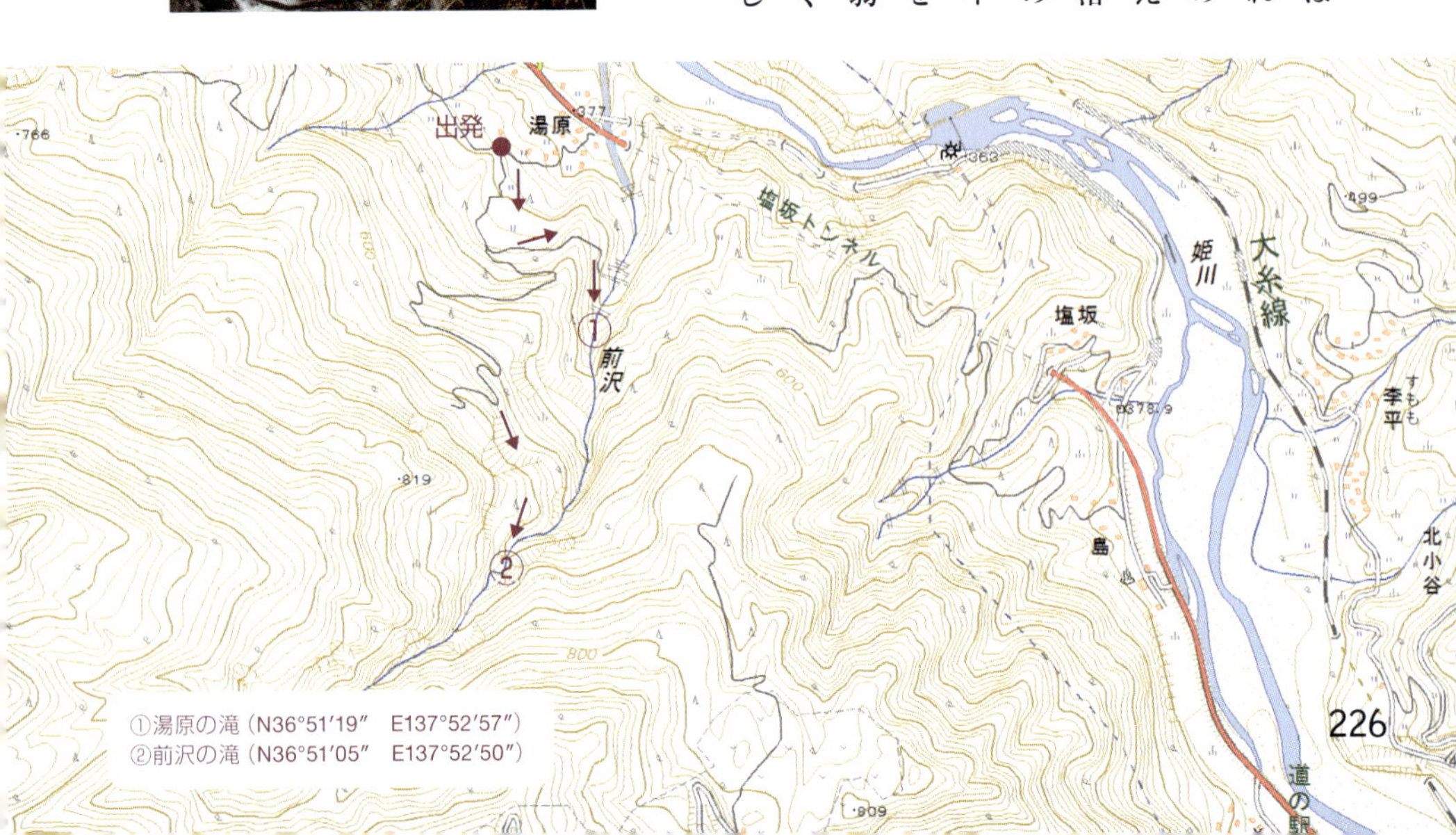

第八章

諏訪地方

56
下諏訪町
岡谷市
茅野市
諏訪湖
諏訪市
57
58
原村
59
富士見町
56 横河川上流
57 鳴岩川上流
58 柳川北沢・南沢
59 立場川上流

56

横河川上流

岡谷市今井

◆横河川上流【よこかわがわじょうりゅう】

横河川は鉢伏山（1,929m）と二ツ山（1,826m）間からの渓水を集めて南流し諏訪湖に流れ込む。岡谷市の貴重な水道水源でもある。その最上端の洋鞍沢には水流のない苔むした「から滝」がある。

掲載滝：から滝

写真：から滝

から滝

横河川支流の洋鞍沢は、二ツ山からの水を集めて流れ下る小さな渓流である。その源流に懸かる「から滝」を目指した。

国道20号バイパスの今井信号から横河川沿いの林道を北上し、ゲート前に駐車。そこから林道を歩いて行くと、道脇に営林署が作成した横川山全図の看板があった。そこには洋鞍沢の上流に「から滝」が記載されている。林道で釣り人と出会った。から滝について聞いてみたが知らないという。横河川には釣り人が多く入渓しているようだが、地元の水道水源であるため、立ち入りには特に注意が必要であると心して上って行った。

菅の沢・中の沢分岐で中の沢林道へと入り、魚倉から洋鞍沢に入渓、そこから遡行すると、まず小滝があった。やがて谷は二股に分岐してどちらを行くか迷ったが、水量の多い左股を選んで遡ると、やがて水が伏流してガレの川になってしまった。不安になったが、さらに上り詰めると、緑色の苔が覆っている岩面に「から滝」はあった。普段は水が流れていないために「から滝」と呼ばれるようである。滝の下流約70m付近から水が湧出していて、不思議な光景がそこはにあった。

横河川水系には「から滝」のほかは大きな滝はないようだ。中の沢に「大だる、小だる」の地名があるので付近を探してみたが、砂防堰堤があるのみで滝はなかった。

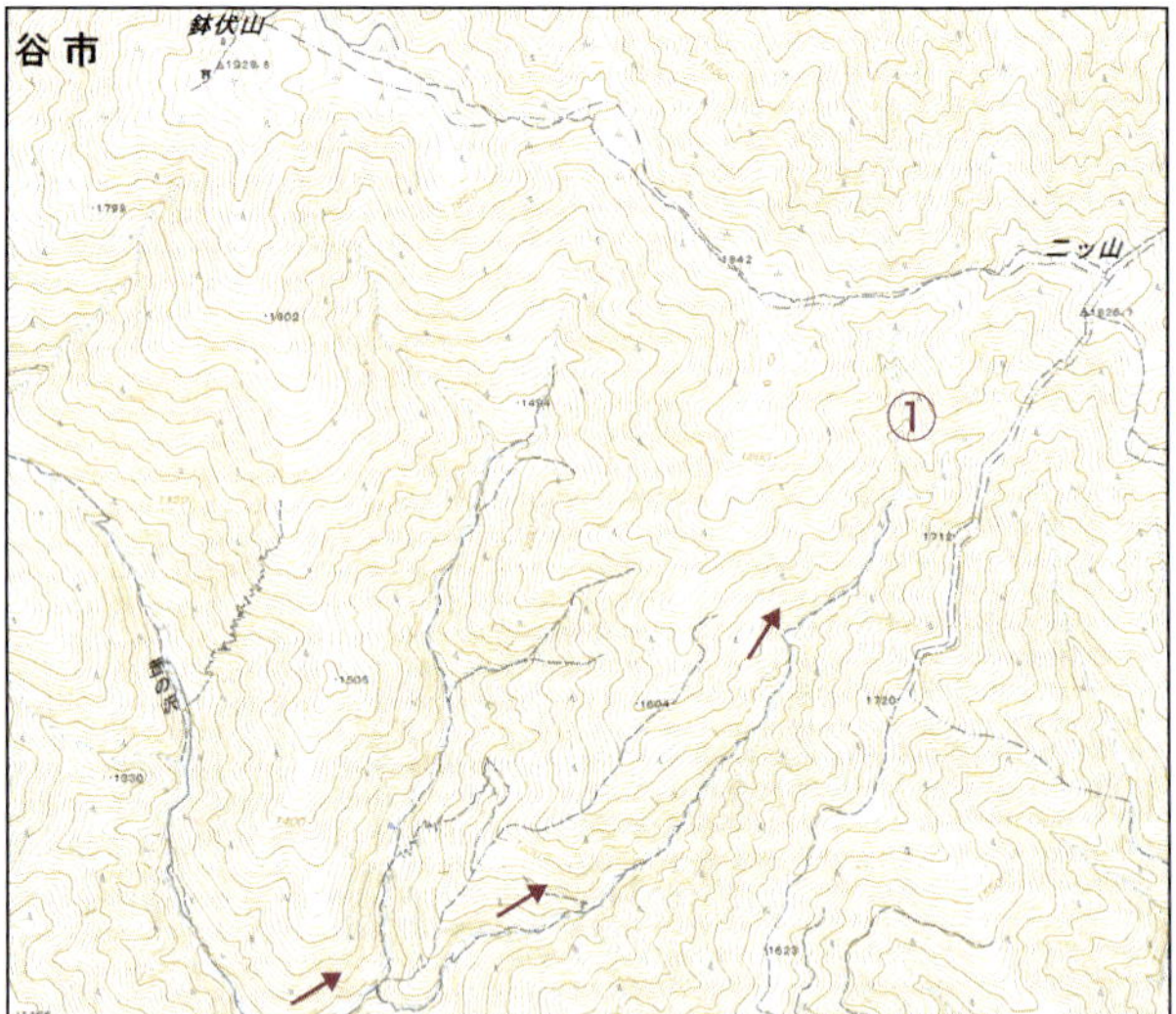

①から滝（N36°09′15″　E138°04′54″）

57

鳴岩川上流

茅野市豊平

◆**鳴岩川上流**【なるいわがわじょうりゅう】

鳴岩川は柳川に合流して上川となり、諏訪湖に注ぐ。八ヶ岳の天狗岳（2,645m）から硫黄岳（2,760m）間の稜線に発し、上流域の河原木場沢や治郎兵衛沢（白薙沢）には見応えのある滝が懸っている。

掲載滝：醤油樽大滝　白薙沢大滝

写真：白薙沢大滝

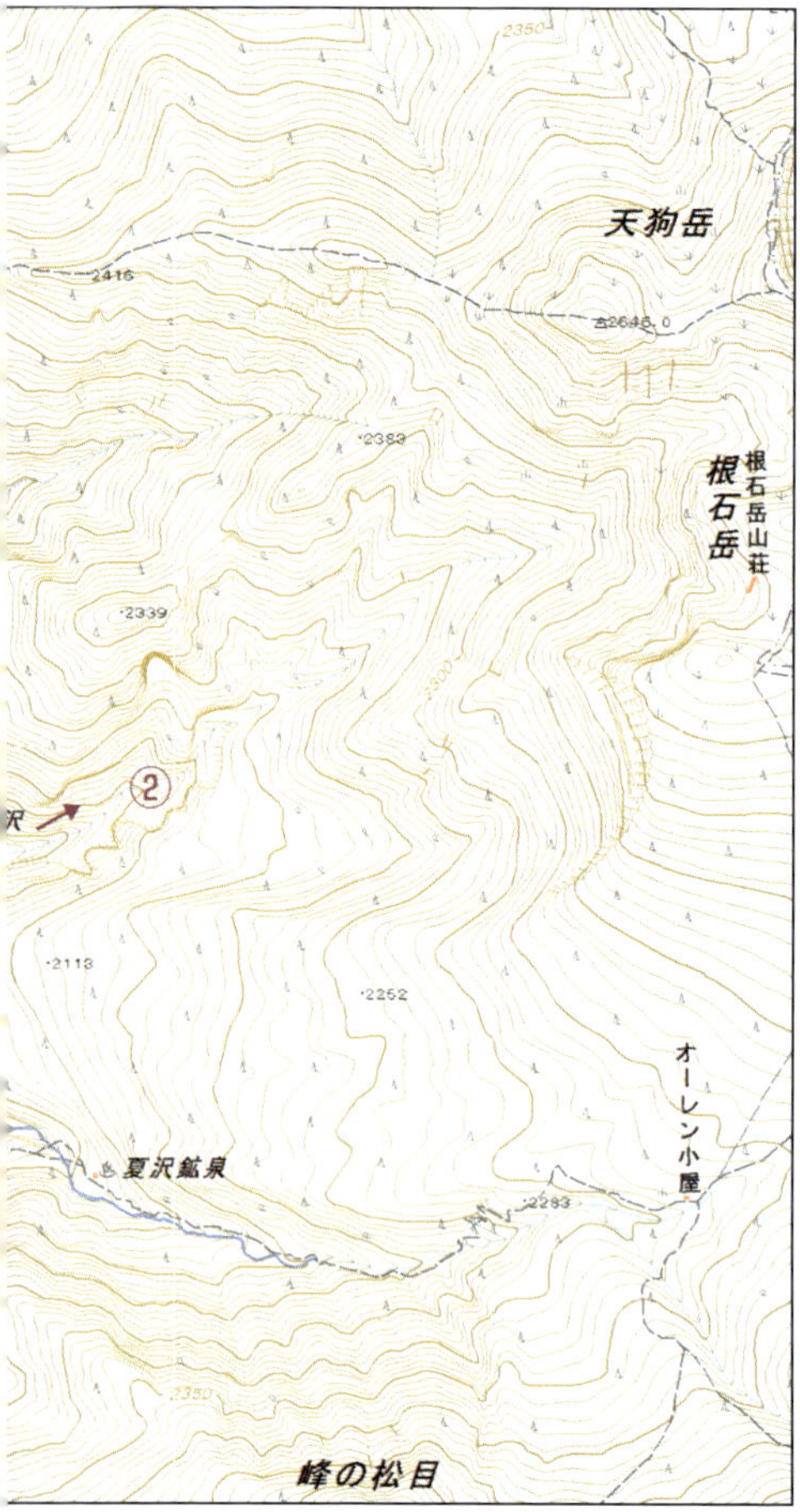

醤油樽大滝

鳴岩川上流の沢の一つ、河原木場沢には、不思議な名前をもつ「醤油樽大滝」などの連瀑があるという話なので訪瀑に向かった。

県道茅野北杜韮崎線を南大塩を経て、「フォレストカントリークラブ三井の森」と進み、唐沢鉱泉・桜平林道の分岐からダートの悪路を走行すると河原木場沢と出合う。河原木場沢遊歩道から上流に向かうと滝が連続していた。遊歩道には梯子のある若干危険な場所もあるが、比較的容易に行くことができる。観光地化しているので秘境とは言い難いが、茅野市内の滝めぐりの中では見応えある場所の一つといっていい。「一の滝」は落差5mの滝で、右岸に梯子があり、そこを登る。落差7mの「二の滝」を登り詰めると、その奥に落差35m、メーンの醤油樽大滝が懸かっていた。見事なこの滝の茶色の岩盤は洗掘されて、遠くから見ると醤油瓶のように見えることから名付けられたという。内側に丸くくぼんだ滝の壁面をたどって滝壺に降りると、洞窟の中にいるような錯覚に陥った。

醤油樽大滝

天狗岳
根石岳
根石岳山荘
夏沢鉱泉
オーレン小屋
峰の松目
2416
2646.0
2383
2339
2113
2252
2283
2350
②

白薙沢大滝

白薙沢は地図上では「治郎兵衛沢」とされている。鳴岩川上流の沢の一つだが、あまり知られていない渓谷で、入渓する人もほとんどいない。河原木場沢出合からしばらく桜平林道を走ると、林道終点に八ヶ岳登山の玄関口となる桜平駐車場がある。夏沢鉱泉からオーレン小屋を経て、硫黄岳を

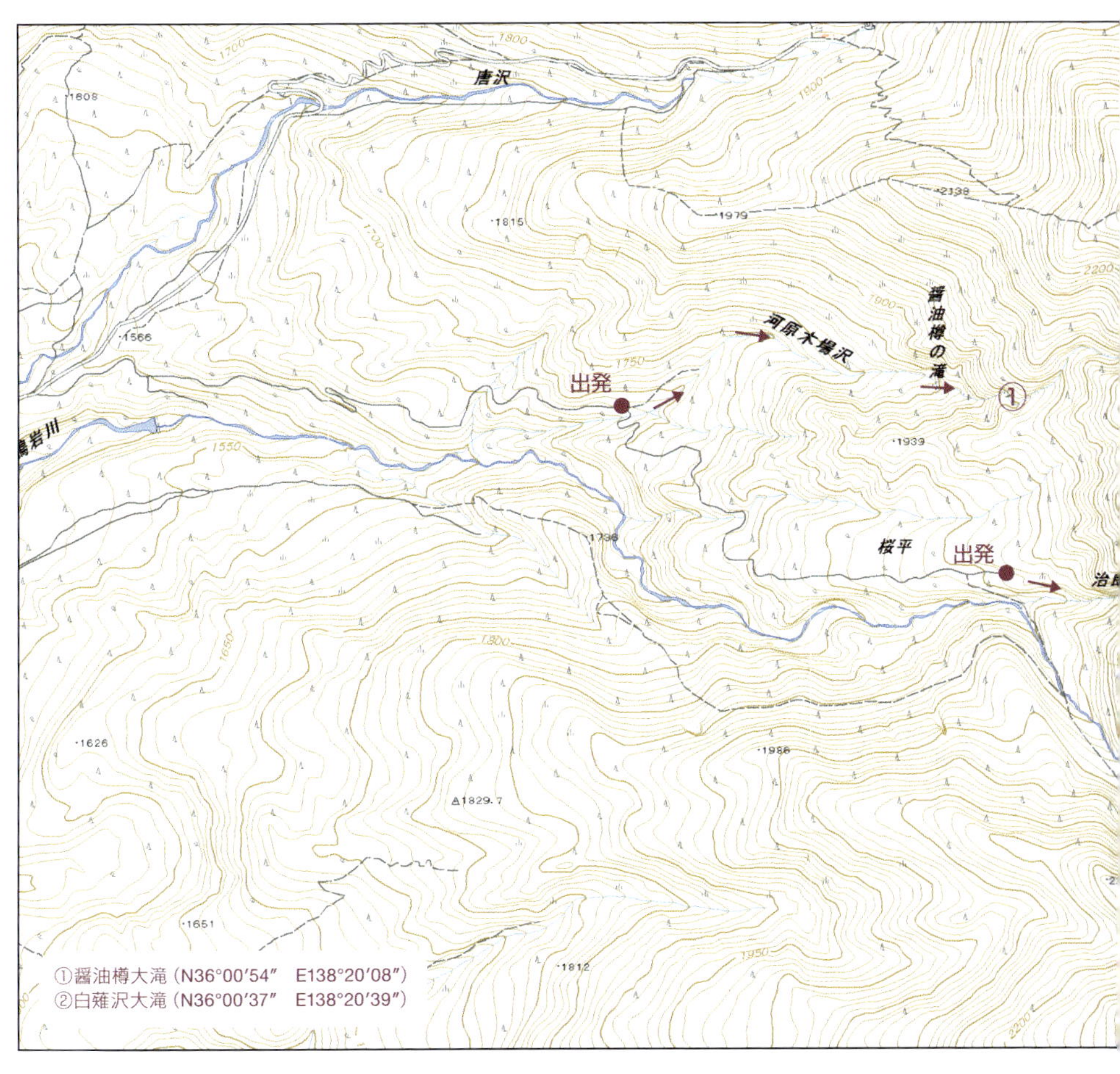

目指す登山者の車でいつでも満車状態である。桜平駐車場から樹林の中へと入り、適当な場所から白薙沢へ下降した。白薙沢は脆弱な渓谷で、所々に崩落個所があり、赤褐色のガレとなって押し出していた。特筆する渓流瀑などもなく、黙々と上流に向かって遡行するのみであった。ガレ場を越えると、やがて谷は右に曲がり、そこにやっと渓流瀑が現れたので、その左岸側を巻く。すると、その上流は二股となり、正面の右股の水流は、ガレた岩面上を大きな滝となって流れ落ちていた。この滝が大滝かと勘違いしたが、本物の大滝は左股の方にあった。本流である左股を遡ると沢は左へと曲がり、登っていくと巨石が多くなってきて高度も一気に増していった。登り詰めると渓流瀑があり、その上に落差30ｍの大滝が現れた。上部は直瀑で、下部では水が裾を広げて糸を流したように岩肌を流れ落ちている。クライマックスに現れたのは実に豪快な滝であった。

58

柳川（やながわ） 北沢・南沢

茅野市豊平

◆**柳川 北沢・南沢**【やながわ きたざわ・みなみさわ】

北沢は八ヶ岳連峰の硫黄岳（2,760m）と横岳（2,829m）間に、南沢は赤岳（2,899m）に発する。冬季には見事な氷瀑をつくり、登山道からアプローチできるため、アイスクライマーに人気の場所となっている。

掲載滝：大同心大滝　裏同心沢氷瀑　南沢小滝　南沢大滝
摩利支天大滝

写真：大同心氷瀑

北沢・南沢

八ヶ岳西南麓の河川はそれぞれ上流にいくつもの滝を懸けている。ほとんどは観光地化されてアクセスは容易だ。柳川上流の北沢、南沢も八ヶ岳への登山道が整備されている。赤岳山荘から北沢沿いをたどる登山ルートは、赤岳鉱泉を表玄関に硫黄岳、横岳、赤岳などに向かう八ヶ岳登山のメーンルートとなっている。一方の赤岳山荘から南沢沿いを行き、行者小屋を経て赤岳や阿弥陀岳を目指すコースも人気がある。ただ、無雪期には入りやすいが、積雪期となると話は別である。

北沢の氷瀑群

晴天の日に、周辺の景色を見ながら静かな春山の氷瀑を訪れるのもまた楽しい。4月中旬の天気の良い日、県道茅野北杜韮崎線を柳沢入口から美濃戸口に向かい、さらに林道を進み、赤岳山荘の有料駐車場に車を止めた。赤岳山荘から赤岳鉱泉への登山道に行く途中には大同心・小同心の氷瀑が見える場所があった。しかし氷瀑は遥か遠くに見え、雪の登山道をまだまだ歩かなければならないのかと思うと足が重くなった。汗をかきながら歩くこと約2時間。赤岳鉱泉に着いた。

赤岳鉱泉からは大同心沢へ向かう。約30分で落差50mの大同心大滝を見つけた。降雪後でトレースが消え、道を探すのが大変で迷いやすい状態だった。大同心大滝は赤岳鉱泉からは比較的近くにあり、足場もいいのでアイスクライマーに人気の氷瀑である。遠方からの観瀑であれば、4月中旬の穏やかな天候の日に訪れても十分楽しむことができる。しかし、天気の急変もあるので、冬山登山の装備で十分な注意が必要だ。

裏同心の氷瀑

小同心の滝の氷瀑は、大同心に向かって右側の沢に懸かる滝で、水量が少ないためか結氷は薄く、訪れた4月には大分解けていた。ここまでたどり着くのにもカンジキかスノーシューの装備が必要である。しかし、春山は気温が上がると雪が緩む。カンジキを付けていてもスポッと腰まで入ってしまうこともある。落ちた穴から抜け出すのに悪戦苦闘し大変なエネルギーを費やした。抜け出してはまたはまる、を繰り返したので、一歩ずつ足場を踏み固めて慎重に進むコツをつかんでしまった。

大同心の左側にある裏同心沢の氷瀑まで行くのは一部のアイスクライミング愛好家のみである。そうでないなら、赤沢鉱泉手前の登山道から遠望するのが無難だろう。(写真は大同心稜の急斜面を登り、そこか

ら撮影したものである）

南沢の氷瀑群

赤岳山荘から南沢ルートを登って行者小屋に向かうと、南沢本流に落差3ｍほどの渓流瀑があった。そこを過ぎて右岸に渡る手前の左岸支流の沢に緑色のロープが張られていた。ロープをくぐって支流の沢沿いを登って行くと、正面の木の隙間から南沢小滝が見えた。小滝とはいっても幅広く立派な氷瀑である。南沢小滝への分岐に戻って、そこから南沢大滝へと向かうが、ここもトレースを踏み外すと腰まで雪に沈んでしまうので注意して登って行った。その途中の左俣にも落差5ｍほどの氷瀑があった。それを横目に登って行くと、目の前に落差35ｍの南沢大滝が現れた。大滝は天を仰ぐような高さで、幅広い氷の壁となって立ちはだかっている。そのスケールの大きさと透明の青味を帯びた氷壁の美しさには驚かされた。この南沢大滝は比較的アクセスも容易なので、アイスクライマーには人気の氷瀑である。

南沢小滝の氷瀑

南沢大滝の氷瀑

美濃戸山荘から行者小屋までの南沢ルートをたどる時、道脇に石仏が祀られている

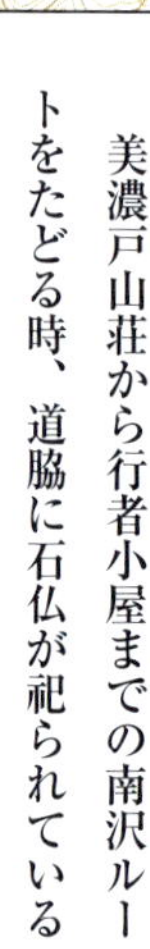

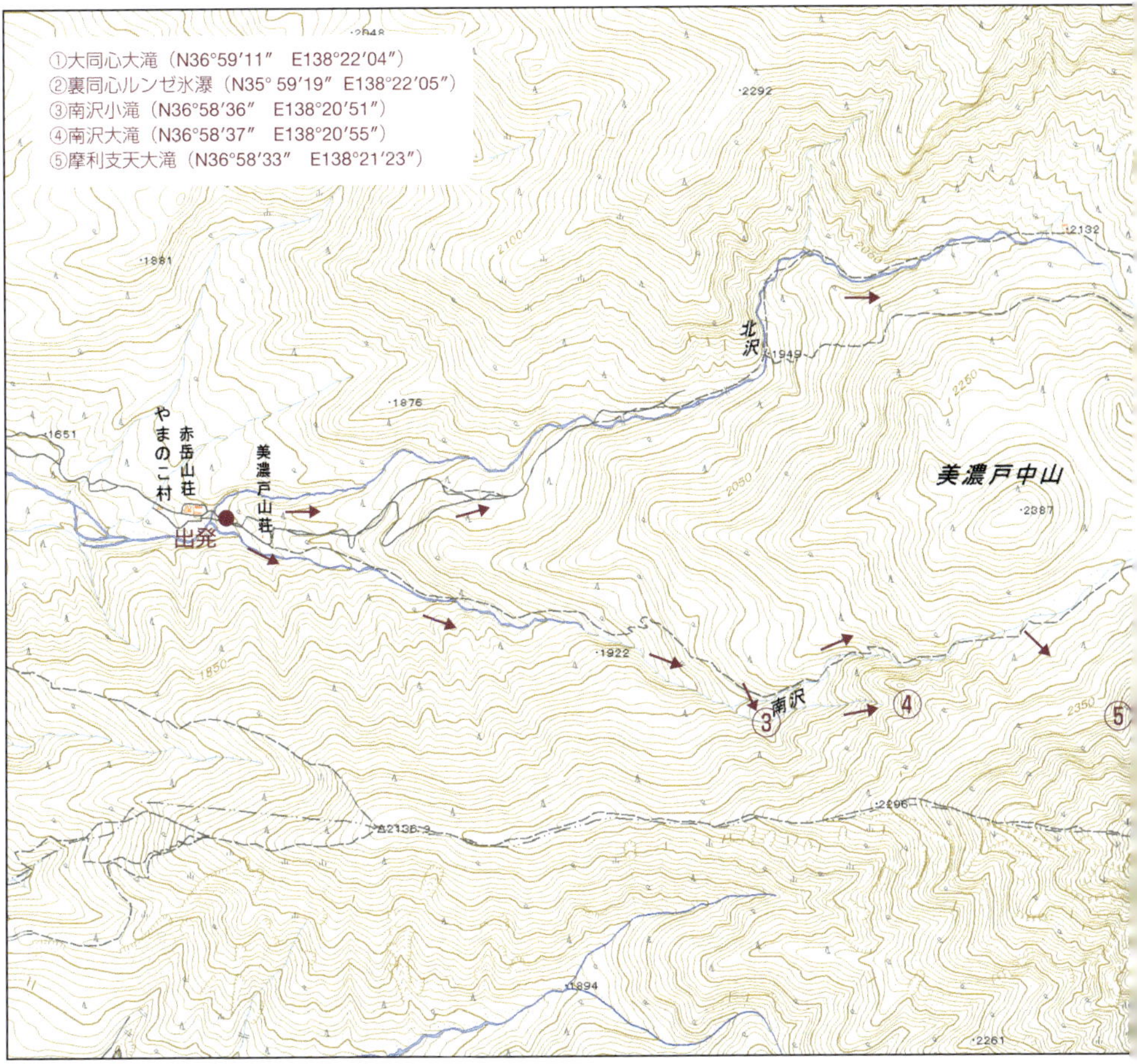

①大同心大滝（N36°59′11″　E138°22′04″）
②裏同心ルンゼ氷瀑（N35° 59′19″　E138°22′05″）
③南沢小滝（N36°58′36″　E138°20′51″）
④南沢大滝（N36°58′37″　E138°20′55″）
⑤摩利支天大滝（N36°58′33″　E138°21′23″）

北沢
南沢
美濃戸中山
赤岳山荘
やまのこ村
美濃戸山荘
出発

辺が中間点付近である。そこを過ぎてしばらく登ると平坦な河川敷となり、林間の登山道を歩くようになる。右側を注意深く見ながら進むと、木に青テープが巻いてある場所があった。そこでトレースを確認しつつ、登山道を外れた滝への道を登っていくと前衛滝があり、これを乗り越えたところで落差20mの魔利支天大滝の滝下に出くわした。この氷瀑も4月中旬ともなると大分解けてしまったようだが、十分に堪能できた。

摩利支天大滝の氷瀑

59 立場川上流域　富士見町立沢・原村

◆**立場川上流域**【たつばがわじょうりゅういき】

立場川は八ヶ岳の赤岳（2,899m）と権現岳（2,715m）間の稜線に発し、釜無川に流下する富士川水系の河川。上流部は立場岳を挟んで本谷と広河原沢に分岐し、それぞれ上流は深い渓谷に険しい滝を懸けている。

掲載滝：臺滝　暗峡の滝　ノロシバ沢左股大滝
広河原沢右股8m滝　広河原沢左股ゴルジュの滝

写真：広河原沢右股8m滝

立場川遡行

　県道富士見原茅野線から八ヶ岳登山道に入り、別荘地を抜けて舟山十字路まで行き、そこで林道を右折した。その後、林道を下っていくと水飲み場があり、さらに進んで立場川と広河原沢出合いにあるスペースに駐車した。まず立場川を対岸の左岸へと渡り、鎖ゲートを跨いで左岸に続く緩やかな林道をしばらく歩いた。再び立場川を渡って右岸に出ると、そこに旭小屋があった。旭小屋は今は使われていないのか、大分古びている様子だった。

　旭小屋から右岸の平坦な作業道を歩き、堰堤を2カ所高巻いて西岳方面からの枝沢を過ぎると、いくつかの小滝が待っていた。ゴーロの河床を歩いたり、川岸の草むらを歩いて遡行すると梯子の付いた滝があった。ただ、梯子は腐っていて仕方なく左岸側を大きく巻いた。さらに上流にも小滝が続き、やがてゴルジュとなった。最初のゴルジュを抜け出ると、左岸からノロシバ沢が合流した。本谷を進むと谷は左に曲がり両岸は狭まって、その先には落差8mの滝を懸けていた。

暗峡の滝

　この滝も直攀できないので左岸側を巻いて遡行すると、落差5mのチョックストーン滝や小滝がいくつも現れた。それらを越えると、やがて左岸側から蟇滝沢が合流した。蟇滝沢はツルネから権現岳を経てギボシまでの長い稜線を源流として、立場川に流れ込む支流の一つである。この沢の本谷との出合には巨石の脇を流れ落ちる落差7mの滝が懸かっていて、巨石の形がガマに似ていることから蟇滝の名が付けられたという。なお、『日本登山体系』（白水社）によると、蟇滝沢には数多くの滝があるが、ゴルジュは険悪で、エキスパートの領域である。

蟇滝

　本谷をたどり「青ナギ」を通過すると、最大の難関であるゴルジュ帯が始まった。最初のゴルジュは左岸を大きく高巻いて河床に下降できたが、次の暗峡の大ゴルジュを通過するのは不可能だった。狭く薄気味悪い暗峡の奥には前衛滝が見えたが、その先にある落差6m滝は滝壺の中を腰まで浸して歩かないと写真が撮れないような条件

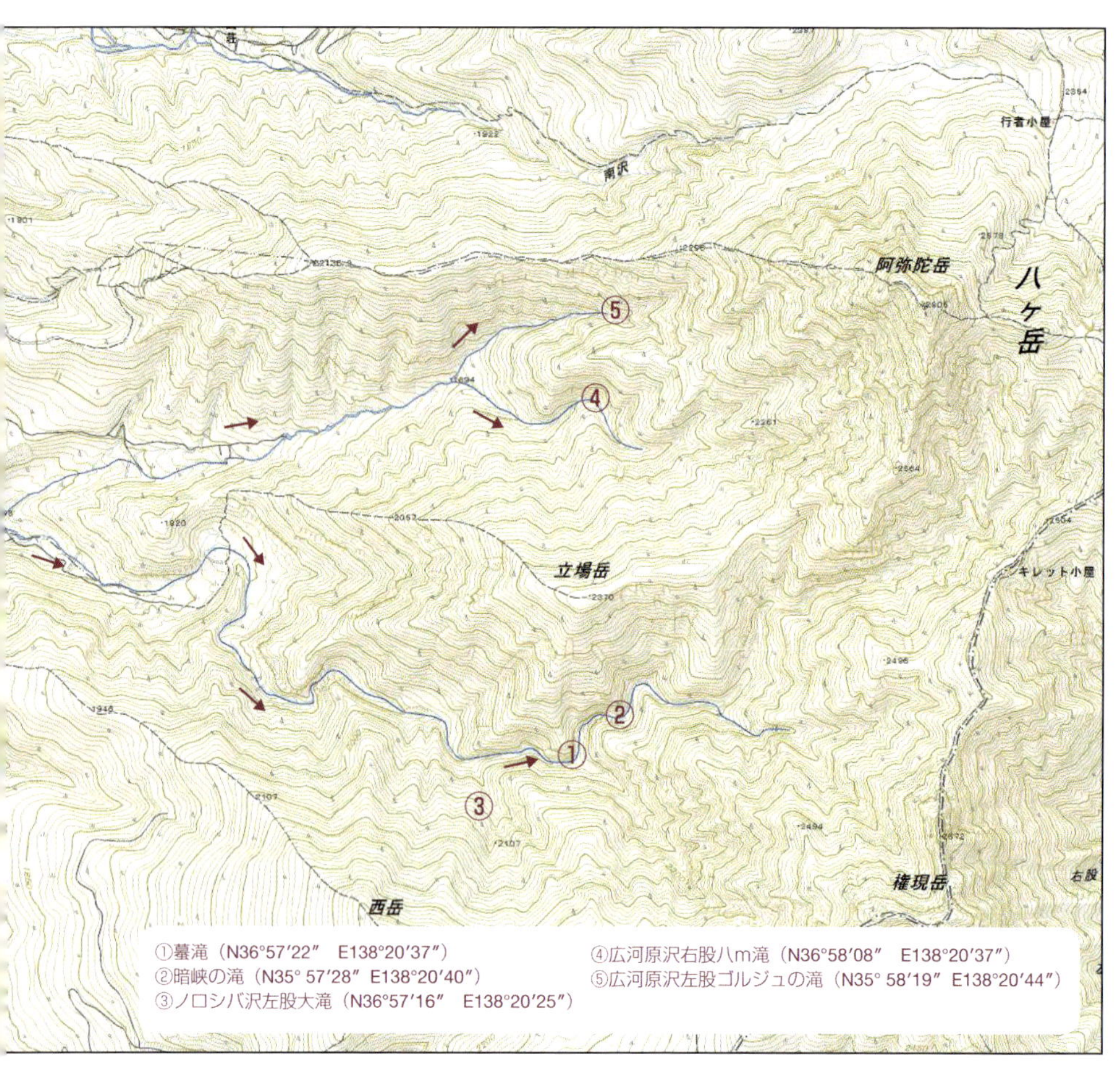

①蓋滝（N36°57′22″　E138°20′37″）
②暗峡の滝（N35° 57′28″ E138°20′40″）
③ノロシバ沢左股大滝（N36°57′16″　E138°20′25″）
④広河原沢右股八m滝（N36°58′08″　E138°20′37″）
⑤広河原沢左股ゴルジュの滝（N35° 58′19″ E138°20′44″）

の悪い場所にあった。このゴルジュは阿弥陀溶岩を浸食して100~200mの岩壁、洞窟をつくっている。人を寄せ付けない、まさにエキスパートの領域で、技量の無い私のような一般者はここで諦めて引き返すことにした。

ノロシバ沢

ノロシバ沢はノロシバとギボシのピークを源流として、立場川に流れ込む支流の渓谷である。ノロシバ沢出合には土砂が押し出しているが、少し登ると両側から岩が張り出してゴルジュのようになっていた。しかし、そこには滝は無かった。その先のゴーロの沢を遡行するとナメがあり、その上流は狭いゴルジュとなり二股に分かれた。左股には水量は少ないが大滝が懸かっていた。なお、日本登山体系（白水社）によると、右股にも滝が連続しているようだがエキスパートの領域であった。

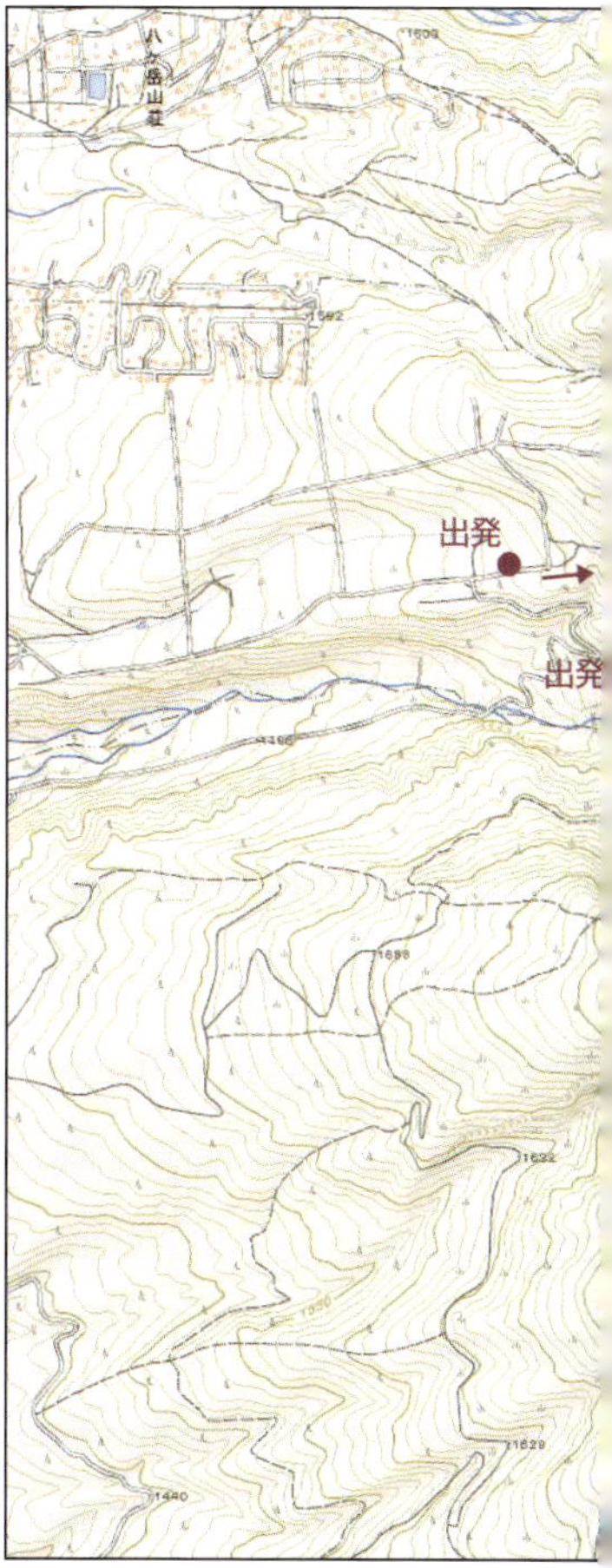

広河原沢遡行

日を改め、6月下旬の晴れ間を狙って立場川支流の広河原沢上流を訪瀑した。舟山十字路に駐車してゲートから広河原沿いに延びる広河原沢林道を歩く。大きな砂防堰堤があり、そこで林道は終点となった。堰堤下を左岸に渡ると作業道があったのでたどって行くとやがてそれも無くなってしまった。そこから広河原沢に下降して入渓し、遡行を開始した。しばらく歩くと沢は二股に分かれた。どちらの沢も水量は同じようだ。

まず本谷にあたる右股に入渓すると落差5mほどの滝が現れ、この滝は左岸側を巻いた。その上には落差8mの滝が懸かっていたが、この滝は幅広く流れ落ちていて楽に越えられた。またしばらく遡行すると雪渓が現れ、勾配も厳しくなってきた。枝沢の残雪の中には細滝が見えた。雪渓の急斜面を少し登ってみたが、6月下旬ともなると雪が緩んでいて、スノーブリッジはいつ崩れるかも知れず危険であった。『日本登山体系』（白水社）によると、この右股の上流には大滝があるようだが、それ以上の遡行は断念して撤退を決めた。

出発

広河原沢左股ゴルジュの滝

右股の雪渓から二股の合流点に戻り、今度は左股に入渓した。遡って行くと小さな渓流瀑や落差6m滝、落差8m滝などが現れた。その先は雪渓に埋まったゴルジュとなり、その下に滝水が覗いていた。この滝の右岸を巻き、痩せ尾根を登って上流の雪渓の遡行を試みた。しかし、勾配は険しく、スノーブリッジもあって滑落の危険があった。登攀は断念して引き返すことにした。

訪瀑した年は冬季に南岸低気圧の通過で記録的な降雪となり、特別に雪が残っていたのかもしれない。単独での沢登りは、誰も助けてくれない。こういう時には無理をせず勇気をもって撤退する方が賢明だろう。なお、広河原沢は冬のアイスクライミングの愛好家には人気の地のようだ。

滝巡りの服装と装備

秘境の地の訪瀑は、遊歩道が整備されている観光向けの滝とは違い、予想外の危険が潜む。事前に情報収集して、訪瀑のシーズンや当日の気象条件などを考慮し、機能性ある服装と装備で安全かつ慎重な行動をとる必要がある。

【帽子・ヘルメット】平坦な場所では登山帽でもよいが、岩場や滝場では滑落、転倒の危険があるので、ヘルメットの着用は必須である。

【下着・上着】インナーは吸湿性、速乾性のあるものを身に着け、替え下着も持っていく。上着は厚手の長袖シャツがよい。最近の沢登りの服装をみると、半袖で派手なものがあるが、秘境の地ではデザインよりも機能性で選ぶべきであろう。なお、シーズンによっては防寒対策も必要になる。

【パンツ】藪漕ぎやイバラ道の遡行を想定して長いパンツがよい。なお、腰までの渡渉には、速乾性のある渓流用パンツがいい。

【雨具】天候の急変や保温対策として、軽量で蒸れない雨具の携行は必須である。

【靴】場所によって使い分けが必要。例えば、水量の少ない渓流ではスパイク長靴でもよいが、滑り易い渓流ではフエルト底の渓流靴、長距離の歩行には登山靴も必要。

【食料・水】食料は非常食を必ず携行すること。水はスポーツドリンクがあればよいが、きれいな沢水でも代用できる。

【バックパック】衣類、携行用品の入るもので、体にフィットするもの。

【その他の携行品】遭難やケガの危険を考えて、登山用品を参考に最低限のものを携行する。例えばツエルト又はテント、ロープ（30m）1本、登山用ストック（渓流では邪魔になることもある）、手袋、懐中電灯、医薬品、キズバン、ナイフ、熊除け鈴、熊撃退スプレー、笛など。なお、山ヒル対策や熱中症予防策として、食塩を携行するといい。

第九章

上伊那地方

60 戸台川上流域
61 中御所谷上流域
62 中田切川上流域
63 横川川上流域
64 小横川川流域
65 中小川上流域
66 与田切川横沢
67 大泉川北沢・南沢流域
68 太田切川黒川上流
辰野町
箕輪町
南箕輪村
天
竜
川
伊那市
宮田村
駒ヶ根市
飯島町
中川村
63
64
67
68
61
62
65
66
60

60

戸台川上流域

伊那市長谷戸台

◆**戸台川上流域**【とだいがわじょうりゅういき】

戸台川は南アルプスの鋸岳（2,685m）、甲斐駒ケ岳（2,967m）、仙丈ケ岳（3,032m）などに発し、下流は黒川となり三峰川へ流下する。南ア山懐への訪瀑ルートは長く、さらに急峻で奥が深い渓谷をたどることになる。

掲載滝：三ツ頭の滝　赤河原の滝　五丈の滝　行者の滝
薮沢の大滝　薮沢の滝

写真：薮沢の大滝上の滝

戸台川上流へのアプローチ

南アルプス登山の玄関口となる北沢峠へ向かう林道と平行するように上流へと続く戸台川へ向かった。その上流へ遡ると、本谷からは藪沢などいくつかの沢に分かれ、それぞれの沢に見応えある滝を懸けていた。

戸台川への入渓は2つのルートがある。一つは、国道152号（秋葉街道）の戸台口から仙流荘まで行き、仙流荘に駐車し、南アルプス林道バスで歌宿を経て北沢峠の大平山荘まで行くルートである。このルートは藪沢新道や北沢登山道経由で上流域の沢に直接行くには便利だが、バスの時間に制約があるし、丹渓山荘方面の戸台川に降りるにはメリットがあまりない。

もう一つのルートは、仙流荘から上流の戸台まで車で行き、戸台川の河原に駐車して川沿いの登山道を遡行するルートである。このルートは歩行距離が長く時間がかかることと、戸台川の渡渉があり増水時には危険だという難点もある。

戸台川本谷遡行

今回は林道からの登り返しの無い、戸台川沿いの登山道を歩くことにした。このルートは前にも何回か登っている。広い河原の中を周囲の景色を堪能しながら歩くのは何と気分が良いことか。多少時間が掛かるのも逆にのんびりできる。丹渓山荘からは赤河原へ向かった。このルートは利用者がいないのか、荒廃して道跡さえ消えている。途中からゴーロの河原に入りしばらく行くと、川を塞ぐ巨石の間を流れ落ちる落差4mほどの滝があり右岸を巻いた。さらに渓流瀑を乗り越えて遡行すると川は右折し、そこで右岸からの七丈ノ滝沢が合流した。

七丈ノ滝沢には、細長く垂直に流れ落ちている落差10mの滝の姿が見えた。この滝は「七丈の滝」の下にある滝で、環境庁「自然景観資源調査報告書」によると、「三ツ頭の滝」のようだ。上流にある落差100

七丈の滝遠望

三ツ頭の滝

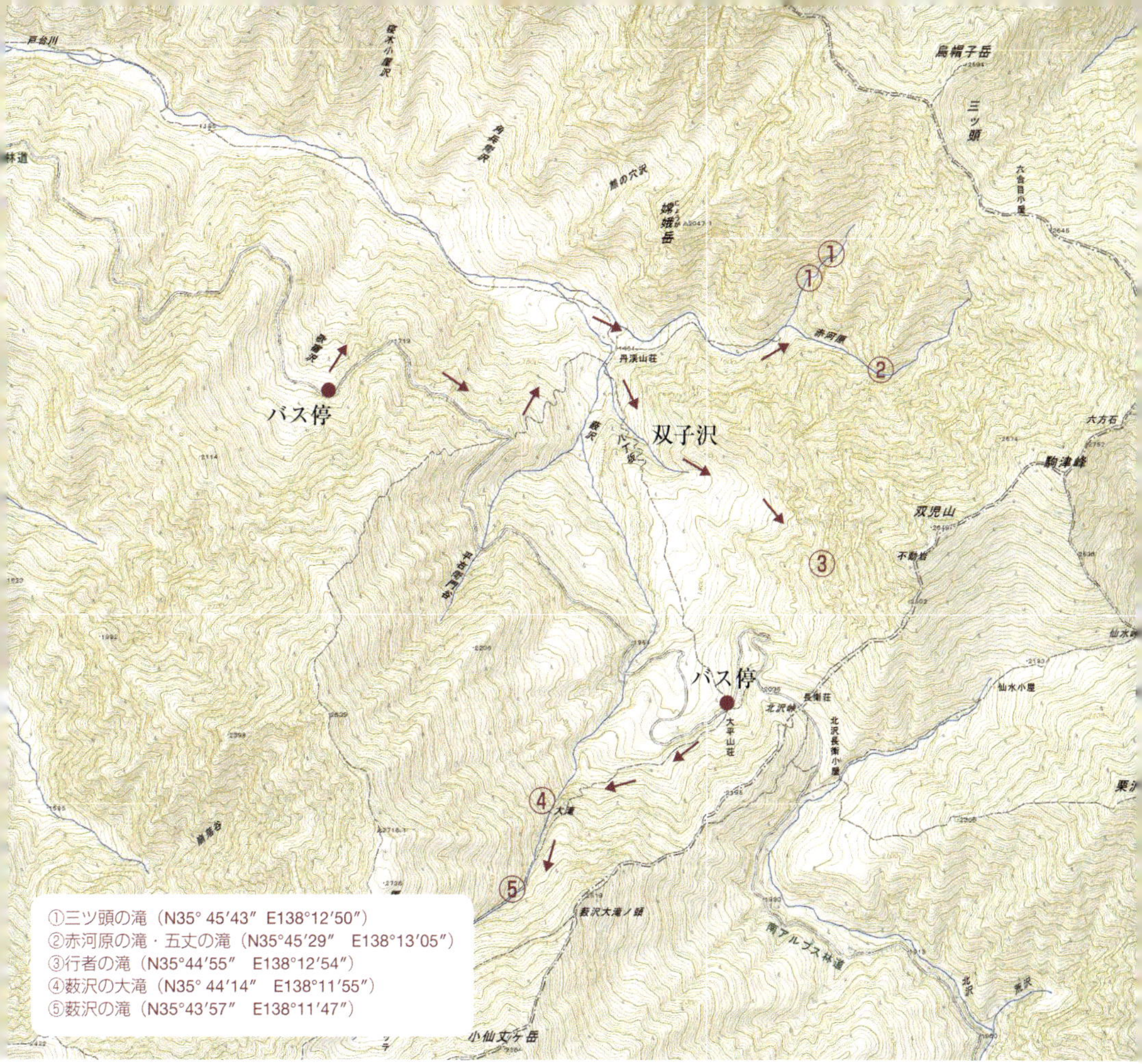

戸台川
烏帽子岳
三ッ頭
丹渓山荘
赤河原
バス停
双子沢
双児山
駒津峰
六方石
仙水小屋
バス停
長衛荘
北沢長衛小屋
大平山荘
大滝
薮沢大滝ノ頭
南アルプス林道
小仙丈ヶ岳
①三ツ頭の滝（N35° 45′43″ E138°12′50″）
②赤河原の滝・五丈の滝（N35°45′29″ E138°13′05″）
③行者の滝（N35°44′55″ E138°12′54″）
④薮沢の大滝（N35° 44′14″ E138°11′55″）
⑤薮沢の滝（N35°43′57″ E138°11′47″）

mの七丈の滝は、ここからは見えず、私の技量ではとても登攀できそうもない。南アルプス林道から遠望する方が無難であった。

本谷は七丈の滝沢との出合付近から右折し、その本流を遡行すると、河原の石は鉄分を含むためか赤褐色をしていた。この辺は名の通り「赤河原」と呼ばれている場所で、その名にまつわる伝説も残されているようだ。

赤河原の滝・五丈の滝

赤河原の巨石のゴーロを乗り越えていく

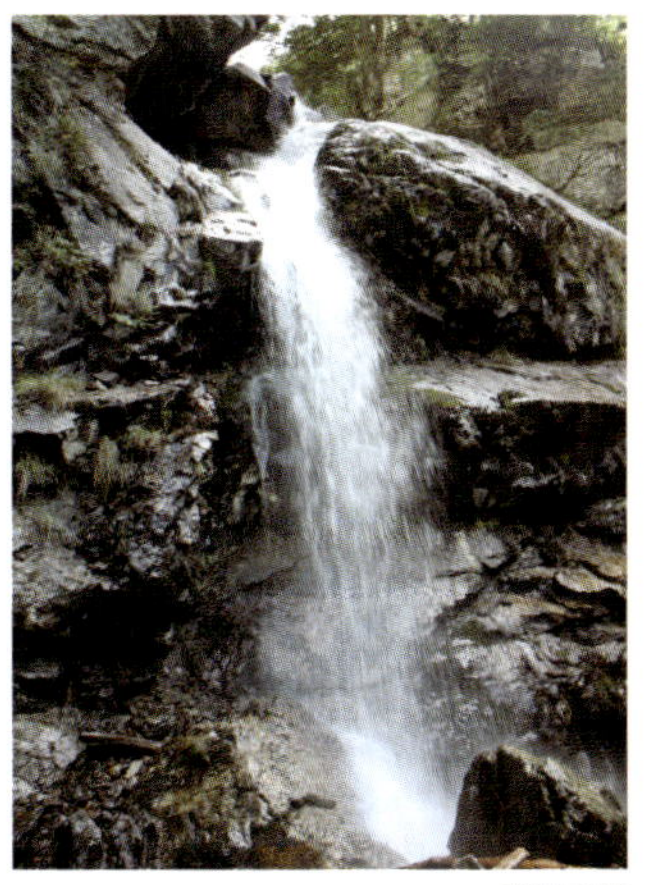

五丈の滝

と、落差5mの「赤河原の滝」（名称は『日本自然景観甲信越版』による）が前衛滝となって懸かっていて滝壷も持っていた。その上流にある落差15mの五丈の滝は、巨石の裏に落ちている。上部は細く曲がりくねり、その後は凹凸のある岩の上に跳ねるように流れ落ちていた。また、左岸の枝沢にも滝が見えた。国土地理院の地形図や『日本登山体系』（白水社）などによると、五丈の滝の上流は、本谷のほか、支流の駒津沢、奥駒津沢、水場の沢に多くの滝が記載されている。しかし、五丈の滝はドーム状の絶壁となって行く手を阻んでいる。高度な技術と登山装備がなければ進めず、ここで登攀を断念した。

双子沢の行者の滝

双子沢は双児山（2649m）を水源とし、戸台川上流部へと流れ下る渓流である。大平山荘から北沢峠登山道の八丁坂を下降して丹渓山荘方面へ向かうと、この沢に出るルートがある。ただ今回も戸台川遡行ルートから双子沢を目指した。

行者の滝

薮沢との分岐から双子沢沿いに続く踏み跡程度の山道を上る。しばらくすると道跡は無くなるが、そのまま沢筋を行くと勾配の緩やかな広いゴーロの河原となり、水は伏流となった。この辺まで来て空の雲行きが怪しくなってきた。天気予報はあまり良くなかったので覚悟はしていたが、あっという間に霧雨となり、前方の見通しが利かなくなってきた。

右岸の絶壁から流れ落ちる細滝を目にする辺りから谷は勾配がきつくなり高度を上げていった。やがて谷も狭まりナメの岩盤となったので右岸の草付斜面を登って行った。さらに登攀すると奥壁に水量は少ないが、高さのある滝が流れ落ちているのを確認できた。『日本登山体系』（白水社）に落差60mと記される「行者の滝」である。霧雨は下から上へと絶え間なく舞い上がってきて、滝の中段から上は見えない。せっかく苦労して登ってきたのだからと、しばらく霧が切れるのを待った。登ってきた時の汗と霧雨で体が冷え、遅い昼食を食べる気にもならない。約1時間を左岸の少し高い所でうずくまって過ごしていると、神の救いか霧が一瞬消えた。慌ててカメラを取り出してシャッターを押す。その後は霧が晴れる見込みもなく、引き返すことにした。

急斜面を草につかまりながら下ると、その時、指に痛烈な痛みが走った。草の先の花に蜂がいたようだ。慌てて手を草から離して指を見たが、一瞬の出来事で蜂の姿はなかった。手が疼いて草や木につかまることも出来ないほどだった。それでも無事に降りて来られたのは不幸中の幸いだったというしかない。2日間ほどは腫れが引かず、手が熱くて痛みも続いた。滝巡りも回を重ねると、様々なアクシデントがあるものだ。とにかく大事に至らずに済んで助かった。

薮沢の大滝

戸台川上流支流の薮沢には「薮沢の大滝」が懸っている。昔は観瀑台に行く遊歩道があったようだが、今は荒廃して無くなりアプローチが困難である。今回は南アルプス林道バスに乗り、大平山荘前のバス停で降りた。山荘前を横切って仙丈ケ岳登山道の薮沢新道を上り、途中から原生林の中をトラバース気味に行くと、薮沢に出た。薮沢の大滝を見つけ滝下まで降りて滝を見上げると、下段から中段部分は細長く何段にもなって流れ落ちている。滝下から上段は見えず、絶壁なので一旦登山道まで戻り、「滝展望所通行禁止」の看板から自己責任で入っていくと上段の様子が見えた。美しく豪快に流れ落ちている滝だ。しかし、山腹は崩落個所や荒廃した場所があって危険なので推奨はしない。

再び登山道に戻って上って行くと「そっとのぞいて見てごらん」の看板があったが、そこから谷底を覗いても木が繁茂して何も見えなかった。あまり覗き込むと滑落しそうだ。足が竦んで怖くなった。

仙丈ケ岳へのメーンルートは北沢峠からの登山道なので、それより下から登る薮沢新道はマイナーなのか、登山者とはあまり行き会わなかった。この付近には9月下旬でも残雪があった。登山道を行くと、薮沢右岸の支流にも落差40mの「薮沢の滝」が流れ落ちていた。この滝付近から薮沢の谷を見下ろすと、中央に東駒ケ岳の雄姿がある。ロケーション絶好で休憩適地となっている。

薮沢大滝下の滝

薮沢の滝

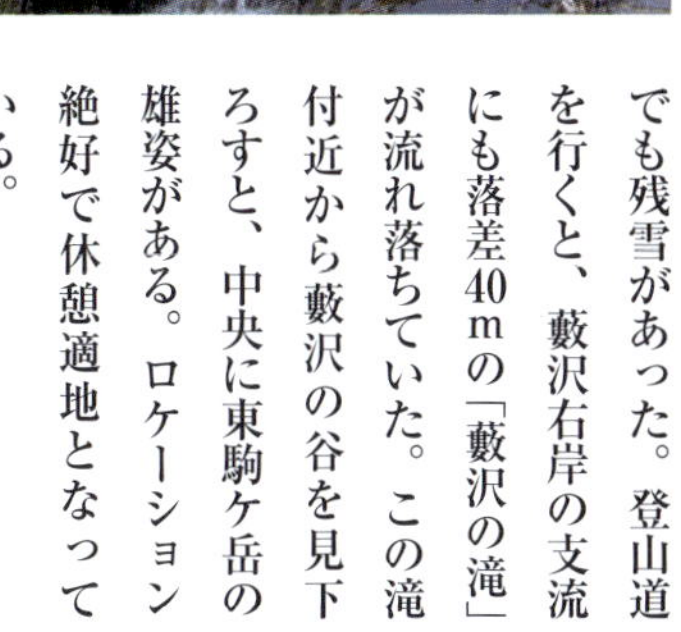

61

中御所谷上流域

駒ヶ根市・宮田村

◆**中御所谷上流域**【なかごしょだにじょうりゅういき】

中央アルプス宝剣岳（2,931m）に発する中御所谷は、岩が露出した険しい渓谷となって駒ヶ根市・宮田村境を流れ下り、太田切川へ合流する。中御所谷の滝群の一部は駒ヶ岳ロープウェイの車窓から見ることができる。

掲載滝：日暮の滝　悪沢の滝　サギダル　西横川大滝

写真：ザギダル

日暮の滝とロープウエイ

中御所谷本谷

中御所谷本谷には日暮の滝、大滝（三段の滝）、三十八滝、富士見滝、鏡の滝などが連なり、そのほとんどは駒ヶ岳ロープウェイの窓から見ることができる。なお、駒ヶ根市のホームページには富士見滝の写真が載っているが、この滝はロープウェイからは見えない場所にあり、今では中御所谷の登山道も消えてしまったので、一般には訪瀑困難な幻の滝のようだ。

悪沢の滝

悪沢

駒ヶ根高原の菅の台駐車場に車を止め、バスで駒ケ岳ロープウェイしらび平駅まで行く。日暮の滝はロープウェイ駅から遊歩道を10分ほど歩くと見ることができ、駒ヶ岳周辺の景勝地の一つなっている。ちなみに日暮の滝の名称は、駒ヶ岳山麓から歩くと、そこで日暮れとなることから付けられたという。

さて、中御所登山道入口から歩く。まず左手にある濁沢の上流にある「濁沢の滝」が遥か遠くに見えた。この滝の遡行は、後日の楽しみにとっておくことにした。

日暮の滝付近で中御所川は分岐し、左股となる支流の悪沢は、遡行対象としては馴染みの薄い渓谷である。悪沢とはあまりイメージはよくないが、実際に遡行してみると、さほど危険な場所も多くはなかった。

日暮の滝から悪沢に入渓して、巨石や流木を乗り越えながら20分ほど遡行すると、落差20mほどの滝が懸っていた。この滝が国土地理院の地形図に滝記号がある「悪沢の滝」である。この滝の右岸を巻き、さらに20分ほど遡行すると落差5mの滝があった。その先は雪渓となったが、アイゼンを付けるほどの傾斜でもない。注意深く登れば楽に遡行できた。

ザギダル

雪渓を約200m登ると、左岸のサギ谷に落差80mのサギダルが懸かっていた。見上げるような高所から二段となって流れ落ち、岩を流れた滝の水は雪渓の下へと潜り込んで消えていく。滝の周辺は8月でも雪渓が残っているため、谷の下の方から冷気が霧となって舞い上がり、上へ上へと漂ってきた。真夏でも涼しくて心地よく、別天地のようだった。日暮の滝から約1時間の悪沢遡行は達成感のある予想外に楽しい沢登りであった。

西横川大滝（宮田村）

西横川大滝

中央アルプスの伊那前岳（2883m）に水源を発し、しらび平で中御所谷と合流する西横川は、『日本登山体系』（白水社）に大滝が記載されているので遡行してみた。
ロープウェイで「しらび平駅」まで行き、駅から少し県道を下って、志らび橋から左岸に入った。堰堤を2つ越えて西横川を遡行すると、大岩や流木がある谷筋となった。
落差5mの小滝を2つ越えると、やがて両岸が切り立った岸壁となり、落差20mの滝が懸かっていた。この大滝の右岸側を攀じ登って滝口に出ると、その上方はさらに落差10mの滝となっていた。つまり大滝は全体で30mの二段滝であった。
上段の落差10mの滝を越えて、西横川の上流をさらに少し先まで遡行してみた。上流にはナメが続き、川は伊那前岳へと突き上げていた。さすがにここまで来る人は少ないと思われる。『日本登山体系』（白水社）によると、その上流にも落差30m級の滝があるという。ただ、専門技術をもったエキスパートの領域である。あきらめてここで引き返した。

62

中田切川上流域

駒ヶ根市赤穂

◆**中田切川上流域**【なかたぎりがわじょうりゅういき】

中田切川は中央アルプス空木岳（2,863m）に発し、諸渓水を集めて駒ヶ根市・飯島町境を流れて天竜川へと注ぐ。中下流域は割合に入りやすい川相だが、上流・源流域は急峻で人を寄せ付けない渓谷となっている。

掲載滝：煙りの滝　燕滝　横綱の滝　荒井沢の大滝

写真：燕滝

中田切川遡行

伊那中部広域農道の大徳原信号で山側へと入り、養命酒の工場から林道中田切川線を中田切渓谷方面へ向かう。駒ヶ根市が設置したゲート前に車を止めて林道を歩く。観音沢を通過し、営林署ゲートを越えて行くと山の神トンネルがあり、しばらくすると林道終点の中田切川入渓地点に到着する。

中田切川本谷への入渓は、堰堤の作業道路からロープで降りられるようになり、少し楽になった。河原の大岩を乗り越えて遡行すること約1時間30分で小さなチョックストーン滝が現れた。その上流はゴルジュとなって滝が連続しているが、この辺にあるという「煙りの滝」はどの滝を指しているのかは定かではない。最上部とその下の滝は左岸へ回り込まないとよく見えなかった。

燕滝

「煙りの滝」から渡渉や巻きを繰り返して、しばらく河床をたどる。左岸から大荒井沢が流れ込んでいるが、帰りに時間があったら寄ることにして、まずは本谷の河原を遡行して行った。単調な河原を歩くこと約2時間で、落差5mの前衛滝を従えた落差20mの「燕滝」がお目見えした。『駒ヶ根市誌自然編Ⅰ』によると「変成岩中にみられる高さ20mの細粒苦鉄質岩からなっている」と記載されている。岩壁を流れる豪

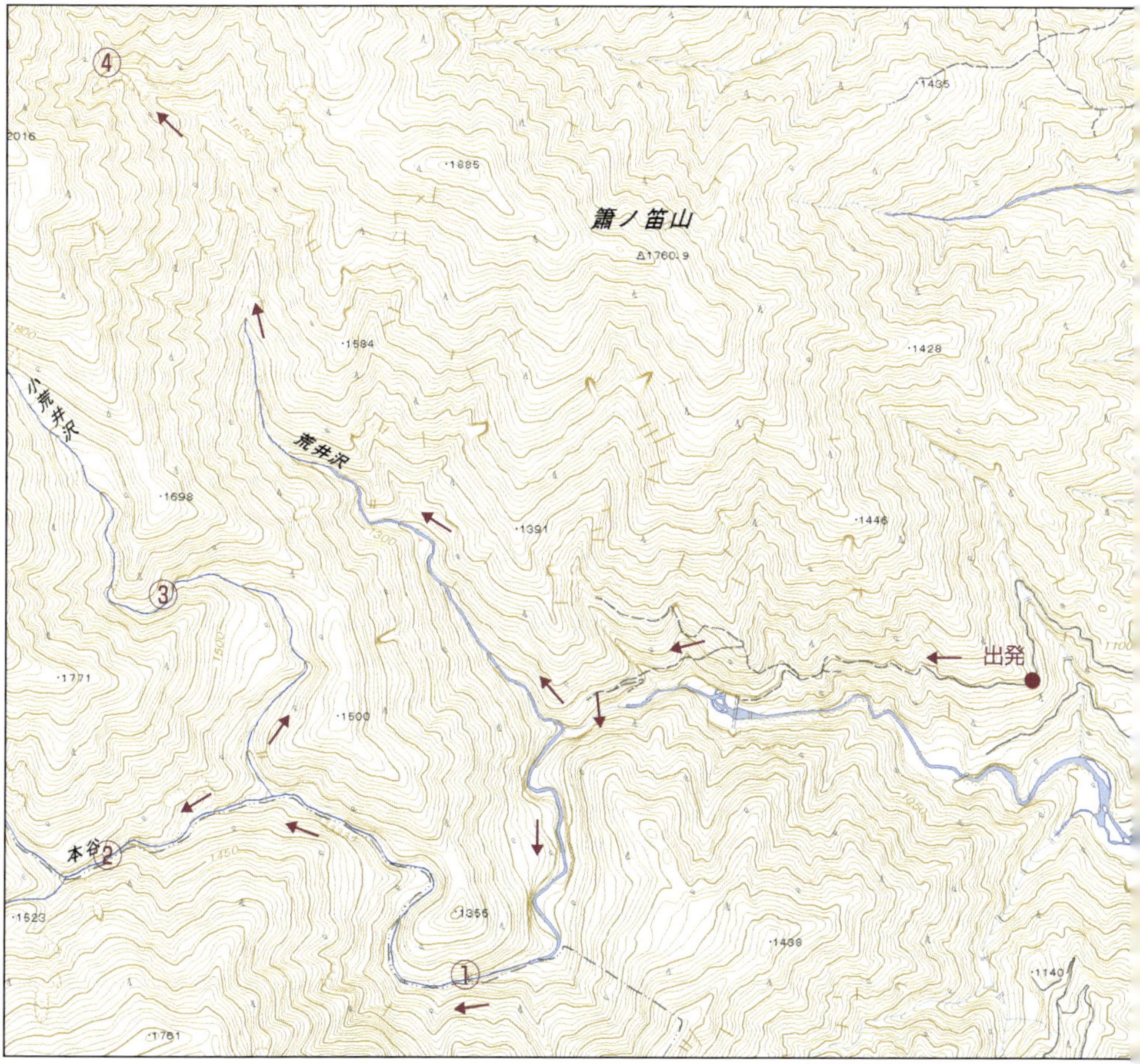

簫ノ笛山
△1760.9
荒井沢
小荒井沢
本谷
出発
①
②
③
④

快な燕滝の水流は、滝壷の中へ回り込むように落ちている。燕滝を越えるのは急斜面で滑落の危険があり、自分の装備では難しい。この滝の上流にも落差40mの大滝があるが、あきらめて引き返すことにした。いつかリベンジしたい滝である。

大荒井沢の渓谷

帰りに本谷に差し込んでいる先ほどの大荒井沢の渓谷をたどってみた。狭いうえに樹林帯に覆われて昼間でも薄暗い陰鬱な雰囲気である。大きな岩を避けて笹藪漕ぎし

横綱の滝

ながら約1時間遡行すると、谷は右に湾曲し、その奥に二段となって流れ落ちる落差15mの「横綱の滝」が懸っていた。滝口には今にも落ちてきそうな大岩が乗っている。なお、この上流には「曇りの滝」などがあるが、エキスパートの領域であった。

荒井沢の大滝

日を改めて今度は荒井沢の大滝を訪瀑した。荒井沢は林道終点の入渓地点から最初の沢で、左岸側から中田切川に注いでいる。熊笹の中の道跡をたどり、荒井沢に降りて遡行を開始した。大きな石や2mほどの渓流瀑が断続してあるゴーロの谷を、足の踏み場を選びながら遡行していった。左岸から差し込む沢の出合には、落差3mほどの渓流瀑があったが、そこから上流は、平凡で単調なゴーロの河原となり、時に左岸、時に右岸からガレが押し出していた。

左岸からガレの支流が流れ込んでいる場所を過ぎて、さらに登って行くと、紅葉した木の間に大滝が見えてきた。正面の岩壁に三段となって流れ落ちている。滝下のテラスまで行ってみると、上段20m、中段15m、下段25mの見事な滝だった。左股に目をやると、その左岸枝沢にも落差40mの滝を懸けているのが見えた。だが、その滝下まで行く気力はさすがに失せていた。林道終点から老骨の足で、往復5時間30分。それでも紅葉の始まったばかりの渓流歩きは至福のひと時であった。

荒井沢大滝

63

横川川上流域

辰野町横川

◆**横川川上流域**【よこかわがわじょうりゅういき】

横川川は黒沢山（2,126m）、経ケ岳（2,296m）、坊主岳（1,960m）からの諸渓水を集めて小野川に合流、天竜川へ流下する。流域面積が広く延長も長い。上流域の大滝川や唐沢は急峻で多くの滝を懸けている。

掲載滝：大滝（男滝・女滝）　大滝沢源流の連瀑
唐沢の七滝

写真：唐沢の七滝（1〜2段目）

横川川大滝沢源流

横川川支流の大滝沢を源流まで踏査してみた。県道川上唐木沢線から横川ダム方面に向かう。林道横川線に入り、「横川の蛇石」に駐車した。林道のゲートから約6・5km歩くと小樽沢分岐となる。横川の橋を渡り、林道を約2km進むと道路脇に大滝の標柱が立っていた。林道から滑りやすい急斜面を大滝沢へと降りると、大滝の男滝が本流に、女滝が左岸支流に懸かっていた。しかし、落差25mの男滝は川が湾曲しているため全景が良く見えない。滑りやすい右岸の岩の上を回り込んで見ようとしたが、滝下には降りられず、高台から見るしかなかった。一方の落差40mの女滝は、林道切り通しの岩の上からも上流部の姿を見ることができる。

大滝（雄滝・雌滝）

大滝（男滝・女滝）から少し歩くと林道終点となり、そこからは経ヶ岳登山道のガレ場を越えたり、背丈以上もある熊笹やイ

横川の蛇石

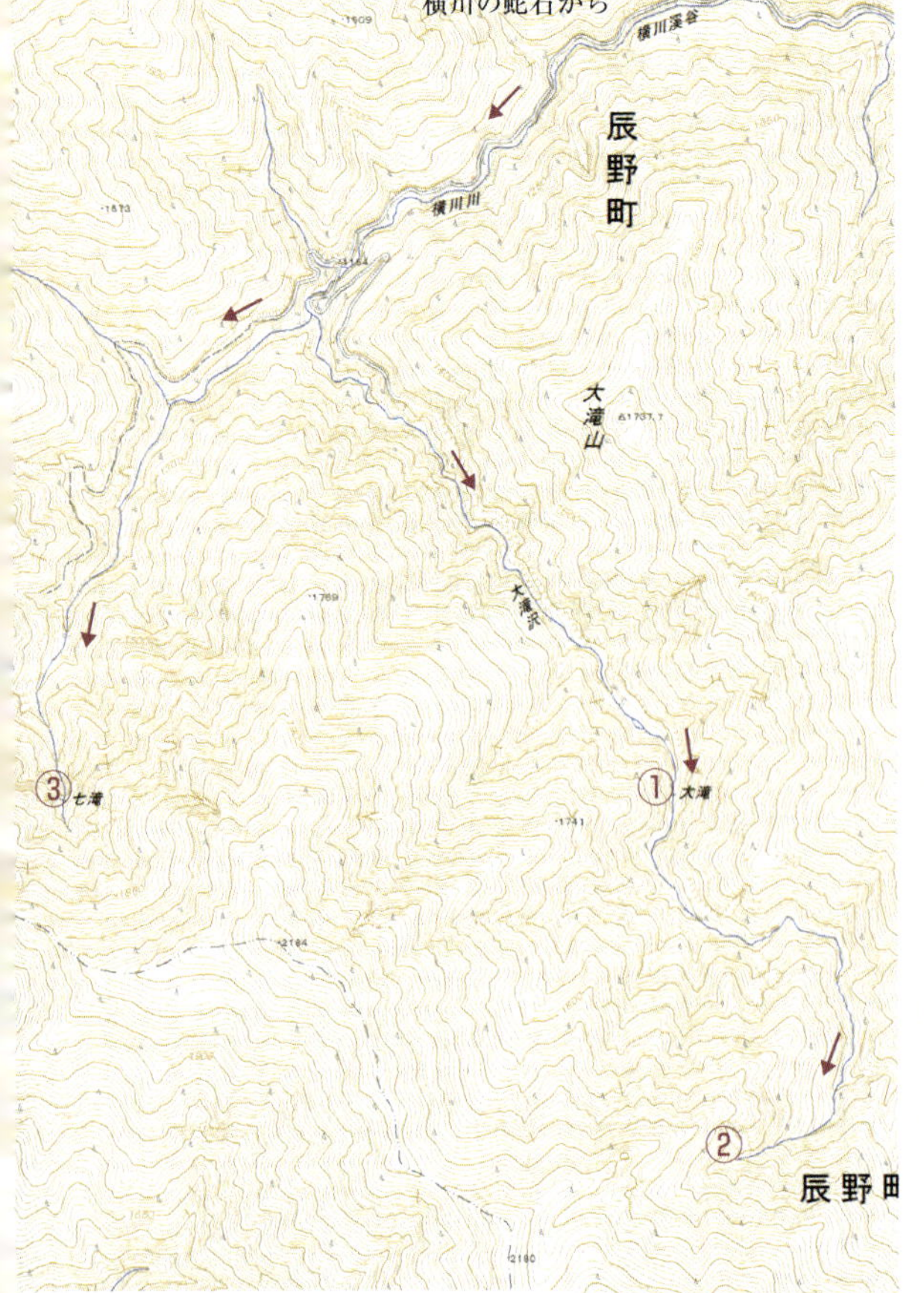

源流の滝下段

タドリ、イバラの藪漕ぎ、急斜面のトラバースが続き、ついには道跡も無くなってしまった。大きな砂防堰堤を高巻きして進むと右岸から流れ込む支流があった。そこからさらに本流を上流目指して遡行すると、延長50mほどを多段となって流れ落ちる大滝沢源流の連瀑があった。そこは経ヶ岳登山道を約2時間歩く秘境の滝で、周囲を見渡しても人が入った跡は全く見当たらなかった。

唐沢の七滝

横川川の源流の一つ、唐沢の上流に七滝がある。七滝までは「蛇石」の駐車場ゲートから長い道程を歩くことになり、一日掛かりの覚悟で行かなければならない。また、登山道は荒廃していて踏み跡が分からない場所もある。山中で迷うこともあるため、初めての訪瀑では注意が必要だ。

「横川の蛇石」に駐車し、ゲートから6・5kmの林道分岐で坊主山・七滝方面への登山道を歩いて行くと、また分岐があった。そこで山の斜面を下っていくと唐沢左岸に出て、そこに鋼鉄製堰堤があった。川沿いにしばらく進むと、やがて谷が狭まり、最初の滝が現れた。小滝を越えて沢の先を見ると岩盤が捻じれ、ヘビのように斜瀑、段瀑が連続しているが、これらは「七滝」ではない。

七滝（4段目）

七滝は、この一連の滝を越えた上流から始まる総延長約１００ｍの連瀑である。急峻な七滝を一段目から上段へと進むのは滑り易い岩場の高巻きなど危険があるのであまりお奨めしない。

一段目は左岸斜面を攀じ登り、二段目は左岸を大きく巻き、三段目も左岸を巻いた。四段目からは滑り易い盤面となり特に注意が必要だった。五段目の盤面には取り付く場所がなく遡行は困難を極めた。五段目の滝下から上流を見上げると、六段目と七段目の滝が幅広い岩盤を流れ落ちている様子が見えた。降雨後の水量が多い時にはさぞかし見応えある姿となるだろうと想像できた。滝口から下流を望む風景もまた素晴らしかった。長い道のりを歩いて来た甲斐があったと感激した。

64

小横(こよこ)川川上流域

辰野町小横川

◆**小横川川上流域**【こよこかわがわじょうりゅういき】

小横川は経ケ岳の東隣にある黒沢山を水源とする。長畑山（1,638m）の尾根を挟んで横川とほぼ並行して東流し小野川へと合流する。上流域へ向かうと、ここにも知られざる「三級の滝」がある。

掲載滝：殺生の滝　三級の滝

写真：三級の滝（本滝）

小横川川遡行

「三級の滝」というと、隣を流れる横川川の三級の滝が知られるが、小横川川にも、あまり知られていないながら見栄えのする殺生の滝や三級の滝がある。

国道153号（三州街道）の小横川入口から川沿いの道を走り、小横川林道に入る。「小横川ます池」を通過して林道終点で車を止めた。「ます池」の主人の話によると、この周辺には熊が生息しているとのことだ。熊対策の鈴や撃退スプレーも携行して出発した。小横川川を渡渉し、作業小屋の廃屋の横を抜け、道跡をたどりながら川沿いを登っていく。途中から小横川に入渓し河床を遡行した。

殺生の滝

小横川川の勾配は比較的緩やかだが、「殺生の滝」に近づく辺になると急に川幅が狭まって、小滝も現れた。そして遡行すること約1時間で落差15mの殺生の滝に着いた。

殺生の滝

殺生の滝は前衛滝にかけて「く」の字に捻じ曲がって流れ落ち、水量も多く見応えある美しい滝である。ただ残念ながら、ここまで滝を見に来ようという人は極めて稀で、「小横川ます池」の主人も何十年も見ていないと話していた。一般には馴染みの薄い滝のようだ。

三級の滝

殺生の滝は直攀できないので左岸を巻くことにした。その左岸の岩壁には昔の炭焼きなどのために作ったと思われる木の桟橋らしきものがあったが、朽ち果てて使える状態ではなかった。草の根にしがみ付きながら滝の岩壁を攀じ登っていったが、かなり危険で最大の難所だった。斜面をトラバースして上流へ進むと延長40mほどの斜瀑があり、その先はゴルジュ帯となった。

左岸の作業道らしき道跡をたどり、ゴルジュ帯を越えると、小横川は緩やかな勾配となったが、三級の滝まではまだまだ距離がある。

倒木の重なる河床を遡行すると、やがて沢は二股に分かれた。右股を200mほど

三級の滝（布引の滝）

進むと、高さ13ｍの岩壁から直瀑となって落ち、下流では段をつくっている「一の滝」が現れた。三級の滝の3つの滝の最初の滝である。一の滝は右岸を高巻きして滝上の河床へと降り、200ｍほど遡行すると、二段となって流れ落ちる落差25ｍの「二の滝」があった。この滝は白い布を流したようにも見えるので、別名を布引の滝とも呼ばれている滝である。

二の滝の左岸側は容易に上れて滝口に降りた。そこからまた200ｍほど遡行すると、三級の滝のメーンで整った容姿が美しい落差20ｍの「三の滝」にたどり着いた。この滝は別名本滝とも呼ばれている。斜面にはニリンソウが咲き乱れ、遡行の疲れを癒してくれた。

戻って、三級の滝がある右股と分岐していた左股の出合にも延長約20ｍの段瀑があって気になったので遡行してみた。段瀑の上のV字谷には斜瀑が続き、先は二股に分かれた。その右股は滝を懸けて山の上へと突き上げていた。左股は水量が少なく、やがて枯れ沢となり特筆すべき滝はなかった。熊に行き会うことなく無事戻ることができたが、長い沢歩きの一日であった。

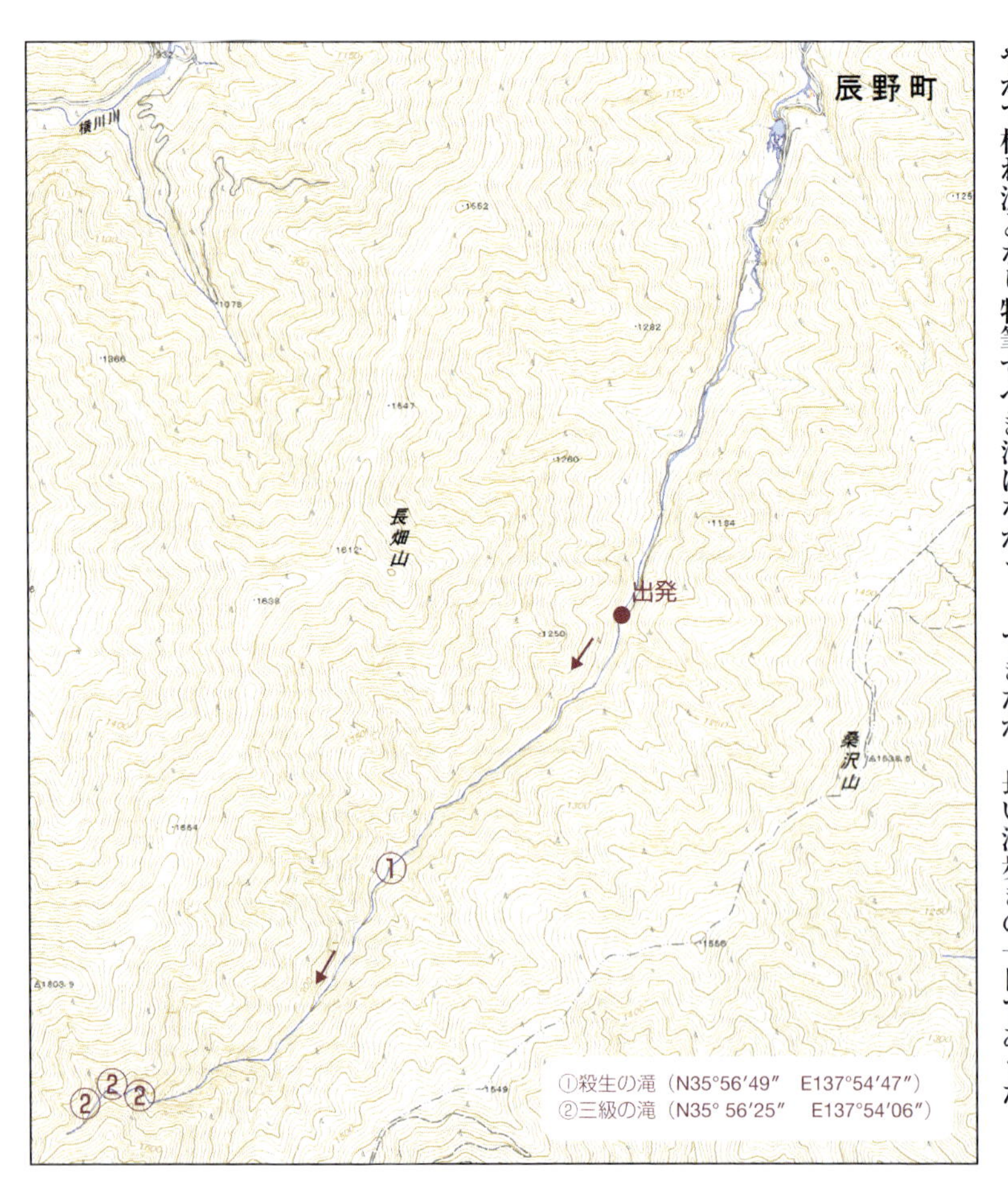

65

中小川上流域

飯島町七久保

◆中小川上流域【なかこがわじょうりゅういき】

中小川は越百山（2,614m）に発し、与田切川と合流して天竜川に注ぐ。越百山登山道をたどるこの川の流域の滝は、国土地理院地形図の表記と現地の呼び名が異なるものもあり、呼称に不明瞭な点も多いようだ。

掲載滝：七段の滝　乙女の滝　相生の滝　飛龍の滝　飛龍落合滝　　写真：飛龍の滝

越百山登山道沿いの滝群

中小川上流域は、越百山登山道沿いに「飛龍の滝」など多くの滝を懸けているので訪瀑に向かった。県道千人塚公園線の林道ゲート前に駐車して出発。しばらく歩き、「シオジ平自然公園」を過ぎて遊歩道の吊り橋を左岸に渡ると、150mほど上流に観瀑台があって、そこからは水量が多く豪快に流れ落ちる落差12mの「剣吊渕の滝」を見ることができた。

中小川はシオジ平自然公園でオンボロ沢と合流しているが、両者は様相が異なる。この辺の中小川は川幅が狭く、合流点の上流には岩盤があって滝を形成しているのに対し、オンボロ沢は右岸が急斜面の連続露頭となり細かい粒の市田・清内路花崗岩が分布、沢の河床いっぱいに礫が堆積している。なお、オンボロ沢上流にも滝があるようだが未知の領域である。

七段の滝

シオジ平自然公園先の中小避難小屋を過ぎて本流の橋を渡り、九十九折れの林道を行くとカラマツが植林され、川に沿って越百山へと続く中小川登山道があった。しばらく岩塊地の中を歩くと谷が狭まり、中小川に懸かる「七段の滝」が木の間から見えた。戻って中小川に降りてみようかとも考えたが、滝下に近づくのは危険そうなので断念して登山道を進むことにした。

乙女の滝

やがて登山道は急峻になり、小さな尾根を越えると左岸側に岩壁が現われ、その岩壁を流れる松沢に「乙女の滝」が懸かっていた。天をも貫くほどの高い場所から、滝水が凹凸のある岩肌を流れ落ちている。登山道はこの乙女の滝の中段付近を横切って

乙女の滝

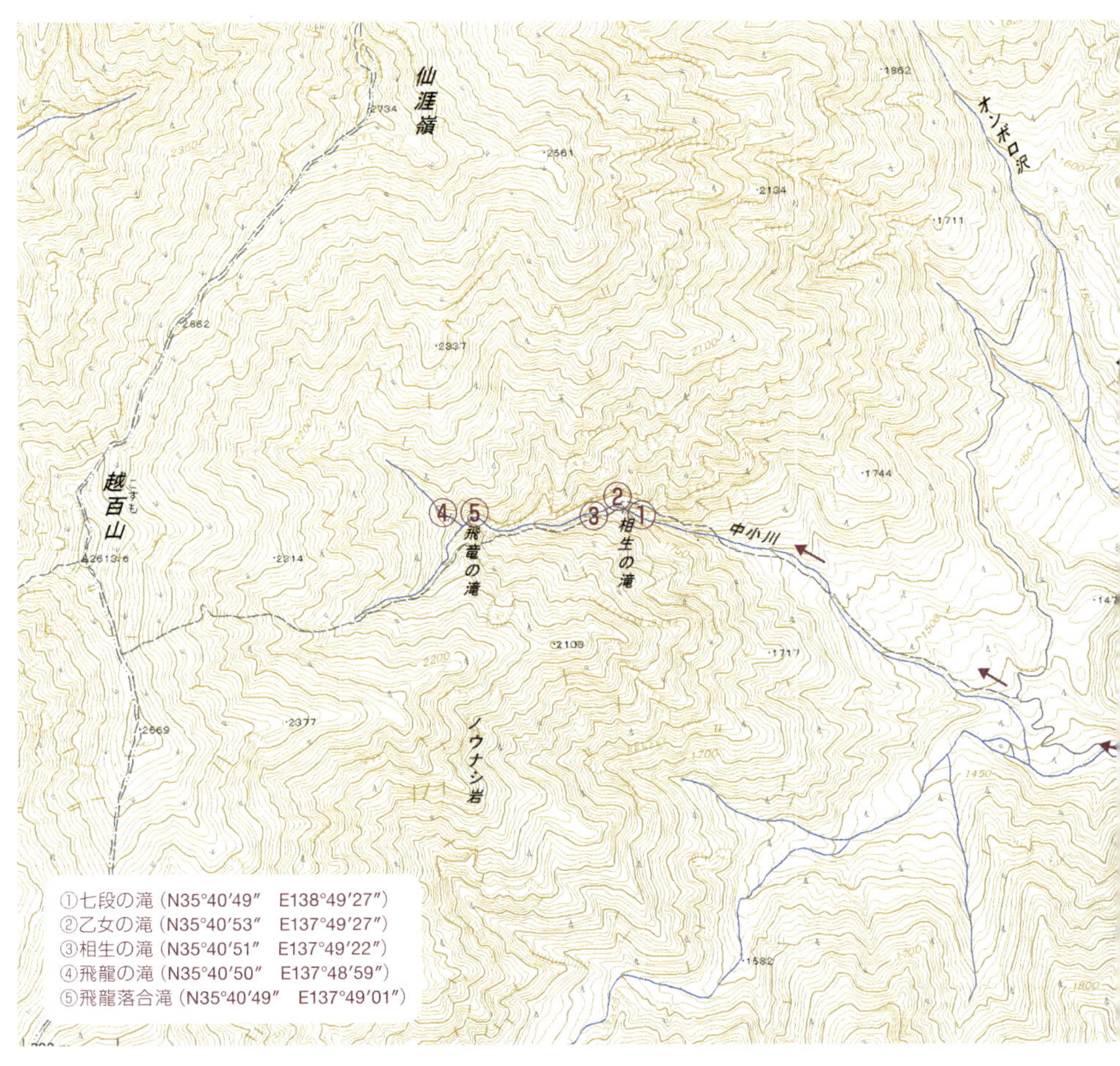

いる。登山道から沢の下流側は覗き込めない崖となって中小川に流れ落ちている。ちなみに、この辺りの花崗岩は粗粒でやや片理のある伊奈川花崗岩である。

相生の滝

登山道の道なりに乙女の滝の中段を横断して花崗岩の岩峻を登り、岩壁の下をたどって行くと、登山道が中小川を渡渉するところに「相生の滝」があった。二条に分かれた滝の水流は、褐色でツルツルに磨かれて平面になった花崗岩の上を流れ、下流の滝へと流れ落ちていた。なお本当の相生の滝は登山道との交差の下にあり、国土地理院の地形図では、七段の滝の少し上に記載されていて、登山道からは滝口しか見ることができない。

飛龍の滝

相生の滝で右岸に渡り、高巻くように沢沿いに登っていくと、巨石で埋まった涸れ沢があり、この岩塊地を過ぎると、川と直交する「カモシカ落とし」の岩壁に出くわした。岩壁に架けられた幾つもの梯子を登り、尾根を乗り越えて行くと、「飛龍の滝」の看板がある展望所があった。木々が視界を遮って見通しはあまり良くないが、中小川にそそぐ仙涯沢に「飛龍の滝」がその名に恥じない雄姿で飛沫を上げて流れ落ちていた。

飛龍の滝の下の落合滝

落合滝

飛龍の滝の展望所からは、中小川と仙涯沢が合流する場所を見ることはできないが、登山道のある地点から危険を冒して崖を降りて行くと、右岸側の中小川からの滝と、左岸側の飛龍の滝から流れ下る水流が二条となり合流してつくる滝の姿を見ることができた。この滝は名称不明のようだが、便宜上「飛龍下の落合滝」としておく。

本物の飛龍の滝の一部

飛龍の滝の真偽

国土地理院の地形図では、中小川と仙涯沢の合流点のさらに下流に滝記号と「飛龍の滝」の記載がある。岩壁に生えた灌木を頼りに下降してみたが、険しい絶壁で近寄ることはできなかった。わずかにその上部が見えたが全景はとても無理だった。途中の「カモシカ落とし」の絶壁の切れ間からも滝の下流の一部が見えたが、この滝の一部かもしれない。

『伊那谷の自然』（伊那谷の自然友の会編）でも、この滝が飛龍の滝となっていることから、本当の飛龍の滝はこちらの滝なのかもしれない。中小川流域では、滝の呼称に不明瞭な点が多いようだ。登山道を登っていけば、やがて越百山と南越百山との鞍部の木曽山脈主稜線の縦走路に合流する。しかし、今回はここで引き返すことにした。

66

与田切川 横沢

よたぎり

飯島町七久保

◆**与田切川 横沢**【よたぎりがわ よこさわ】

横沢は烏帽子ケ岳（2,194m）に発する与田切川の支流で、この上流に滝があることはあまり知られていない。下流からは何本かの砂防堰堤を越えながら遡ることになる。

掲載滝：横沢の滝

写真：横沢の滝

①横沢の滝（N35°39′37″　E137°51′03″）

横沢遡行

与田切川支流の横沢上流に滝があることはあまり知られていない。県道千人塚公園線から与田切林道に入り、しばらくすると横沢に架かる横沢橋がある。近年の大型砂防ダムの建設に伴い、横沢橋手前からも右岸側に車両が入れる道路が開通しているようだが、一般車両が通行できるかは未確認である。

横沢橋から少し上に行ったところで横沢左岸に沿って続く林道へと左折する。林道途中から横沢へと向かう道跡をたどって歩いて行くと、横沢の砂防堰堤の上に出た。さらに堰堤を数本越えながら遡ると近年築造された大きな堰堤が現れ、その上流左岸には大規模な崩落防止工があった。そこから少し遡行すると落差3mほどの小滝があり、ゴルジュとなった。滑り易い左岸側を巻いて河床に降りるとゴーロがはじまり、やがて沢は二股に分かれた。

横沢の滝

本谷と思われる右股の出合には、落差10mの滝が懸かっていた。中央の岩が張り出して二筋となり、向かって右側は水量が多く、左側は極わずかな水が岩面を滑り落ちていた。この滝から上流を見ると、落差20mの「横沢の滝」が逆「く」の字の二段となっているのが見えた。横沢の滝の滝下へと登るには、出合の滝の滑り易い岩盤の中央突破を試みてもいいが、危険を避けて右岸を高巻く方が無難に見えた。

出合滝

67

大泉川 北沢・南沢

南箕輪村飛地

◆**大泉川 北沢・南沢**【おおいずみがわ きたざわ・みなみさわ】

中流域の扇状地で伏流するため昔は水不足に苦しんだという大泉川は、上流で分岐する。右股の北沢は黒沢山（2,126m）を水源とし、左股の南沢は経ケ岳（2,296m）に発する。それぞれ上流にはいくつもの滝がある。

掲載滝：フチの滝（別名／銚子ケ滝）　北沢源流の滝
大ダル（別名／大滝）　南沢源流の滝

写真：フチの滝

大泉川

大泉川上流域周辺は急峻で荒涼とした地形である。つまり地質的には領家変成作用を受けた粘板岩ホルンフェルス等で剥離性に富んでいて脆い。地質構造的には、大泉川とほぼ直角に走る伊那断層の影響で脆弱部があり、それが破砕化して崩れ易くなっているため、多量の土砂を流出して過去に多くの災害が起きている。そのため、大泉川には堤高31mの大泉所ダムをはじめ幾本もの砂防ダムが築造されている。

大泉川の水は、扇状地では伏流し下方で湧き出る。大昔、水不足に苦しんだ大泉の人々は自力で「下井」と呼ばれる水路や、上流からも山の中腹を通る「上井」と呼ばれる水路を作り集落まで水を引いた。古い文書の中には、これらの水を「生命を養う水」という意味の「養水」と表現したものもあり、水への思いの深さが伝わってくる。

北沢遡行

大泉所ダムから林道終点まで行って車を止め、まず北沢へ向かった。1㎞ほど遡行すると、落差7mくらいの滝が懸かっていた。滝口は水流が狭まり、すぐにまた広がって流れ落ちていた。地元の人の話では、この滝をフチ滝（崖っ縁の「フチ」）と呼んでいて、滝壷は釣竿を挿しても届かないほど深いそうである。また、『長野縣町村誌』では「銚子ケ滝」と記され、銚子のようにくびれたところから名付けられたようだ。

フチの滝からの上流域は勾配も比較的緩やかとなり、源流の滝までは小規模な渓流瀑があるだけで大きな滝は見当たらなかった。フチの滝から源流を目指して1時間30分ほど遡行すると、落差7mの滝があった。滝の上段は細長く流れ落ち、一度滝壺を作って下段へと流れ落ちていた。

北股源流上の滝

この「下の滝」から右岸の斜面を100mほど高巻くと、落差10mの二段となって流れ落ちる「上の滝」があった。滝の上段は幅広く流れ落ち、曲がりくねりながら下段の狭い岩の間を樋のように流れ落ちていた。

南沢遡行

大泉川上流二股のもう一方の南沢を訪ねた。経ケ岳登山道から堰堤を巻いて河原に降りて遡ると、大泉川の南沢・北沢分岐から約1㎞上流付近に二条となって幅広く流れ落ちる落差5mの滝が懸かっていた。「大

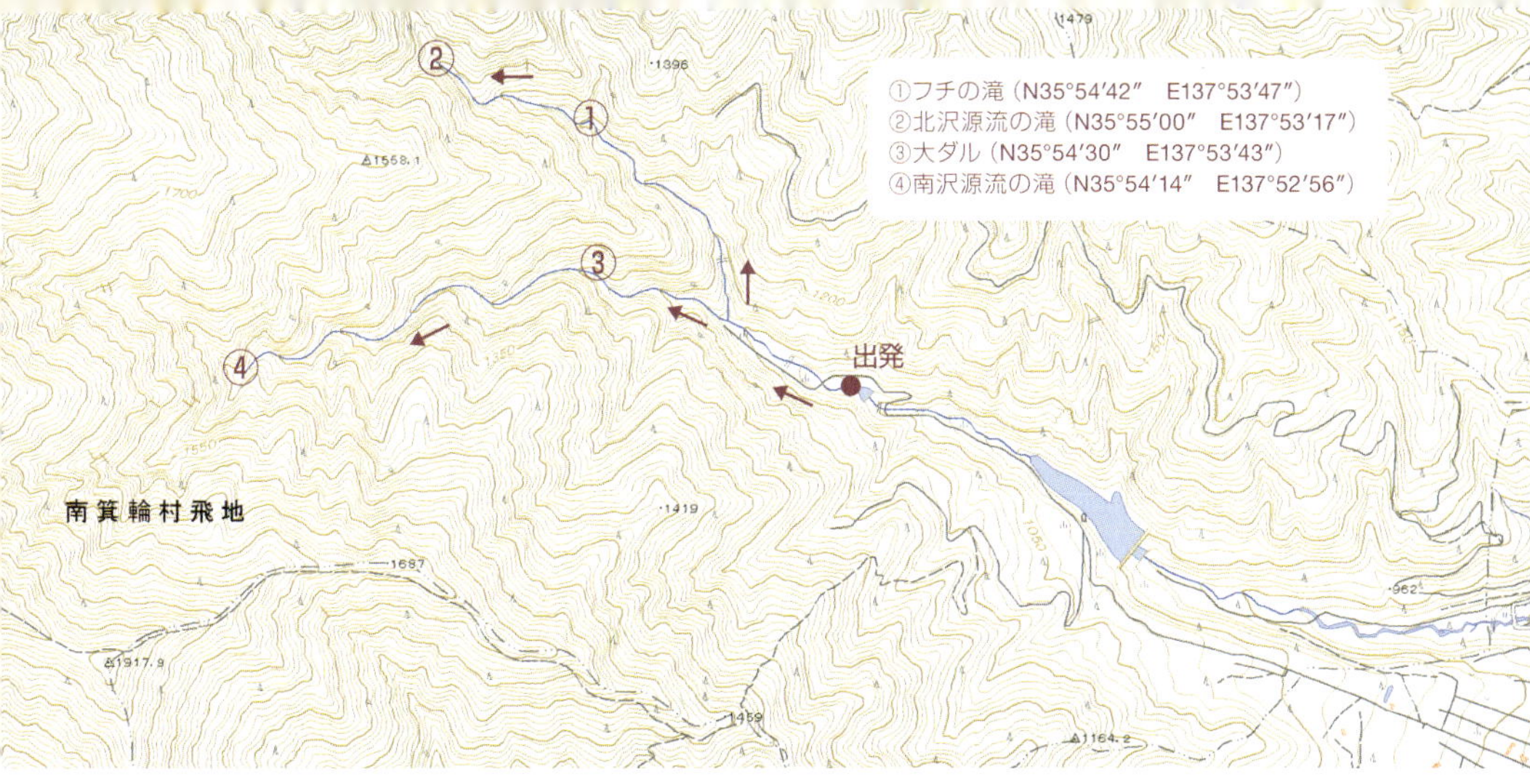

ダルの滝」、別名「大滝」とも呼ばれている滝である。滝の周辺には作業用のワイヤーが今も残されている。昔は大泉所山で産出された石を木馬を組んで搬出し、墓石に加工したといい、その時の名残であるという。南沢の遡行を続けていると、大ダルの滝と上流の滝の中間あたりの左岸の沢から、落差10ｍの滝が水量は少ないが苔の生えた岩面を扇状に広がって流れ落ちていた。この滝からいくつもの渓流瀑を越えて南沢を約50分遡行して行くと、上段は狭く、裾は広がった落差８ｍの二段の滝が現れた。

下の滝の所で沢は二股になっていて、その間の痩せ尾根を木の根に捉まり登って行くと、多段となって流れ落ちる落差20ｍの上の滝を見ることができた。それより上流はゴルジュとなっていて、人が近寄ることができない秘境であった。

大ダルの滝

南沢源流上の滝

68

太田切川 黒川上流

宮田村

◆**太田切川 黒川上流**【おおたぎりがわ くろかわじょうりゅう】

黒川は中央アルプスの宝剣岳（2,931m）から将棊頭山（2,730m）間の稜線の渓水を集めて太田切川と合流、天竜川へと流れ下る。木曽駒ヶ岳の登山道沿いに伊勢滝や夫婦滝がある。

掲載滝：伊勢滝　夫婦滝

写真：夫婦滝

夫婦滝へのアプローチ

太田切川の支流である黒川上流の木曽駒ヶ岳登山道脇に夫婦滝がある。夫婦滝を目指すには次のようなルートがある。①駒ヶ岳ロープウエイから宝剣岳を経由して黒川の沢を下るルート②濃ヶ池を経て伊勢滝登山道の8合目へ降りるルート（夏でも雪渓が残っていて入れる期間が限られ時間もかかる）③宮田高原キャンプ場からオッ越林道を歩き黒川林道に出て伊勢滝登山道に至るルート（距離的にも時間的にも最適なのだが、キャンプ場の開設シーズンに限られる）④県道駒ヶ根駒ヶ岳公園線の黒川平に車を止め、新大田切発電所を経て黒川林道のゲートから歩き、不動滝、伊勢滝を経由して夫婦滝に至るルートである。ロープウェイができるまで駒ヶ岳登山はこの④コースが主体で、バスも伊勢滝まで入っていたという。しかし、黒川平からオッ越林道合流まで8km、徒歩で3時間はかかって

しまう。

伊勢滝から夫婦滝へ

伊勢滝までは黒川平から過去に何回も歩いたことがあるが、今回は宮田高原からオッ越林道に出る③コースを選んだ。オッ越林道から黒川林道に入り、落差20mの伊勢滝を横目に、六合目、七合目と歩いて行くと、登山道は黒川の渓流に沿うようになって気持ちよく足が運んだ。沢コース分岐からは九十九折れの山道となり、その途中に落差15mの夫婦滝があった。V字に刻まれた黒色のホルンヘルスの岩壁の間を、ほとばしるように優雅に水が流れ落ちていた。黒川林道8㎞地点から歩いて3時間ほど。思ったよりもスムーズで快適な路程であった。

伊勢滝

車中泊について

日帰りの滝巡りを原則としていても、なるべく前日に目的地の近くまで到着していると余裕のあるスケジュールが組めるため、車中泊は便利である。キャンピングカーなどの本格的な車両は山道には向かない。林道などで小回りの利く4WDの軽自動車で、床がフラットになるワンボックスカーなどが車中泊には適している。搭載品としては、生活用品、寝袋などの寝具類、大容量のサブバッテリー、走行充電器、インバータ（AC500W位）などがあれば電気製品も使える（電子制御の電気毛布などは疑似正弦波では使用できないので注意）。

なお車中泊やテント泊では結露に悩まされるが、対策は難しい。車中泊は手軽な反面、マナーを守ったり、山中の場合、場所によっては災害等の危険もあるため十分な注意が必要である。

第十章

飯伊地方

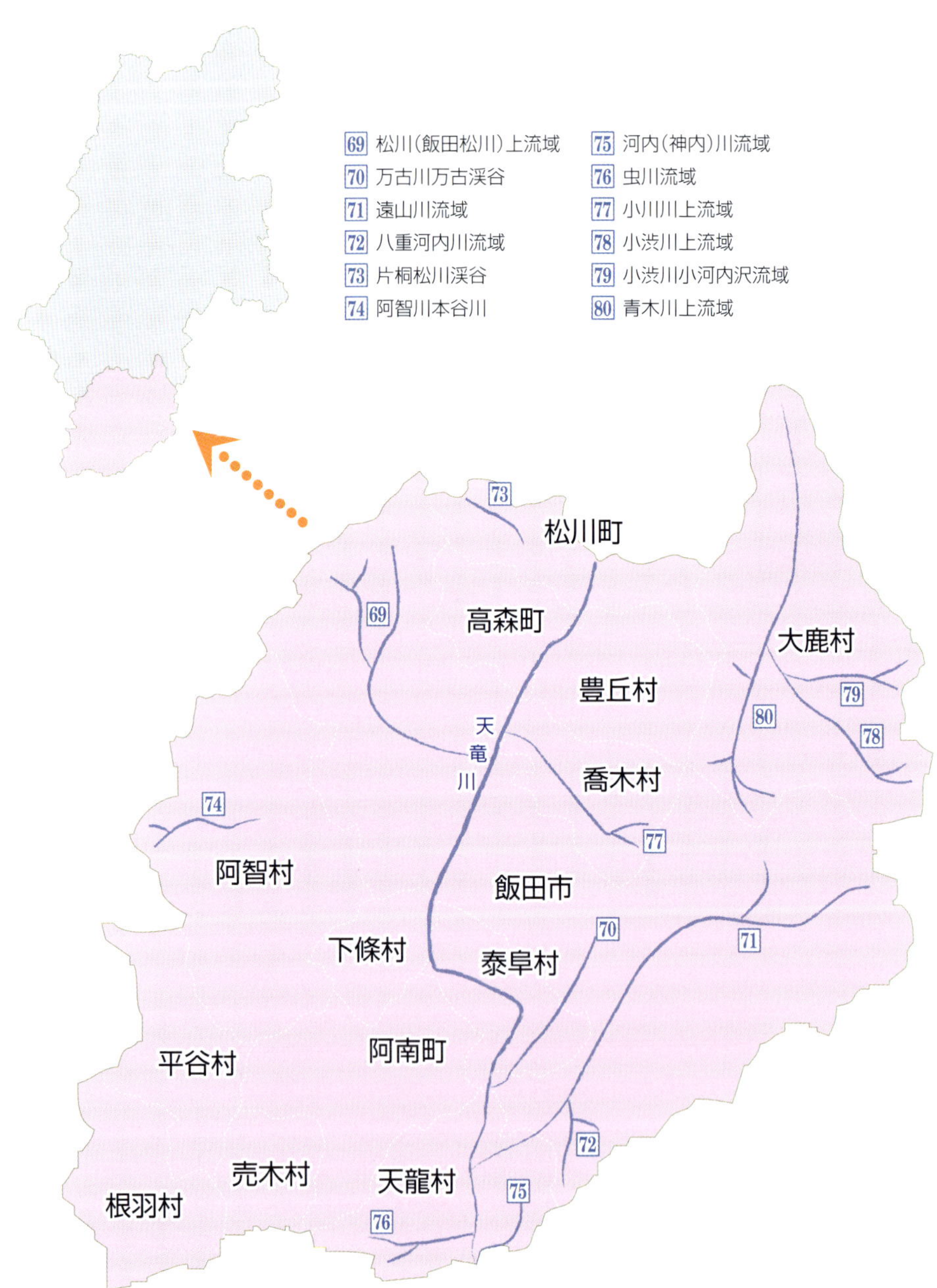

69 松川(飯田松川)上流域
70 万古川万古渓谷
71 遠山川流域
72 八重河内川流域
73 片桐松川渓谷
74 阿智川本谷川
75 河内(神内)川流域
76 虫川流域
77 小川川上流域
78 小渋川上流域
79 小渋川小河内沢流域
80 青木川上流域
松川町
高森町
大鹿村
豊丘村
天竜川
喬木村
阿智村
飯田市
下條村
泰阜村
平谷村
阿南町
売木村
天龍村
根羽村

69

松川(飯田松川)上流域

飯田市上飯田

◆**松川(飯田松川)上流域**【まつかわ(いいだまつかわ)じょうりゅういき】

飯田松川は木曽山脈南部の念丈岳(2,290m)、安平路山(2,363m)、摺古木山(2,168m)一帯の渓水を集めて飯田市街で天竜川に合流する。流域が広く長い河川で、上流の支流沢には数多くの滝を見ることができる。

掲載滝:ツバクロ沢の滝　大西の滝・大西下の滝　小西川大滝
小西の滝　割沢の三滝　ザ沢の滝

写真:大西下の滝

松川上流域には西俣川、箒沢、割沢、ザ沢などの支流があり、支流にも滝が数多くあるが、流路が長いために釣り人など特定の人以外の入渓は少ない。一般には馴染みの薄い場所である。

大西の滝・大西下の滝

安平路山に水源を発する松川支流の西俣川本流の上流には、国土地理院の地形図に滝記号が載っている。西俣川本流の遡行は渡渉や高巻き、藪漕ぎの連続で水量が多いと渡渉は危険である。

大西の滝

県道飯田南木曽線から松川入林道に入り、松川入林道・桧沢和合林道を進んで大堰堤下の広場に駐車した。西俣川の大堰堤から約2時間余の遡行で落差30ｍの大西下の滝に着く。この滝は「く」の字に折れ曲がり二段となって流れ落ちる美しい滝である。一般的にはこの滝を大西の滝と呼んでいるようだ。

大西の滝の上段

地図上では大西下の滝から上流３００ｍ付近に「大西の滝」がある。下の滝からのアプローチは左岸、右岸ともに急峻な崖で危険なため、高度な登攀技術がなければ断念した方がよい。素人判断ながら危険覚悟で右岸側を高巻くことにした。途中にＶ字の沢が差し込んで、そこにも滝があった。この横断は場所の選定を誤ると進退窮まるような険悪な場所だった。

何とかたどり着いた大西の滝だが、滝下へ降りるのにもロープを使わないと危険であった。大西の滝は落差30ｍの滝だが、滝下からは落差20ｍほどにしか見えない。そこで全景を見るために滝下から少し下流に引き、左岸へ渡渉して急峻な崖を攀じ登った。木の間から滝の全体像が見えたが、残念ながら上流部は木に隠れて良く見通せなかった。しかし、下の滝に勝るとも劣らぬ美しい滝であった。

ツバクロ沢の滝

ツバクロ沢は西俣川の枝沢で、国土地理院の地形図にはその上流に滝記号が載っている。西俣川本流遡行と同じく、松川入林道・桧沢和合林道の大堰堤から出発。林道ゲートを少し行くと右側に分かりずらいが作業道入口があり、その作業道から堰堤右

①大西の滝・大西下の滝（N35°36′09″　E137°46′08″）
（N35°36′06″　E137°46′03″）
②ツバクロ沢の滝（N35°36′10″　E137°45′39″）
③小西川大滝（N35° 35′46″　E137°45′17″）
④小西の滝（N35°36′15″　E137°45′02″）
⑤割沢の三滝（N35°35′50″　E137°47′33″）
（N35°35′55″　E137°47′32″）
（N35°35′56″　E137°47′31″）
⑥ザ沢の滝（N35° 36′42″　E137°48′15″）
飯田市
飯田市
堰堤
松川入林道・
桧沢和合林道
松川入林道
林道分岐

ツバクロ沢の滝

岸を高巻きすると、西俣川に合流する小西川に出合う。小西川には鉄橋が架かっていたが老朽化して危険なため、河床を渡渉してから西股川を遡行していった。

　やがて川は水量1対2の比率で二股に分岐した。右股が本流で、左股がツバクロ沢である。ツバクロ沢を遡行すると、落差4mほどの小滝や落差10mの二段瀑があり、それらを乗り越えて行くと、狭隘な岩の間を斜めに流れ落ちる落差15mほどのツバクロ沢の滝があった。

　この日は梅雨明け前の不安定な天候で雲行きが怪しかった。滝下から滝を写真に収め、上流を探ろうと左岸斜面を攀じ登っていった時である、いきなり雷鳴が轟き豪雨が襲ってきた。沢の水嵩は一気に増して濁流となった。斜面の窪みにうずくまっていたが収まる気配はない。しばらく水嵩が減るのを待ったものの、その兆しは無く撤収を決断。しかし、渓谷沿いには下れない。山腹の笹藪を漕ぎながら小西川との尾根に出て、鉄橋を渡ってやっとの思いで帰還した。全身が熊笹の汚れで真っ黒になってしまった。山の天候の急変には注意が必要であるとあらためて痛感した。

濁流のツバクロ沢の滝

小西川大滝

　西俣川の上流枝沢のひとつで摺古木山に水源を発する小西川の遡行は、西股川の大堰堤から、小西川に沿って上流側へと向かう林道を歩いて行った。しばらく行くと左側からの枝沢が林道を横断し、その上部を見上げると落差１００mほどの大滝が懸かっていた。滝は斜瀑で水量はさほどないが、上部は細長く天に達するように突き上げていた。

　その滝から林道をしばらく歩くと小西川に架かる橋があり、そこから入渓した。最

小西川大滝

小西川最初の滝

小西の滝

初の滝は林道橋の上にある落差12mほどの滝で、幅広く流れ落ちるなかなか見事な滝であった。ただ、国土地理院の地形図に滝記号があるが名称は不明だ。それから上流には小滝や渓流瀑が連続し、河床も滑り易い花崗岩のため、遡行には十分な注意が必要だった。

小滝や渓流瀑を越えていくと谷は分岐が続いた。最初の分岐を左股に進み、次の分岐は右股を選択して200mほど遡行すると落差30mの小西の滝が現れた。滝口はチョックストーンとなっていて、中段に滝壷を持ち、下段へ広がって流れ落ちている段瀑であった。なお、滝の上流に登ってみたい気持ちが湧いたが、滝口付近が急峻だったため断念した。

割沢の三滝

安平路山の山腹に源を発する松川支流の割沢には、国土地理院の地形図に滝記号が記載されていて前から興味があったので踏査することにした。松川入林道を行き、割沢に架かる橋で右岸から入渓した。3本の堰堤を乗り越えていくと、曲がりくねり段をつくって流れ落ちる落差20mほどの最初の滝が懸かっていた。名称は不明だが、この滝の上流にも2つの滝があるので、便宜上「割沢下の滝」としておく。

割沢の「下の滝」と、国土地理院の地形図に滝記号のある「上の滝」の間に、落差8mほどの「中の滝（仮称）」があり、この滝の左岸を登って上流へ少し遡ると、落差15mの「上の滝」が懸っていた。前衛滝の上で「く」の字に曲がっていて、その上流は直瀑が勢い良く流れ落ちている。滝口

割沢の三滝上の滝

の上は延長10mほどのナメとなっていて、上流には砂防堰堤が入っていた。

松川本谷周辺の滝

松川本流ではこのほか、本流に沿って続く松川入林道の終点に近い松川右岸の牧小谷上沢に落差50mの滝があり、水量は少ないが細長く多段となって落ちている。また、松川入林道の終点でちょうど松川対岸に流れ込んでいるザ沢には、国土地理院の地形図に5つの滝記号が連続して記載されている。安平路山の山腹から流れるザ沢は急流の渓谷で、松川入林道を行くと松川対岸に見えるザ沢の中段に滝が懸っているのが分かる。この滝は文献によれば落差70mもの多段瀑となっている。全景は樹木が深く覆って見えないが、林道終点より手前の三右衛門沢付近から松川越しに下段の一部を見ることができ、中段は林道途中で、ザ沢の見通しが効く場所から遠望できる。ザ沢への入渓は危険そうなので断念した。したがって詳細は未確認である。

ザ沢の滝中段

赤樽の山ヒル

松川入林道と松川入・桧沢和合林道の分岐手前300m付近にかつての集落の廃屋があり、集落跡に西俣川を渡る鉄の橋が架かっている。橋の対岸には赤樽沢が流れ込み、西俣川との合流点に花崗岩の褐色の岩肌を流れ落ちる滝があった。その上流40m付近には落差5mの赤樽滝が懸っていた。ここには取水パイプが残っているが、西俣川上流にあった松川入集落の飲料水として引用したものと思われる。

ところでこの南信地方には山ヒルが多い。飯田市の円悟沢や遠山川流域にもいるが、この沢にも山ヒルが棲息していた。長靴履きで無防備のまま沢に入渓したので、足に入られてしまったようだ。

桧沢和合林道を進むと、「松川入部落集団移住之碑」と「この地に松川入分校あり」の石碑が建っている。そこからさらに進むと作業小屋とトイレのある広場となり、そこには「遭難の碑」と慰霊の鐘がある。1969（昭和44）年8月5日に大西沢で起きた鉄砲水で、避難小屋に就寝中の神戸市立御影工業高校山岳部の教師・生徒7名が流される遭難事故が発生した。戦後盛んに伐採されて保水力を失った山は、降雨量の多い日にはたびたび大洪水をもたらし、松川入の集落をも廃村に追い込んだ。松川上流は過去の悲劇を秘めた場所でもある。

70

万古(まんご)川 万古渓谷

飯田市千代・泰阜村

◆万古川 万古渓谷【まんごがわ まんごけいこく】

万古川は金森山（1,702m）に発し、諸渓水を集めて深く刻まれた万古渓谷を流下、泰阜村で栃中川を合わせて天竜川に注ぐ。渓谷には多数の滝があり入渓者も多いが、渓谷支流の沢には訪れる人もまれな秘境滝がある。

掲載滝：一石の滝　カブロ滝

写真：一石の滝

万古渓谷

『千代風土記』（昭和58年、飯田市千代公民館刊）や泰阜村誌の万古渓谷に関する文献によると、万古川の二軒屋から唐沢滝までの景勝地として次のような滝や淵が連続している。

関小屋の滝・かじか滝・三浦氏隠れ岩・猿岩・セッコウ岩・千本桂・城がくし・洞くつ、一の瀬戸・おしどり淵・スダレ・鍋つるし・箱淵・畔淵・梅五郎の滝・万華岩・猿淵・魚止の滝・死霊淵・七ツ釜・前不動滝・不動滝・釜沢の淵・金森淵・猿顔岩・犬かえし・唐沢の滝……。

余談ではあるが、泰阜村の二軒屋は古くは「古瀬戸」といい、鎌倉の落人が入り住んだ地で、関連する古い史跡がある。千遠林道にあった万古渓谷の案内看板を見ると、川端分校跡・二軒屋・なぎ畑蔵屋敷跡・関小屋・木師屋跡・六軒屋・八軒屋・馬小屋などの地名がある。この秘境の地では昔、木地師や炭焼きなどで生活を営んでいた名残が伺える。

唐沢滝

その二軒屋から唐沢の滝まで万古渓谷を遡行した。途中に鎖場を渡るような場所もあるが、比較的安全に沢登りのスリルを味わえる渓谷で、多くの人が入渓するようだ。その一方で支流の馬小屋沢や猿間洞沢へは、万古渓谷本谷からの遡行・入渓が難しい。上の林道から下降するルートをとることになるため、支流を訪れる人は少なく、秘境といってもいい。

馬小屋沢の一石の滝

馬小屋沢の「一石の滝」までは林道からの下降が比較的安全である。唐沢の滝から林道千遠線を進み、猿間トンネルを抜けてしばらく行くと「栃の木」の看板があった。そこから九十九折れの遊歩道を６００ｍほど下降すると、飯田市指定の天然記念物「万古の栃の木」が立っていた。「万古の栃の木」から馬小屋沢を下ると、花崗岩の上を曲がりくねって流れる斜瀑があった。このナメを下降して沢を下ると、また斜瀑があり、その下流にも落差６ｍほどの滝が懸かっていた。

さらにそこから渓谷を10分ほど下ると「一石の滝」があった。落差30ｍ、７段の連瀑となって流れ落ちる滝だった。岩壁には鎖やステップを打ち付けてあるが、老朽化して損壊している。サーカスの綱渡りのような危険な場所で、滝下に下りるのは至難の業だった。この渓谷は花崗岩の滑りやすい岩肌が続き、滑落の危険があって一般向きではない。

飯田市
唐沢滝
不動滝
一の滝
出発
万古川
猿間トンネル
二軒屋
遊歩道
出発
栃の木看板
鍵懸山
泰阜村
①一石の滝（N35°22′12″　E137°54′26″）
②カブロ滝（N35° 22′35″　E137°54′56″）

猿間洞沢のカブロ滝

猿間洞沢は万古渓谷の不動滝の上流に流下する支流渓谷である。この出合上流300m付近に、国土地理院の地形図に滝記号がある落差20mの「一の滝」を懸けている。その滝の上流には泰阜村誌下巻に「カブロ滝」という名が記載された滝があるが、あまり知られていない、まさに秘境である。ちなみにカブロとは「禿」の字を当てるが、飯田市千代の米川にも伝説のある禿淵（かぶろふち）という淵がある。昔の女の子のオカッパ頭のことで、額の形が似ていることから付けられたようである。

猿間洞沢一の滝

　猿間洞沢を横断する林道千遠線の橋の上流には渓流瀑があり、橋から見ると下流側は深いV字谷となっていて、目指す滝がありそうな雰囲気を感じた。橋の少し手前から猿間洞沢に入渓して、荒れた河床を水平距離で300mほど下降してみた。するとそこに「カブロ滝」が懸かっていた。上流部はやや直瀑となって滝壺に落ち、下流はナメとなって続いている。お助けロープを使って滝下に降りると、左岸から支流が合流していた。なお、花崗岩のナメは滑り易く細心の注意が必要であった。

カブロ滝

　カブロ滝からさらに少し下降すると、落差5mほどで二条となって流れ落ちる滝が懸かっていた。この滝にも右岸にロープが掛かっていて、老朽化していたがそのロープを使って滝下に下降した。しばらく下ると大きな砂防堰堤が立ちはだかっていたが、右岸側を巻いて河床に降りた。その下流はゴーロの河床が続き、その先にある「一の滝」まで下降するのはまだ距離もあって容易では無さそうだった。途中だがそこで引き返すことにした。

前不動滝

71

遠山川流域

飯田市上村・南信濃

◆**遠山川流域**【とおやまがわりゅういき】

遠山川は南アルプス南部の山岳が水源で、兎洞、西沢、東沢、奥燕沢、燕沢、二の股沢、易老沢、諸河内沢などの渓水を集め、北又沢などを合わせ流れ下る。秘境の沢への訪瀑は、いずれも厳しい行程を強いられる。

掲載滝：樽ケ沢の滝　二の股の滝　面平の滝

写真：面平の滝

遠山川中流域周辺の滝

国道152号の本谷口から遠山川沿いの村道を走り、柿の島の手前に車を止めた。この道は遠山森林鉄道敷の跡で、柿の島から遠山川下流へ600mほど下った場所に全長44mの第一遠山川橋梁がある。建設当初は木製だったが、昭和30年ころ鉄製に架け替えられたと言われる。かつて、この高い橋梁を機関車が材木を引いて下る姿は「鉄道ファン」にとって得がたい一写であったという。

柿の島集落は以前には2、3軒の人が住んでいたが、今は廃屋となっていた。その集落の奥にある遠山川枝沢のミスミ沢不動滝に行ってみた。柿の島橋から民家の前を過ぎて遠山川右岸を上ると断崖となり、岩壁には小さな不動尊の石仏が祀られていた。ミズミ沢に降りると、落差20mの不動滝が水飛沫を上げて流れ落ちていた。

①樽ケ沢の滝（N35° 25′33″　E138°02′39″）
②二の股の滝（N35°23′01″　E138°05′41″）
③面平の滝（N35°22′37″　E138°06′12″）

飯田市

出発

七滝下段

再び遠山川左岸に続く鉄道敷跡の道を上流へ歩いていくと、左岸枝沢から押し出した土砂で道路は荒廃していた。今ではこの道を利用して上流の北又渡方面へ行く人はいないようだ。この枝沢の奥にも無名の滝が懸かっていた

遠山川右岸にボッタ沢が合流する付近は断崖で、そこに滝を懸けている。七つの滝壷を持つことから七滝とか七釜と呼ばれているが、対岸の道からは木に隠れていて見えない。この滝を確かめたいと思ったが、右岸へ渡るには、遠山川は流れが速く川幅もあって渡渉は難しい。加加良渡橋から

七滝上段

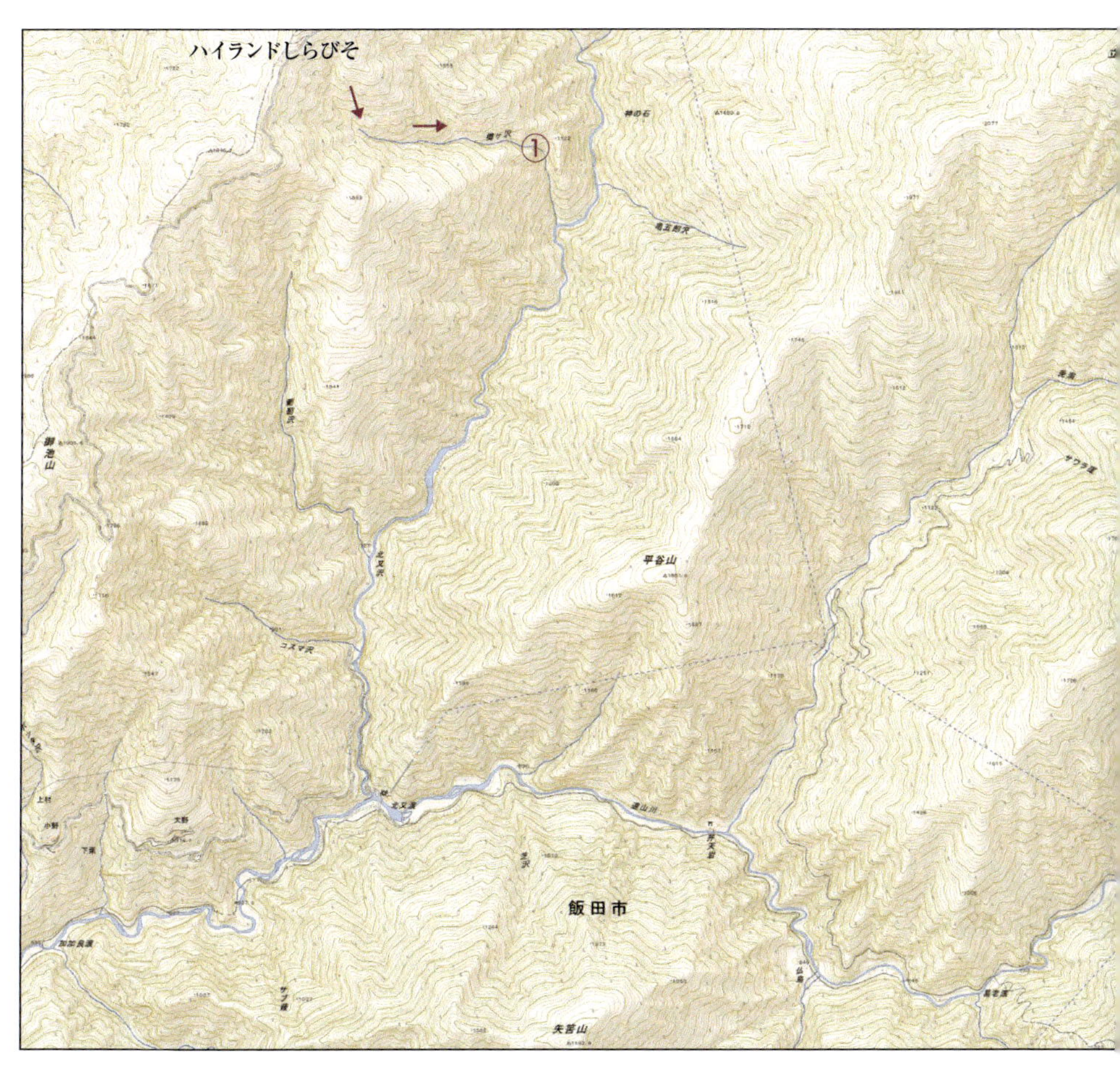

右岸へ渡り断崖を５００ｍほどトラバースしてボッタ沢に向かうルートを考えたが、やってみると岩壁通過を余儀なくされた。滑落の危険が伴うので推奨できるルートではなかった。

ボッタ沢まで行くと、滝下から三段までは見ることができた。それぞれが大きな滝壺を持って流れ落ちている。しかし、上部の四段目は右岸の滑りやすい急斜面を攀じ登らないと見えない。危険を覚悟で登ってみた。斜面の途中から見ると、四段目は見事な直瀑が滝壺に落ちている。滝はさらに上段へと続いていた。

遠山川支流でボッタ沢より上流にある赤崩沢の「大栃の木の滝」を見るには少し危険を伴う。林道赤石線を北又渡方面に向かうと、下栗の赤崩沢手前に大栃の木の案内板がある。そこから遊歩道の階段を降りて大栃の木まで行き、そこから河川敷に下りて１００ｍほど下ると落差のある滝が懸かっていた。この滝は「大栃の木の滝」とも「赤崩沢の滝」とも呼ばれているようだ。滝口からは目が眩むほどの落差があって下部は見えない。滝下へは急斜面を降りなければならず、高度な技術が必要なようなので、あきらめて絶崖の途中から滝を覗くことにした。滝は細長く流れ落ちて行き、カメラに収まりきれないほどの深さである。ちなみに「大栃の木」は幹周10・5m、樹高約40mで、環境庁の巨樹・巨木の栃の木部門でも全国3位にランクされている巨木である。

北又沢の樽ヶ沢の滝

樽ヶ沢上の滝

飯田市の上村には、樽ケ沢という小河川が2か所ある。一つは国道152号の行き止まり付近にある上村川の支流で、滝が連続している。もう一つの樽ケ沢は、しらびそ高原に源を発し、北又沢に合流して遠山川となり、天竜川へと流れ下る小さな渓流で、こちらにも国土地理院の地形図に滝記号が載っている。上村川支流の樽ケ沢はアプローチが容易だが、今回向かうもう一方の北又沢支流の樽ケ沢はアプローチが難しく、まさに秘境と言っていい。

北又沢の樽ケ沢への入渓は、遠山川に北又沢が合流する北又渡から遡るルートも考えられるが、道はなく沢沿いの険しい山腹を歩かざるを得ないというイメージが強い。そのため、反対に「しらびそ高原」からの下降を試みた。国道474号を程野から「しらびそ高原」に向かってそのまま通過し、少し先の林道から樽ケ沢の尾根に沿って急斜面を下降して行った。斜面の勾配は厳しく距離もある。帰りの登り返しを心配しながら下降していった。樽ケ沢に降り立ち、そこから上流側を見ると落差30mほどの細滝が見えた。その上流にも滝が続いているようだが、木が茂って全景は見えなかった。もっとも目的は下流にある滝なので、無駄な時間を費やすわけにはいかぬと、沢を下降していった。渓谷はV字谷となり、渓流瀑や小滝が次々と現れて飽くことはなかった。

渡渉や巻きを繰り返して下降して行くと、やがて「樽ケ沢上の滝」（仮称）の最上段となる五段目の滝口に着いた。滝は曲がりくねっていて下流部までは見えない。右岸を下降して行くと、この滝は連続している様子である。上からでは全景が見えないので、一旦、樽ケ沢が東向きから南向きへと大きく湾曲する場所まで下降して再び登り返すことにする。草付き急斜面を下降すると「下の滝（仮称）」の滝下に出た。下の滝は落差10mほどの二段滝で、中間は斜瀑となっていた。これらの滝は国土

樽ケ沢の滝下の滝

地理院の地形図では一つの記号となっているが、行ってみると下部の滝と上部の滝の間には距離が少しあるので、ここでは「下の滝」「上の滝」と区別しておく。

下の滝からは右岸を巻いて登り返した。痩せ尾根の途中のテラス状の場所で木の間を覗き見ると、上の滝の全景が見えた。上の滝の最下段は落差20mの直瀑で大きな滝壺に落ちている。二段目は少し幅広くなっていて、その上流は三段目から五段目までの連瀑となっていた。落差は五段合わせて35mほどある。このような場所まで来る物好きは恐らくいないだろうと、テラスに座って征服感と優越感に浸りながらしばらく見入っていた。

樽ケ沢の滝から起点の林道までの標高差は、地形図で読み取ると約８００ｍもある。林道までの登り返しは心配していた通りの心臓破りの急斜面であった。喘ぎながら林道に戻った時には疲れ果てて座り込んだまま、しばらくは動けなかった。往復の所要時間は5時間30分ほどであったが長い一日に感じられた。

遠山川二の股沢

『日本登山体系』（白水社）や『現在登山全集』（東京創元社）に遠山川の各支流が紹介されているが、いずれの沢も奥が深く危険を伴うので、無謀な入渓は慎むべきであると警告されている。したがって登攀技術を持たない一般者の入渓は困難で、エキスパートのみに許されるエリアであるということである。

そんな中、飯田市美術館のホームページの「下伊那ふるさと散歩」に、二の股沢の面平の滝が写真付きで紹介されていた。実際に行ってみると、遠山川に架かる橋が流されていたり、記載の登山ルートは荒廃して見当たらなかったりと状況が大きく変わっていて、やはり安易に行ける場所ではなかった。

二の股沢は易老岳（２６５４ｍ）とその稜線に源を発し、遠山川へと注ぐ勾配の険しい渓谷である。この沢の遠山川出合に二の股の滝、上流には面平の滝と美しい滝を懸けている。

7月中旬の梅雨の晴れ間を利用して、二の股沢の遡行を決行した。南信濃木沢の上島から下栗の里を通過して、大野・北又方面へと市道を進んだ。北又の発電所から弁天岩、仏岩などがある遠山川沿いのダートの道を行くが、結構な距離があり、便が島までは長く感じられる。便が島の駐車場に車を止めて、キャンプ場の管理人から面平の滝の情報を収集をするが、本人も行ったことがないそうで、「二の股沢に行く人は滅多にいない」という。それもそのはずで、二の股沢へは遠山川を渡らなければならない場所があるのだが、丸太の橋が流されてしまい、腰までの渡渉を余儀なくされるからである。

さらに管理人の話だと「渓谷の遡行は厳しくて、大分前に学校の先生が途中まで行ったが、険しいので諦めて引き返してきた」とのこと。そして「単独では迷ってしまい、ガイドなしでは無理ではないか」と忠告された。

管理人からの忠告はありがたく拝聴し、「自己責任で行けるところまで行って、だめなら引き返します」と身支度を整えて出発した。

管理人から入渓場所を教えてもらったが、まず遠山川に入渓する場所が分からない。仕方がないので、キャンプ場から急斜面を下りることにした。しかし、遠山川の川岸は垂直の岩壁で、川は水深があって流れも早く、そこからの降下はとても無理だった。結局、崖沿いに下流側に回り込み何とか河原に降りることができた。だが対岸へと渡る丸太橋は流されて、橋を止めるワイヤーの残骸がわずかに残っているのみであった。

二の股の滝

覚悟を決めて渡渉すると、遠山川は梅雨明けのこの時期、融雪で水は冷たい上に水量も多く水深があり、さらに流れが速かった。腰まで浸かり水流に負けまいと足を踏ん張って一歩を出すものの体が浮いてしまう。さらに流されまいと胸まで水に浸かり四つん這いで石にしがみ付く。水を飲みながらやっとの思いで渡り切ることができた。

渡渉した先の左岸側を少し遡り、小さな沢(実はこれがかつての二股沢本流である)を横切って行くと二の股沢があった。遠山川との出合の狭い岩の間に落差30mほどの二の股の滝を懸けていた。滝は飛沫を上げ、曲がりくねって勢いよく流れ落ちていた。

二の股沢左岸側の痩せ尾根の踏み跡をたどり上流を目指して登っていくと、すぐに絶壁となった。とても降りられる場所ではなく、諦めて引き返した。二の股沢の手前にあった小さな沢（かつての本流）から巻いて二の股沢へ出ようと試みたが、沢沿いは急斜面で取り付く場所が無い。その小さな沢から分岐する右股の沢からも二の股沢をめざしたが、地図を見るとどうやら目指す滝とは違う方向へと向かっていた。結局、二の股沢へ入れる場所を見つけられないまま、撤退は気が重いなどと迷っているうちに注意散漫となり、斜面で小枝につまずいて転んでしまった。幸い怪我はなかったが、この時は再び二の股沢を目指す気力も体力も消耗し、後日のリベンジを誓って引き返すことにした。帰りの遠山川の渡渉は安全のためにロープを使って渡った。発電所取水堰堤の上の踏み跡を見つけて道路に出ることができた。

8月上旬、早まる気持ちを抑えきれず再訪瀑に向かった。というのも、お盆を過ぎると気温も下がってきて遠山川の渡渉が厳しくなる。悠長に構えてはいられないと判断したからだ。

今回は一度学習したので、遠山川への降り口もすぐに分かり、遠山川の渡渉も順調だった。今回は二の股沢手前のかつての本流の沢の左股をたどった。最初にある渓流瀑を越えたが、さらに登ると巨石が重なり二の股沢への直攀はまた拒まれてしまった。この巨石の重なる谷は二の股沢本流へと突き上げていて、大雨時は二の股沢の水がこちらへ越水するようだ。二の股沢の名前の由来はここからきているらしい。

結局、一度引き返し、前回断念した「かつての本流」の右股をもう一度高巻きするしかなくなった。沢の右手から急斜面を何とかよじ登って、高度を大分上げた所で左側に登坂すると、トラバース気味に踏み跡があった。どうも昔は登山道か作業道らしきものがあったようだ。それをたどると、やっと二の股沢左岸へとたどり着いた。谷を覗き込むと落差8ｍほどの滝が見えたが、滝下まで降りる元気はなかったので谷の斜面の上から写真に収めた。

そのまま二の股沢左岸側をたどると道跡は消えてしまったので、仕方なく滑りやすい斜面を河床へと降りた。しばらく遡行すると、ついに落差30ｍ（「下伊那ふるさと散歩」による）の多段となって流れ落ちている憧れの「面平の滝」が見えた。

曲がりくねっているため滝下からは上流部分が見えない。そこで、右岸側の斜面を登ってみたが、木の枝が邪魔をして、ビューポイントが見つからない。一歩間違えて足を踏み外せば、滝へと一気に落下しそうだ。ロープで身体を支えて、やっとの思いで数枚の写真に収めた。

滝の上流部は二条となっていて幅広く流れ落ちていた。特に右側の水流は勢いよく大きく跳ね返っている。美しい姿で、見る場所によって姿を変える不思議な滝でもあった。

斜面を下り、沢を渡ろうとしたところが、不覚にも石を踏み外して水の中へと転倒してしまった。体をかばったため、右手首を突いて捻挫してしまった。全身は濡れ、帰りの急斜面の下りは右手も使えず散々であった。おまけに車に戻って着替えると、大きな山ビルが右足ふくらはぎに食い付いていた。「泣きっ面にヒル」。どうやら二の股沢は鬼門だったようである。しかし、苦労してたどり着いた滝ほど思い入れが深いものだ。忘れられない滝の一つである。

72

八重河内川流域

飯田市南信濃八重河内

◆八重河内川流域【やえごうちがわりゅういき】

鶏冠山（2,204m）を水源とする梶谷川が、静岡県境の青崩峠（1,018m）からの小嵐川と合流して八重河内川となり、遠山川に流れる。本・支流に大きな滝があるが、特に支流沢は条件が悪く訪れる人もまれである。

掲載滝：ヌタ沢大滝（別名／セドの滝）
根引沢の滝（別名／熊デ滝）

写真：ヌタ沢大滝

梶谷川瀬戸沢

八重河内川本流では「湯之沢の滝」や「大釜の滝」が知られている。一方、その支流である梶谷川の枝沢の瀬戸沢（地元の此田の人はヌタ沢と呼ぶ）にも大きな滝が懸かっているのだが、足場が悪いことから一部の人のみが知る秘境滝となっている。

ヌタ沢大滝へは、此田から林道を進み瀬戸沢（ヌタ沢）へ下る方法と、梶谷川せせらぎの里から瀬戸沢を遡行する方法がある。どちらもアプローチは危険だが、今回

①ヌタ沢大滝（別名／セドの滝）
（N35°17′23″　E137°55′52″）
②根引沢の滝（別名／熊デ滝）
（N35°15′38″　E137°54′35″）

はせせらぎの里から瀬戸沢を遡行してみた。

国道152号秋葉街道（信州街道）の南信濃八重河内から「せせらぎの里」に入り、瀬戸沢へ入渓して遡行を開始した。渓流瀑や小滝を越えて行くと炭焼窯の跡があり、そこから少し上った所に落差4mほどの前衛滝、その上流に落差43mのヌタ沢大滝が懸かっていた。滝下から見ると「く」の字となって狭い岩間を流れ落ちている。滝の右岸側を巻いて高台から上段を見ると三段となって流れ落ち、下段は細く岩を削って斜瀑となっていた。

後日、此田からアプローチしてヌタ沢を下降してみた。滝上までは比較的容易に行けた。下段への下降は厳しかったが、こちらのルートの方が楽だったかもしれない。ちなみにこの滝は長野県の「景観調査」では「ヌタ沢大滝：落差50m、滝口2mの一文字の滝」と表現されている。

小嵐川根引沢の滝

梶谷川と合流して八重河内川となる小河川の小嵐川は、その支流に熊伏山（1654m）を水源とする根引沢があり、「熊デの滝」（別名　根引沢の滝）が懸かっているので訪瀑に向かった。

国道152号秋葉街道（信州街道）から小嵐へ向かい、ゲート前に車を止めた。国道の秋葉街道は通行止めとなっていたので、そこから歩いた。青崩峠の麓付近まで来ると、木の間から熊伏山山腹に熊デの滝がわずかに見える。ゲートから4㎞ほどの地点で道路から外れ、小嵐川を渡渉して根引沢に入渓した。根引沢の砂防堰堤を巻いて行くと、小滝や前衛滝があり、クサレの脆弱な岩壁を越えると落差30mの熊デの滝に着いた。滝は高さのある岩壁を一直線に流れ落ちていて勇壮な姿であった。ちなみに熊伏山の周辺には「嵐」と呼ぶ地名が多い。ざっとみても、日向あらし、日影あらし、小嵐（コオロシ）小嵐川などがある。「アラシ」は「アレル」（転がる）の意味で、急斜面、断崖を表す地形のことである。

熊デの滝

73

片桐松川渓谷

松川町片桐

◆**片桐松川渓谷**【かたぎりまつかわけいこく】

松川町の「片桐松川」は念丈岳（2,290m）を水源に上流は深い渓谷をなし、魅力的な滝が連続する。本流は松川町と飯島町境を流れ、ムツカシ沢を合わせ片桐ダムを経て天竜川に注ぐ。

掲載滝：雨乞滝　烟ケ滝　大ナメ八丁　紅葉の滝

写真：紅葉の滝

雨乞滝

片桐松川へと流れ込むムツカシ沢には昔、雨乞いをしたという雨乞滝がある。県道飯島飯田線の三州街道片桐宿を進むと片桐ダムがある。片桐ダムの上のキャンプ場から松川本流を渡り、ムツカシ沢に入渓して、滑りやすい花崗岩の巨石を乗り越えながら登って行くと、前方に落差12mの雨乞滝が現れた。滝口から落下する水流は、白い飛沫を上げて滝壺の中に落ちていた。滝の水は澄んでいて冷たい。昔から日本では稲作中心の生活であり、水は死活を左右する切実なものだ。日照りの年には懸命に雨降りの祈りをしたことだろう。今ではダムができ、また一方では稲作の減反政策もあって雨乞いの儀式は行われなくなったが……。

雨乞滝

松川本谷遡行

片桐ダムを経て林道終点で松川を渡渉して右岸に渡り、屏風岩上流の巨大堰堤で右岸側斜面に付けられた長い梯子３本（うち１本は１２０段以上ある）を上る。堰堤から上流側の河原への梯子を下ると、そこから松川本谷の遡行が始まった。この渓谷は滝の連続で飽きることはない。最初の関門、落差４ｍのＦ１滝は右岸を巻く。そのまま右岸側を遡行して行くと、落差７ｍの斜瀑があり、さらに先に大岩があった。次は落差10ｍのＦ３滝、落差３ｍのＦ４ＣＳ（チョックストーン）滝は滑りやすくて手強かったので慎重に越えた。しばらく遡行すると、右岸側から巨石群が崩落した場所が待ち受けていた。国土地理院の地形図を見ると、この場所は烟ケ滝があるはずの地点であった。

烟（けむり）ケ滝

右岸の大崩落地から押し出された大きな岩石は松川の河道を完全に覆い、巨石群が

烟ケ滝

崖のように積み重なっていた。ここの水流は左岸側の巨石の間を縫うように流れ落ちていて、落差は25ｍほどで、ある程度は滝らしい形状をしている。『日本登山体系』（白水社）によると、「幅の広い25ｍの滝が水しぶきを上げている。これが烟ケ滝で……」とある。しかし右岸側からの巨石の崩落は近年のものと思われ、どうやらこの崩落で以前とは形状が大きく変わってしまったようだ。この場所は松川本谷の難所の一つであった。

大ナメ八丁

「烟ケ滝」を越えて松川本谷を遡って行くと、左岸側からイワダル沢が差し込んだ。ここからは両岸が急に狭まってゴルジュの大ナメ八丁が始まった。入口には（この谷の）Ｆ３の落差５ｍ滝と上部がチョックストーンの落差10ｍの二段の滝があった。河床を歩いていったが、Ｆ３滝の落差５ｍの上はナメで滑り易く、Ｆ４二段の落差８ｍ

大ナメ八丁F2

滝は、直攀できないので、少し戻って、右岸を大きく高巻くことにした。そして、樋状のF5落差20m滝の大ナメ滝の滝上に降り立って、やっと難関を突破することができた。登山家の細井吉造は、大ナメ八丁について「烏帽子岳の頂稜から、真南に落下しているイワタル沢の合流から始まる。花崗岩の一枚岩の河床に滝と淵の数えきれない連続を、一本の糸で縫いあげたような眺めだった」と記述している。

紅葉の滝を目指して

大ナメ八丁を越えると大岩があり、その少し上流右岸の大島沢との出合に落差20mの懸谷滝が懸かっていた。大島沢を通過して遡行すると、今度は左岸側から池ノ平沢が差し込み、この出合にも落差20mの懸谷滝があった。池ノ平沢を過ぎると、右岸側に落差50mほどの大滝が流れ落ちているのが見えた。この辺から本谷河床の遡行は困難になったので引き返して、池ノ平沢から左岸を大きく高巻きしていった。やがて本谷には崩壊した沢が現れ、そこから幅広く流れ落ちる落差20mの美しい「紅葉の滝」を見ることができた。この滝の上流にも、木の間から落差10mほどの滝が微かに見てとれたが、ここから上流へ行くのは危険なのであきらめた。堰堤から約5時間を要する難所の連続であったが、紅葉の滝には感動し、満足して帰路についた。

大島沢の滝

池の平沢の滝

74

阿智川 本谷川

（あち）

阿智村智里

◆**阿智川 本谷川**【あちがわ ほんたにがわ】

恵那山（2,192m）に発する本谷川の不動沢と黒沢などの渓水が、高野谷、弓ノ又川と合流して阿智川となり、黒川を合わせて天竜川へと注ぐ。かつて石灰採掘場であった黒沢には、見応えある「観返りの滝」がある。

掲載滝：不動滝　観返りの滝

写真：観返りの滝

不動沢の不動滝

県道富士見台公園線の月川温泉郷から戸沢に入り、林道を約８００ｍ上って行くと、本谷川の対岸に豊口滝が木の間から見えた。豊口滝は注意していないと見過ごしてしまうほどビューポイントは限られている。林道を走り、広河原登山道入口に駐車、ゲートから不動沢出合まで、本谷川沿いの林道を歩いて行った。不動沢に入渓して遡行するとカモシカが出迎えてくれた。

巨石を越えて行くと川幅が狭まり、最初の滝が現れてからは小滝が連続したが、これらの滝を越えるのは手強く危険でもあった。不動沢の小滝群を乗り越えて進むと、渓谷の一番奥の湾曲した場所に落差40ｍの「不動滝」が懸かっていた。滝と対岸の絶壁との間隔は狭くて、カメラに納めきれないほど高さがある。雄大な容姿はしばらく見惚れるほどであった。

不動滝上流部

不動滝下流部

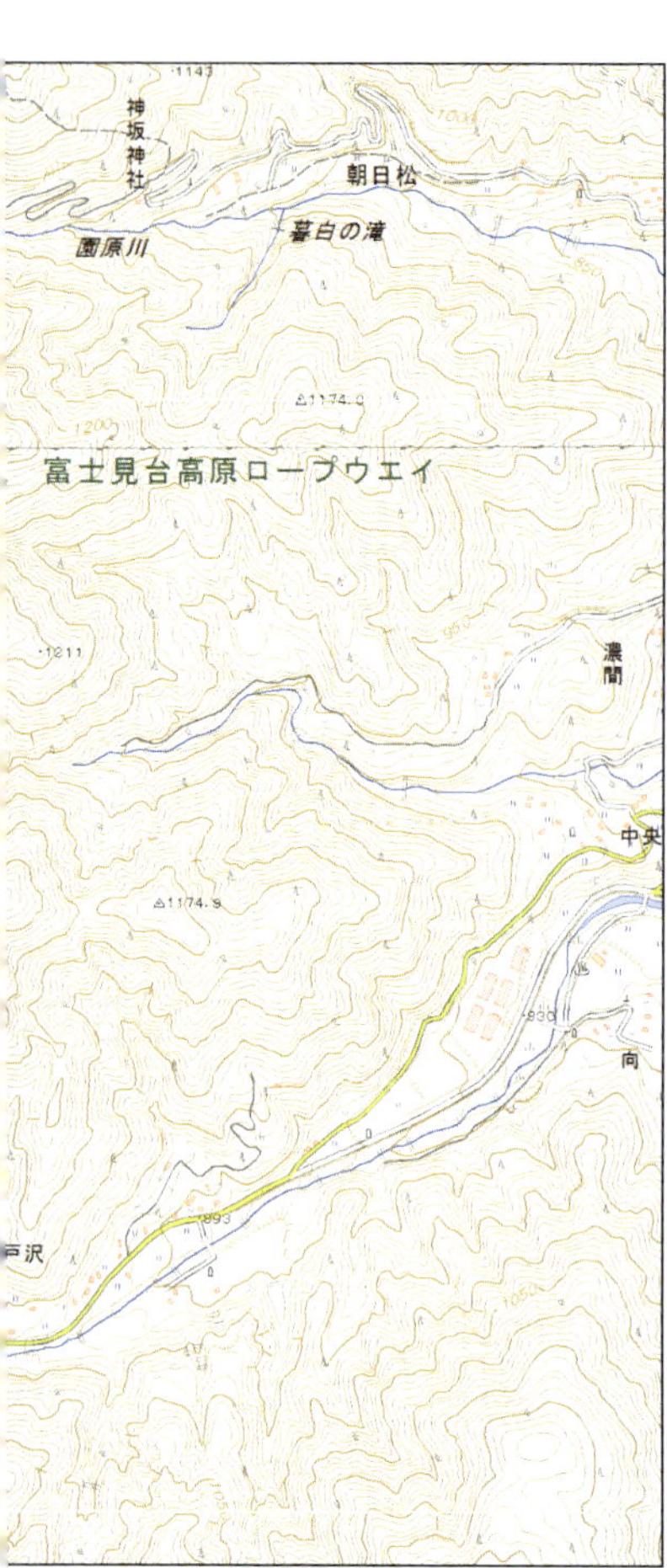

観返りの滝

恵那山の黒沢の源流部には昔、石灰鉱山があり、石灰を運び出すための木馬道が通じていたという。また、黒沢と不動洞を分ける尾根（達人尾根）にも作業道があったという。そこで10月下旬のある日、恵那山の登山道の途中から黒沢の渓谷に降りてみようと試みた。地図を見ながら標高１５７０ｍ付近にあると思われる木馬道の見当をつけて、尾根沿いの登山道の適当な所で身丈もある熊笹の中へと藪漕ぎしながら下降した。しかし、今では全面熊笹に覆

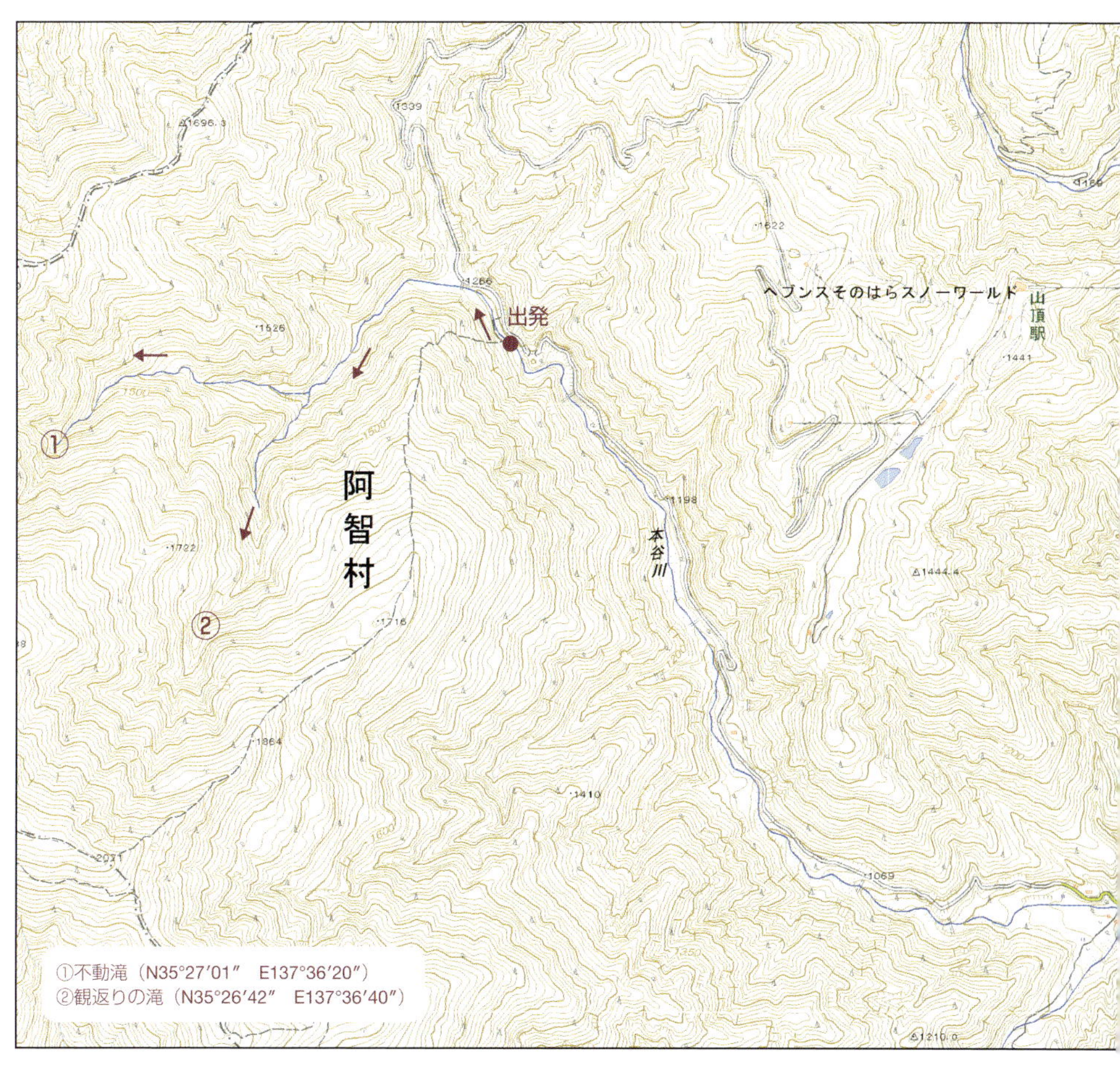

われて作業道の面影もない。遭難の危険すら感じたので断念して引き返した。

その後、どうしてもあきらめきれず欲求不満が募るばかりだったので翌年5月に今度は黒沢からの遡行を決行した。広河原登山道入口に駐車し、ゲートから歩いて不動沢に入渓して黒沢へと向かう計画である。

黒沢出合までは、前に不動滝へ行った時の見覚えある景色が続いた。黒沢に入渓し、小滝や渓流瀑を渡渉や高巻きを繰り返して遡行していくと、途中に行者ニンニクの群生地があった。この時期ではまだ残っている雪渓を乗り越え、やっとの思いで「観返りの滝」にたどり着いた。観返りの滝は落差30mの見応えある素晴らしい滝である。また、左股の沢にも落差30mの細長い滝が懸っていた。滝の近くには石灰の採掘跡も確認できた。かつては石灰を採掘して運び出す人達が振り返ってはこの滝を見ていたのだろうか。

75

河内（神内）川流域

（長野県最南端の川）

天龍村平岡

◆**河内（神内）川流域**【かわち（かみうち）がわりゅういき】

河内川は、長野・静岡県境の熊伏山（1,653m）と観音山（1,418m）の稜線に水源を発し、静岡県境を流下して天竜川に注ぐ。この川筋には長野県で最南端に懸かる滝を見ることができる。

掲載滝：引ノ田の大滝　山伏沢の滝　釜淵の滝

写真：引ノ田の大滝

引ノ田の大滝

長野県の最南端にあり静岡県境の天龍村上の平、引ノ田地区は過疎化が進み、廃屋が目立ってきている。訪れる人も少なく、今では秘境の地のような静けさがある。村道から転がり落ちるような急坂の狭い道を谷へと下っていくと引ノ田集落がある。民家の庭先を横切り、鉄製の桟橋を渡って静岡県との境をなす高瀬川の河川敷に下りた。大きな転石を乗り越えて行くと、すぐに河道は大きく湾曲し、滝の音が谺（こだま）となって鳴り響いている。この「引ノ田の大滝」は落差15m、岩壁の上の狭い洞窟のような滝口から水が飛沫をあげて一直線に勢いよく流れ落ちていた。長野県最南端の滝である。その美しい姿から、この滝は秘境の名瀑であるといってもいいと思う。

山伏沢の滝

山伏沢は河内（神内）川へと流れ天竜川

山伏沢の滝

へ注ぐ小さな支流である。国土地理院の地形図に滝記号が載っているので訪瀑してみた。中井侍方面から村道天竜川線の天龍第二トンネルを抜けて引ノ田集落に向かう途中に山伏沢橋が架かっている。この橋で左岸側から急斜面を降りて行くと、木の間から落差12ｍの山伏沢の滝が見えた。上段は斜瀑で、そこから下は直瀑となり流れ落ちていた。

釜淵の滝

小城集落は隣の引ノ田集落とともに静岡県浜松市と境を接する長野県最南端の地である。観音山（１４１８ｍ）から小城へ流下する小城沢は下流部が変成岩から成り、谷筋は花崗岩の急流となっている。小城沢と高瀬川とを分ける尾根の上には大明神や諏訪大社を祀った社があり、その前を通って尾根伝いに小城沢へと下って行くと、落差12ｍの「釜淵の滝」があった。岩肌を幅広く流れ落ち、大きな滝壺を持った見事な滝であった。

釜淵の滝

知られざる滝の用語

【ヒョングリ滝】
跳ね上がりの滝。落下途中で水が勢いよく跳ねあげている滝の形状。「ひょぐる」＝小便を勢いよく出す（大辞泉）ところから呼ばれている。

【かくれ滝】
名瀑100選の選者の一人である永瀬嘉平が、人知れずそこにあり、訪れる人も無い地にある滝を呼んでいるが、あまり普及していない。なお上松町などには「隠れ滝」と呼ばれる滝がある。

【甌穴・ポットホール】
滝壺や急流の河床の岩石に生じたくぼみの穴のことで、水流の長い浸食と流れ込んだ礫の回転作用によって生じたものが多い。

76

虫川流域

天龍村坂部

◆**虫川流域**【むしかわりゅういき】

長野県天竜村と愛知県豊根村境に水源を発し、三ツ沢などの諸渓水を集め天竜川に注ぐ。本谷のほか源公沢、ワカンド沢、三ツ沢などの支流にも数多くの滝があり、滝巡りには興味の尽きない流域となっている。

掲載滝：若殿の滝　六段の滝　三ツ沢二～五の滝　池の平の滝　　写真：六段の滝1段目

虫川の中流域

虫川といえば本谷はもとより、源公沢、ワカンド沢、三ツ沢などの支流に数多くの滝を懸けていて滝巡りを愛する者には興味の尽きない流域である。ただ、虫川を下流側から遡行するならば、何度か訪れないと踏破できない奥深さがある。

県道1号飯田富山佐久間線から虫川沿いの村道坂部線を上って行くと大きな左カーブがあり、そこには対岸の太田集落へ通じる吊り橋が架かっている。今では太田集落まで虫川上流を回って車で行けるようになって使われなくなったが、昔はこの橋が坂部と大田集落を結ぶ唯一の道であった。その橋から虫川を50mほど上流へ行くと左岸の沢から落差10mの滝となって流れ落ちている渓流が注いでいた。

さて、それより上流の虫川の中流域はゴルジュ帯となり、そこに深くて広い「はたおり淵」がある。天龍村満島にも同じ名の「機織り淵」（消滅）があって伝承も残されているが、この虫川の「はたおり淵」についての伝説は未確認である。その上流にもチョックストーン滝や渓流瀑が続いている。ここへの入渓は上流の「若殿の滝」から急斜面を虫川に降り、渓流瀑や小滝を越えて下流に下るのが安全である。若殿の滝は坂部の村道坂部線から村道虫川新の峠線に入るとワカンド沢の橋のすぐ上流に落差30m、三段となって流れ落ちている滝である。この滝には「若殿伝説」が残されている。なお、橋から下流にも滝は続き、虫川に合流する地点にも落差20mの三段滝を懸けていた。ちなみに「若殿」伝説は次のような内容である。

若殿の滝

室町時代の永享3（1431）年8月に、藤原豊若丸という美しい稚児がこの村にやってきた。稚児が大切そうに持っている立派な南京茶碗を見た土地の者は、さぞかしお金持ちなのであろうと追いかけたので、南京茶碗をとられまいと逃げた末に稚児はこの滝から身を投げてしまった。それを受け、高谷右ヱ門太夫という人物が滝つぼに来てみると、稚児は辞世の句「百敷や雲井に名おば留めしに　遠近滝の淡ときゆとは」を滝口の岩に残し、茶碗を手にしたまま死んでいた。ねんごろに葬ったところ、その茶碗に水を入れて手向ければ不思議なことに暑い夏には氷り、冬の寒には湯の如し。奇妙な器として若宮に崇めた後、諏訪大明神へと移す時に南京茶碗を水口に埋めて南京水として御手洗にすると、夏は冷たく、冬は湯の如く温水が注ぎ出て珍重された」（天龍村役場資料より要約）

①若殿の滝（N35°13′16″　E137°48′15″）　③三ツ沢二の滝〜五の滝（N35° 13′00″　E137°′47′44″〜 N35° 13′08″　E137°′47′23″）
②六段の滝（N35° 12′58″　E137°′47′54″）　④池の平の滝（N35°12′36″　E137°47′34″）

若殿の滝から大田方面に６００ｍほど行くと、源公沢がある。その沢を５００ｍほど遡行すると、落差30ｍ、曲がりくねり三段となって流れ落ちる「源公の滝」があった。源公（ミナモトノキミ）は木曽義仲のことで、熊谷家伝説には義仲がこの坂部の地に来たときのことが記載されている。

三ツ沢の滝群

村道虫川新の峠線の虫川橋を渡る辺の左岸側に平地があり、この付近から上流の虫川本流は本山沢と名前を変える。平地のすぐ先に日向沢が合流し、さらにそこから50ｍほど本山沢を遡ると三ツ沢が注いでいて、それぞれに滝を懸けている。

三ツ沢は、本山沢（虫川）との出合に落差10ｍほどの滝が流れ落ちている。この滝の上流には二段目から六段目の滝が連続し、この連瀑を総称して「一の滝（六段の滝）」と呼んでいる。二の滝を目指すには、林道の虫川橋を渡って少し行くと左側にあ

三ッ沢一の滝

る作業専用道路（廃道）から入る。作業道を歩いていくと、まず日向沢を横切り、さらに進むと三ツ沢と出合い、そこに残る民家らしき建物の脇から沢へと入る。２００ｍほど遡行すると、落差20ｍの二段の滝が流れ落ち、それを乗り越えるとすぐに幅広く流れ落ちる三の滝が現れた。三の滝を越えるのは容易ではなかった。次の四の滝は落差はさほどないが、やはり幅広く流れ落ち、さらに上流にある五の滝は延長40ｍほどの二段となって流れ落ちていた。その下段は斜瀑で裾を広げ、中段は岩間を直瀑に近い形で流れ落ち上段の滝へと続いた。なお、五の滝から上流は勾配が緩やかとなり、林の中を流れる平凡な渓流となった。

三ッ沢三の滝

　作業専用道路から日向沢も遡行してみると、すぐに小さな滝があり、さらに約５００ｍ遡ると三段となって流れ落ちる落差20ｍの「日向沢の滝」があった。

本山沢遡行

　本山沢上流を目指すには、三ツ沢の住居跡から砂防堰堤の作業道を歩いて行くのだが、土砂崩落で道の形も無くなっている場所もある。本沢沿いに歩くと、砂防堰堤が何本も入っている。それらを巻いて最後の堰堤から沢に入渓した。河床を１００ｍほど遡行すると、左岸の枝沢に落差15ｍの細滝が懸かっていた。水量は少なく木の陰に隠れていて見過ごしてしまいそうな滝であった。

　さらに遡行すると、やがて谷が湾曲し、その先に落差10ｍの「池の平の滝」が懸かっていた。この滝は狭い滝口から裾野を広げて流れ落ちる美しい容姿で、水量も多くて爽快な滝であった。

　坂部地区の虫川は急峻な渓谷である。両岸のすべてが変成岩の斜面のために、川原の石が黒褐色であった。

池の平の滝

77

小川川上流域

喬木村氏乗

◆小川川上流域【おがわがわじょうりゅういき】

小川川は鬼ケ城山（1,483m）や氏乗山（1,818m）、曽山（1,600m）からの諸渓水を集めて天竜川に注ぐ。曽山に発する矢筈洞沿いに矢筈峠を越える、いにしえの道をたどると有名無名の滝が続いている。

掲載滝：過誤除けの滝　高砂の滝　矢筈の滝・矢筈峠の滝
木鉢洞の滝　魚止の滝

写真：矢筈の滝

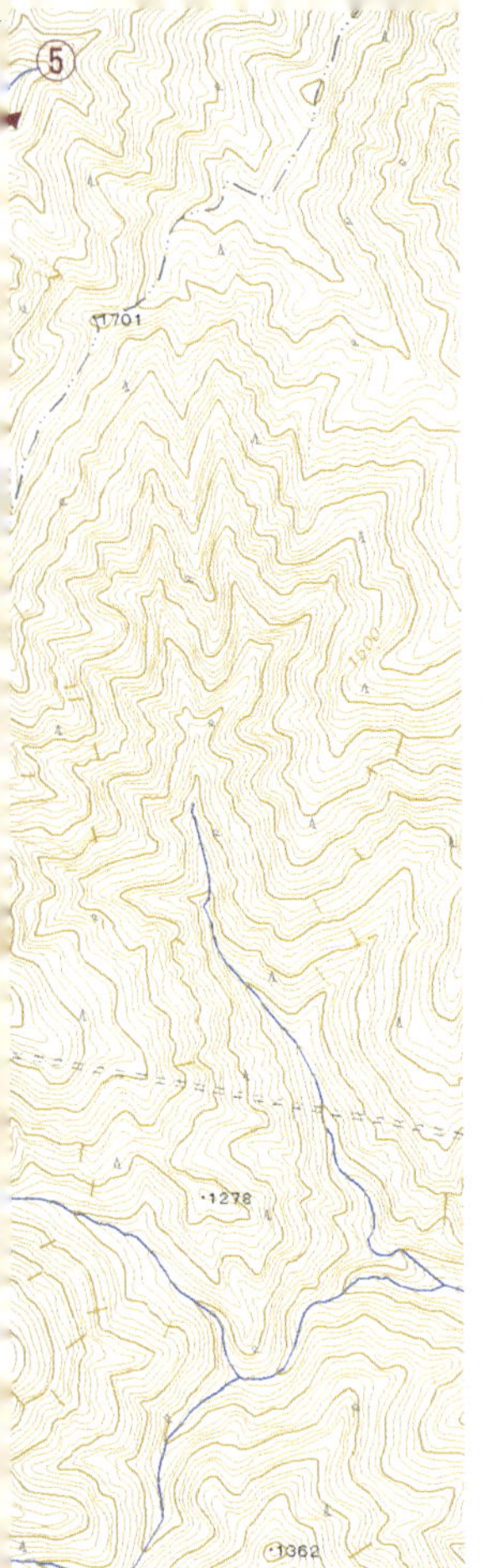

小川川

いずれも低山であるが、南アルプスの前衛山である氏乗山や曽山の東にあたる上村側には、中央構造線が南北に走っていて、前衛山の尾根の両側に多くの滝や淵を見ることができる。「洞」とは一般的には洞窟、洞穴、洞門谷などを指しているが、谷や渓谷の意味もあり、中南信地方のほか岐阜県の一部では、谷や渓谷に多く「洞」が使われている。

矢筈洞の滝群

矢筈砂防ダム上の矢筈洞沿いには、昔は上村程野に通じる峠道があって、矢筈峠を越える往来があった。その後、県道の赤石トンネルが開き、今では三遠南信自動車道のトンネルが開通して、この峠道はすっかり忘れ去られてしまった。したがって、矢筈洞にある滝は「禍誤除けの滝」を除いては秘境となっている。

禍誤除けの滝探索路入口から矢筈峠を目指して途中の滝を巡ってみた。県道を直進して「禍誤除けの滝」の探索路を約20分歩くと落差15mの滝がある。この滝はかつて

禍誤除けの滝

禍誤除けの滝（氷瀑）

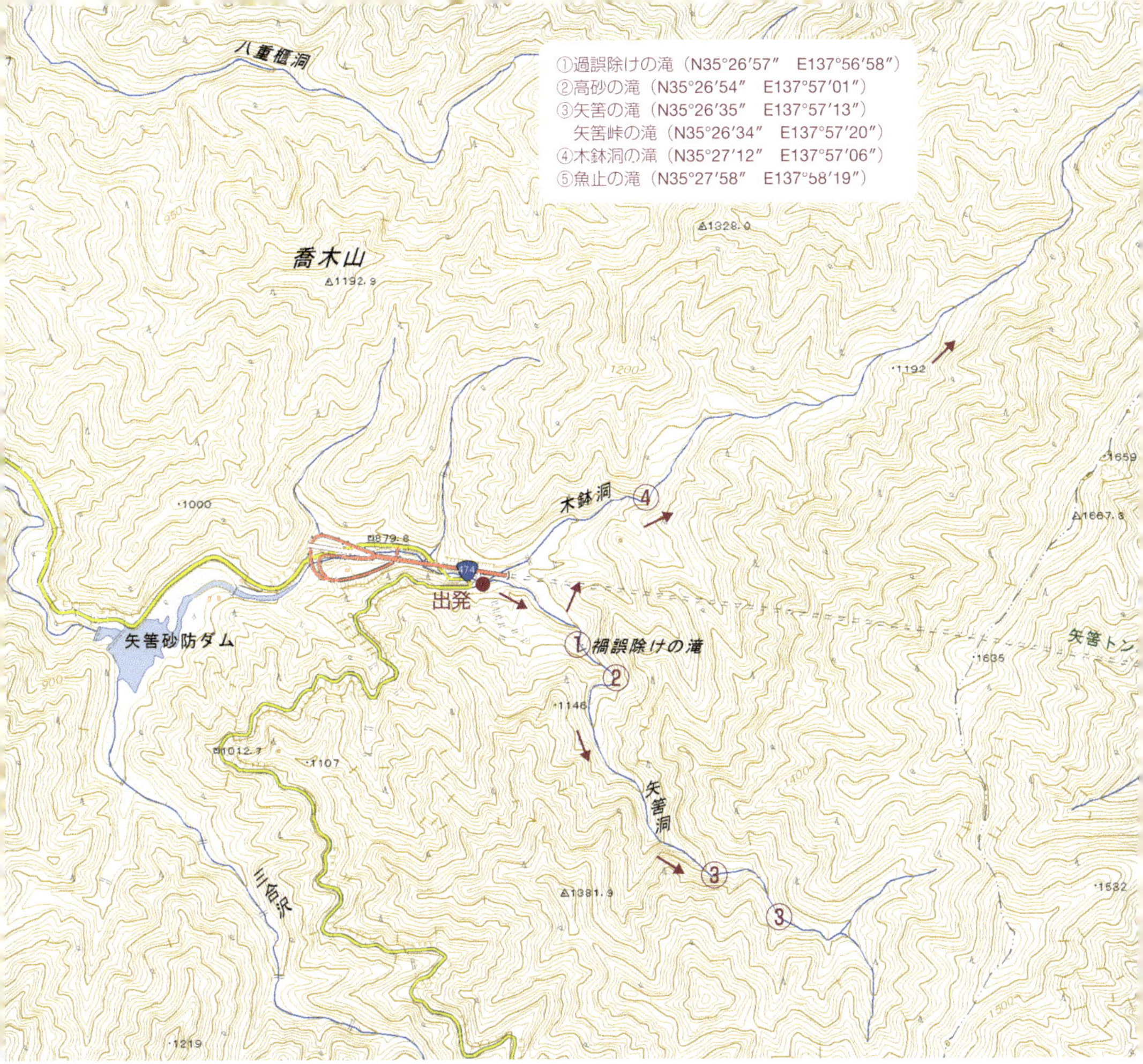

①過誤除けの滝（N35°26′57″　E137°56′58″）
②高砂の滝（N35°26′54″　E137°57′01″）
③矢筈の滝（N35°26′35″　E137°57′13″）
矢筈峠の滝（N35°26′34″　E137°57′20″）
④木鉢洞の滝（N35°27′12″　E137°57′06″）
⑤魚止の滝（N35°27′58″　E137°58′19″）

八重榧洞
喬木山
木鉢洞
出発
禍誤除けの滝
矢筈砂防ダム
矢筈洞
矢筈トン
三合沢

「加護受けの滝」と呼ばれていた頃があった。昔から上村との参道を往来する際に禍が起こらぬようにと、この滝に願いをかけたという由来に基づいている。その後、2006（平成18）年に「禍誤除けの滝」と改められ、春の新緑、夏の緑、秋の紅葉、冬の氷瀑と四季を通じて絶景スポットとなっている。

　禍誤除けの滝の探索路は、近年になって地元の人達により千畳岩まで整備されたので行きやすくなった。禍誤除けの滝から分岐した探索路を千畳岩方面に向かうと、鉄の橋が架かっていて、そこからしばらく登

高砂の滝

ると落差50mの「高砂の滝」が二段になって谷底に流れ落ちていた。ロープ伝いに谷底に降りて行くと上段の滝の下まで行ける。この滝は花崗岩の滑らかな岩肌を滑るように流れ落ち、滝壷も作っている。滝口の辺は広い平面となっていて、ここが千畳岩と呼ばれている。

　下伊那郡誌地質編には「矢筈峠近くの高砂の滝は、生田花崗岩の一枚岩で、落差といい、水量といい実に豪快である。その昔、遠山の谷と飯田方面を結ぶルートの一つが上村程野～矢筈峠～喬木村小川～飯田であった。今はすっかり道も消え失せ、わずかに高砂の滝の北側の一枚岩に鉄槌が打ち込まれ、そこに渡された太い丸太に面影を見るのみである」と記載されている。

矢筈峠の滝

　矢筈峠に向かう道は、矢筈洞右岸に沿って続き、途中には九十九折りの急登や斜面のトラバース、狭い岩壁の横断がある。昔はよくもこの悪路を荷物を背負って往還したものだと感心しながら登っていった。

　峠道の途中の谷底にはいくつもの小滝や渓流瀑が見えた。また、谷底を覗くと吸い込まれて落ちて行きそうなスリルを感じる危険な場所もあり、足場をよく見ながら上って行った。

　矢筈峠の近くまで来ると落差20mの形の良い滝が現れた。滝名については調べてみたが不明である。多分、立派な名前があるものと思われるが、とりあえず矢筈の滝としておく。矢筈の滝で峠道から分かれて、川沿いに２００ｍほど遡行すると、その行き止まりに狭い岩の間を流れ落ちる滝が懸かっていた。この滝も名称不明である。

きはち洞の滝群

　小川川は矢筈トンネルの入口付近で、左股のきはち洞と右股の矢筈洞に分かれる。きはち洞は木鉢洞とも書くようである。この「きはち洞」は氏乗山（１８１８ｍ）を水源とし、枝沢の諸水を集めて矢筈洞と合流、小川川となって天竜川に注いでいる。きはち洞を遡行してみると、ここにも多くの滝や無名滝があった。

木鉢洞の滝上段

　矢筈洞との出合付近の矢筈橋脇に「くりん滝」の看板があり、その上流に落差10mの滝が懸かっていた。以前来たときには看

板はなかったので、最近になって地元関係者が立てたようで、「くりん滝」という名前がやっと判明した。

きはち洞の上流には、かつてはクリンソウが群生して、春になると辺り一面ピンク色に染まったという。滝の名前はそこから名付けられたと思われる。しかし、近年は鹿などによる食害でほとんど見られなくなったらしい。

矢筈橋から禍護除けの滝の探索路を登り、その途中で分かれる作業道跡をきはち洞へとたどると、「きはち洞の滝」が見えた。落差20mほどの滝は、上段部が直瀑で、下流は狭い岩間を逆「く」の字型に流れ落ちていた。滝下から上流部への直登は難しくてできない。なお、真冬に訪れた時には、見事な氷瀑となっていた。

木鉢洞の滝から少し上ると、やがて山道はなくなってしまった。昔は炭焼きや薪取りで歩いたと思われる道跡やけもの道を見つけて、木鉢洞沿いに遡行すると、谷は源流の風景に変わってきて、絶壁の上から三段になって流れ落ちる大きな「魚止の滝」に突き当った。滝の落差は25mほどで、上段は二条の流れとなって中段に続き、下段は凹凸のある岩肌を扇状に広がりながら流れ落ちていた。滝の周辺には炭焼きの窯の跡がいくつもあったので、かつてはこの山奥まで人が入っていたようだ。今では訪れる人もなく、忘れ去られてしまった滝のようである。

氏乗の住人で、建築の設計関係の仕事をしていて、昔は鉄砲打ちもやり、氏乗山周辺の地理にも詳しい多田氏宅にお邪魔をしてコーヒーなどいただきながら話を聞くことができた。多田氏によると、「昔は、炭焼きや狩猟が生活の糧の一部だったので、村人全員で山林を守ってきた。でも今は時代が変わり、若い人たちは山に入らなくなって、山は荒れ放題になってしまった」と言う。確かに野生の鹿や猪などが増えたことによる里山の食害や、荒廃した山林の様子を目の当たりにすると、生態系の微妙なバランスについて考えさせられるものがある。なお、喬木村はマツタケ産地でもあるので、収穫時季には各渓流への入渓には配慮が必要だ。「李下に冠を正さず」である。

魚止の滝

78

小渋(こしぶ)川上流域

◆**小渋川上流域**【こしぶがわじょうりゅういき】

小渋川は南アルプス赤石岳（3,121m）などからのキタ沢、福川、本岳沢、荒川、井戸川といった諸渓水を集め、青木川などを合わせて天竜川に注ぐ。どの渓谷への訪瀑も急峻で人を寄せ付けない険悪な領域である。

掲載滝：七釜滝　高山の滝　荒川二十m滝　井戸川の三連瀑
井戸川の大滝

写真：井戸川の三連瀑

『日本登山体系』（白水社）によると、小渋川上流域の渓谷には数多くの滝が記載されているが、いずれも難易度が高く、エキスパートの領域となっている。小渋川沿いを行く南アルプス赤石岳への登山道をたどり、上流や支流の沢に懸かる滝へと向かった。

赤石登山道周辺の滝

七釜滝

国道152号から県道赤石岳公園線に入り、釜沢からは村道を走って小渋温泉を過ぎ、ゲート前に駐車した。そこからトンネルを抜けて林道を行くと、七釜橋までの道沿いの枝沢にはいくつもの滝が懸かり、歩いていても飽きることがない。

七釜橋を渡ると、まず右岸側から板屋沢が流れ込んでいる。小渋川を渡渉して板屋沢に入渓した。しばらく行くと、両側が狭まったゴルジュとなった。その奥に落差30mの「七釜の滝」があるが、滝壺は深く、両壁も取りつくことができない絶壁となっている。左岸の急斜面を登り何とか写真を撮ったが、滝の上の方は曲がっていて、そこにある大きな滝は一部しか見えなかった。七釜の名の通り、滝壷を持って多段に流れ落ちていた。

七釜橋から今度は小渋川本流沿いの赤石岳登山道を歩くと、左手の対岸に落差75mの「高山の滝」が見えた。小渋渓谷にはいくつかの滝が懸っているが、その中で最も有名な滝がこの高山の滝で、支流の高山沢が合流する地点に懸っている。中段と下段の滝は美しい姿で小渋川に直接落ちている。上段の滝は目を凝らすと木の間から微かに見えるのみだった。この滝は本流の浸食が早く進み、支流の浸食が遅れるために支流の出口に滝ができる、いわゆる不協和合流によってできる滝で、七釜、ユオレ沢も同じく不協和合流から滝ができている。

このルートは股下までの深さがある小渋川の渡渉を何度か繰り返さなければならない。赤石岳への登山道は昔は小渋川左岸に巻き道があったが、今では崩落が数カ所あって通行止めのため、小渋川を遡行するしかない。渡渉を繰り返して遡って行くと、左岸からガレの押し出されたキタ沢が合流した。そこから川は大きく東に曲がり広河

高山の滝

原小屋付近で分岐していた。

荒川遡行断念

小渋川を遡ると広河原小屋付近で分岐する沢の一つは荒川で、その名の通りの荒れ川である。上流域に大崩壊地があって、遡行の途中で崩壊地の大滝を遠望できた。川は広いゴーロの河原からやがて谷が狭まり、ゴルジュとなったところに落差5mのナメ滝が現れた。ナメ滝を越えると、幅広く流れ落ちる落差5mの二段の滝が現れ、左岸岩盤からも筋状の滝が落ちている。二段の滝を登攀するのは危険を伴うが、右岸側を強引に登ると、その上流には落差20mの滝が見えたが、河床への下降ルートは垂直の絶壁となっていて困難だった。『日本登山体系』（白水社）によると、さらに上流には40m大滝、15m滝と続いているようだが、これ以上の登攀は難しく、断念して引き返した。年齢とともに体力が衰えた……。訪瀑できず残念である。

荒川大崩壊地の滝

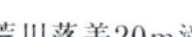

荒川落差20m滝

井戸川遡行

広河原小屋付近の分岐で荒川を右に見て、左股が井戸川である。遡ると広いゴーロの河原が続き、途中には3mほどの小滝があるが、平凡な河原歩きが続いた。しばらくすると沢は二股に分かれる。まず左股は出合に落差3mの小滝があった。それを越えると谷筋は井戸川の頭の稜線に真っ直ぐに突き上げている。2mほどの小滝があるほかは特筆するものはなかった。

右股は分岐からすぐに落差3mほどの小滝を2本懸けていた。小滝の左岸を巻くと、ゴルジュとなり、そこからはじまる三連瀑の一段目の滝下に出た。一段目の滝下からは上の滝は見えない。この滝の直攀は難しいので、再び二股まで戻り、左股から右股への尾根の高台へと登った。右股のゴルジュを遠望すると、三段となった滝の全景をやっと見ることができた。三段ともそれぞれ落差10m、全体では30mほどであった。

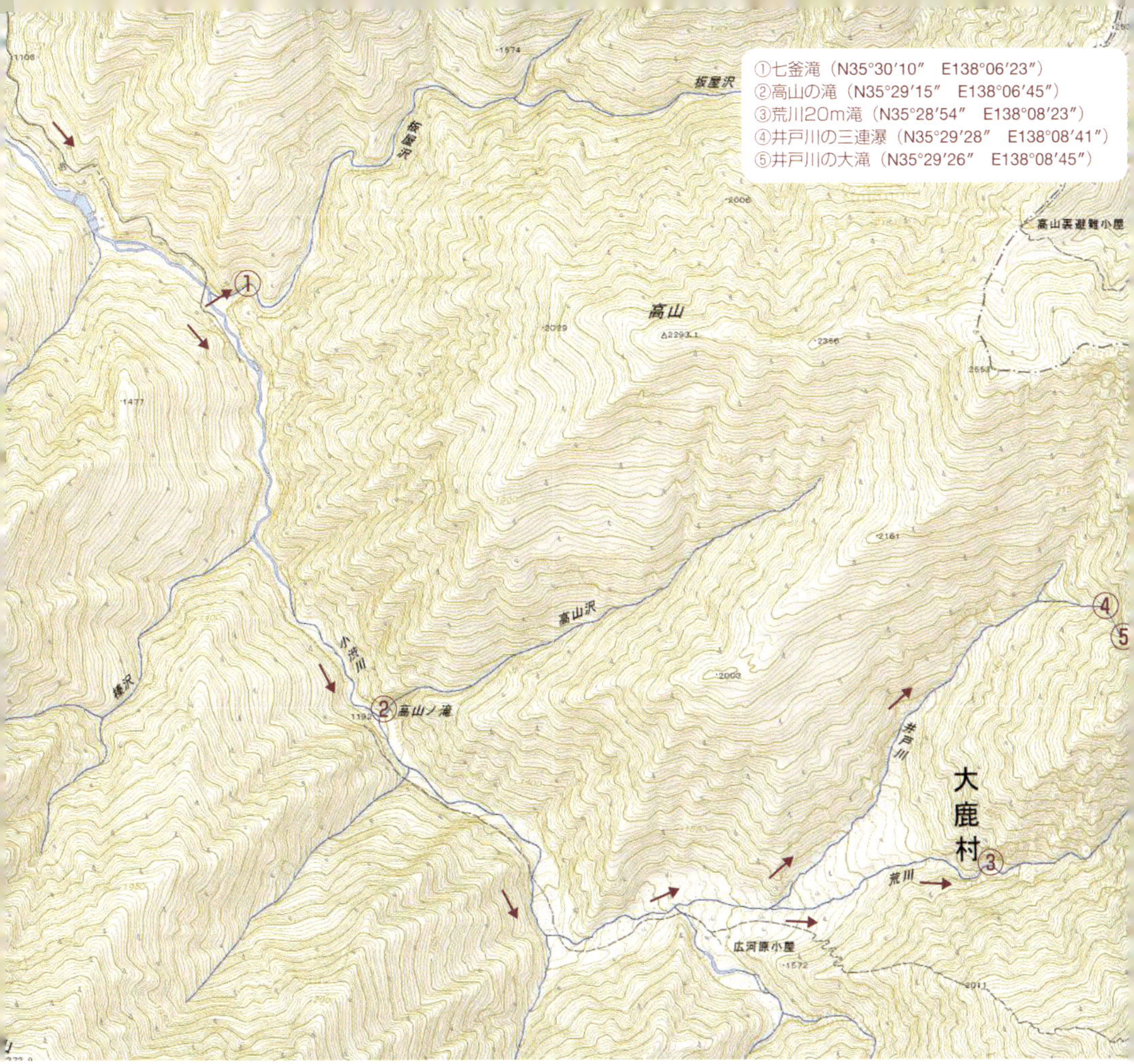
①七釜滝（N35°30′10″　E138°06′23″）
②高山の滝（N35°29′15″　E138°06′45″）
③荒川20m滝（N35°28′54″　E138°08′23″）
④井戸川の三連瀑（N35°29′28″　E138°08′41″）
⑤井戸川の大滝（N35°29′26″　E138°08′45″）
板屋沢
板屋沢
高山裏避難小屋
高山
高山沢
小渋川
樺沢
高山ノ滝
井戸川
大鹿村
荒川
広河原小屋

右股の三連瀑のゴルジュ上流にも落差30mの大滝が懸かっていたが、そのゴルジュは前にふれたように急峻で直攀はできない。そこで左岸側の急斜面を大きく高巻いてガレ沢を下り、河床に降りることにした。この巻きはとにかく危険であった。最後はロープを出して沢に降り立つことができた。大滝の下まで登って行くと下段は幅広い滝となり、二段目が二条に分岐している様子が見えた。そこからは上流部が見えなかったので、右岸側の崖を攀じ登ってみると三段目が見えた。ただ、ここまでが限度でその上流はエキスパートの領域であった。

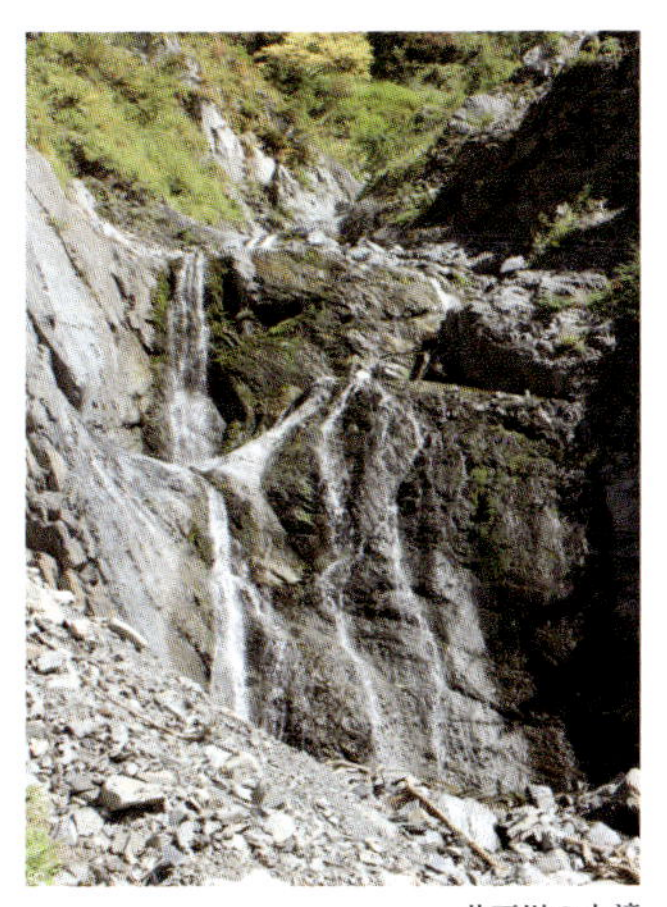

井戸川の大滝

79

小渋川 小河内(おごうち)沢流域

大鹿村大河原

◆**小渋川 小河内沢流域**【こしぶがわ おごうちさわりゅういき】

小河内沢は小河内岳（2,801m）や大日影山（2,573m）からの小日影沢、布引沢、豊口沢などの渓水を集め小渋川に合流する。本流の遡行には、厳しい地形がつくる手強い大小の滝が待ち構えている。

掲載滝：雨乞滝　布引滝

写真：雨乞滝

小河内沢遡行〜雨乞滝

最初の難関小滝

　県道赤石岳公園線の釜沢から林道御所平線に入り、御所平に車を止めた。ちなみに御所平は南北朝時代、後醍醐天皇の皇子宗良親王が信濃の豪族の力を借り、その勢力の拡大を図った地である。宗良親王の信濃での仮の住まいとなった御所平には、往事の面影を偲ぶ小屋が建てられていた。

　御所平から大型砂防堰堤の上流に降りて小河内沢に入渓すると、ゴルジュ帯となり、先ず落差5mの小滝が行く手を遮っていた。この最初の小滝の攻略法が分からず、下見も含めて実は3回も訪れてしまった。最初は左岸側を巻こうとしたが、絶壁で降りられず、右岸側も取り付く場所が分からずにあきらめたのである。その後、現地で出会った松本、名古屋からの3人パーティーに、右岸側にある滝壺の斜面の岩盤なら攀じ登れると教えてもらった。しかし、そこは滑り台のようなツルツルの岩面で、2mも登ればすぐに摺り落ちてしまうような場所だった。結局は下流に戻り、ロッククライミングのように手がかりになりそうな場所を探しながら強引にこの小滝を乗り越えたのだった。

　最初の難所は突破したが、上流にも巨石群があり、落差15mのCS（チョックストーン）滝や落差5m滝などの難所がいくつも現れ、ある程度の技術がないと遡行できない場所であった。やがて左岸から小日影沢が差し込み、その左岸の林の中には鉱山の作業小屋跡らしき場所があった。小河内沢上流の小日影には昔、銅鉱山があり、寺沢の尾根から崖伝いに運搬路があったというが荒れてしまったようだ。ちなみにこの一帯の小日影鉱山をめぐっては、明治31年ころ、釜沢集落の下沢政重郎ほか1名が小河内河原で黄銅鉱を発見、同34年に試掘が始まり、38年から鉱山発掘に着手した。最盛期には1日17〜18本（1本八貫＝30kg）の生産があったという。しかし、鉱毒問題や、鉱脈が細かったために昭和18年ころまで細々と採鉱が続いたものの、今では全くの廃鉱となったという。

　小日影沢を横に見ながら、しばらく遡行すると石灰岩層が横断していて、切り立った岸壁が両岸に迫っている場所があった。そこを過ぎると川幅は広がりゴーロの河床となった。

　広いゴーロの河床を歩いて行くと布引沢

との出合があり、しばらく行くと、押し出しされたガレで沢が台地のようになっていた。それを越えて右岸の踏み跡をたどると、突き当りの岩壁に落差50mの「雨乞滝」が現れた。滝口から勢いよく飛び散る水流は、途中で岩肌にぶつかり、いくつもの美しい模様を作って幅広く流れ落ちていた。『日本登山体系』（白水社）によると、この滝の上流にも落差20m級の滝が数本あるが、それらはエキスパートの領域であった。

布引沢遡行~布引滝（大滝）

雨乞滝の訪瀑の帰り掛けに、途中で合流していた布引沢にも入渓してみた。小河内沢と分岐してからしばらくは広いゴーロだが、ゴルジュ帯に入ると急峻になった。シャワークライミングで越える滝や、涸沢を高巻きする危険な場所もあった。イバラにも苦しめられ、距離の割に時間を要してしまった。右岸には水量は少ないが80mを越える細滝、左岸にも50m級の滝が懸かっ

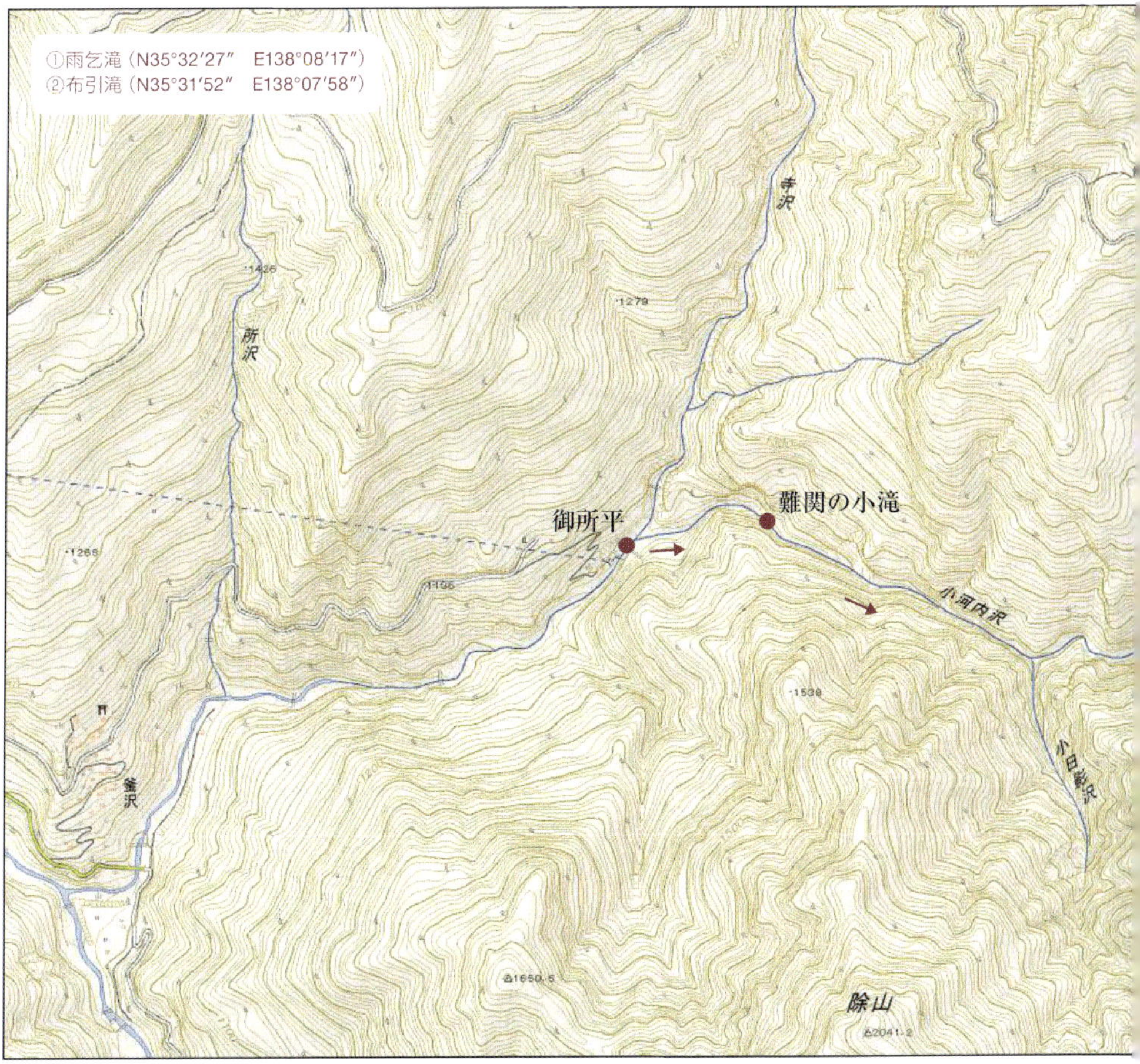

①雨乞滝（N35°32′27″　E138°08′17″）
②布引滝（N35°31′52″　E138°07′58″）

寺沢
所沢
御所平
難関の小滝
小河内沢
小日影沢
釜沢
除山

ていた。渓流瀑やイバラのガレ場を越えて小河内沢分岐から遡行すること約1時間30分。布引沢は左折し、そこに落差50ｍの大きな滝が懸かっていた。この滝は塩見岳の登山道から見ると、白い布を垂らしたように細く流れ落ちていることから布引滝と呼ばれている。上段の滝口からは勢いよく水が飛び出し、岩に当たって白く飛沫を上げながら流れ落ちている。この滝の上流にも落差20～30m級の滝が数本あるが、それらはエキスパートの領域であり、そこで引き返した。

布引滝

80

青木川上流域

大鹿村大河原

◆**青木川上流域**【あおきがわじょうりゅういき】

尾高山（2,212m）、奥茶臼山（2,474m）、前茶臼山（2,331m）の稜線から発する北股沢、地獄沢、南股沢が燕岩付近で合流して青木川となる。上流の沢には見応えある滝が懸っているが、長い林道歩きが難点でもある。

掲載滝：針木の滝　南沢の滝（別名／ハンレイ岩の滝）
魚止の滝　天子岩の滝　燕岩の滝

写真：天子岩の滝

青木川の針木の滝

針木の滝

青木川に沿って走る国道152号の針ノ木橋のたもとに「針木の滝」の標柱が立っている。この針ノ木橋から青木川支流の針ノ木沢に入渓し、約700m遡行すると、目の前に落差45mで三段となって流れ落ちる大きな滝を目にすることができる。

ただ、途中には大きな砂防堰堤があって、それを巻く必要があり、渡渉もある。長靴など、それなりの装備がないと行けない滝なのである。また、上段にある滝の下まで行くには大変な危険が伴うので安易な気持ちで行くのは慎んだ方がいい。

南沢の滝（ハンレイ岩の滝）

針ノ木沢よりも上流で青木川に注ぐ南ノ沢については、大鹿村村誌に「鬼面山の北東面より流れ下る南沢には、種々の岩石が見いだせる」「南沢の上流1200m付近に滝が懸かっている。この滝の下部が領家片麻岩で、上部から南沢苦鉄質岩体が現れている。苦鉄質岩体が片麻岩を貫いている」との記載がある。興味がわいたこともあり、この南沢を踏査することにした。

南の沢F4滝

青木川支流の南沢は、国道152号地蔵峠下の大鹿村で青木川に流れ込んでいる。そこに架かっている橋から入渓すると砂防堰堤が3基あった。いずれも右岸を巻いて越えて行くとゴーロの河原となった。しばらく遡行すると赤褐色の岩を流れる渓流瀑があり、それを越えると再びゴーロとなって、やがて延長10mほどのナメへと続いた。さらに遡ると右岸から枝沢が合流し、その下に落差8mのF1滝が懸かっていた。その上流へと進むと落差3～15mまでの滝が連瀑をつくっている。その容姿はそれぞれに異なり見事な情景であった。ただし、訪れるならF1滝から上流は斜面が厳しくて大変危険である。

青木川上流

青木川上流域は、両側が切り立つ絶壁となった燕岩から上流で北股、地獄沢、南俣に分岐している。大鹿村誌によると、その周辺に天子岩があり、潜流瀑があるという。そこでこれら奥深い沢へと滝を探しに

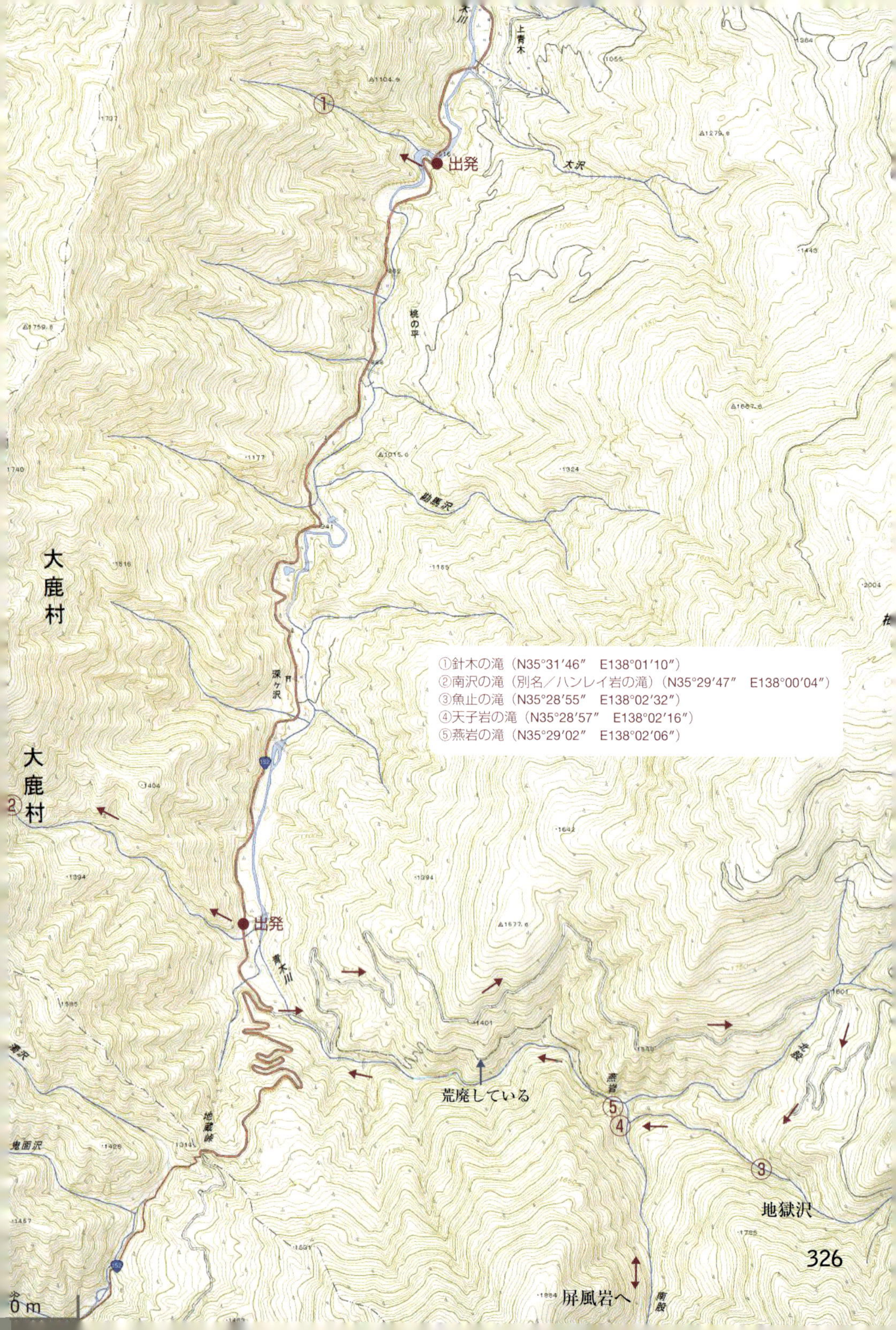
①針木の滝（N35°31′46″　E138°01′10″）
②南沢の滝（別名／ハンレイ岩の滝）（N35°29′47″　E138°00′04″）
③魚止の滝（N35°28′55″　E138°02′32″）
④天子岩の滝（N35°28′57″　E138°02′16″）
⑤燕岩の滝（N35°29′02″　E138°02′06″）
出発
出発
大鹿村
大鹿村
上青木
太沢
桃の平
勘馬沢
深ヶ沢
青木川
荒廃している
燕岩
地獄沢
地蔵峠
鬼面沢
屏風岩へ

向かった。

　国土地理院の地形図によれば、青木林道から燕岩までは登山道（作業道）の破線記号があるので、燕岩付近までその道を歩くことにした。青木林道ゲート前の幅員の広い場所に車を止めた。林道を歩いて地図にある登山道の入り口を探したが見つからない。仕方なく遠回りとなる林道を歩くことにした。黙々と歩いていると、二人が乗ったワンボックスカーが登ってきた。

　車両には営林署の名がある。何か注意されるのだろうかと思い、道路脇によけて目をそらしていたところ車が止まった。「どうしました？」と声を掛けられ、「青木川の上流の滝の写真を撮りに来ました」と答えると、後ろのドアを開けて「乗っていきな」とすすめてくれた。恐縮しながらも乗せてもらうことにした。後部座席には林業に使う道具がたくさん積まれていて座る所も無いほどであったが、腰を浮かせた格好のまま有り難く運んでもらった。車中で二人の営林署職員に滝について教えてもらうと、「地蔵沢を３００ｍほどいったところに滝が懸っていたような気がする。確か魚止の滝と呼んでいた」とのことである。また地形図にある青木林道から燕岩までの登山道は、「今は崩壊が激しく、荒廃していて歩けない」と言う。また「燕岩付近は絶壁で危険なので釣り人も入らない」と様々な情報をもらった。

　北股を過ぎた所で伐採作業があるというので、地獄沢へと降りる道を教えてもらい、そこからは林道を歩いた。青木林道ゲートから沢を目指す場合、徒歩では時間が掛かりすぎる。歩けば一日掛かりの行程だったので助かった。青木川上流を目指すには、やはり川道の中を遡行する方がよさそうである。

地獄沢の魚止の滝

　営林署の人に教えてもらった通り、地獄沢林道から尾根伝いに急斜面を下降して地獄沢へと向かった。途中から動物除けの古いフェンスが進行方向に張られ、それに沿って降りて行くと絶壁となってしまった。とても降りられないので、やっとの思いでフェンスを乗り越え、降りられそうな場所を探して降ったが、地獄沢の目標地点より大分上流に降りてしまったようで、険悪な渓谷の下降が待っていた。地蔵沢が青木川に出合う辺りから上流３００ｍほどの所に落差７ｍの「魚止の滝」を見つけた。二段となって流れ落ちる滝には流木が横たわっていた。

魚止の滝

南股遡行

地獄沢を下降すると、青木川上流で分岐する南股に合流する。この南股を上流の屏風岩まで踏査してみた。地獄沢から南股に入って遡行し、しばらくは巨石の転石を乗り越えていった。やがて流れは穏やかになり、川幅も広がってきて歩きやすくなった。南股が上流で2股に分岐する辺りから右側を望むと屏風岩の絶壁が迫って見えた。屏風岩のガレが押し出している右股を源流まで踏査してみたが、絶壁の下には水は流れていなかった。

分岐に戻って本谷の左股をさらに遡行すると、落差5mほどの滝が懸っていた。岩壁にはピンクのミヤマカタバミとイワタバコが張り着いて花を咲かせていた。南股から帰る途中、地獄沢との出合の辺でバイクで登ってきたという釣り人と行き会ったが、南股は魚影が薄いとのことであった。南股にはほかに特筆すべき大きな滝はないようである。

天子岩の滝

大鹿村誌によると、青木川の上流は、渓谷そのものが秩父帯の地層の走向方向にあるため、同じ石灰層を長く通りぬけているという。北股と地獄沢間の左岸には、天子岩と呼ばれる切り立った崖がある。天子岩は、断層によって石灰岩が切られたもので、そこに落差10mの天子岩の滝が懸っていた。この滝は潜流瀑で、石灰岩の巨石の割れ目から湧出した水が、苔生した緑の岩肌を流れ落ちている不思議な光景をつくっていた。

やっと目的の滝に巡り合うことができたので帰りは青木川を下降することにした。北股と南股の合流から少し下降すると燕岩がある。燕岩は両岸が狭く切り立った石灰岩の絶壁でその状景は圧巻であった。そして川幅は狭く、そこに懸かる落差6mの滝の下降は滑りやすくて足場の確保が大変でスリル満点であった。青木川では水量の多い河床の渡渉を繰り返した後、砂防堰堤に出て林道に上がり、無事に車に戻ることができた。

燕岩の滝

あとがき

秘境とは、国語辞典によると、「外部の人が足を踏み入れたことがほとんどなく、まだ一般に知られていない地域」となっている。例えば、乗鞍高原にある「善五郎の滝」、「番所大滝」、日本滝100選に選ばれた「三本滝」などは、その範疇から外れるであろうし、同じ乗鞍高原にある前川渓谷の滝群などは該当するであろうが、その境界線は明確ではない。

私の基準で、アプローチが難しい秘境と思われる地域の滝を取りあげてみた。いずれの滝も山奥にあり、たどり着くまでに大変な難儀をしたが、心地よい思い出のほうが強く印象に残っている。

古希（齢70才）を迎えると、秘境の地の訪瀑は体力的・気力的にも厳しいものがあり、遭難の危険も度々感じてきたので、ここら辺で諦めるのが賢明であろうと思い、拙文ではあるが今までの探訪を記録に留めることにした。

最後に、この本を出版するにあたって、訪瀑先で出会った多くの方々や滝の情報を教えていただいた方々及び編集にアドバイスをいただいた方々のご厚意に深く御礼申し上げる。

平成29年8月

篠原　元

長野県内の滝一覧

茶＝仮称（無名・名称不明）の滝　太字は本書掲載の滝
※文献等にあるものは落差５m以下の滝も記載した。連瀑でも名称のある滝は個別に記載した。

仙が滝
（くもが淵・お仙の滝）
三滝；大禅の滝
（大勢至の滝）
三滝；小禅の滝
三滝；浅間の滝（猪音の滝）
まがり淵
カジ足の滝（加和志の滝）
【軽井沢町】
▼ 湯川流域
淵が滝（金淵）
かつら淵
アライ滝
釜が淵
竜返の滝（珠数の滝）
白糸の滝
千が滝
遊女の滝（不明）
【御代田町】
▼ 湯川流域
血の滝（神池の滝・赤滝）
露切峡（強切滝）
久保沢の滝
字内城の滝（御滝）（消滅）
【立科町】
▼ 本沢川
蓼仙の滝

上小地域
【上田市】
▼ 浦野川流域
不動滝
長者釜の滝　（へへの滝）
出浦滝
▼ 産川流域
不動滝（滝の沢）
弁財の滝
雨恋滝
鞍が淵
野倉の滝群
▼ 黄金沢
不動の滝
▼ 神川流域
千古の滝
菅平口の滝
渋沢川の斜瀑
二重滝
浄水の滝　（大明神沢の新滝）
大明神滝
二重滝
唐沢の滝
▼ 依田川
飯沼の不動滝
▼ 内村川流域
滝の沢滝
稚児が淵　（天狗の水飲み場）
細尾の滝（不動滝）

一ノ瀬の淵
いおどめの滝（魚止の滝）
ナメ滝
東沢の滝
東沢その他の滝
【南牧村】
▼ 湯川流域
赤土の滝
林道脇の潜流滝
湯川渓谷氷瀑
水滝
牛首の滝
湯川上流の小滝
▼ 高見沢川
大谷地の滝
▼ 杣添川
杣添渓谷の氷瀑
千が滝
▼杣添川北沢流域
北沢二段滝
北沢大滝
北沢その他の滝
▼ 杣添川南沢日の岳沢流域
本流６m滝
本流８m滝
右股出合の滝
右股下の大滝
右股大滝
右股その他の滝
左股大滝
▼ 杣添川南沢左股流域
左股本流８m滝
左股本流10m滝
左股本流12m滝
左股右ルンゼ大滝
左股正面ルンゼ大滝
左股本流の大滝
南沢左股本流その他の滝
▼ 大門川流域
千が滝
宮詞の滝（宇治の滝）
【南相木村】
▼ 南相木川流域
おみかの滝
立岩の滝
犬ころの滝
千が滝（奥三川）
▼ 栗生川流域
千が淵滝（泉ケ淵）
下栗生の滝
不動滝
一平の滝
丸岩の滝
【北相木村】
▼ 相木川流域
雪瀬の滝
箱瀬の滝

不動滝
白糸の滝
狭岩峡
鏡穴の滝
▼ 熊倉川
中の滝
不動滝
熊倉川の滝群
【小海町】
▼ 八岳川
八岳の滝（八の滝）
▼ 大月川
伏が滝
仙が滝
▼ 相木川流域
岩見滝（壁塗り天狗）
仙が滝（千が滝）
【佐久穂町】
▼ 抜井川流域
西滝（清滝）
不通の滝
地蔵滝
（中の滝・魚止の滝）
千が滝（仙が滝）
箕輪の滝
枡形の滝
乙女の滝
▼ 大岳川流域
湯沢の滝
魚止の滝
二股の滝
大岳川大滝
ナメ滝
▼ 石堂川分水
白滝（白矢の滝・藤つる分水）
▼ 大石川流域
三味の滝
（三味の淵・琵琶の滝）
駒出滝（魚止の滝）
水無川上流域の小滝
魚留滝
飛龍の滝
もみじの滝
分岐瀑
大滝
【川上村】
▼ 金峰山川流域
いおどめの滝
いおどめ新滝
唐沢の滝
八幡沢の大滝
▼ 梓川流域
幻の滝
魚止の滝
地蔵沢の滝
唐松久保の滝
▼ 千曲川源流

佐久地域
【小諸市】
▼ 蛇掘川流域
不動滝
大日滝
▼ 栃木川流域
不動滝
菱泉の滝
▼ 繰矢川
蛇滝（小原滝・じゃん滝）
▼ 布引観音釈尊寺
布引二段滝
布引不動滝
【佐久市】
▼ 春日渓谷流域
千切の滝
羽衣の滝
羽衣Ｆ４滝
振袖の滝
小天狗の滝
小太郎滝
さんしょう滝
乙女天狗の滝
義経の滝（親子滝・斧の滝）
新滝下の滝
新滝
御鹿の滝
御鹿上の滝
そうめん滝（大滝）
鹿角滝　（王滝）
春日渓谷その他の滝
▼ 細小路川
カモシカの滝
ささやきの滝
▼ 八丁地川
魚止の滝（養老の滝）
唐沢の滝
▼ 志賀川流域
鋳物師釜の滝（谺滝）
滝の入滝
瀬早のタチ
泡淵滝（水没）
姥が滝（男滝）
にしん樽の岩滝
（女滝・河童淵）
▼ 滑津川流域
仙が滝（千ケ滝）
ナメネコフォール
▼ 宮川支流
滝の山滝
▼ 居川支流
十二滝（一部消滅）
▼ 雨川
山の神滝
▼ 谷川流域
大滝（不動滝）
▼ 馬坂川

弁天滝
▼ 不動寺里堂境内
福寿・不老滝
▼ 仁礼川流域
梯子の滝
山の神の小滝
グズの滝
第二緋の滝
緋の滝
カラサワの滝
美しの滝（白水の滝）
トクサ沢のナメと小滝
トクサ沢の滝
▼ 宇原川流域
大谷不動一の滝
大谷不動二の滝
大谷不動三の滝
ロットの滝
タカオチバの滝
宇原川右岸の滝
宇原川左岸の滝
鷹落場沢の滝
▼ 北の沢流域
舟久保の滝
本沢の滝（北の巻大滝）
（北の俣大滝）
北の沢の小滝・渓流瀑
▼ 米子川上流域
浦沢の滝
雨模様滝（浦沢黒滝）
奇妙滝下の滝
奇妙滝（裏沢の滝）
出会の滝（清め不動の滝）
黒滝
米子不動滝（千手滝）
権現沢の滝
米子権現滝
大黒沢の小滝
大黒沢の下の滝
大黒滝
▼ 奈良川流域
熊の滝（熊取滝）
▼ 灰野川流域
やすらぎの滝
小便滝
湯河原の滝
峰小場の滝（扇子滝）
起遺滝
ヨシミの滝（北の沢滝）
【千曲市】
▼ 三滝川流域
三滝
一の滝
二の滝
三の滝
樽滝
▼ 沢山川流域
加茂滝（男滝）
女陰の滝（べべの滝）
奈良尾滝
▼ 佐野川流域

ましら沢の滝
クルワドウ滝
エンダラ沢の滝
東くるわど滝
名称不明滝
▼ 裾花川濁川
蜘蛛が淵
大滝
濁川その他の滝群
▼ 裾花川清水川
木曽殿アブキ（水簾の滝）
魚止の滝
奥裾花渓谷（清水川）の滝
千丈滝
奥魚止めの滝
本谷無名滝F1～F3）
キレット沢の滝
宝船沢の滝
地獄谷無名滝（F1～F6）
▼ 裾花川小清水川
小清水沢F1滝
小清水沢F2滝
小清水沢F3大滝
小清水沢その他の滝群
▼ 犀川流域
不動滝
大原滝
天狗滝
栃の木滝
▼ 土尻川流域
三官寺滝（消滅）
大樽・小樽（樽の瀑布）
岩樋の滝
不動滝
親子滝
▼ 犀川流域
安庭の滝（消滅）
岩倉滝（不明）
不動滝
弥太郎滝（消滅）
▼ 大花見沢
不動の滝（大滝）
▼ 当信川流域
不動滝
琵琶滝
瀬月（付）の滝（四十八釜滝）
▼ 込地川市後沢
郡境滝
▼ 滝邊山山腹
大室大滝
▼ 藤沢川流域
清滝（きよたき）
▼ 関屋川流域
臼滝
▼ 聖川流域
鳶滝（不動滝）
不動滝（御滝；消滅）
▼ 滝の入沢
滝の入滝
【須坂市】
▼ 臥竜公園内農業用水

戸隠奥社の小滝
▼ 浅川流域
仙郷滝（姥滝）
鶴の滝
▼ 裾花川中流域
滝沢の滝
規坊滝
隠れ滝 （新屋東滝・不動滝）
達橋沢の滝
五色滝
不動滝（芋井）（消滅）
一の滝（消滅）
二の滝（消滅）
常盤滝（消滅）
▼ 上楠川上流域
さざれ滝
大滝（荒倉滝）
黒滝
岩倉沢の三段滝
西岳本谷の滝
西岳本谷その他の滝
百丈沢の滝
百丈滝
不動沢の本流瀑2滝
赤石の滝
上楠川その他の滝
▼ 裾花川上流域
中峰の滝
蜘蛛の滝（瀬戸の滝）
松島大日堂の滝
押出の滝
経輪の滝（赤滝）
大滝（夫婦滝の雄滝）
不動滝（夫婦滝の雌滝）
大滝
西岳P5・P6稜間の滝
よしね入沢の滝
中滝
八方滝
八方沢右股の滝
柄山滝
大滝（柳沢の滝）
小滝
柳沢の階段滝
井戸沢の滝
本沢の滝（不動滝）
平床沢一の滝
平床沢二の滝
平床沢三の滝
文珠滝（湯の瀬滝）
小佐出沢一の滝
小佐出沢二の滝
小佐出沢三の滝
小佐出沢奥の滝
▼ 奥裾花渓谷
三枝沢の滝（不明）
カエデ滝
猿越の滝
小沢右岸の2滝
あけぼの滝
見返り滝

白矢の滝
▼ 権兵エ衛川
仙が滝
▼ 依田川
依田川の淵
大洲・中洲・牛の淵
飛魚・落合淵
▼ 武石川流域
落合沢左股の滝
必経が滝
虹の滝
巣栗渓谷
お仙が淵
お仙が淵
巣栗のナメ
魚止滝
焼山滝（雄滝（飛竜の滝）
焼山滝の雌滝
昇竜の滝（二の滝）
小滝
焼山沢七滝
【東御市】
▼ 所沢川
五郎の滝
湯の丸渓谷潜流瀑
▼ 大石沢川
大石沢の滝
【長和町】
▼ 五十鈴川
九頭龍大神の滝
▼ 大茂沢川
不動滝（行者の滝）
▼ 本沢渓谷
もろさわの滝
行者の滝
本沢渓谷のその他の滝と淵
本沢渓谷枝沢の渓流瀑
▼ 野々入川流域
すずらんの滝
【青木村】
▼ 田沢川滝沢
滝沢滝
▼ 沓掛川滝川
銚子の滝
銚子沢のナメ滝
一の滝
不動滝（二の滝）
三の滝
▼ 宮淵川臼川
臼川の大滝
臼川その他の滝

長野地域
【長野市】
▼ 鳥居川流域
大沢の滝
大沢その他の滝
ナメ滝
不動滝
氷清水周辺の滝
戸隠奥社禊滝

▼ 栃川流域
タル山の滝（樽滝）
栃川本流の滝
栃川大滝
栃川源流の滝
▼ 中津川流域
下の滝（鳥甲山不動滝）
屋敷橋上の滝
夫婦滝
▼ 雑魚川流域
切明西方の滝（第二の釜）
鬼沢小水の滝
水ケ沢の滝
▼ 魚野川流域
桧俣の大滝
悪沢の滝
登山道までの滝・渓流瀑
登山道から上流の滝
佐武流出合いの滝
渋沢の滝
渋沢F2滝
渋沢大滝
▼ 釜川流域
大釜の滝（釜川滝）
無名沢の三滝
箱嵓沢の滝
内セノクラ沢の滝
一の滝
赤釜の滝
飯盛川の滝
観音沢の大滝
勘五郎滝
黒滝
難関の滝
エビリュウ沢滝場（F1）
エビリュウ沢滝場の連瀑
大滝下の滝
ヒロゼの大滝（広瀬滝）
▼ 北野川流域
当部の滝
極野の田代滝
西樽沢小滝
おうせの滝
瀬野上滝
ウスマル沢一の滝
二の滝
三の滝
サワラノ沢5m滝
サワラノ沢の大滝
川クルミ沢大滝
▼ 中条川流域
大滝（不動滝）
小滝
西入沢の段瀑
西入りの滝
▼ 三ツ振沢流域
青倉の無名二滝
▼ オマチ川流域
石畳の滝
桑の木滝
▼ 橋場川
ばんとう滝（栄村境）
東電巡視路沿いの滝
桂沢の滝
いたどりぜん
（箱ぜん・不動コイデ）
大高沢大滝（大高ゼン）
中高沢大滝（高沢ゼン）
九尾ゼン
大ぜん
黒沢の滝
黒沢大滝
大ナゼ沢大滝
カギトリゼン
岩菅ぜん
すりばちぜん
ヘチトリゼン
ツバクロゼン
奥ぜん
ネジレゼン
大淵
庄九郎大滝
庄九郎ゼン
無名ぜん
芝沢の滝
追詰の滝
魚止滝
【木島平村】
▼ 馬曲川流域
道珍の滝
蜘蛛が淵の滝
馬曲川の小滝
▼ 小樽川
白糸の滝
▼ 樽川流域
樽滝（雌滝・女滝・陰滝）
樽滝（幻の滝）
樽滝（雄滝・男滝・陽滝）
日向入の滝
▼ 満水川（一部栄村境）
廻り逢いの滝（一の滝）
満水滝（二の滝）
三の滝（三段の滝）
四の滝
【野沢温泉村】
▼ 健命寺境内
洗心滝
▼ 赤滝川流域
大滝（苧畑滝）
日向滝
烏帽子滝
コウノ滝
大仙滝（王仙滝）
サラサラ滝
中ノ滝
赤滝
地獄谷のその他の滝
【栄村】
▼ 硫黄川
蛇淵の滝
▼ 小赤沢
大瀬の滝（小赤沢滝）
扇要滝
【小川村】
▼ 土尻川流域
姫が滝
薬師が滝（消滅）

北信地域
【中野市】
▼ 滝の沢
不動滝
▼ 鳴沢
鳴沢滝（消滅）
【飯山市】
▼ 野々海川
不動滝
不動滝上左岸の滝
西沢左股その他の滝
▼ 運上川黒川
山姥ケ嶽大滝
黒川枝沢の細滝
▼ 大門川
不動滝
▼ 瀬木沢（スキー場内）
お小夜滝
▼ 小菅（湧水）
鼓ケ滝
憩いの滝
素麺滝（消滅）
▼ 日光川流域
日光滝
▼ 柳沢無名沢
柳沢の滝
▼ 信越トレイル無名沢
小滝
▼ 滝沢川
日郎ケ滝（ニシラ滝）
▼ 皿川流域
引回しの滝
▼ 松田川流域
朝日滝
関屋のそうめん滝
堰口の不動滝
【山ノ内町】
▼ 白沢川流域
白沢の滝
白沢橋上の滝
▼ 横湯川流域
うさ口の滝（ウサダ口の滝）
箱膳・下り膳・大膳（消滅）
▼ 角間川流域
潤満滝
幕岩の滝
鳴洞滝
▼ 雑魚川流域（一部栄村境）
外ノ沢の大滝
外沢川その他の滝
大滝（おおぜん・だいぜん）
三段の滝
ハーモニカの滝
雑魚川枝沢の滝
▼ 魚野川流域
不動滝（佐野の滝）
滝の沢その他の滝
▼ 雄沢川
久露の滝（裏見の滝・黒の滝）
▼ 仙石沢
清滝（不明）
▼ 湯沢川流域
戸倉の不動滝
（不動尊の滝・黒佐禮滝）
大沢の渓流瀑
▼ 女沢川
不動滝
▼ 権現沢（大沢）流域
大滝
東門滝
▼ 小滝沢
小滝
【坂城町】
▼ 出浦沢川
出浦沢の滝（大久保の滝）
▼ 福沢川流域
不動滝
▼ 谷川流域
地獄谷の滝
【高山村】
▼ 松川流域
牛の牢
舞の滝
鋸滝
八滝
雷滝（裏見の滝）
五色唐沢の滝
七味大滝
滝平七沢の滝（平石滝）
六坊滝（一の滝・多段の滝・二の滝）
松川右岸の滝（F2）
横手沢滝
松川滝
松川上流その他の小滝
・渓流瀑
▼ 柞沢川流域
北向の滝（幻の大滝）
▼ 樋沢川流域
富貴の滝（くつろぎの滝）
両沢・湯沢のその他の滝
【信濃町】
▼ 関川流域
苗名滝（地震滝）
修行の滝
黒姫山西北の滝（不明）
▼ 池尻川（野尻湖）流域
御鹿滝
御滝二の滝
幻の大滝
赤滝
▼ 鳥居川流域
癒しの滝
▼ 斑尾川流域
不動滝（霊滝）
【飯綱町】
▼ 八蛇川

▼ 八沢川
十六棚滝（一の滝）
十六棚滝（二の滝）
八沢川右股の滝
八沢川左股5m滝
八沢川左股左岸の滝
八沢川その他の滝
▼ 黒木ケ沢（勝沢院沢）
権現滝
▼ 幸沢川流域
タルガ沢の滝
幸沢川の小滝
コツガ沢の滝
▼ 西洞川流域
大沢の滝
唐沢の滝
▼ 濃ケ池川流域
濃ケ池末端の潜流瀑
沢奥の滝
濃ケ池川枝沢の滝
上タルガ沢出合の滝
野婦の大滝
▼ 正沢川流域
幸の沢の滝
悪沢の滝
一枚岩の滝
細尾大滝
正沢川その他の滝
▼ 木曽川
巴淵
▼ 野上川流域
穴沢の滝
アジミ沢の滝
魚止めの滝
【木祖村】
▼ 笹川床並沢
床並の平垂
床並の滝
▼ 木曽川源流域
上矢詰沢の滝
笹尾滝
タルガ沢の小滝
笹尾沢の小滝・渓流瀑
二俣の滝
ワサビ沢の無名滝
ひるくぼ滝（百間滝）
ヒルクボ沢の連瀑（F2～F4）
ひるくぼ沢奥の滝
【王滝村】
▼ 樽沢
樽沢滝（鞍馬滝;：水没）
▼ 瀬戸川
西股F1滝
西股F2滝
西股F3小滝
西股F4滝
林道脇の滝
▼ 大又川流域
清滝
新滝（裏見の滝）
龍頭滝
こもれびの滝
（三段の滝　魚止めの滝）
方丈下の滝
方丈の滝
方丈の小滝
方丈上の滝
▼ 湯川白川一ノ又沢（大江川）
一ノ又沢10m滝
一ノ又沢右岸の滝
大江権現の前衛滝
大江権現滝（下の滝）
大江権現滝（上の滝）
▼ 湯川白川下タル沢
下タル沢大滝
下タル沢の滝
▼ 西野川三岳中流域）
白川の氷瀑
永井野の滝
▼ 湯川流域
中山沢下の滝
中山沢上の滝
鹿の瀬温泉橋の滝
湯川右岸F1滝
湯川右岸F2滝
湯川の小滝
湯川一の滝
湯川二の滝
湯川三の滝
湯川源流6m滝
湯川滝
湯川大滝
▼ 西野川三岳上流域）
猿橋渓谷
▼ 鹿の瀬川流域
魚止めの滝
鹿の瀬川の小滝・渓流瀑
鹿野瀬の滝
▼ 西野川流域（開田高原）
管沢の滝
太郎淵（ミナ沢滝）
柳又滝
九蔵峠の滝
尾の島の滝
冷沢の滝
幻の巨大滝
せめの滝
（セミの滝・センメの滝）
樽沢の滝
▼ 王滝川 樽沢
樽沢の滝
▼ 中沢川流域
川合滝
大倉の滝
細滝（人工）
細沢滝
明ケ沢滝
ミナ沢の二条滝
ミナ沢の滝（ムナ沢滝）
▼ 児野沢流域
児野沢その他の滝
児野沢の滝
女埵滝
いわな淵（消滅）
喉の滝
▼ 鍋割川本洞沢
本洞沢の滝
▼ 神戸沢
百間滝
▼ 与川流域
銚子の滝
与川左岸の滝
胡桃田の滝
▼ 岩倉川流域
岩倉橋上（F1）滝
岩倉川（F2）仙人滝
岩倉川（F3）滝
岩倉川（F4）大滝
岩倉川（F5）二条滝
岩倉川（F6）滝
岩倉川の小滝・渓流瀑
▼ 柿其川流域
牛が滝
ヒヤ滝
下の滝
ねじだる
霧の滝
虹の滝
雷の滝
渡の滝（二股滝）
（又の滝・股の滝）
忠兵衛滝
北沢の滝
大沢の大滝
銚子の滝
柿其渓谷の淵・無名滝
【木曽町】
▼ 王滝川沢渡
八幡滝（人工）
▼ 入川
男樽・女樽
▼ 本洞川流域
名称不明滝
大樽
蛇尾沢の滝
▼ 白川流域
白崩滝
かんまん滝
日の出滝
明栄滝（消滅）
大祓滝
岩井の沢滝
松尾滝
覚本滝
大正滝
雌蝶の滝
雄蝶の滝
名称不明滝
百間滝
北又上流F1滝
中又上流F1滝
中又上流F2滝
不易の滝（本谷油滝）
神龍が滝

木曽地域
【上松町】
▼ 境の沢（木曽川右岸）
桃山の滝（桃の滝）
▼ 境の沢（木曽川左岸）
境の沢の滝
※境の沢2箇所は大桑村境
▼ 大沢
洞の滝
▼ 桟沢
桟の滝
▼ 荻原沢
雨乞滝
荻原沢の大滝
荻原沢5m滝
荻原沢多段瀑
荻原沢の小滝・渓流瀑
▼ 肥沢
隠れ滝
▼ 釜中沢
小野の滝
▼ 滑川流域
北股沢の滝
敬神の滝
奥三ノ沢出合の滝
奥三ノ沢45m滝
奥三ノ沢10m滝
奥三ノ沢ナメ滝
雄滝
雌滝
奥三ノ沢その他の滝
四の沢出合の滝
五ノ沢出合の滝
雪洞と渓流瀑
滑川遡行と小滝・渓流瀑
乾滝（不明）
▼ 木曽川
寝覚の床
▼ 小川流域
小川・赤沢渓谷の滝と淵
大樽
▼ 十王川小野川
奇美世の滝（寄飛輿の滝）
【南木曽町】
▼ 坪川流域
うるう滝
八ケ瀬
田立の滝
螺旋滝
洗心滝
霧ケ滝
天河滝（百間滝）
不動滝
田立その他の小滝・淵
▼ 男埵川
男滝（雄滝）
女滝（雌滝））
▼ 額付川流域
男埵滝

オルガン橋の滝
善五郎二の滝
善五郎小滝
善五郎の滝
虹の滝（三段の滝）
三本滝
黒い沢の滝
本沢の滝
無名沢の滝
三本の頭
▼ 湯川流域
竜神の滝
ゴウト沢の枯滝
池の谷の滝
大滝の前衛滝
大滝
▼ 障子ケ瀬川流域
障子ケ瀬支流の滝
雲間の滝下流の滝
雲間の滝
熊の滝（不明）
▼ 梓川（中の湯周辺）
釜ヶ淵滝
産屋沢大滝
▼ 梓川（上高地周辺）
滝の沢大滝
扇沢大滝
羽衣の滝
下又白谷Ｆ１滝
下又白谷Ｆ2～Ｆ３滝
一段の滝
二段の滝（消滅）
七段の滝　（Ｆ１）
七段の滝（Ｆ２～Ｆ３）
一の俣の滝
山田ノ滝
常念滝
北穂の滝
▼ 女鳥羽川流域
女鳥羽の滝一の滝
二の滝
三の滝
不動の滝（浅間温泉）
暮小場の滝
酒樋桶ケ淵
白滝
地獄谷その他の滝
▼ 薄川流域
大滝（一部消滅）
（大沢の滝・沢山の滝）
小滝
わるい沢の滝
薄川本沢・悪沢の小滝
【塩尻市】
▼ 小曽部川流域
白滝
平成新滝
▼ 尾沢川
牧野のお滝
▼ 滝の沢
大滝（荒沢不動滝）

久手地の滝
商人沢の滝
うばしのナメ滝
うばしの滝（不明）
▼ 矢久川流域
大沢の大滝（扇ケ滝）
▼ 南黒沢流域
南黒沢大滝
布引滝
滑滝
▼ 本神沢
金松寺山の滝
▼ 水沢流域
姥滝
於鳥羽の滝（三段の滝）
▼ 釜の沢
釜沢の淵（消滅）
樽沢不動の滝　（多留沢の滝）
北沢の滝
北沢源流の滝
釜の沢の小滝・渓流
▼ 当沢
当沢の滝
▼ 砂簾沢
砂簾の滝
▼ 島々川流域
不動滝（前樽沢）
瀬戸の滝
岩魚留の滝
島々川・南沢その他の滝
布滝（不明）
▼ 黒川流域
黒川林道脇の滝
鉢盛の三段滝
鉢盛大滝
黒川水系の無名瀑・渓流瀑
▼ 大白川流域
大白川大滝
一の俣の滝
▼ 奈川流域
天狗の滝
（追平の滝・大平の滝）
背出しの滝（曽倉沢の滝）
▼ 親子滝沢
親子滝
▼ 前川流域
前川渡の滝
ゴサダロ滝
ミシギ滝
伊奈川の滝
魚止滝
ガンガラ沢の滝
本谷滝（大滝）
本谷二の滝
本谷三の滝
前川その他の滝
▼ 小大野川流域
番所大滝
番所小滝
千間淵
カマバ（釜場）

本谷25ｍ滝
本谷40ｍ滝
東股２段10ｍ滝
▼ 土浦沢
上小谷Ｆ１～Ｆ12
（内40ｍ滝２滝）
ホッタル沢10ｍ滝
ホッタル沢30ｍ滝
イズミ沢12ｍ２段滝
▼ 王滝川黒沢
Ｆ１～Ｆ22
（内八重垂の滝）
▼ 王滝川本谷
タナビラ止め滝
大瀧
魚留の滝
百間滝
▼ 王滝村その他
釜樽滝（王滝村誌312ｐ）
玉簾滝（王滝村誌312ｐ）
【大桑村】
▼ 阿寺川流域
雨現の滝
樽が沢の滝
川戸沢の大滝
川戸沢のその他の滝
六段の滝
立石沢の滝
無名滝
吉報の滝
奉行沢の小滝
観念の滝
幻の滝
阿寺渓谷の淵
▼ 長通川
長通川の小滝
魚止め滝
▼ 伊奈川流域
広河原の滝（浦川）
越百川右岸支流の滝
越百川下南沢の滝
越百川中南沢の滝
越百川奥南沢の滝
ケサ沢南駒沢の滝群
福トチ沢の滝群
東川本谷の滝群
東川北沢の滝群
奥二又沢本谷の滝群
▼ 猿沢
猿沢の滝
▼ 松淵沢
松淵沢の小滝
松淵沢のナメ滝
百間の滝
▼ 天王洞
古宮の滝（流失）

松本地域
【松本市】
▼ 保福寺流域
大滝

里宮御神水
弘法滝（里宮滝・唐沢滝）
▼ 溝口川流域
イタ崎滝
小樽
大樽滝
▼ 鈴ケ沢流域
鈴ケ沢東股１０ｍ滝
鈴ケ沢東股６ｍ滝
鈴ケ沢の大滝（鈴ケ沢一の滝）
鈴ケ沢二の滝
鈴ケ沢三の滝
▼ 崩沢
崩沢の大滝
▼ 鹹川小股川流域
小俣川F1滝
小俣滝（小又滝）
百間滝
右岸の糸滝
八重滝（八重樽）
八重滝上の滝
入山沢の滝
上入山沢の滝
小股川その他の滝・渓流瀑
▼ 鹹川本谷流域
樽ケ沢の滝
春萩沢の大滝
八丁滝
暗滝
▼ 王滝川
中滝（消滅）
大鹿淵
▼ 王滝川 左岸無名沢
無名滝
▼ 濁川流域
伝上大滝
濁川大滝（消滅？）
関門の滝
閻魔の滝
勢至の滝
牛首の滝
馬首の滝
先達の滝
大滝（地獄谷）
白地獄大滝
▼ 下黒川流域
下黒沢一の滝
６ｍ～７ｍの滝場
右岸潜流瀑
二の滝（40ｍ幅広）
５ｍ滝
林道下５ｍ滝
12ｍ直瀑
10ｍ幅広滝
左岸８ｍ滝
三の滝（３５ｍ直瀑）
▼ 王滝川
王滝（水没）
▼ 上黒川流域
上黒沢一の滝
本谷25ｍ二段滝

牛の水飲み場左岸の滝
木戸の滝（小原の滝・吉彌滝）
滝平大滝
発電所対岸の滝
市倉沢の滝
滝状岩壁
門の滝
▼ 蒲原沢
国界の滝
▼ トチグラ無名沢
滝倉大滝
▼ 真木沢
真木沢の滝
▼ 前沢（湯原沢）
湯原の滝
前沢の滝
▼ 地蔵沢
地獄沢の滝
常蔵の滝（消滅）
▼ 白井沢
岩木滝
犬聲滝
▼ 濁沢
葦尾小戸の滝
濁沢のその他の滝
▼ 光明沢
光明不動滝
▼ 高倉沢
高倉沢不動滝
▼ 中谷川流域
押立沢の滝
尾丸滝
髭剃滝
横沢の滝
浅海川F1滝
浅海川F2滝
小滝
大海川左岸の滝
黒沢の滝
▼ 土谷川流域
杉山の滝（松山の滝）
熊沢その他の滝
滝の沢の滝
米倉沢の雌関の滝
米倉の大滝
米倉沢その他の滝
ほうり滝（不明）
▼ 下り瀬周辺
猿滝（小雪倉沢の滝）
七滝（下り瀬滝）
むじなくぼ沢の滝
▼ 横根沢
犬吠滝
▼ 虫尾沢
虫尾西の滝（お滝様）
▼ 大抜ノ沢
大抜の滝
大抜ノ沢その他の滝
▼ 親沢
親沢のナメ滝
親沢の二段滝

高瀬渓谷の無名滝
不動滝
滝の沢Ｆ２
滝の沢Ｆ３（三段の滝）
滝の沢Ｆ４
滝の沢の小滝・渓流瀑
両股の滝
ツバメ沢の滝群
不動滝（消滅）
濁沢の滝（濁滝・白竜の滝）
七釜
北葛沢の滝群
金時の滝
ワシの滝
東沢一の沢の滝
大滝（東沢二の沢）
西沢の滝群
四段の滝
赤沢の滝
ワリモ沢の滝
【池田町】
▼ 日野川流域
待が沢の滝
北の沢滝
▼ 池の沢
池の沢（消滅）
【松川村】
▼ 芦間川流域
親子糸滝
芦間川の渓流瀑
不動滝
【白馬村】
▼ 楠川流域
楠川の滝
楠川の小滝・渓流瀑
瀬戸の淵・おかる穴
▼ 青鬼沢流域
青鬼沢の小滝・渓流瀑
▼ 松川南股流域
六左ヱ門滝
湯の入沢の小滝・渓流瀑
烏帽子沢最初の小滝
烏帽子沢５ｍ滝
烏帽子沢10ｍ滝
烏帽子滝
南股左岸の滝
南滝
南股の渓流瀑
五郎兵衛滝（不明）
▼ 犬川流域
魚止ノ滝
犬川その他の滝
▼ 滝沢川流域
白糸の滝（沢渡小滝）
沢渡大滝（雄滝・雌滝）
牛首滝（不明）
▼ 峯方川
天狗滝（不明・消滅？）
【小谷村】
▼ 横川流域
牛の水飲み場の滝

▼ 宮川
佳好砥下の滝
佳好砥の滝
▼ 吉田川
滝址（湧水；消滅）
【生坂村】
▼ 山清路周辺
仙人滝
糸滝（不明・消滅？）
丸山の滝
▼ 池沢
赤滝
【朝日村】
▼ 鎖川野俣沢
岳沢の滝
大滝沢の滝
【筑北村】
▼ 麻績川差切峡
大滝八潭
差切峡ドの淵
▼ 別所川流域
男滝・女滝（釜阪滝）
大滝（不動滝）

大北地域
【大町市】
▼ 土尻川（千見川 ）
忍布の滝
三線の滝
白滝（白糸の滝）
藤滝（消滅）
▼ 上篭沢
山姥の滝
▼ 金熊川流域
八屋敷のお滝
八坂大滝（裏見滝）
塩沢川右岸の滝
塩沢川左岸の滝
桑梨の滝
返尾の滝（熊襲滝）
（隅層の滝・田の入滝）
▼ 乳川流域
布滝
魚止滝（乳川）
紅葉の滝
魚止の滝
滑滝
白沢上流の無名滝
▼ 新引沢
清音の滝（裏見滝）
▼ 入りの沢
狭霧の滝（南滝）
水波の滝（北滝）
▼ 鹿島川流域
布引の滝
アラ沢の滝
大滝（大冷沢）
カクネ里の滝
白岳沢大滝
▼ 高瀬川流域
金沢の滝

▼ 花田沢
花田の滝
▼ 二ノ沢
二ノ沢の滝
▼ ナギノ沢
御寿山の滝（陶山の滝）
▼ 綿沢
小原の滝
▼ 奈良井川上流域
カンベア沢の滝
平巨谷の滝
【安曇野市】
▼ 黒沢川
黒沢の滝（不動滝）
▼ 烏川水系
大水沢の滝（雲上の滝）
王滝（不明）
タル滝
二段の滝
▼ 有明神社境内
妙見里の滝
▼ 中房川黒川沢
妙見の滝
妙見沢の滝Ｆ２～Ｆ７
白河の滝
白河沢大滝
黒川沢その他の滝
白河沢の滝F2~F7
▼ 中房川糠川
糠川の滝
▼ 中房川
中房橋上の滝
▼ 中房川中谷川
魚止滝
五龍滝
二瓶造滝
箭助滝
布滝
南中川谷の渓流瀑
南中川谷無名滝
南中川谷無名滝
▼ 中房温泉周辺
樽沢の滝
三段の滝
▼ 中房川本流
中房川の魚止滝
▼ 中房川北燕沢
北燕沢の三段滝
北燕沢左股の大滝
北燕沢の大滝
▼ 中房川その他の支流
深沢本谷・右股・左股
大柴沢の滝群
小柴沢の滝群
白水沢大滝
白水沢の滝
白水沢の滝群
曲沢の滝群
【麻績村】
▼ 市後沢水系
穴水

野猿の岩場
濁沢の滝
日暮の滝
大滝（三段の滝）
三十八滝
鏡の滝
富士見滝
悪沢の滝
悪沢の5m滝
サギタル
▼ 大田切川本谷
悪沢大滝
魚止滝
糸ダル沢の滝
雨タル沢CS滝
雨タル沢の滝
三俣大滝
雨タル沢その他の滝
本谷右岸70m滝
無名滝
梯子沢出合の滝
梯子沢20m滝
梯子沢その他の滝群
大地蔵沢の滝
【辰野町】
▼ 天竜川支流
百百滝
▼ 小横川川流域
殺生の滝
殺生の滝周辺の滝
三級の滝（一の滝）
三級の滝（布引の滝）
三の滝（本滝）
小横川左股の滝
▼ 横川川流域
よきとぎの滝
横川の蛇石
大洞沢の滝
横川渓谷支流の滝
横川林道脇の滝
三級の滝（竈戸の滝）
大滝川林道脇の滝
大滝（男滝）
大滝（女滝）
大滝沢の段瀑
大滝沢源流の滝
唐沢の連瀑
七滝（幻の七滝）
【箕輪町】
▼ 沢川流域
妙見乃滝
【飯島町】
▼ 与太切川
御座松の滝
横沢二条滝
横沢の滝
地獄谷沢の滝
剣吊橋下の小滝
剣吊の滝
剣吊淵の滝
▼ 与太切川中小川

戸台川本谷CS滝
希望の滝（氷瀑）
舞姫の滝（氷瀑）
三ツ頭の滝
七丈の滝
六合目の滝（不明）
赤河原の滝
五丈の滝
本谷枝沢の滝
本谷第二の滝
本谷25m滝
駒津沢の滝
駒津沢の滝群
奥駒津沢の滝群
水場大滝
水場沢の滝群
薮沢大滝
薮沢の滝
行者の滝
▼ 三峰川上流域
恵美の滝
巫女渕
ソーメン流しの滝
大滝（大横川）
兄弟滝
魚止の滝
▼ 三峰川中流域
熊堂大滝
分杭峠水場
一ト瀬滝（消滅）
国道・三峰川林道沿いの無名滝
▼ 小黒川流域
河原松目沢の滝
芦山沢三滝 一の滝
布引の滝
不動滝
桂小場の小滝
金鶴の滝
将棋頭沢の大滝
【駒ヶ根市】
▼ 中田切川流域
荒井沢出会の小滝
荒井沢大滝
荒井沢左岸枝沢の滝
煙りの滝
横綱の滝
燕滝
大滝（布滝・大タル）
曇りの滝
▼ 北原用水
北原の滝（人工）
▼ 新宮川流域
雨乞淵
樽沢の滝（不動滝・樽垣外の滝）
日向滝
日影滝
タルノ沢の滝
▼ 鼠川 光林寺境内
龍門滝
▼ 大田切川中御所谷流域
かもしかの滝

セバ淵（消滅）
【下諏訪町】
▼ 熊野神社境内
不動の滝
▼ 砥沢川流域
ションベン滝
ダイコンヒラの滝
（山の神の滝）
乙女淵（さこけの滝）
作樋の滝
作樋右岸の細滝
紅葉の淵
【富士見町】
▼ 釜無川キッカケ沢
盃流し
▼ 立場川流域
乙羽滝
牛淵滝
ノロシバ沢の大滝
立場川8m滝
蓑滝
暗峡の滝
立場川その他の滝
ツルネ滝（不明）
▼ 釜無川流域
白川の滝
釜無の滝
【原村】
▼ 広河原流域
広河原沢左股6m滝
広河原沢左股8m滝
広河原沢左股二段滝
広河原沢左股ゴルジュの滝
広河原沢右股5m滝
広河原沢右股8m滝
広河原沢右股その他の滝
大滝

上伊那地域
【伊那市】
▼ 藤沢川流域
浅間の滝（猪育の滝）
▼ 山室川
五色滝
雨乞淵
▼ 三峰川（美和ダム周辺）
不動滝（大犬沢）
鹿野子の滝
御手洗の滝（消滅）
▼ 黒川流域
鷹岩の滝
鷹岩の細滝
▼ 尾勝谷流域
石の滝
塩沢の滝場
崩落谷の滝場
尾勝谷左股の滝場
尾勝谷奥南沢の滝場
▼ 戸台川流域
新滝
平左衛門谷横の滝

親沢の小滝・渓流瀑
▼ 滝の沢（白馬村境）
滝の沢の滝
▼ 栂池高原
栂池自然園の細滝4筋
▼ 飛騨沢（不明）
大滝（不明）

諏訪地域
【岡谷市】
▼ 横河川流域
から滝
横河川の小滝
▼ 赤渋川流域
赤渋川の小滝
【諏訪市】
▼ 角間川流域
愛宕滝（地蔵寺）
唐沢滝（阿弥陀寺）
御射山滝
▼ その他
秋葉滝（消滅）
手長滝（消滅）
【茅野市】
▼ 音無川
音無の滝
▼ 滝の湯川
蓼科大滝（栂の木滝）
▼ 渋川流域
床滑の滝
糸萱夕霧滝
糸萱の無名滝
横谷滝
乙女滝（白滝）
横谷峡夕霧の滝
横谷渓谷のナメ滝
霜降りの滝
屏風岩の氷瀑
一枚岩の滝
王滝（大滝）
日蔭の湯の滝
渋川遺跡の滝（人工滝）
オシドリ隠しの滝
▼ 柳川流域
多留姫の滝
音見滝（音美滝）
唐沢のナメ滝
醤油樽一の滝
醤油樽二の滝
大滝下の四段滝
醤油樽大滝
川原木場沢その他の滝
白薙沢大滝
柳川右岸の滝
美濃戸口氷瀑
裏同心ルンゼ
大同心大滝
南沢小滝
南沢大滝
摩利支天大滝
▼ 湯川

赤沢の小滝・渓流瀑
▼ 米川流域
椀貸淵
禿（かむろ）が淵
不動滝
不動温泉の不動滝
滝沢の不動滝
魚止の滝
不動滝（マツズカ沢）
大太郎の滝（大だるの滝）
地蔵沢の小滝
地蔵沢一の滝
地蔵沢二の滝
丸山の滝
お骨の滝
▼ 紅葉川
多段の滝
もみじ滝
▼ 久米川米川
米川の渓流瀑
米川大滝
▼ 茂都計川
源氏が滝
▼ 臼井川
黄金が滝
▼ 鼬ケ沢
鼬ケ沢の滝（不動滝・一の滝）
▼ 毛賀川
不動滝
▼ 塩沢川
不動ケ滝
▼ 鎮守沢
鎮守沢の滝
▼ 滝の沢
御滝場（一の滝・禊の滝）
御滝場（二の滝）
御滝場（三の滝）
▼ 円悟沢
魚止めの滝
一の滝
二段の滝
三段の滝
乙女の滝 （於留の滝）
山の神の滝
長治滝
赤樽の滝
円悟沢その他の小滝・渓流瀑
▼ 松川下流域
闇沢の滝
闇ノ沢の小滝
牛踏の滝
大深沢下の二段滝
大深沢の滝
大深沢上の滝
大中落沢の滝
小中落の滝
桐の木沢の滝
小豆洗いの滝
▼ 松川中流域
赤樽沢の小滝
赤樽

途中沢の滝
ミズミ沢の不動滝
左岸名称不明滝
七滝（七釜）
ボッタ沢の滝
右岸無名の滝
大栃の木の滝
赤崩沢の滝
▼ 遠山川北又沢流域
樽ケ沢下段の滝
中段の滝
上段の滝
樽ケ沢の細滝
樽ケ沢の小滝
明沢の滝
尾高沢の滝
深ケ沢の大滝
▼ 遠山川上流域
兎洞左岸すだれ滝
兎洞白竜の滝
兎洞白虎の滝
兎洞ゴルジュ３０m滝
兎洞の大滝
易老沢右俣の大滑滝
易老沢左俣の大滑滝
二の股の滝
二の股沢８m滝
面平の滝
燕沢の大滝
奥燕沢の大滝
西沢D沢大滝
東沢の大滝
東沢石俣の滝
▼ 万古川万古渓谷
梅五郎の滝
魚止滝
馬の背沢の滝
一石の滝
馬小屋沢の滝
馬小屋沢のナメ滝
七ツ釜
前不動滝
左岸支流の無名滝
不動滝
一の滝
禿の滝下の滝
禿（かぶろ）の滝
猿間洞林道橋の滝
唐沢の滝
万古渓谷の主な淵
▼ 阿智川加羅沢
羽場滝
▼ 阿智川 黒沢上流域
せせらぎの滝
東沢二段の滝
入橋沢の滝
魚止の滝
霧ケ滝
林道脇の無名滝
赤谷の滝
布垂の滝

竹ケ沢の滝
クダショウ沢
信玄滝
▼ 小嵐川上流
熊デの滝前衛滝
熊デの滝（根引沢の滝）
▼ 梶谷川流域
かんのん滝
ヌタ沢大滝（せどの滝）
瀬戸沢その他の滝
須沢の滝
小釜
湯之沢の滝
大釜の滝
▼ 遠山川中流域
兵沢の滝
樋口沢の滝
金七の滝
金七沢左岸の滝
押出沢の滝
三ツ沢左岸の細滝
三ツ沢の滝
魚止の滝
▼ 上村川流域
一本木命水沢の滝
▼ 上村川伊藤谷
一の滝
水嵐の滝
無名滝（取水口）
二の滝
魚止めの滝
小滝
三の滝
無名Ｆ１滝
無名Ｆ２滝
無名Ｆ３滝
無名Ｆ４滝（右岸支流）
▼ 上村川中上流域
七ツ釜（ツベタ沢の滝）
熊の川の滝
赤石峠の滝
土室の滝
流宮の滝
神燈沢の滝
小沢川出合の滝
不動滝
地蔵滝
押沢の滝
うどとちの滝（しょんべん滝）
曽山の滝
岩洞沢の滝
蛇洞沢の滝
樽が沢一の滝・二の滝
樽が沢三の滝・四の滝

▼ 小沢池の沢
池の沢の斜瀑
▼ 上村川 赤沢
赤沢の滝
▼ 遠山川中流域
利剣沢の滝

乙女の滝
七段の滝
相生の滝
相生上の滝
地図上の飛竜の滝
飛竜落合滝
飛竜の滝（布滝）
与田切川・中小川の小滝
【南箕輪村】
▼ 小沢川北沢
北沢山の滝
▼ 大泉川南沢流域
大滝（大ダルの滝）
南沢左岸の滝
南沢源流下の滝
南沢源流の滝
▼ 大泉川北沢流域
フチの滝（銚子ケ滝）
北沢源流下の滝
北沢源流の滝
北沢の渓流瀑
▼ 久保
滝の前（消滅）
【中川村】
▼ 小渋川中流域
大平洞の滝
井戸入沢の滝（桃里の滝）
▼ 小渋川上流㈣徳川
釣堀奥の沢の滝
桑原の滝一の滝
小滝
二の滝
三の滝
剣滝
田島沢の滝
滝の沢滝 （天龍村境）
滝の沢の渓流瀑
▼ 手取沢
手取沢の滝
【宮田村】
▼ 黒川流域
一の滝
不動滝（二の滝）
四十八滝
弁財天の滝
伊勢滝
夫婦滝
黒川の渓流と枝沢の細滝
▼ 中御所谷西横川
しらび橋の滝
西横川大岩上の滝
西横川右岸の滝
大滝
西横川渓谷その他の滝

飯伊地域
【飯田市】
▼ 遠山川下流域
布滝
無名の滝
魚止の滝

赤い橋下の渓流瀑
釜ケ入の甌穴
不動の滝
▼ 萸野川流域
つたの滝
牛淵の滝
▼ 浅間川流域
アマゴイの淵
不動の滝（不動様の滝）
つたの滝
三ツ滝
しんどうの滝
▼ 矢作川小戸名渓谷
小戸名渓谷
鱒止めの滝
どどみきの滝
大代つたの滝
小戸名渓谷の滝・淵
倉平の不動滝
【下条村】
▼ 南の沢川
鎮西の小滝
鎮西の大滝
▼ 相田川
不動滝
【売木村】
▼ 売木川上流域
瀬戸滝（鮎止めの滝）
日照の滝
居笹の滝
瀬戸入沢のポットホール
不動滝
【天龍村】
▼ 河内（神内）川流域
山伏沢の滝
所沢左岸の滝
引ノ田の大滝
釜淵の滝
▼ 途中無名沢
途中の滝
▼ 口沢
口沢の滝
▼ 虫川流域
大田橋上の滝
はたおり淵
虫川の渓流瀑
源公の滝
ワカンド沢出合の滝
ワカンド沢橋下の滝
若殿の滝（向山の滝）
日向沢の小滝
日向沢の滝
三ツ沢一の滝（六段の滝）
二の滝
三の滝
四の滝
五の滝
本山沢左岸の細滝
池の平の滝　（本山沢の滝）
▼ 日代沢
日代沢の滝

黒沢の小滝・渓流瀑
不動滝
不動沢のゴルジュ
▼ 阿智川上流域
長寿滝（小芝沢の滝・清龍の滝・著羅絹滝）
姿見不動滝
せいせい清水
▼ 黒川流域
二枚橋の渓流瀑
赤子ケ淵
霧ケ滝（消滅）
【平谷村】
▼ 平谷川（平谷渓谷）
芝の沢滝
今薙沢の滝
源蔵洞の滝
▼ 入川流域
横沢の滝
四ノ橋滝
▼ 柳川浅間洞
浅間洞の滝
▼ フロヤ沢流域
岡平沢の小滝（４滝）
平谷の大滝（うつぼの大滝）
平谷の小滝
▼ 柳川流域
ノド
ノドの滝
柳川枝沢の滝
無名沢（ノドの滝の沢）の滝
無名沢の滝
キチバリの滝
三ツ淵の滝
【根羽村】
▼ 界の沢（愛知県境）
国界の滝一の滝
二の滝
三の滝
▼ 矢作川本流
丸滝
▼ 落沢流域
夕霧の滝
小滝
朝霧の滝
魚止めの滝
落沢の滝　（一～四の滝）
右岸の滝
▼ 桃田沢
不動滝
▼ 小川川流域
権現の滝
梨の木橋上の滝
梨の木沢の滝
つたの滝
不動沢の滝
▼ 檜原川流域
男渕の滝
女渕の滝
おたね渕の滝
無名滝

巾川不動滝
内の沢の滝
白滝（モットク沢）
大沢川の滝
西の平の滝
（滝沢の大滝）
大月川その他の滝
大月川の滝
大和田沢の滝
下り沢の滝
▼ 和知野川本谷川
本谷川下の三段滝
三段の滝
七人滝
本谷川の小滝・渓流瀑
▼ 和知野川上流域
ゲーロ岩のポットホール
瀬戸の滝（阿智村境）
▼ 千木沢支流
お滝
濁沢の小滝
▼ 神子谷沢
神子谷の滝
▼ 門原川
梨の木平の滝
滝の沢の滝
▼ 南の沢支流
なめくりの滝
▼ 天竜川
大島やぐら滝（早瀬：消滅）
【阿智村】
▼ 和知川流域
瀬戸渓谷の滝
大五六沢の滝
下り沢の滝
▼ 浪合川流域
浪合不動滝
二ツ沢水神滝
▼ 田代川流域
松泉の滝
田代川その他の滝
洞切岩の滝
▼ 大沢川流域
大蛇が滝
増ケ沢の大滝
瀬戸の淵
座頭滝（不明）
魚止めの滝
悪ル洞滝
▼ 阿智川中流域
恵みの滝
県道沿いの無名２滝
豊滝
白糸の滝
▼ 園原川流域
暮白の滝
（暗白の滝・長者の滝）
▼ 本谷川
豊口滝
観返りの滝
黒沢左股の滝

西股川橋上の滝
▼ 松川小西川
小西川大滝（林道橋下）
小西川大滝
小西最初の滝
小西の滝
小西川の渓流瀑
▼ 松川西俣川
ツバクロ沢の小滝
ツバクロ沢の滝
三段の滝
大西の滝（下の滝）
大西の滝（上の滝）
西俣川その他の滝
▼ 松川上流域
割沢の三滝
松川無名沢Ｆ１滝
松川無名沢Ｆ２滝
牧小谷上沢の滝
ザ沢の滝
【松川町】
▼ 松川流域
雨乞滝
立ケ沢の滝
松川本谷（烟ケ滝まで）
烟ケ滝
大ナメ八丁
大島沢の滝
池の平沢の滝
右岸枝沢の大滝
紅葉の滝下流右岸の滝
紅葉の滝
▼ 小渋川菖蒲沢
菖蒲沢の滝
【高森町】
▼ 大島川流域
不動滝
大島川の小滝・渓流
▼ 田沢川流域
吉原の滝　一の滝・二の滝
三の滝・四の滝
不動滝（三段滝）
修行の滝
くらがり沢の小滝・渓流瀑
【阿南町】
▼ 和知野川（天龍村境）
大見遠不動滝
大見遠の滝
大見遠枝沢の滝
▼ 売木川流域
帯川井戸入沢の滝
栃万の滝
へんびの滝
太郎滝
田代口の滝
下日影の滝
▼ 鈴ケ沢川流域
不動様の大滝
だんだらの滝
赤滝
▼ 和知野川流域

▼ 小渋川鳶ケ巣沢
鳶ケ巣の滝
▼ 小河内川流域
難関の小滝
雨乞滝（魚止滝）
小河内沢のその他の滝
布引滝（大滝）
布引沢の滝その他の滝
小日影沢の大滝
▼ 小渋川中流域
小渋川左岸の滝
村道脇の滝
湯オレ沢の滝
トンネル脇の滝
七釜滝
小渋川右岸の滝
高山滝
▼ 小渋川上流域
井戸川の小滝
井戸川の三連瀑
井戸川の大滝
荒川の二段滝
荒川20m滝
荒川崩壊地の大滝
荒沢の大滝
大滝（本岳沢源流）

▼ 加々須川
瀬戸の滝
　魚止の滝
　魚止二の滝
　一の滝
　不動滝
　萬年滝
瀬戸の無名滝
【豊丘村】
▼ 壬生沢川流域
不動滝（喬木村境）
舟平の滝（成田不動滝）
▼ 蛇川流域
餓鬼ガ童の滝（消滅）
明神淵滝（三段の滝）
野田平の斜爆
白ケ沢の滝
カギカケの滝
虻川渓谷その他の滝
新九郎滝
▼ 芦部川流域
郷士沢の小滝
郷士沢一の滝
郷士沢二の滝（不動滝）
芦部川の無名滝
面淵の滝
芦部川の渓流瀑
【大鹿村】
▼ 小渋川切洞沢
切洞の滝
▼ 鹿塩川流域
樽本の滝（明神が滝）
塩川の滝
▼ 青木川流域
針の木の滝
ハンレイ岩の滝
燕岩の滝
天子岩の滝
魚止めの滝
青木川南股その他の滝

▼ 和知野川流域
栃沢の滝（七滝まで）
栃沢七滝
栃ケ島の滝
越中の滝
ウソ沢不動滝
ウソ沢大滝
和知野の滝
不動滝（阿南町境）
橋場沢の滝（阿南町境）
橋場沢二の滝
▼ 天竜川早瀬
勝負ケ滝（消滅）
新滝（消滅）
水神の滝（消滅）
【泰阜村】
▼ 万古川流域
関小屋の滝
かじか滝
▼ 左京不動沢
不動滝（Ｆ１～Ｆ３）
▼矢筈川
矢筈大滝（箱淵の滝）
矢筈の七滝（大滝以外）
【喬木村】
▼ 小川川
泡淵・瀬戸淵・瀬戸の滝
くよと様の淵・ひょうの淵
城の沢の滝
▼ 小川川木鉢洞
くりん滝
木鉢洞の滝（三次滝）
木鉢洞その他の滝
魚止の滝
▼ 小川川矢筈洞
禍譯除けの滝
（加護受けの滝）
高砂の滝
矢筈の滝
矢筈峠の滝

▼ 瀬戸沢
瀬戸沢その他の滝
瀬戸の滝
▼ 富生沢
富生の滝
▼ 境の沢
境の沢の滝
▼ 観音沢
三十三所観音滝
▼ 水ケ沢
水ケ沢の下滝
水ケ沢の滝
▼ 小沢川
瀬戸の滝　（一～三の瀬戸）
小沢川右岸の滝
▼ 早木戸川流域
明ケ島の滝
合沢の滝
芝沢の滝
吉ケ島沢の小滝・渓流瀑
吉ケ島の滝
恩沢の滝
瀬戸かつら大滝
滝の沢右岸の滝
滝の沢の渓流瀑
梨畑の滝
小瀬戸の滝
▼ 福島無名沢
福島の無名滝
▼ 釜沢
釜沢の滝
▼ 精心沢
浄心の滝（精心の滝）
▼ 小河内川
機織り淵（消滅）
▼ 遠山川流域
折立の糸滝
折立北の沢滝
▼ 大輪無名沢
大輪の滝

参考文献

日本登山大系／白水社
現在登山全集北岳・甲斐駒・赤石／東京創元社
日本の滝東日本611／山と渓谷社
かくれ滝を旅する／永瀬嘉平著
長野縣町村誌各巻
長野縣町村繪地図大鑑／郷土出版社
市町村誌（史）／各市町村発行
信州の滝紀行／郷土出版社
信州日帰り滝紀行／信濃毎日新聞社
信州の「渓谷と滝」百選／長野県観光連盟
信州水自慢／長野県生活環境部
信州の渓流釣り／信濃毎日新聞社
長野県地学図鑑／信濃毎日新聞社
日本の自然景観甲信越版／環境庁
長野県の大地みどころ100選
長野県地学ガイド／降旗和夫著
上水内郡地質誌
伝説の谷信州鬼無里の伝承／ふるさと草子刊行会
米子大瀑布と峰の原・菅平高原／田子昭冶著
秋山郷の地学案内／島津光夫ほか著
白馬の達人になれる本／近田信敬・近田志津子著
諏訪自然誌地質編／諏訪教育委員会
乗鞍の歴史と民俗／長野県文化財保護協会
暮らしのデザイン／木曽楢川村誌六巻民俗
南信濃史遠山　信州伊那入野谷の伝承
ふるさと飯田の自然／飯田市教育委員会
千代風土記／（昭和58年千代公民館刊）
中央アルプスの山脈／飯田市美術博物館

・Plofire

篠原　元（しのはら　はじめ）

昭和22年2月生まれ。長野市・佐久市在住。地方公務員勤務を経て、退職後に自然フィールド歩きに目覚める。長野県の滝巡歴1,300か所以上。日本の名瀑100選ほか全国の滝を訪瀑中。四国88カ所霊場遍路4回。四国別格20霊場遍路1回。長野県の民話・伝承の地探訪など。

・写真　篠原　元

・レイアウト・装丁　石川孝（Noel）

・編集　菊池正則（信濃毎日新聞社）

掲載の地図は、国土地理院長の承認を得て、同院発行の電子地形図(タイル)を複製したものである。
（承認番号　平29情複、第242号）

Waterfall in a land of mystery in Nagano

秘境滝を行く　信州80渓流 訪瀑記

2017年9月1日　初版発行

●●・著　者　篠原　元

●●・発　行　信濃毎日新聞社
〒380-8546　長野市南県町657
✆026-236-3377
HP　https://shop.shinmai.co.jp/books/

●●・印刷所　信毎書籍印刷株式会社

●●・製本所　株式会社渋谷文泉閣

ISBN　978-4-7840-7314-6　C0026